本书受华东理工大学教授岗位科研配套项目"优势为本干预在多群体中的应用"资助

THREE-DIMENSIONAL

CHARACTER STRENGTHS

"三维" 性格优势

探索个体潜能的科学

THE SCIENCE OF
EXPLORING INDIVIDUAL POTENTIAL

段文杰　著

社会科学文献出版社
SOCIAL SCIENCES ACADEMIC PRESS (CHINA)

前　言

过往一个多世纪以来，传统心理学始终从"问题视角"出发进行治疗和干预。针对这种情况，积极心理学提出：我们不应该只关注自己哪里做错了，实际上，关注我们能够做好什么也很重要，即应当给予我们自身的优势更多的关注。优势是一种感受、思考和行动的能力，这种能力让你在追求有价值结果的过程中能够体现"最优性"（Gable & Haidt，2005）。积极心理学便是以"优势"为视角来发展其核心概念、基本理论和应用策略的。

目前世界上有近 80 亿人，但每个人都有自己独特的性格剖面（Character Profile）。怎么才能知道自己的性格剖面呢？于 20 世纪末兴起的积极心理学思潮可能给这个问题提供了全新的解答。积极品质是积极心理学研究的三大主题之一，是指个人性格中的优势，个体的兴趣、天赋、价值观等（Peterson，2006a）；另外两大主题包括积极的情绪体验（如快乐、幸福感等）和积极的组织机构（如积极学校教育、积极工作场所等）。积极心理学家创造了"性格优势"（Character Strengths）这一术语，用以描述积极品质这一核心议题（Peterson & Seligman，2004）。

研究者们对道教、佛教、印度教、犹太教、基督教和伊斯兰教等多种宗教文化中关于美德（Virtue）的经典著作进行了回顾和分析（Dahlsgaard，Peterson， & Seligman，2005），确定了这些宗教文化中 6 类最被普遍认可的人类美德，包括智慧（Wisdom）、勇气（Courage）、仁慈（Humanity）、节制（Temperance）、自我超越（Transcendence）和公正（Justice）。在此基础上，研究者们又将其进行细分，共择取了 24 种全人类普遍具有且在不同经典文化中广泛存在的性格优势，我们每个人的性格剖面都是由这些不同的性格优势构成的独特组合，且我们可以通过接受教育和有意识地培养来逐步获得这些美德与性格优势。

本书主要总结了作者及其合作研究人员自 2009 年围绕性格优势开展

的系列实证研究，在一定程度上探索"性格优势到底是什么"（第二章）、"性格优势有什么积极功能"（第三章）、"如何发挥性格优势的积极功能"（第四章）以及"如何培养我们的性格优势"（第五章）这样四个问题。

在第一章中，我们详细介绍了关于个体积极品质的分类体系——VIA优势分类系统（the Values in Action Classification of Strengths，VIA-CS），并讨论在不同文化背景下进行性格优势研究时需要注意的关键问题，包括概念特异性、结构稳定性和文化适应性等，以寻找到与本土文化相关又具有普适性的方式（即"兼顾文化共通性与文化特殊性的方法"）去研究这一积极心理结构。澄清这些问题为开展后续实证研究奠定了基础，也设定了框架。

人格理论学家认为，"性格"这个词语常常与价值判断联系起来，具有很强的主观性和道德性，与个人、政治、宗教等方面的信念联系到一起，导致它并不适合通过科学的方式来研究，应当交给哲学家。然而，积极心理学家们创造性地采用了定量和质性的科学方法，从客观的视角，基于第一章所论述的理论框架开发出经心理测量学验证的工具来对性格优势进行研究和运用。在第二章中，我们将详细介绍基于 VIA 优势分类系统而开发的适用于不同群体或场景的各种衍生版本（包括中国人长处问卷、简明优势量表和三维度性格优势量表），并对其核心——"三维度性格优势模型"的结构稳定性进行验证。这些具有较高信效度的工具在方法论的工具层面为今后开展性格优势系列研究奠定了基础。

哲学家和理论学家在早期的著作中，认为个人的美德和优势能够带来许多积极的结果（Fowers，2008；Walsh，1999；Yearley，1990）；而当美德和性格优势的概念被框定在科学研究的范畴之内后，积极心理学的研究者们开始从科学的角度开展更为广泛的实证研究。研究者们发现，性格优势能够显著促进个人的自尊、自我效能感、幸福感、生活满意度、成就感、参与感、人际关系、生活意义感、积极情绪、压力应对等关系到个体健康和幸福的变量。但这是如何发生的呢？在第三章中，我们将性格优势这一变量置于不同压力大小的情境中（包括日常烦心事、学业压力、创伤事件、网络成瘾及心血管反应等），去检验其面对逆境时的积极功能——抗逆性，这是探究其积极功能的重要视角。

在日常生活中，人们的性格优势可以被清晰地识别、培养、使用和加强，以提高生活满意度或减少精神疾病问题（Peterson，2006b；Peterson & Seligman，2004；Seligman，Ernst，Gillham，Reivich，& Linkins，2009；Wood，Froh，& Geraghty，2010）。基于性格优势的干预（Character Strengths-based Intervention）是一种个性化的干预策略，也是目前为止积极心理干预领域运用最为广泛的一种方式。参与者可以根据自己的性格优势开展相应的活动。在第四章中，我们首先简要回顾了积极心理干预的主要内容。然后在此基础上，着重对基于性格优势的干预模型进行详述，主要包括性格优势干预的基础模型、积极认知行为模型和嵌入性格优势的整合模型。最后，在明确干预效果的基础上，进一步讨论可能存在的、能够进一步提升干预效果的要素。

当我们询问一个幼儿园的小朋友"你在幼儿园擅长做什么"时，他可能会给你一个长长的清单，告诉你他会唱好几首儿歌、喜欢跳舞、跑得快，还学了游泳；但是当我们询问一名高中生"你在学校最擅长做什么"时，有时候我们甚至都得不到一个明确的答案。所以，在我们成长的过程中，究竟发生了什么？我们是否忽略了一些重要的东西？马丁·路德·金曾说过，教育的目的是智力与性格的协调发展。积极教育的兴起正好能够弥补我们教育中缺失的部分。教育以学生的优势为出发点，以增强积极体验为主要途径，最终达成培养学生积极品质的目的。积极教育可以说是性格优势等积极心理学的要素在教育领域发挥作用的依托和载体。因此，在第五章中，我们将探讨三条业已被验证的、能够用来培养性格优势的路径，具体包括教授和使用优势，将注意力聚焦于自身优势和学校的积极教育课程。尤其是最后一条路径，我们将通过一所小学开展的积极教育项目来具体了解如何培养性格优势。

本书在某种程度上还可以看作作者多年来围绕一个特定主题进行研究的经验总结或整体思路。除了较为系统地呈现开展的系列研究外，更希望能够通过本书为读者开展其他类似的研究带来一点启发。

目　录

第一章　VIA 优势分类系统及关键问题 ……………………………… 1

第二章　三维度性格优势模型及测量 …………………………… 34

　第一节　中国人长处问卷（CVQ） ……………………… 36

　第二节　简明优势量表（BSS） …………………………… 69

　第三节　三维度性格优势量表（TICS） ……………… 84

　第四节　三维度性格优势模型跨群组稳定性 ………… 95

第三章　性格优势的积极功能：抗逆性 ……………………… 105

　第一节　消除日常烦心事 ……………………………… 107

　第二节　应对学业压力 ………………………………… 116

　第三节　抵抗创伤事件 ………………………………… 131

　第四节　避免网络成瘾 ………………………………… 141

　第五节　缓解压力的心血管反应 ……………………… 150

第四章　基于性格优势的干预 ………………………………… 160

　第一节　积极心理干预概述 …………………………… 160

　第二节　性格优势干预的基础模型 …………………… 178

　第三节　基于性格优势的积极认知行为模型 ………… 191

　第四节　嵌入性格优势的整合模型 …………………… 208

第五章　性格优势的培养 ……………………………………… 224

　第一节　路径一：优势知识与优势使用 ……………… 224

第二节　路径二：正念 ·· 242

第三节　路径三：积极教育 ·· 262

参考文献 ·· 291

量表附录 ·· 356

丰盈感量表 ·· 356

简短旺盛感量表 ·· 356

简明优势量表 ·· 357

扩展版生活满意度量表 ·· 358

三维度性格优势量表 ·· 359

优势知识和优势使用量表 ·· 360

中国人长处问卷 ·· 361

后　记 ·· 366

第一章　VIA 优势分类系统及关键问题

几十年来，精神病学和心理学在理解、治疗和预防心理障碍、心理问题方面取得了前所未有的发展。这在一定程度上要归功于美国精神病学会（American Psychiatric Association）制定的《精神障碍诊断与统计手册》（*Diagnostic and Statistical Manual of Mental Disorders*，DSM）和世界卫生组织（World Health Organization）制定的《国际疾病分类》（*International Classification of Diseases*，ICD）。这两本手册为数十种精神疾病的治疗提供了可靠的评估手段和有效的干预措施。一致的分类标准及其相关评估手段为基础研究人员、临床医生乃至公众提供了一个可以实现沟通的通用术语。而在这之前，没有人能够保证在伦敦的精神分裂症病人与在东京的精神分裂症病人所得到的诊断是相同的，也没有人能保证对约翰内斯堡抑郁症病人采用的心理或药物治疗对京都的（所谓的）抑郁症病人有同样的疗效。可以说一致的诊断标准和测量手段极大地推动了精神病学的发展。

伴随着积极心理学的兴起，积极心理学家们逐渐发现，《精神障碍诊断与统计手册》和《国际疾病分类》所描述的都是人们所存在的心理问题和心理障碍，而那些正面的特性和优势（例如幸福感、积极情绪、自控力、创造力等）缺乏一个同样的分类标准。当精神病医生和心理学家谈论精神健康或是幸福感的时候，他们所说的精神健康或是幸福感仅等同于没有疾病和痛苦，一切正常。似乎人们所追求的终极目标仅仅是没有疾病，或者说达不到《精神障碍诊断与统计手册》和《国际疾病分类》的诊断标准就行了。就如同保险公司，它们是不会把幸福感和满足感纳入理赔范畴的。因此，要促进积极心理学更好地发展，开发出一个针对个体积极品质的标准分类体系并提供相应的干预指导就成为一项基础但非常重要的工作。

积极品质是积极心理学研究的三大支柱之一。当研究者们着手构建一个有关人类个体积极品质的框架时，他们最初选择去开发一个知识分类学（Taxonomy）框架。从积极心理学的角度来看，这本身就是一种全新的尝试，因为关于人类卓越品质的领域，在很大程度上还是未知的。20 多位不同专业背景的学者聚集在一起讨论如何完成这项艰巨的任务。在这些专家之中，有一位具备（系统学）专业知识的学者提出，知识分类学的前提假设是在它所要解释的领域内存在一种潜在的联系，这种联系产生于某一深层次的理论（Bailey，1994）。具体而言，一个知识分类学体系是由不同的类别和类别之间的关系所组成的知识架构，其所关注和解释的问题包括为什么选择这些而非其他类别？什么是潜在的结构？这些类别之间如何相互关联？一个好的知识分类学将有助于理论的发展，它能够组织和指导整个学科的活动。例如，动物分类学包括域、界、门、纲、目等，当生物学家卡尔·林奈（Carl von Linné）将物种的分类与进化论融合在一起时，这一分类学就成为一个深刻的关于生命及其数千年进化历程的理论。

　　然而，积极心理学家们所期望构建的框架并不符合这一假设。对于人类的积极品质来说，发展一种知识分类学并不可取，因为研究者们意识到并没有一种理论可以表明不同类别的品质之间存在某种潜在且特定的联系。但他们不断付出的努力使他们坚信，可以通过确定一系列的领域（Domain，即在大多数主流宗教和文化中被定义为有价值、有贡献的美德）并将其细分（即构成这些美德的基本元素）来实现他们的目标。因此，发展一种分类系统（Classification）将更为合适。

　　那什么是"分类系统"呢？像普通人一样，社会科学家也会将相近的事物进行归纳，例如情绪障碍（Emotional Disorders，包括抑郁症、焦虑症、强迫症等）、人格特质（Personality Traits，包括开放性、尽责性、外向性等）、教养方式（Parenting Style，包括权威型、专制型、放任自由型等）、依恋类型（Attachment Styles，包括安全型、痴迷型、疏离型等）。但与日常生活中的归类不同的是，社会科学家会不断通过科学研究来完善他们所提出的分类，使其成为一个科学的分类系统。科学的分类系统首先要确定其研究的主要领域，然后在该领域内详尽地将相互排斥的子范畴（Subcategory）区分出来，最终形成能够解释这一领域的内涵。换句话说，一个最终的分类系统中的元素应当既详尽，又排他。

根据这一逻辑，研究者们首先对道教、佛教、印度教、犹太教、基督教和伊斯兰教等宗教文化中关于美德的权威经典文本进行了考察（Dahlsgaard et al.，2005），从而确定了道德哲学家和宗教思想家最重视也最被普遍认可的 6 类核心领域：智慧（Wisdom）、勇气（Courage）、仁慈（Humanity）、节制（Temperance）、自我超越（Transcendence）和公正（Justice）。Peterson 和 Seligman（2004）认为这六类美德是基于生物进化的过程而产生的。生物进化的过程先天地选择了这些卓越的品质，以帮助人类解决物种生存所面临的重大任务。因此，美德必然是人类良好行为和积极品质的集合，它在概念层次上必须高于"好的性格"（Good Character）的阈值。也就是说，并不是所有拥有积极品质的人都是拥有美德的人，因为美德所包含的是更高水平和更加综合的积极品质。

在确立了美德类别之后，研究者们需要在美德框架内进行填充。研究者们需要筛选出个体可以通过思想、情感和行为所表现出的积极品质——性格优势（Character Strengths，在有关中文文献中亦译作性格优点或品格优势），并根据其概念和统计学特征（如因子分析的结果）将其聚合起来，纳入对应的美德分类之中。性格优势被看作定义美德的核心过程或机制，它包含了个人性格中的优势，个人的兴趣、天赋、价值观等（Peterson，2006a）。研究者们制定分类系统的目标在于识别最基本的性格优势，这些性格可以组合成更加复杂的美德，但它们不能再分解出其他类似的成分。就好像化学元素周期表中的那些元素，氢和氧可以结合生成水，但氢和氧不能分解出其他元素。如果一个人拥有某一美德中的一种或两种性格优势，那么他便是我们平常所说的具有某种性格的人。

那么如何从浩瀚的个体品质中筛选出具有上述特点的性格优势呢？学者们制定了 10 个纳入/排除准则（见表 1 - 1），并根据这些准则进行严格的筛查。最后，有 24 种最符合这些准则的性格优势被纳入分类系统之中，分别是创造力（Creativity）、好奇心（Curiosity）、批判性（Judgement）、好学（Love of Learning）、洞察力（Perspective）、勇敢（Bravery）、诚实（Honesty）、热情（Zest）、毅力（Perseverance）、爱与被爱的能力（Love）、善良（Kindness）、社交能力（Social Intelligence）、宽恕（Forgiveness）、谦逊（Humility）、审慎（Prudence）、自我调节

（Self-regulation）、感恩（Gratitude）、对美和卓越的欣赏（Appreciation of Beauty）、灵性（Spirituality）、幽默（Humor）、希望（Hope）、合作（Teamwork）、公平（Fairness）、领导力（Leadership）。

表1-1　筛选性格优势的十条甄别准则

准则	内容
准则一	这些性格优势并不仅仅是在个体面临困难的时候发挥作用,更多时候在于帮助个体提升满足与充实感,使其在日常生活中更能体会到满意和幸福
准则二	这些性格优势具有道德意义,可以带来令人满意的结果,但即便性格优势导致的结果并不能体现明显的积极倾向,也不影响其彰显自身的道德价值
准则三	这些性格优势是大多数人能够拥有并且追求的,拥有这些性格优势的人并不会歧视或者贬低那些没有这些性格优势的人。更多时候拥有性格优势的人会使周边的人受到激励的正面导向,从而也使他们自己得到钦佩
准则四	性格优势不仅仅代表弱势的对立面。任何一个优势都没有与之恰好对应的、绝对的负性反义词。因为这些性格特质是具有弹性的,在不同的环境中会彰显其不同的价值,而表现出来的意义既可能是正面的,也可能是负面的
准则五	这些性格优势具有人格特质的基本性质,即性格优势是通过个体行为、思想、情感来测量的,并且会在上述几方面明显地体现出来。在不同的情景中性格优势具有跨情境的普遍性,在不同的时间段也具有一定跨时间的稳定性。需要注意的是,积极心理学认为,这些性格优势虽然具有跨情境、跨时间的特性,但是不同的环境和条件可以促进或阻碍性格优势的发展与体现
准则六	这些性格优势每一点都独立且完整,不能再被划分为更小的性格优势
准则七	这些性格优势极具代表性,每一种性格优势都能够在不同文化以及传统中找到一个模范来代表其自身含义
准则八	这些性格优势在一个人的孩童时期就能够有所表现,有可能使这些孩子成长为具有某种性格优势的天才。但并不是每一种性格优势都是这样
准则九	这些性格优势虽然具有普遍性,但是在一些人身上,某些性格特质表现得并不十分明显。有些性格特质具有"选择性不存在"的特点
准则十	这些性格优势都能够在社会的规范、文化、习俗、礼仪中被培养出来。这些性格优势都有与之对应的社会培养体系

由此,6类美德和24种性格优势便共同构成了一个关于个体积极品质的分类系统——VIA优势分类系统（the Values in Action Classification of Strengths, VIA-CS）（见表1-2）。Peterson和Seligman参照《精神障碍诊断与统计手册》编制了一本手册用以描述人类所普遍具有的积极品质——《性格优势与美德：一本分类手册》（*Character Strengths and Virtues*：

A Handbook and Classification）（Peterson & Seligman，2004），期望在心理干预和治疗领域为研究者、实践者乃至公众提供一种通用的术语，便于帮助人们开展更多以性格优势为基础的研究、诊断、治疗和干预。诚如 Peterson 和 Seligman 所言，当前的这一分类系统可能尚未详尽，后续还需要更多研究来支持和完善它。

表 1-2　美德和性格优势

美德/性格优势	特性	培养性格优势的练习
美德 1：智慧（Wisdom）——获取和使用知识的方式		
创造力（Creativity）	创造力有两个关键的基本要素：创意和适应能力。一个有创造力的个体产生的想法或行为是新奇的或不寻常的，这些行为对个人或他人的生活做出了积极的贡献	·练习发散性思维来解决问题，例如运用多种方法来解决同一个问题 ·每天花一段时间来做一些具有创造性的事情，例如写诗或是用一种新的方式使用日常家居物品
好奇心（Curiosity）	好奇有两个关键的基本要素：好奇心强的人热衷于探索新想法、新活动，体验不同的经历；他们还具有强烈的愿望想增加自己的个人知识	·做一件你不喜欢的事，并在过程中留意这件事的三个新特点 ·主动地探索当前的环境，注意你可能经常忽略或认为理所当然的事情
批判性（Judgement）	批判性能够帮助个体矫正自己的想法，抵消一些错误的思维，比如盲从。具有批判性思维的人能主动寻找证据来驳斥自己所偏好的信念、计划或目标，并权衡所有的证据	·扮演反方来反对一个你强烈赞同的观点 ·选一件你感到不满意的过去的事情，忽略这件事原本的目的，然后通过头脑风暴想出其他可以完成这件事的方法
好学（Love of Learning）	好学是指一个人获取新信息和技能的方式或态度。它具有重要的激励作用，因为它能帮助人们面对挑战和挫折，并在逆境中坚持下来	·找个时间专门学习 5 个新单词，包括它们的意思和用法，每周至少两次 ·每月阅读一本你感兴趣的非小说类的书籍 ·通过报纸、电视或网络来跟踪一个正在进行中的全球事件
洞察力（Perspective）	洞察力不等于智力，它不仅代表了高知识水平，还包括在做出决策前，周全考虑和建言献策的能力。它使得个人能够明白行为的结果和生活的意义等重要的问题	·首先学会倾听，然后专注于分享你的思考和想法 ·阅读智慧名言，找到一句能引起共鸣的，根据你自己的理解将其重新写下来，让它成为你自己的座右铭，并努力践行它 ·寻找一位智者（在世的或先贤），了解他的生平，看看他的智慧是如何影响、指导我们的生活和行动的

续表

美德/性格优势	特性	培养性格优势的练习
美德 2：勇气（Courage）——战胜恐惧的力量		
勇敢 （Bravery）	有三种类型的勇敢（一个人可能拥有其中一个或一个组合）：身体勇敢（例如，消防员、警察、士兵）、心理勇敢（例如，面对自己痛苦的一面）、道德勇敢（例如，为正确的事情说话，即使会得罪一群人）	·确定一个你通常回避或者抗拒的领域，想象采用何种方法去克服它，并努力付诸实践 ·不要害怕和一个与你截然不同但积极进取的人成为朋友
诚实 （Honesty）	诚实是无论在公开还是在私下都能准确地表达自我的内在状态、意图和承诺。诚实的力量往往与自我和谐有关——你的目标在多大程度上准确地代表了你的利益和价值。诚实让人们为自己的感觉和行为承担责任	·下一次当你被征求建议时，给予建设性的、直接的和真实的反馈 ·在你所有的关系中履行你的承诺 ·在你同意做某事或与人约见时，要做到信守承诺
热情 （Zest）	热情是一种与身体和心理健康直接相关的动态力量。这种力量与整体生活满意度和人际交往有着最密切的联系	·改善你的睡眠卫生习惯，设立规律的睡眠时间，如在睡觉前 3～4 小时进食，避免在床上做任何工作，晚上不喝咖啡，等等，注意你身体机能水平的变化 ·做一些你一直想做但还没有做的高强度运动（如骑自行车、跑步、运动、唱歌、玩耍） ·给老朋友打电话，回忆过去的美好时光
毅力 （Perseverance）	毅力是指在有挑战、困难和气馁的情况下，自愿地坚持不懈地行动。毅力有两个载体——一项任务和持续时间来保证任务的完成	·每周设定 5 个小目标，把它们分解成实际的步骤，按时完成，并注意推进目标的完成 ·列一份任务清单，并定期更新 ·选择一个代表毅力的榜样，并向他学习
美德 3：仁慈（Humanity）——在与他人的关系中表现出来的优势		
爱与被爱的能力 （Love）	有四种类型的爱，这四种类型都有生物的本能性和进化的文化性的基础，分别是：依恋（如孩子与父母之间的爱）；仁慈/利他的爱；友爱（友谊之爱）；浪漫的爱（如配偶/伴侣/男女朋友之间的爱）	·努力了解与你合作的人，发现对他们重要的事情，定期与他们就这个话题进行交流，从而在工作中表达关爱 ·与爱人进行最喜欢的活动（例如，远足、去游乐园、骑自行车、在公园散步、游泳、露营、慢跑等）

续表

美德/性格优势	特性	培养性格优势的练习
美德3：仁慈（Humanity）——在与他人的关系中表现出来的优势		
善良 （Kindness）	善良的人认为其他人是作为人而值得关注和肯定，而不是出于责任感或原则而关注他人。有利他人格的人有三种特质：同情、道德感以及社会责任感	·每天做出一个小小的善举（例如，放慢速度让你前面的一辆车通过，夸奖一位同事，为你的伴侣买东西等） ·在打电话、写信或者发邮件时用更亲切柔和的措辞，在接听电话时表现出很高兴听到对方的声音 ·为朋友准备一个惊喜晚宴
社交能力 （Social Intelligence）	社交能力一般涉及两个部分： 社交意识，我们对别人的感受； 社交灵活性，我们如何提高认识	·练习注意、标记和表达情绪，在你意识到情绪后，给它贴上标签，如果情况允许的话，把这种情绪表达给另一个人 ·每天写五种个人感受，持续四周，并且观察自己的感受模式是怎样的 ·观看最喜欢的电视节目或电影，去了解节目中人与人之间的关系并就此写下观看的感受
美德4：节制（Temperance）——自我调节，保护我们不受过度的伤害		
宽恕 （Forgiveness）	宽恕是我们用来保护自己免受仇恨感影响的力量。这是一种特殊的怜悯形式，即由我转向他人的友善和同情的感受。要注意区分宽恕与纵容、忘记和和解。纵容是消除犯罪，忘记是消除意识，和解是恢复关系	·花20分钟的时间写下负面事件给你带来的益处 ·想想最近有没有人冤枉你？把自己放在他的位置上，试着理解他的观点（换位思考）
谦逊 （Humility）	谦逊是准确的自我评估，对自己局限性的认识，保持自己的成就（既有自知之明，又不妄自菲薄），忘记小我。谦逊的人不会歪曲信息来捍卫或者验证自己的形象，也不需要看到或者展示自己比实际上更好	·在一周的时间里不要展示自己达成的成就并注意人际关系的变化 ·当你在集体中说话多于其他人的时候，就要注意自己是否保持谦逊 ·承认你的错误，哪怕是向那些比你年轻的人道歉
审慎 （Prudence）	审慎包括有远见的规划以及短期的、目标导向的规划。审慎通常被称为谨慎的智慧、实践智慧和实践理性	·在说什么之前要"三思而后言"，每周至少练习十次，并注意练习效果 ·在做出三个重要决定之前，请列出可能影响你做决定的干扰因素 ·请预期你所做决定的后果，这可能会在一年、三年甚至十年的时间内展现出来

续表

美德/性格优势	特性	培养性格优势的练习
美德4:节制(Temperance)——自我调节,保护我们不受过度的伤害		
自我调节 (Self-regulation)	自我调节可以被看作一种可消耗的资源。自我调节就像一块肌肉,可以通过过度劳累而耗尽或通过日常实践而加强	·下一次你不高兴时,要有意识地控制自己的情绪并转移到积极的方面 ·用设定目标的方式来改善日常生活,并确保完成任务 ·密切关注你的生物钟,当你感觉最紧张时,去做你自己认为最重要的事情
美德5:自我超越(Transcendence)——与比我们自己更有意义和目的的东西联系在一起		
感恩 (Gratitude)	有两种感恩之情:福利引发的感恩,即从别人那里受到恩惠后的状态;广义感恩,即认识和欣赏对自己有价值和有意义的事物。感恩有两个阶段:承认你生命中的美好和认识到这种美好的来源是在你自己之外	·写下你每天感恩的三件好事 ·每天至少用十分钟来体验感恩的美好
对美和卓越的欣赏 (Appreciation of Beauty)	有三种类型的美:第一种是形体美,这可能是视觉的、听觉的、触觉的或抽象的,这种美会让人敬畏和惊叹;第二种是技能或天赋(卓越),这往往催人奋进,让人心生敬佩,并使个人想追求自己的目标;第三种是道德美德(道德美),美德使个体更完善、更有爱心,并产生情感的升华	·写一份"美丽日志",用寥寥数语记下你所见的美好事物,无论是天赐美景,还是人类杰作,抑或仁心义举 ·定期到森林、湖边之类的绿植多的地方感受自然,尤其是当你在城市工作生活的时候
灵性 (Spirituality)	灵性描述了人与神性之间私人的紧密联系,以及这种关系带来的美德。人人皆有灵性。尽管精神信仰的具体内容各不相同,但所有文化都有一种最终的、超越神圣力量的概念	·通过专门的方法(如祈祷、冥想、探索自然)或在生活中修行(如布施、同情)来培育灵性 ·当遇到创伤或困难时,尝试去寻找更深层意义和目的
幽默 (Humor)	幽默是让其他人微笑或大笑的能力。这也意味着对逆境有一个乐观的认识,让个人能够看到逆境中自己的光明面,从而保持良好的情绪	·写下你日常生活中的幽默,每天都要有意识地注意你的幽默感、别人的幽默感、有趣的情景和睿智的评论,并将它们记录在日记中 ·每天观看有趣的情景喜剧/电影或阅读漫画/有趣的博客

续表

美德/性格优势	特性	培养性格优势的练习
美德5：自我超越（Transcendence）——与比我们自己更有意义和目的的东西联系在一起		
希望 （Hope）	乐观与具体的解释风格密切相关（我们如何解释不良事件的原因）。使用乐观解释风格的人将事件解释为外部的、不稳定的和具体的	·为自己的奋斗写一部电影剧本，想象自己是如何克服万难、积蓄力量、运筹帷幄、攻克难关，从而实现目标的
美德6：公正（Justice）——与他人、群体、社区之间的公平		
合作 （Teamwork）	团队合作与其他三个概念密切相关：公民身份：对社区的责任；忠诚度：坚定不移的信任；爱国主义：忠于自己的家园/国家，不会对其他国家产生敌意	·参加志愿活动，扮演大哥哥或大姐姐的角色 ·帮助你身边的人设定一个目标，然后定期检查他们的进展 ·与家人、朋友或同事一起开一间书店，规划见面并且讨论选定书籍的事宜
公平 （Fairness）	公平是一种涉及推理和判断的认知能力。它涉及两种类型的推理：司法推理，强调逻辑，重原则，确定精神权利和责任；护理推理，包括同理心和同情心，设身处地为别人着想	·自我反思一下，看看自己是否用刻板印象来看待别人 ·下一次你犯错时，注意看看自己是否承认错误
领导力 （Leadership）	领导力是一种社会现象，可以分为两个领域：行为——定义、建立、识别或平移方向；个人素质——寻求、实现和执行领导角色的动机和能力。有两种类型的领导者：交易型领导者——这种类型的领导者阐明了责任、期望以及要完成的任务；变革型领导者——这种领导者激励他们的追随者追求卓越，培养他们对组织及其目标的信任和承诺	·当遇到两个人在争论的情况时，可以通过邀请第三人分享他们的想法并强调问题解决来进行调解 ·负责一项活动、任务或项目并积极征求小组成员的意见 ·阅读传记或观看喜爱的领袖的电影，并思考他的事迹对你的实际生活有什么指导意义

与这一系统相对应，研究者编制了测量这24种性格优势的VIA优势问卷①（Values in Action Inventory of Strengths，VIA-IS），其测量内容更注重社会

---

① 作者在2011年的学术文献中将其翻译为"优势行动价值问卷"［见段文杰、白羽、张永红、唐小晴、王志章、李婷婷，2011，《优势行动价值问卷（VIA-IS）在中国大学生中的适用性研究》，《中国临床心理学杂志》第19卷第4期，第473~475页；段文杰、李婷婷、张永红，2011，《优势行动价值问卷及其应用研究进展》，《中国临床心理学杂志》第19卷第2期，第205~208页］。后来经与VIA性格研究院Ryan M. Niemiec博士探讨，VIA已经被确定为一个通用的领域内专业名词，因此不需要再进行翻译，故此问卷可直接翻译成VIA优势问卷。

文化环境的影响，强调社会文化对个体思想、感情和行为的塑造功能及可成长性，期望人们可以通过发挥自己的现实能力和潜在能力以促进良好性格的发展。

目前，VIA性格研究院共发布了14个版本的性格优势问卷，分别适用于不同的研究诉求。

（1）VIA-IS-240：最早期的量表，适用于成人的自我报告式问卷，共计240道题目，其中包含24个子量表，每个子量表有10道题目，测量6类美德和24种性格优势。每道题目均采用Likert式5点计分（如无特殊说明，此系列量表无论是5点计分还是7点计分，均为从完全不像我到完全像我；无反向计分题目）。某项性格优势得分越高，说明测试者所具有的此项优势越突出。

（2）VIA-120：正式版的VIA优势问卷，适用于成人的自我报告式问卷，共计120道题目，测量6类美德和24种性格优势，每个性格优势子量表包含5道题目。每道题目均采用Likert式5点计分，仅包含正向计分题目，某项性格优势得分越高，说明测试者所具有的此项优势越突出。目前这一版本已经代替原版（VIA-IS-240）作为性格优势测量的标准工具。

（3）VIA-72：简短版的VIA优势问卷，适用于成人的自我报告式问卷，共计72个题目，测量6类美德和24种性格优势，每个性格优势子量表包含3道题目。每道题目均采用Likert式5点计分，仅包含正向计分题目，某项性格优势得分越高，说明测试者所具有的此项优势越突出。

（4）VIA-IS-R：2017年7月发布的VIA优势问卷修订版，适用于成人的自我报告式问卷，共计192个题目，测量6类美德与24种性格优势，包含正向、反向计分题目，每道题目均采用Likert式5点计分。

（5）VIA-IS-M：简短版的VIA优势问卷修订版，适用于成人的自我报告式问卷，共计96道题目，测量24种性格优势，每个性格优势子量表包含4道题目，包含正向、反向计分题目，每道题目均采用Likert式5点计分。

（6）VIA-IS-P：简短版的VIA优势问卷修订版，适用于成人的自我报告式问卷，共计96道题目，测量24种性格优势，每个性格优势子量表包含 4 道题目。每道题目均采用 Likert 式 5 点计分，仅包含正向计分题目，某项性格优势得分越高，说明测试者所具有的此项优势越突出。

（7）GACS-72（Global Assessment of Character Strengths-72）：用以测量个体标志性性格优势，适用于成人的自我报告式问卷。包含 24 个性格优势子量表，每个子量表包含 3 道题目，每道题目均采用 Likert 式 7 点计分，某项性格优势得分越高，说明测试者所具有的此项优势越突出。

（8）GACS-24（Global Assessment of Character Strengths-24）：GACS-72 简短版，用以测量个体标志性性格优势，适用于成人的自我报告式问卷。每道题目分别用以测量一种性格优势，每道题目均采用 Likert 式 7 点计分，某项性格优势得分越高，说明测试者所具有的此项优势越突出。

（9）Signature Strengths Survey（SSS）：用以测量个体标志性性格优势，非计分量表，提供 24 种性格优势的相关描述，测试者根据相关描述从中选出自己的标志性性格优势。

（10）VIA-IS-V6：基于六美德模型发展而来，用以测量 6 类美德，每个美德分量表包含 8 道题目，共计 48 道题目，每道题目均采用 Likert 式 5 点计分，某类美德得分越高，说明测试者所具有的此类美德越突出。

（11）VIA-IS-V3：基于三美德模型发展而来，用以测量 3 类美德，每个美德分量表包含 8 道题目，共计 24 道题目，每道题目均采用 Likert 式 5 点计分，某类美德得分越高，说明测试者所具有的此类美德越突出。

（12）VIA-Youth-198：适用于青少年的自我报告式问卷，共计 198 道题目，测量 6 类美德和 24 种性格优势。包含正向、反向计分题目，每个题目均采用 Likert 式 5 点计分。

（13）VIA-Youth-96：简短版青少年的自我报告式问卷，共计 96 道题目，每个分量表有 4 道题目，测量 6 类美德和 24 种性格优势。包含正向、反向计分题目，每道题目均采用 Likert 式 5 点计分。

（14）VIA-RTO：Peterson 等人开发的 VIA-RTO（Values in Action Rising to the Occasion Inventory）是一种结构式访谈问卷，这一版本的问卷运用较少。

有兴趣的读者可以通过 www. viacharacter. org 对自己的性格优势进行

免费测评。该网站是美国 VIA 性格研究院的官方网站。参与者首先需要在网站上注册，提供基本的人口统计学信息，包括年龄、性别、受教育程度、国籍，然后完成 VIA 优势问卷。VIA 性格研究院的网站提供了 40 种不同语言的 VIA 版本，供来自不同国家的参与者作答。个人的性格优势档案也会在测评结束后反馈给参与者。VIA 性格研究院的网站上还提供了对每种性格优势核心概念的解读以及相应的练习、相应的歌曲和电影等，以帮助想要提升自身性格优势的用户。但需要注意的是，目前这些工具的心理测量学特征并没有以学术论文形式在学术期刊上进行公开发表与报告。

2002~2012 年，总共有来自 75 个国家和地区的 1063921 名 18 岁以上的成人通过 VIA 性格研究院的网站参与了调查。McGrath（2015a）分析了这些数据，结果显示，各国样本在性格优势的排序上具有非常显著的一致性。具体来说，"诚实"、"公平"、"善良"、"好奇心"和"批判性"在 50 个国家的样本中都排在前五位，它们被看作全人类最认可的性格优势，其中"公平"在 75 个国家和地区的样本中都是排在前五位的性格优势之一。此外，仅次于这五个性格优势的是"爱与被爱的能力"，这一性格优势在 20 个国家和地区的样本中排进了前五位。"谦逊"和"自我调节"在 75 个国家和地区的样本中都排在倒数几位，"审慎"和"灵性"也在超过 50 个国家和地区的样本中排在倒数五位。此外，"热情"在 23 个国家和地区的样本中也排进了倒数五位。在该样本中，有 16069 名中国成年人参与了在线调查，结果显示，排在前五名的"首要优势"（Top Strengths）依次是"诚实""公平""对美和卓越的欣赏""爱与被爱的能力""感恩"；排在最后五位的性格优势依次是"洞察力"（第 20 位）、"谦逊"（第 21 位）、"热情"（第 22 位）、"灵性"（第 23 位）、"自我调节"（第 24 位）。需要特别指出的是，性格优势的排名仅仅是相对而言，排名较低的优势绝对不意味着就是个体"劣势"，其只是相对于个体的其他优势而言，优先度略靠后。

但是，VIA 优势问卷的跨文化一致性需要证据支撑。因为 VIA 优势问卷的编制过程及测量学证据的收集所选取的被试均是受西方传统文化熏陶的成年白人，尽管分类系统及其测量工具在编制时考虑到了不同文化和传统的影响，但这些文化和传统也是经由受过良好高等教育的白人学者所认知建构起来的。因此，VIA 优势问卷在西方文化背景下能够测量个体的性格优势，那么在其他文化，特别是与西方文化差别较大的东方文化下，其测量水平又如何呢？

早年，日本的 Otake 等（2005）开发了日文版的 VIA 优势问卷。该研究以 778 名在校大学生为被试，选取的测量工具包括日文版的 VIA 优势问卷、主观快乐量表（Subjective Happiness Scale）、一般健康问卷（General Health Questionnaire）、NEO 五因子量表（NEO Five-Factor Inventory）。数据分析显示，日文版量表具有非常高的内部一致性系数和再测信度，以 NEO 五因子量表为效标，相关性分析结果显示各个分量表之间相关显著；各优势与主观幸福感、一般健康也呈正相关趋势（Otake et al.，2005）。我们的一项早期研究以 837 名大学生为被试，对中文版 VIA 优势问卷在中国大学生群体中的适用性进行系统评估，统计分析结果显示，中文版 VIA 优势问卷的内部一致性系数、重测信度基本在 0.7 以上，说明该问卷具有较好的信度（段文杰等，2011）。然而，六大美德的结构效度较差，会聚效度与区分效度的结果也显示，性格优势与其相应的、非相应的美德之间的关系混杂（段文杰等，2011）。也就是说，原有的六因子模型的划分并不适合中国大学生群体，各个测量指标之间存在一定的重叠。

进一步的研究发现，虽然 VIA 优势分类系统及其相应的测量工具均在理论上认为 24 种性格优势可以聚合为 6 类，但至今没有严格的实证证据支持这一点。我们梳理了德国、美国、印度、克罗地亚、澳大利亚等国家和非洲地区研究者基于 VIA 优势分类系统探索出的基本结构，均得出一个比较简单的结构（2~5 个因子，见表 1-3），少于理论构想的 6 个类别（段文杰、谢丹、李林、胡卫平，2016）。

比如，目前最接近六因素理论模型的是 Peterson 等人探索出的五大因子，包括人际、坚毅、认知、节制和自我超越，分别对应于 VIA 优势分类系统中的公正、勇气、智慧、节制和自我超越（Peterson, Park, Pole, D'Andrea, & Seligman, 2008）。克罗地亚的 Brdar 等人采用同样的方法，调查了 881 名在校大学生，通过分析得出人际优势（Interpersonal Strengths）、坚毅（Fortitude）、活力（Vitality）和谨慎

（Cautiousness）四个因素（Brdar & Kashdan, 2010）。再如 Shryack 等人探索出一个三因素模型，包括自恃（Self-assuredness）、社交（Sociability）和自觉性（Conscientiousness）（Shryack, Steger, Krueger, & Kallie, 2010）。为什么会出现不一致的结果？我们认为，在获取 VIA 优势分类系统及其测量工具跨文化一致性的证据时，有一些关键问题必须得以澄清。

表 1-3　部分实证研究中优势分类系统的基本结构

研究者/ 国家（地区）	分析方法	样本量与特征 （人）	平均年龄 （岁）	因子数 （个）	因子名称
McGrath（2014）/ 美国	正交旋转主成分分析	成年人；458998	34.40	5	人际优势（Interpersonal Strength）、情绪优势（Emotional Strength）、智力优势（Intellectual Strength）、克制优势（Restraint Strength）、未来导向优势（Future Orientation Strength）
Azañedo, Fernández-Abascal, and Barraca（2014）/西班牙	正交旋转主成分分析	成年人；1060	32.72	5	情绪优势（Emotional Strength）、人际优势（Interpersonal Strength）、克制优势（Strength of Restraint）、灵性优势（Theological Strength）、智力优势（Intellectual Strength）
Littman-Ovadia and Lavy（2012）/以色列	正交旋转主成分分析	成年人；635	27.00	5	克制优势（Restraint Strength）、人际优势（Interpersonal Strength）、智力优势（Intellectual Strength）、情绪优势（Emotional Strength）、灵性优势（Theological Strength）
Ruch et al.（2010）/德国	正交旋转主成分分析	成年人；1674	42.20	5	情绪优势（Emotional Strength）、人际优势（Interpersonal Strength）、克制优势（Strength of Restraint）、智力优势（Intellectual Strength）、灵性优势（Theological Strength）
Singh and Choubisa（2010）/印度	主成分分析	研究生；123	20.20	5	公民优势（Civic Strength）、自觉优势（Self-assurance Strength）、人际优势（Interpersonal Strength）、智力优势（Intellectual Strength）、灵性优势（Theological Strength）

续表

研究者/ 国家(地区)	分析方法	样本量与特征 (人)	平均年龄 (岁)	因子数 (个)	因子名称
Peterson et al. (2008)/美国	正交旋转主成分分析	成年人;1739	40.00	5	人际（Interpersonal），坚毅（Fortitude），认知（Cognitive），节制（Temperance），自我超越（Transcendence）
Peterson and Park (2004)/美国	主成分分析	成年人;75000	35.00	5	意动优势（Conative Strength），情绪优势（Emotional Strength），认知优势（Cognitive Strength），人际优势（Interpersonal Strength），自我超越优势（Transcendence Strength）
Park, Peterson, and Seligman（2004）/美国	因子分析	成年人;N. A.	N. A.	5	克制优势（Restraint Strength），人际优势（Interpersonal Strength），智力优势（Intellectual Strength），情绪优势（Emotional Strength），灵性优势（Theological Strength）
Brdar and Kashdan（2010）/克罗地亚	主成分分析,主轴因子法,斜交旋转最大似然法	本科生;881	20.90	4	人际优势（Interpersonal Strength），坚毅（Fortitude），活力（Vitality），谨慎（Cautiousness）
Macdonald, Bore, and Munro（2008）/澳大利亚	正交与斜交旋转主成分分析	本科生;123	21.50	4	积极性（Positivity），智力（Intellect），责任心（Conscientiousness），友善（Niceness）
Shryack et al.（2010）/美国	主成分分析	成年双胞胎;332	49.00	3	自恃（Self-assuredness），社交（Sociability），自觉性（Conscientiousness）
Khumalo, Wissing and Temane（2008）/非洲	正交旋转主成分分析	研究生;256	22.50	3	智慧、知识和勇气（Wisdom, Knowledge, and Courage），水平和纵向的亲缘（Horizontal and Vertical Relatedness），节制和公正（Temperance and Justice）

续表

研究者/ 国家(地区)	分析方法	样本量与特征 (人)	平均年龄 (岁)	因子数 (个)	因子名称
Jónsdóttir(2004)/ 荷兰	主成分分析	本科生;523	21.00	3	人性(Humanity), 发展性(Development), 纪律性(Discipline)
Park and Peterson (2010)/美国	正交旋转 主成分分析	成年人;47369	N. A.	2	"头"之美德(Virtues of Head), "心"之美德(Virtues of Heart)

注：N. A. 指无可提供详细信息。

随着积极心理学的发展，质疑声也不断出现。一项综述研究系统论述了四个具体的问题，包括什么是（或者不是）积极心理学、为什么需要且现在需要积极心理学运动、积极心理学的挑战、积极心理学的未来，旨在为那些对积极心理学持怀疑态度或者对它不熟悉的人解释积极心理学，回应对积极心理学运动的批评，以及预测这个领域的发展方向。该论述阐明了积极心理学所研究的是有助于个体、团体和组织发挥最佳功能的条件和过程（Gable & Haidt, 2005），它是一个根源于西方且相对较新的心理学思潮。

同时，该研究还着重指出文化在积极心理学研究中的作用：有趣且重要！因为文化和其他方式一样塑造了我们的行为。然而，因为文化是一个复杂而动态的结构，所以它不断被提及，不断向社会科学的相关研究提出挑战。当研究涉及中国文化或中国人时，往往变得更加困难，因为这关系到另一个深层次的难点，即中国文化的多维性质。这种多维性质使得在定义和搭建中国文化下的概念框架时容易产生分歧，进而对某些文化和/或跨文化变量的解释产生差异。因此，和其他领域一样，在更广泛的社会和文化背景下，非西方文化下建构的积极心理结构面临的一个主要挑战就是如何运用与本土文化相关的、适切的方式去研究。

积极心理学是在全球化时代发展起来的，自其诞生以来，世界各国都在不遗余力地推进其发展。一项旨在探讨积极心理学文化敏感性的研究通过对积极心理学的框架、为积极心理学做出贡献的多元文化影响因素、积极心理学的多元文化影响的相关研究进行文献综述与分析，发现积极心理学的理论是创新且具有突破性的，需要更仔细地研究这个领域的价值观和意识形态。西方的意识形态和假设构成了积极心理学的全部基础，这使得研究和实践几乎不可能超越西方文化，但实际上，不同的文化以不同的方式定义自我，以不同的方式体验情感，并拥有一系列不同的价值观。实则文化差异存在于人们的价值观、情感以及他们如何定义自我之中，积极心理学尚未描绘出所有不同文化背景下的文化差异性，缺乏文化的敏感性。因此，我们应该更多地了解文化在塑造积极心理学结构和测量工具方面的作用，该领域需要实现文化敏感性的各个方面，但这种敏感性首先需要从专业人士开始（Kubokawa & Ottaway，2009）。

因此，接下来讨论在进行跨文化研究时需要注意的几个关键问题，即概念特异性、结构稳定性和文化适应性。

一　概念特异性

在非西方文化中进行社会科学相关的跨文化研究，我们首先会面临语言的问题。多年来，我们将翻译和回译（Forward-translation and Back-translation）法作为译制有效的非英语版本心理学量表题目的黄金标准。世界卫生组织（World Health Organization）也发布了相应的指南（Wild et al.，2005；World Health Organization，2011）。其翻译和文化适应小组（Translation and Cultural Adaptation Group，TCA 小组）通过对现有实践证据、文献和指导方针的回顾，在明确了当前方法和已发布的指导方针普遍缺乏一致性指导原则后，提出了一种从全面视角出发的良好实践的原则（Principles of Good Practice，PGP），以指导更好的跨文化翻译，从而使得不同文化背景下的问卷之间具有意义等价性。通常遵循以下步骤。

（1）由一位双语翻译者将英语问卷转化为第二语言。

（2）由另一位不知道英文原版问卷的双语翻译者将已经转化为第二语言的问卷回译成英文。

（3）两位翻译员和其他对该领域（如积极心理学）有专业性理解的专家进行三方会议，对照两个英文版本，修正第二语言版本，以解决翻译过程中产生的任何表达不充分的问题。

（4）之后再进行定性访问和预测试以确定最终版本。

    这一过程要求翻译人员和专家小组成员着重注意的是他们所要翻译的概念，而不仅仅是一个词或短语的字面意思（World Health Organization，2011）。因此，研究人员必须具备相关概念的专业知识才能实现这一目标。

    然而，在积极心理学领域运用这些原则时，可能会变得更复杂。因为积极心理学中的一些术语比较新，可能在其他语言中暂时无法找到等价的术语。更重要的是，积极心理学是近年来才开始在非西方国家发展的，因此，很少有其他国家的研究人员对积极心理学的基本概念有全面的了解。在中国内地的积极心理学文献中，字面翻译并不罕见。例如，"Positive"一词，即便现在我们已经习惯将其翻译为"积极"，并且获得了广泛的认可和使用，但事实上，"积极"一词是具有特定汉语含义的，尤其是它还代表了"积极主动"和"活力"。但这很可能与"Positive Psychology"的核心主题并不一致。在中国的香港地区，学者们将"Positive"一词翻译成"正向"，并且用"向上"（即超出零和）来揭示"正向"的内涵，从而区分了这一新的心理学流派和侧重于修正心理问题的传统心理学流派。遗憾的是，这个翻译并未在所有华语社区得到普遍接受。

    除了语言等价性之外，我们所研究概念本身的内涵在不同的文化中也可能不同。在不同文化中对同一概念进行研究的一个重要目标，就是要确定这个概念的衡量标准在两种文化中是否相同。换句话说，建立概念上的等价性意味着研究者应该确保不同文化群体对调查中的同一概念的理解是相同的（Barofsky，2000；Cole & Maxwell，1985；Corral & Landrine，2009；Matsumoto & Yoo，2007）。已有研究探讨了不同语言体系中概念解释的差异，该定性研究旨在探索不同文化背景的人如何压抑自己的情绪，并如何运用概念解释情绪抑制。在对情绪调节、西方人群情绪压抑的定量测量、文化对压抑的影响、跨文化测量等价性等相关文献进行回顾的基础上，利用嵌入式混合方法，以扎根理论为定性研究框架，筛选出了30个研究对象。利用情绪调节量表（Emotion Regulation Questionnaire）和自我构念量表（Self-Construal Scale）并结合半结构式访谈探究了人群对术语使用的差异性，结果表明，尽管来自不同文化背景的个体倾向于在相似的环境状况中使用情绪抑制，但他们的情绪抑制概念、他们用来抑制情绪的策略、他们如何解释情绪抑制的术语，以及他们对这些术语的反应是不同的。例如，在中国文化中，"喜极而泣"是普遍使用的词语，但在西方文化中，被调查者可能不理解为什么题目中会在兴奋的情绪（积极的）反应里出现"哭"（消极的）这一选项；另外，在面对情感问题时，"你最想要去的地方"选项设置里有"最想要去酒吧"这一选项，可能对于其他文化背景的人来说不太恰当，此时我们可以根据不同文化背景将这一选项设置成符合其文化背景的具有相似功能的地点，在中国文化中，比较贴切的概念可以转换成"最想要去买醉"（Haboush，2013）。以某一特定文化群体为基础设计的题目或许仅仅能够被这一特定文化群体所理解，因此，当一个问题被翻译为另一种语言时，需要注意概念等价性的问题。

接下来我们想通过对"幸福感"这一概念的讨论，来具体解释不同文化中概念特异性的问题。

是什么构成了幸福感呢？一篇文献综述就幸福本质问题从四个方面对目前有关的研究进行了回顾总结。首先是回顾了关于幸福感的两个普遍性观点，即"快乐论"（Hedonic）和"实现论"（Eudaimonic）；其次是对幸福心理学中的研究主题进行了总结，主要包括个性、个体差异和幸福，情绪和幸福，身体健康和幸福的关系；再次是对幸福感前因研究的总结，如社会地位和财富是幸福的预测因子，依恋、情感联系和幸福的关系，目标追求和幸福的关系，等等；最后是对不同时间和地点的幸福感差异的整体回顾，主要包括生命周期与幸福感的关系，文化对幸福感的影响。分析结果表明幸福感是一种复杂的结构，它涉及最佳的体验和功能，目前关于幸福感的两个普遍性观点，即"快乐论"和"实现论"，产生了不同的研究焦点和知识体系，这些知识在某些领域是发散的，而在另一些领域则是互补的（Ryan & Deci，2001）。

"快乐论"的观点从愉悦和享乐的角度定义了幸福感，而"实现论"认为，幸福感本身并不是自我幸福，而是人类潜能的实现（Waterman，1993）。将幸福与快乐等同起来的观点已经有了很长的历史，公元前4世纪的希腊哲学家亚里斯提普斯告诉我们，人生的目标是体验最大限度的快乐，而幸福是一个人快乐时刻的总和。他早期的享乐主义哲学也被许多人追随。比如霍布斯认为，幸福在于成功地追求人类的欲望，而另一些学者认为，追求感觉和快乐是人生的终极目标（Ryan & Deci, 2001）。"快乐论"的幸福观，通常会通过多种形式进行表现，既包括相对狭隘的身体享乐，也包括对欲望和自我兴趣的广泛关注。根据"实现论"观点，如果一个人认为他所做的事情"值得"，那么即便是进行过程不愉快的活动，个体仍然会感受到高水平的幸福感，因为他们认为这一活动提升了自我乃至整个社会的福祉。亚里士多德认为以享乐为目的而追求幸福是一种庸俗的思想，容易使人类成为欲望的追随者。相反，他认为真正的幸福体现在美德之中，即做值得做的事。对享乐需求满足所产生的主观感受和满足感只会带来短暂的快乐，而根植于人类本性且有益于人类成长的需求的满足才是幸福。换句话说，在纯粹的主观感受需求和客观有效需求之间，前者对人类的成长有害，后者则是符合人类本性的要求。并不是所有欲望和结果的实现都会产生幸福感，有时候即使有一个快乐的经历，但结果是不利于人类成长的，这也不能给人带来幸福感。因此，"实现论"观点认为快乐并不等同于幸福（Niemiec & Deci, 2001）。

在积极心理学中，幸福感的概念化集中体现在 Diener 等人对主观幸福感（Subjective Well-being, SWB）的研究中（Diener, 2000; Diener & Suh, 2000）。一项实证研究首先简要介绍了中国的地理、气候、人口、经济、政治、文化、公共卫生和环境，接着通过一个概念模型描述了生活方式、价值优先级和生活满意度直接或间接地影响人们对生活质量的感知，然后使用 2006 年亚洲民主动态调查数据，以检验中国人的主观幸福感。主观幸福感通过幸福、快乐和成就等能够被感知的维度来衡量。在这个检验过程中，主要使用了回归分析。首先，该实证研究通过数据分析了中国人的生活方式，以及人口特征对其生活方式的影响；其次，确定最看重的资源和活动类型，以及人口特征如何影响价值优先级；最后，对生活质量以及它的具体组成部分，即幸福、快乐和成就进行评估，构建了一个模型以反映中国人生活质量的影响因素。不管是上述关于中国人生活质量的实证研究，还是以幸福感为主题对中国学者发表的中文期刊论文进行检索，自 1999 年起的大约 800 篇论文和 10 个主要领域都表明，主观幸福感已经成为中国社会研究幸福感最有力的模型之一（Bian，Zhang，Yang，Guo，& Lei，2015；Chen & Davey，2008；Sun，Chen，Johannesson，Kind，& Burström，2016）。

然而用"快乐论"的观念来概念化中国人的幸福感是否真的合适呢？在之前的研究中，Suh、Diener、Oishi 和 Triandis（1998）分析了第二次世界价值观调查（World Value Survey Ⅱ）的数据，参与者包括来自 41 个国家的 26877 名男性和 28728 名女性，在众多问题中重点选择研究与情感体验和生活满意度相关的题目，即情感平衡量表（Affect Balance Scale）和"这些天所有的事情都考虑在内的话，你对你的生活有多满意"，主要使用相关分析来进行数据探索。根据他们的报告，积极情绪是预测个人主义社会（如美国）语境中的主观幸福感的重要因素，而社会规范在预测集体主义社会（如中国）语境中的主观幸福感时显示了和积极情绪同等的重要性。在集体主义社会中，为了孩子的教育而努力工作，受苦受累的父母们的积极情绪会相对低落，但是他们认为自己这样做符合社会规范。因此，尽管自身承受着痛苦，这些家长还是可能会报告高水平的幸福感。由此可以发现，如果不同文化（个人主义和集体主义）的人依据不同的行为和价值观（积极情绪和社会规范）来定义和构建幸福感，就会造成概念等价性问题（Leong，Leung，& Cheung，2010），不等价的概念之间难以进行跨文化比较。概念等价性是指在目标文化中代表相同态度和行为的概念具有可比性。可以认为，"快乐论"观点下的幸福感以自我为中心，可能无法诠释中国人对幸福感的认知。

Hofstede（1980）认为在非西方文化中开发心理测量工具主要有三种方法：（1）文化客位（Etic）方法；（2）文化本位（Emic）方法；（3）兼顾文化共通性与文化特殊性的方法（Combined Etic-Emic Approach）。文化客位从根本上说，认为研究中的概念具有文化自由性（Culture-Free），表明了世界文化的共通性。文化客位方法有两个强有力的假设：（1）被界定的概念及开发的测量工具能够有效地在另一个新的国家或另一个正在解读的文化现象中起作用；（2）概念及测量工具常作为一种有效的方式和有力的证据来比较两国或两种文化（Olavarrieta，2010）。文化客位方法的基础理论是从西方发展而来的，在西方社会具有普遍性和概括性。

在研究非西方人群时，研究人员只需要简单地翻译西方开发的工具，就可以直接将该工具应用于非西方人群。虽然文化客位方法已经占据了主导地位，但这种方法没有考虑到文化对非西方群体的影响。文化本位是指某一个概念仅仅在一个社会或一种文化当中适用。文化本位方法认为行为是具有文化特征的，文化具有特定性（Culture Specific）。

由于对文化的简单化，文化客位方法遭到了一些研究者的批评。反对者提出的改进意见是在将本土文化与其他文化相联系时，需要将文化本位方法和文化客位方法相结合，以获得更高质量的知识，并形成更好的跨文化比较研究（Berry，1989；Church & Katigbak，1988；Hui & Triandis，1985；Wind & Douglas，1982）。例如，智慧及其测量工具。早期智慧的概念被称作本土认知，但显然并不是所有个人和团体都具有相同水平的认知能力，所以第一步是将智慧的概念进行明确界定并发展测量工具进行测量；第二步是在另一种文化下进行同样的测量，在大多数情况下，这都需要语言翻译和文化翻译以体现概念等价性；第三步是检验工具在其他文化背景下的信效度；第四步中，两种主位文化理解被相互关联，形成某种意义上的"客位文化"。该研究通过将文化本位与文化客位方法相结合，概述了实现概念本土化发展的操作框架。另外，在研究菲律宾大学生健康人格概念时，论述了进行跨文化研究方法的四个步骤：（1）识别概念；（2）生成建立在文化适用性基础上的工具项目以评估相关概念；（3）对本位维度的验证（Emic Validation of Emic Dimensions）；（4）寻找普遍通用性维度——客位维度。

运用兼顾文化共通性与文化特殊性的方法来开发测量工具，首先，需要确定在本土和非本土的语境中进行测量的题目是具有文化共通性的，题目可以进行跨文化比较。其次，在建立共通性的基础上，谨慎地加入具有文化特殊性的题目来构建一个兼顾文化共通性与文化特殊性的测量工具。然后，这个新的研究工具应该被检验，以核查其信效度，或者与其他共通性的测量工具相比较，以证明其特殊性题目的独特性。兼顾文化共通性与文化特殊性的方法具有两个优点。第一，共通性的题目与其他成熟的西方测量工具之间具有可比性，而特殊性题目可以最大限度地提高本土测量工具的生态效度。第二，兼顾文化共通性与文化特殊性方法的结果可以在其他文化中进行检验，从而可以促进研究人员开发出适用范围更广泛的概念。

从现有文献来看，生活满意度量表（Satisfaction with Life Scale，SWLS）（Diener，Emmons，Larson，& Griffin，1985）和主观幸福感量表（Subjective Happiness Scale，SHS）（Lyubomirsky & Lepper，1999）是中国学者最常用的两种测量幸福感的方式。

生活满意度量表（Diener et al.，1985）仅专注于评估整体的生活满意度，而不触及诸如积极影响或孤独等相关概念，且被证明在不同年龄组中都具有良好的心理测量特性。目前被广泛用于青少年、大学生、老年人等群体的研究中（Liang & Zhu，2015；Sachs，2003；Wang，Hu，& Xu，2017）。例如，Wang 及其同事（2017）对中国青少年的生活满意度展开了研究。他们将参与者（$N = 2178$）根据户口分为三个不同组别，即城市组、农村组、农村到城市的流动组。在对三组青少年参与者的居住状况和性别分布进行了描述统计分析后，他们对生活满意度量表在不同组中的运用进行了 6 种不变性研究：构型不变性（Configural Invariance）、弱不变性（Weak Invariance）、强不变性（Strong Invariance）、严格的不变性（Strict Invariance）、因子方差或协方差不变性（Factor Variance/Covariance Invariance）、潜变量均值不变性（Latent Mean Invariance）。最后的结果均支持了原量表的单因素的结构，说明中文版的生活满意度量表适用于中国农村户口、城市户口以及从农村到城市的流动青少年，该量表所测量的生活满意度这一因子在三组人群中是稳定不变的，该量表对中国青少年生活满意度的测量具有很高的内部一致性和可靠性。Liang 和 Zhu（2015）运用了积极与消极情绪量表（Positive and Negative Affect Schedule）和生活满意度量表对中国特定时代背景所产生的特殊群体——失地农民进行了幸福感的测量，共 1236 名失地农民参与了该研究。通过对数据进行描述性分析、相关分析和验证性因子分析，他们发现生活满意度量表能够有效反映失地农民的生活满意度。生活满意度与积极情绪呈正相关关系，而与消极情绪呈负相关关系，说明当失地农民的积极情绪越来越强时，他们的主观幸福感会提高；相反，当他们的负面情绪越来越强时，他们的主观幸福感则会下降。Sachs（2003）运用探索性因子分析方法和验证性因子分析方法对生活满意度量表在香港大学生中的适用性进行了验证，同时使用积极态度量表

（Proactive Attitude Scale）、一般自我效能量表（General Self-Efficacy Scale）、心理控制源量表（Locus of Control Scale）对生活满意度量表进行了效度检验，共有123名教育学硕士参与了该研究。结果获得了一个单因子结构的生活满意度量表，该量表在中国香港大学生中同样具有良好的信度和跨文化效度，能够被广泛应用。此外，中国香港大学生所测得的生活满意度数据与美国学生而不是中国内地学生或韩国学生的数据更相似。

　　　主观幸福感量表（Lyubomirsky & Lepper，1999）运用"主观主义"的方法对幸福感进行评价，该量表由4个题目组成，每题都采用7点Likert式评分，从1（不是一个非常开心的人）到7（是一个非常开心的人），分数越高表示被访者的主观幸福感程度越高，该量表的克隆巴赫系数是0.60。在2732名参与者中对其进行验证，在与情感平衡量表（Affect Balance Scale）、高兴－恐惧量表（Delighted-Terrible Scale）、自尊量表（Self-Esteem Scale）、生活取向测试（Life Orientation Test）、积极/消极情绪（Positive Emotionality and Negative Emotionality）、贝克抑郁症量表（Beck Depression Inventory）等进行相关分析的基础上，得出具有较高的内部一致性、稳定性以及良好的收敛效度和判别效度的结论。该量表在学生、家庭、企业员工等群体中被广泛应用（Lin et al.，2010；Nan et al.，2014；Yan，Su，Zhu，& He，2013）。例如，Nan及其同事（2014）以社区居民为样本，将包含4道题目的主观幸福感量表翻译成中文以检验其在中国社区样本（$N = 2635$）中的适用性。通过探索性因子分析和验证性因子分析等统计手段，最终他们得出了与原版量表一致的单维度的因子结构。单因子结构解释了65.3%的总方差，这与德文版主观幸福感量表的总方差解释率几乎完全相同。上述结果说明主观幸福感量表完全适用于中国群体。Yan等（2013）在研究大学生群体核心自我评估对生活满意度的影响时，将主观幸福感量表用于评估中国大学生群体的幸福感程度。他们直接采用了Lyubomirsky和Lepper（1999）开发的主观幸福感量表，研究结果显示，中国大学生群体的主观幸福感与生活满意度之间呈显著的正相关关系（$r = 0.238 \sim 0.311$，$p < 0.01$）。中介分析的结果显示，核心的自我评估通过主观幸福感来提高生活满意度，说明提升主观幸福感是提高生活满意度的一条可能的路径。

　　尽管这两个量表都已经得到了验证和广泛使用，但我们可以看到，这些量表中的题目都只关注了受访者对自己的评价，侧重于"我"而不是"我们"。例如，"我的生活状态很好"、"我对我的生活很满意"、"到现在为止，我已经得到了在生活中我想要得到的重要东西"（生活满意度量表；1 = 非常不同意，7 = 非常同意）、"总的来说，我认为自己……"、"与我大多数的同伴相比，我认为自己……"（主观幸福感量表；1 = 不是一个非常开心的人，7 = 是一个非常开心的人）。Ho 和 Cheung（2007）在其著作中指出这种以"我"为主的提问方法可能无法捕捉到以"我们"为导向的中国人的整体幸福感的概念。他们认为，中国人很难在不考虑别人的幸福感的情况下判断自身的幸福感，因此，他们假设中国人的幸福感存在人际关系维度。

　　为了研究和验证这一假设，Ho 和他的同事（2007）采用了兼顾文化共通性与文化特殊性的方法（Cheung, Van de Vijver, & Leong, 2011），开发了一个中文版的"扩展版生活满意度量表"（Expanded Satisfaction with Life Scale, ESWLS）。这一扩展版的量表，使用了原始的生活满意度量表中被认为具有文化共通性的五个"自我导向"的题目（Diener & Diener, 1995；Diener & Suh, 1999），此外他们还加入了五个"他人导向"的题目（例如，"我的家庭成员的生活状态非常好"）。之后，他们使用这一扩展版量表进行了三次独立研究，以检验中国人幸福感人际关系维度的存在。前两次研究对北京的两个独立样本进行了探索性因子分析和验证性因子分析（样本 1，$N = 296$；样本 2，$N = 485$），并确定了包含六道题目的扩展版生活满意度量表，其中有三道题测量自我导向幸福感（例如，"到目前为止，我已经得到了我生活中重要的一些东西"），另外三道测量他人导向幸福感（例如，"我的家庭成员的生活状态都非常好"）。在一系列研究之后，最终的多组验证性因子分析的结果显示，双因子结构的幸福感模型所测量的来自北京和香港的参与者具有一致的幸福感水平。这与 Sachs（2003）的研究结果是不一致的，但可能更真实地体现了中国社会文化情境中的幸福感水平。

　　总之，中国人可以通过适应社会规范（Suh et al., 1998）、让身边重要的人感到幸福（Ho, 2010）并根据其重要他人的幸福（Ho & Cheung, 2007）来得到高水平的幸福感。相比于"快乐论"，双因子结构的幸福感与"实现论"的联系更为紧密（Niemiec & Deci，2001）。所以，这给我们的启示是，在性格优势的研究中，我们应当使用兼顾文化共通性和文化特殊性的方法来开发灵敏并且符合本土化情境的理论和工具，以此来提高研究的生态效度。

二　结构稳定性

结构稳定性在统计学层面体现为度量等价性。度量等价性是指问卷或量表的题目在不同文化群体的测量中存在相似的统计属性（Hui & Triandis，1983；Okazaki & Sue，1995；Straus，1969；Van de Vijver & Leung，1996）。换言之，当我们在开发中文版的量表时，中文的量表与原始英文版量表应当具有相同的心理测量属性。例如，100 个白人参与者的测试分数能够与 100 个墨西哥裔美国人的测试分数以同一种统计测量工具来解释，那么该种工具就存在度量等价性。有学者提出，西方学者在对美国少数族裔的研究中，度量等价性常常被忽略，尤其是在测量量表不需要进行翻译的情况下，但如果这种测量工具不适用于这一少数民族群体，那么使用不适用的统计学测量分析得到的分析结果则会存在偏差，所得结论也是不可靠的（Okazaki & Sue，1995）。也就是说，由于人们很少注意到心理研究中种族和文化的差异问题，所以在对少数民族的评估研究中会面临多种方法和概念上的挑战。对少数群体的研究报告应包含更详细、更全面的抽样讨论和抽样方法，以及考虑采用多种措施和多种评估方法测量收敛效度等，因此需要提出新的指导方针以解决这些统计学问题。我们在进行中国人性格优势研究时，更应当注意度量等价性的问题。在这之前，我们将以创伤后成长量表（Posttraumatic Growth Inventory）的多样本验证性因子分析来具体说明度量等价性的问题。

创伤后成长（Posttraumatic Growth，PTG）这一术语最初由 Gullickson（1997）提出，用以表示创伤事件后可能发生的积极的心理变化。最早被开发和验证的创伤后成长量表（Posttraumatic Growth Inventory，PTGI）是一个具有五因子结构的量表（Tedeschi & Calhoun，1996）。这个量表及其因子结构是研究者通过对受到多重创伤事件的美国本科生样本进行探索性因子分析而得出的。其五个因子分别是：（1）与他人的联系（Relating to Others）；（2）新的可能（New

Possibilities）；（3）个人优势（Personal Strength）；（4）精神变化（Spiritual Change）；（5）生活感悟（Appreciation of Life）。

虽然量表的开发是在非临床人群（即大学生）中开展的，但研究结论也在临床患者中得到了证实，如癌症患者、慢性疾病患者、车祸事故者。例如，为验证创伤后成长量表在加拿大的跨文化适用性，研究者在加拿大通过社区、网站、诊所招募了患有关节炎（$N=301$）和炎症性肠病（$N=544$）的参与者，问卷包括创伤后成长量表，以及参与者的基本人口信息、疾病类型、诊断年份、感知症状的严重程度和疾病困扰。感知症状的严重程度使用问题"在过去的六个月里，要衡量症状的严重程度，你如何描述你的症状"，疾病困扰使用问题"一般来说，你受关节炎或炎症性肠病的折磨有多痛苦"来进行评估。用最大似然估计协方差矩阵测量了因子结构、测量不变性和潜变量均值不变性之后，该研究表明，五因子结构的创伤后成长量表可应用于慢性疾病患者（Purc-Stephenson，2014）。同样在加拿大的另一项研究（Brunet，Mcdonough，Crocker，& Sabiston，2010）在乳腺癌幸存者（$N=470$）群体中使用了创伤后成长量表，同时测量了该群体的人口统计学变量和医学相关的变量，如年龄、身高、种族、接受治疗的类型、受教育水平、就业状况，以及自诊断和最后治疗以来几个月的情况。因子结构、测量不变性和潜变量均值不变性的分析结果表明，创伤后成长量表的上述五因子结构可以应用于乳腺癌幸存者群体。该研究的后续多组验证性因子分析（MG-CFA）也表明，创伤后成长量表在跨年龄组、治疗类型、患病时长以及自上次治疗以来的时间等不同组别中具有不变性。此外，五因子结构的创伤后成长问卷量表可以应用于诸如机动车事故幸存者和汽车事故幸存者等车祸事故者群体（Nishi，Matsuoka，& Kim，2010；Wu，Leung，Cho，& Law，2016）。例如，一项研究用创伤后成长量表、修订后的事件影响量表（Impact of Event Scale Revised）以及连贯性感觉量表（Sense of Coherence Scale）对日本机动车事故幸存者（$N=118$）进行了横断面研究（Nishi et al.，2010），探讨创伤后成长中对生活的欣赏等因素与创伤后应激障碍的关系，以及个人优势等因素与心理弹性的关系。数据分析结果表明，创伤后成长量表能够良好地应用于该群体当中，创伤后成长中对生活的欣赏等因素与心理弹性正相关，这可能是成功应对创伤的结果；而创伤后成长中的个人优势等其他因素则与创伤后应激障碍正相关，这可能是长久努力应对痛苦的结果。除此之外，创伤后成长量表在受到过多重创伤事件的样本中也是有效的（Taku, Cann, Calhoun, & Tedeschi, 2008），包括在伊拉克或阿富汗境内经历过战斗的现役士兵（$N = 3537$）（Lee, Luxton, Reger, & Gahm, 2010）与经历过智利地震的成年人（$N = 1817$）（García & Wlodarczyk, 2016）。2010 年，以智利震区的灾民为对象的研究首先对创伤后成长量表进行了探索性因子分析以检验其因子结构，再通过多组验证性因子分析明确因子拟合指数，然后通过与心理健康量表、感知到的事件严重程度变量以及创伤后症状变量进行皮尔逊相关分析得到效标效度。研究结果表明，五因子模型在经历过智利地震的成年人样本中也具有良好的心理测量学属性。

然而，不难发现，在上述研究中，大多数参与者都是白种人。例如，在乳腺癌幸存者的研究中，94.5%的患者是白人（Brunet et al. , 2010）；同样，对于现役士兵的研究中，75.5%的参与者是高加索人（白种人）（Lee et al. , 2010）。所以我们需要进一步在多元文化中进行调查和研究，以探讨这些研究结果能否推广到其他民族或其他文化中。

由于近几十年全球创伤后成长研究的普及，创伤后成长量表已被翻译成多种语言，但在跨文化的研究中，学者们发现该量表具有不同的因子结构。例如，在一组以中国精神科门诊患者（$N = 157$）为样本的研究中，利用修订后的事件影响量表、贝克抑郁量表、状态和特质焦虑量表（State and Trait Anxiety Inventory）作为与创伤后成长量表相关的测量工具。通过主成分分析、探索性因子分析和相关性分析方法最终确定了中文版创伤后成长量表具有可接受的信度和效度，但中文版创伤后成长量表的五因子模型无法在中国样本中被验证（Ho, Chan, & Ho, 2004）。随后，在使用了探索性和验证性因子分析之后，中国学者提出了中文版创伤后成长量表的四因子模型：（1）自我（Self）；（2）精神（Spiritual）；（3）生活导向（Life Orientation）；（4）人际关系（Interpersonal Relationships）（Ho et al. , 2013）。虽然日本学者也得出了不同于五因子的结构，但是与中文版创伤后成长量表也不同。他们对具有多重创伤事件经历的日本本科生的样本进行探索性和验证性因子分析之后发现，日文版创伤后成长量表呈现另一个四因子模型：（1）与他人的联系（Relating to Others）；（2）新的可能（New Possibilities）；（3）个人优势（Personal Strength）；（4）精神变化和生命感悟（Spiritual Change and Appreciation of Life）（Taku et al.，2007）。此外，还有学者以德国本科生和内科诊所的患者为样本验证德文版创伤后成长量表的因子结构时，只获得了五个原始因子中的四个（Maercker & Langner，2001；Powell，Rosner，Butollo，Tedeschi，& Calhoun，2003）；在对美国拉脱维亚移民的西班牙文版创伤后成长量表的研究中，发现量表是三因子结构：（1）人生哲学（Philosophy of Life）；（2）个人积极生活态度（Self Positive Life Attitude）；（3）人际关系（Interpersonal Relationships）（Weiss & Berger，2006）。而在对西班牙重症监护室孩子父母的创伤后成长测量时发现，三因子结构更有效，其三因子结构分别是：（1）个人成长（Personal Growth）；（2）人际成长（Interpersonal Growth）；（3）超越个人成长（Transpersonal Growth）（Rodríguez-Rey，Alonso-Tapia，Kassam-Adams，& Garrido-Hernansaiz，2016）。可见，基于美国人群开发的创伤后成长量表似乎不能在亚洲人口或者欧洲人口中直接使用。

上述研究表明了在跨文化研究中测量工具度量等价性问题的重要性。除此之外，在中国进行研究时，我们还应当考虑地区差异。众所周知，即使拥有同样的语言，不同地区的中国人在传统和文化方面也会有差异。例如，中国台湾和中国香港地区都用繁体中文作为书面语言，但这两个地区又有着非常不同的历史和社会文化背景。香港更偏向于西方化，而台湾则更倾向于维持中国传统观念。因此，以香港人群为样本构建的中文版创伤后成长量表的因子结构可能无法在台湾人群中直接使用。事实上，同一国家不同地区的群体差异不仅在中国存在，在其他国家，如美国的文化群体之间、不同族裔之间也可能存在，所以度量等价性问题至关重要。

为了研究这一问题，Ho 等（2013）使用多样本验证性因子分析技术去考察来自香港（$N = 223$）和台湾（$N = 248$）的癌症幸存者之间创伤后成长量表四因子结构的度量等价性。首先，研究人员将 Tedeschi 和 Calhoun（1996）提出的因子结构的拟合优度与 Ho 等（2004）得出的结果进行了比较。从香港和台湾的样本中得到的结果［卡方 χ^2（170）= 425.40，调整后的拟合优度指数 AGFI = 0.83，比较拟合指数 CFI = 0.90，近似误差均方根 RMSEA = 0.06］比 Tedeschi 模型［卡方 χ^2（358）=

1088.27，调整后的拟合优度指数 AGFI = 0.75，比较拟合指数 CFI = 0.83，近似误差均方根 RMSEA = 0.07] 更好。上述结果表明，相比于原始五因子结构的创伤后成长量表，Ho 等（2004）开发的本土化的四因子结构更适合香港和台湾地区的中国人样本。然后，研究者将香港样本与台湾样本进行了比较。结果表明，台湾样本的第 15 题（"对他人有同情心"）在"人际关系"（Interpersonal Relationships）上的载荷高于香港样本。因此，研究者推断，相比香港的癌症患者，对于台湾癌症患者而言，"对他人有同情心"在人际关系中更为重要。不过，尽管第 15 题的因子载荷有所不同，但总体上不影响整体模型，也不影响中文版创伤后成长量表的信效度，因此研究人员建议在区域间研究中采用包含第 15 题的完整版的中文版创伤后成长量表，而在使用繁体中文的地区内部进行比较研究时，可以删除第 15 题。此外，通过比较发现，台湾患者的创伤后成长在精神和人际关系上与香港患者存在显著差异，但在自我和生活导向上没有明显的差异。这可能就是社会文化背景不同造成的差异。

总之，上述研究结果表明，我们不能轻易地认为创伤后成长量表的不同翻译版本之间的度量是等价的。而多样本验证性因子分析为验证跨文化性格优势中的度量等价性提供了一种可行而且有效的途径。

三　文化适应性

在一篇综述类文章中，Suinn 探讨了文化适应的测量、适应与身体健康（吸烟、饮酒）、适应与心理健康（心理调节、抑郁、自杀）、适应和学校表现、适应和咨询或心理治疗、对研究人员的建议（性别、中介变量、测量：隐性和显性工具）以及对从业者的建议（匹配、更广泛的问题意识、对特定因素的敏感性）等几个方面，以此回答为什么适应是最重要的，亚裔美国人的身体健康、调适、学校表现以及对咨询或心理治疗的反应是如何取得成效的。研究表明文化适应是个体、群体的价值观、行为和态度等具有文化特色的特征从一种文化到另一种文化的适应、借鉴和变化的过程（Suinn，2010）。

文化适应是影响个体身心健康的一个重要因素。例如，在美国少数族群（如亚裔、拉美裔、非洲裔）成年人吸烟问题的研究中，文化适应是经常被提及的因素之一（Kondo，Rossi，Schwartz，Zamboanga，& Scalf，2016；Landrine & Corral，2016；Shelley et al.，2004）。一项为期一年的纵向研究探讨了移民计划在迁移导致不良影响（如适应压力、生活质量不足和抑郁症）中的中介作用，共有 347 名香港新移民参与此研究。研究使用回归分析来检验计划不周的迁移、适应压力和抑郁症状对生活质量的直接和交互影响。结果表明，从中国内地到香港定居的"新移民"人群常常因文化适应问题而产生抑郁等心理问题（Chou，Wong，& Chow，2011）。另一项研究选择了父母及其孩子都在美国出生的 379 个亚裔家庭作为研究样本，多层次模型、结构模型和多组分析结果表明，家庭成员之间的文化适应水平存在差异，会导致家庭内部的家庭冲突、亲子之间的疏离感、缺乏支持的教养方式等（Kim，Chen，Wang，Shen，& Orozco-Lapray，2013）。

这些例子不仅体现了文化对于个体、群体的影响，也体现了文化在研究中的重要性。更重要的是，这些例子启示我们，个体的文化适应程度还可能影响他们对心理测量工具的反应。Kim、Sarason 和 Sarason（2006）通过隐性评估和显性评估两种方式测量了 230 名韩裔美国大学生和 112 名欧洲裔美国大学生对民族和国家自我概念的认同。隐性评估使用的是一个内隐联想测验的分类任务。具体来说，如果一个参与者（韩裔美国人）对韩国人的态度比对美国人的态度更积极的话，那么相比起与消极属性的词语联结在一起时，当"韩国人"（Korean）这个词与积极属性的词语联结在一起时，这个参与者就能够更快、更容易地完成任务。显性评估采用的是自我报告式量表。研究结果表明，隐性评估和显性评估表现出了不同的结果。在民族身份上，第二代韩裔美国人在显性评估上表现出了中立的身份，但隐性评估的结果显示他们对韩国的认同感更强。可以看出，文化适应水平使个体在不同的心理测量工具中会表现出不同的反应。

有一项研究首先从文化理论出发，系统地阐述了欧洲、美国和亚洲文化中所包含的幸福概念，随后通过实证研究进一步分析中国人的幸福概念。有 202 名大学毕业生参与其中，该研究通过定性分析方法探索他们对幸福概念的理解，用主题分析法对所收集到的与幸福相关的文章进行编码，结果表明，中国大学生的幸福观念更注重集体主义、和谐的相互关系以及心理体验（Lu & Gilmour, 2004）。这个特点在很大程度上受到中国传统文化所维护的幸福观念的影响。中国文化具有多元性，特别是关于幸福的看法。孔庙、道观、寺院是中国哲学和文化最典型和最具影响力的基地，每个教派都对幸福有独特的看法。儒家思想将幸福与一种现实的情感联系在一起，包括与父母同住以及兄弟姐妹之间没有冲突等，强调在追求正义与人性时的理性幸福（Watson, 2007）。道教倡导一种超现实主义的幸福，其特点是与自然和祸福相依一致（LaFargue, 1992）。与此同时，佛教将幸福与涅槃相结合（Huang, 1991）。这些体系各自独立发展，但在一定程度上也相互融合，形成了对现代华人影响力很大的三种不同观点：第一种就是集体主义的幸福，其重点是人际和社会的和谐，但对个体感受的关注较少；第二种涉及一种道德观念（善良）和美学主义（美）；第三种是通过逃避现实追求超然。这些观点部分揭示了中国文化下幸福的三个方面：人际、生活和自我。

　　在研究性格优势时，我们并不是要否认其普遍性。当谈到自我超越时，老子在《道德经》中说道"用其光，复归其明，无遗身殃；是为袭常"；孔子曾说"过犹不及"，这提醒我们，要规范自己的感受和做法（自律）。孔子还提出："三人行，必有我师焉。择其善者而从之，其不善者而改之。"这表明应该全面了解一个人（开放心态），善于向别人学习（爱学习）。但仔细观察 VIA 优势问卷的题目我们可以发现，当这一量表被应用于中国样本，特别是中国大陆农村的个体时，题目列表中描述的某些行为就可能显得很"奇怪"。在某种文化中被认为是优势的行为在另一种文化中可能不被认可。例如，"我从不向外界透露对我的团队不利的事情"（VIA-IS 的第 108 项），这是中国大陆等集体文化中普遍的社会期望，所以该题目在测量中国大陆集体文化背景下的人群的优势时，便会缺乏灵敏度。同样，"我实践我的信仰"（VIA-IS 的第 124 项）这一题目可能也不适合中国大陆人群，因为大多数人是无神论者。此外，那些与宗教信仰紧密相关的题目也是如此，如 VIA-IS 的第 66 项"每天至少有一次，我会停下来细数上帝的恩赐"。另外一些代表西方文化中优势的题目可能会在中国语境下表现为社会不可接受的行为。例如，"当我听到有人说的话很刻薄的时候，我会抗议"（VIA-IS 的第 199 项），这一行为就不能很好地融入中国的社会环境中，因为中国社会文化强调和谐而不是个体的独特性（Kim & Markus，1999）。同样，VIA-IS 的第 15 项（"我在吃健康食品方面没有困难"）可能也不适合一些中国人，特别是那些根本不清楚"健康食品"概念的农村地区的中国人。这些"奇怪"的题目都说明了文化对心理测量的影响，也启示我们在进行性格优势的研究时，必须考虑文化适应性的问题。

第二章　三维度性格优势模型及测量

总的来说，VIA 优势分类系统从心理学和跨文化的角度为研究人类的积极品质，即性格优势，提供了一个宏大的理论框架。大量实证研究发现，这些性格优势与诸多涉及个体积极成长和发展的变量都存在极其显著的关系（见表 2 - 1）。

表 2 - 1　性格优势以及相关变量

性格优势	与性格优势呈正相关的变量
创造力	对新体验保持开放的态度;认知灵活性
好奇心	积极情绪;愿意挑战刻板印象;在工作和娱乐中对挑战的渴望;兴奋/享受/专注;学校参与与学业成就;主观幸福感
批判性	善于解决问题;高认知能力;不盲目听从他人的意见和指挥;更有效地应对压力
好学	更善于驾驭障碍/挑战;自主性;足智多谋;更多的可能性;自我效能感;健康;更有可能看到/接受挑战;低水平的压力
洞察力	成功老龄化;生活满意度;成熟度;开放性;节制;社交能力
勇敢	亲社会倾向;内控性;自我效能感;延迟满足的能力;对不确定性或模糊事物的承受力;风险评估能力;反应能力;参与具有社会价值的活动;与他人建立并保持高质量联系的能力
毅力	成就/目标达成;足智多谋;自我效能感
诚实	积极情绪;生活满意度;对新体验保持开放的态度;同理心;责任心;自我实现能力;亲和力;情绪稳定;努力/目标达成
热情	自主性;与他人的关系;目标达成
爱与被爱的能力	与他人的积极关系;依赖和自主之间的平衡;积极的社会功能;高水平的自尊;对抑郁的易感性;应对压力的能力
善良	一般身心健康;长寿
社交能力	社会功能稳定;人生观;较少的攻击行为;药物滥用发生率较低
合作	社会信任;对人性抱有积极看法
公平	洞察力;自我反省;合作;领导力;利他主义;亲社会行为
领导力	认知技能/智慧;灵活性和适应性;情绪稳定;内控性;整合性;人际交往能力;创造力/足智多谋

续表

性格优势	与性格优势呈正相关的变量
宽恕	亲社会行为；随和性；情绪稳定；更低的愤怒、焦虑、抑郁和敌意
谦逊	洞察力；宽恕；自我调节；实现自我提升目标的能力
审慎	合作性；人与人之间的温暖；社交能力；自信；积极情绪；想象力；好奇心；深刻的见解；身体健康；长寿；乐观；内部控制；高成就/性能；较低的愤怒表达
自我调节	高水平的学术成就；自尊；自我接纳；控制愤怒的能力；安全依恋；对社会关系的高满意度；更低的焦虑和抑郁；更讨人喜欢/值得信任
对美和卓越的欣赏	对新体验保持开放的态度；利他主义；对他人/社群无私奉献；改变/自我完善的能力
感恩	积极情绪；生活满意度；乐观；亲社会行为；更高的心血管免疫功能；长寿；更低的焦虑和抑郁；对新体验保持开放的态度；亲和力；责任心；更少的神经质
希望	成就；积极的社会关系；身体健康；主动解决问题；更低的焦虑和抑郁；责任心；勤奋；延迟满足的能力
幽默	积极情绪；处理压力的能力；创造力；更少的神经质
灵性	自我调节；药物滥用程度较低；积极的社会关系；婚姻稳定；宽恕；善良；同理心；利他主义；志愿与慈善；幸福感；使命感；生活满意度；应对疾病和压力的能力

资料来源：Niemiec，2013a；Park et al.，2004。

　　然而，正如上一章所述，现有文献表明 24 种性格优势的因子结构并不能完全拟合理论框架中的六种分类。在不同国家、不同文化背景下的研究得出了多种不同的结构，包括五因子模型、四因子模型、三因子模型和双因子模型（如 Brdar & Kashdan，2010；Khumalo et al.，2008；Macdonald et al.，2008；Shryack et al.，2010）。例如，Brdar 和 Kashdan（2010）探究了性格优势及其与幸福指数的关系，以 881 名克罗地亚大学生为研究对象，通过二阶主成分分析、平行分析和 MAP 测试（Minimum Average Partial）共同决定因子数，得到了四因子模型，即人际优势、坚韧、生命力、谨慎，随后进行了四因子与其他变量的相关性分析，各因子的意义均得到了有效验证。另有一项以 256 名非洲学生为研究对象的研究，在非洲文化背景下所进行的优势研究使用探索性因子分析得到了三因子模型，且这些因子与幸福指数的相关性分析展现了良好的效标效度（Khumalo et al.，2008）。以 123 名澳洲大学生为对象的研究通过二阶因子分析发现，VIA 优势问卷并不是六因子模型，而是同时出现了一因子和四因子模型（Macdonald et al. , 2008）。还有研究采用 332 个成人样本，采用主成分分析方法，辅之以碎石图和平行分析，最终结果表明三因子或四因子模型均达到模型最优解，而不是理论设定的六因子模型（Shryack et al. , 2010）。

这些不一致的发现意味着性格优势的潜在结构存在跨文化差异的可能性。Kristjánsson（2010）批判性地审视了积极心理学的相关议题，他认为，由于现有的文化和社会规范差异，VIA 优势分类系统中各个性格优势之间的区别实际上不够明确。以前的研究人员在探讨多元文化对心理学有关概念的影响时，已经意识到了在测量诸如性格优势这一类概念时的文化和社会规范问题（Leong et al. , 2010）。在上一章中，我们提到了兼顾文化共通性与文化特殊性的方法是一种可以帮助研究者控制文化和心理因素的可靠方法，采用这一方法能够发展出一种更具有普遍性的性格优势结构模型及其测量工具。接下来，我们将通过一系列研究来探索并逐步构建起一个可能具有跨文化一致性的性格优势模型。

第一节　中国人长处问卷（CVQ）

性格优势是一系列由个体的思想、情感和行为所表现出的积极品质（Peterson & Seligman，2004）。研究者们在全世界各种主要文化和宗教的（如中国的儒家和道教、南亚的佛教和印度教、西方国家的雅典哲学、犹太教、基督教和伊斯兰教）哲学家和思想家的各种著作里，提出了六类核心的美德，这对于美好的生活或培养幸福来说非常重要（Dahlsgaard et al. , 2005）。其后研究者们在每种美德之下进一步提出了 24 种性格优势，分别是智慧（创造力、好奇心、批判性、好学、洞察力）、勇气（勇敢、诚实、热情、毅力）、仁慈（爱与被爱的能力、善良、社交能力）、节制（宽恕、谦逊、审慎、自我调节）、自我超越（感恩、对美和卓越的欣赏、灵性、幽默、希望）和公正（合作、公平、领导力）（Peterson & Seligman，2004）。与这一系统相对应，研究者编制了测量这 24 种性格优势的 VIA 优势问卷（Values in Action Inventory of Strengths，VIA-IS）。

随后，来自不同国家和地区的研究者开发了包括中文版、西班牙语版、日文版在内的 VIA 优势问卷的不同翻译版本，来自不同国家和地区的超过 100 万人在线完成了问卷调查（Biswas-Diener，2006；Linley et al.，2007；Park & Peterson，2010；Park et al.，2004；Peterson，Ruch，Beermann，Park，& Seligman，2007）。随后的研究表明，性格优势与积极的变量呈正相关关系，如快乐（Peterson，2006b）、总体健康（Otake et al.，2005）、幸福感（Park et al.，2004）和生活满意度（Peterson et al.，2007）。热情、希望、好奇心和感恩是幸福开心最有力的预测因素（Shimai，Otake，Park，Peterson，& Seligman，2006）。一些纵向研究也表明，性格优势可以预测未来的主观幸福感（Gillham et al.，2011），识别和运用自己的性格优势是实现幸福的有效策略（Mitchell，Stanimirovic，Klein，& Vella-Brodrick，2009；Park et al.，2004；Peterson，2006b；Peterson et al.，2007；Seligman & Csikszentmihalyi，2000；Seligman，Steen，Park，& Peterson，2005；Wood，Linley，Maltby，Kashdan，& Hurling，2011）。

然而，以前在不同样本中进行的相关研究未能证实 Peterson 和 Seligman 提出的这一结构（Peterson & Seligman，2004）。事实上，在德国、美国、印度、克罗地亚、澳大利亚和非洲这些不同的文化中得出了不一致的结论，包括五因素美德模型（Peterson & Park，2004；Ruch et al.，2010；Singh & Choubisa，2010）、四因素美德模型（Brdar & Kashdan，2010；Macdonald et al.，2008）和三因素美德模型（Khumalo et al.，2008；Shryack et al.，2010）。例如，在最近的一项研究中，Shryack 等（2010）在美国的 332 位参与者中，对 24 项性格优势进行正交旋转主成分分析，并报告了一个由自恃（Self-assuredness）、社交（Sociability）和自觉性（Conscientiousness）组成的三维模型。如果在西方国家不同样本的研究中，积极品质的基本结构是不同的，那么在亚洲国家去探索其基本结构及其不变性便更为重要。

同样的行为（优势）在不同文化中可能代表不同的功能（Cheung et al.，2011；Leong et al.，2010）。这个问题被称为功能等价性和概念等价性，它表明 VIA 优势问卷的一些项目可能不适合具有完全不同文化背景的人。我们知道，东方文化更注重集体主义，西方文化更注重个人主义（Hofstede，1980；Oyserman，Coon，& Kemmelmeier，2002），因此，在东西方文化的碰撞中，VIA 优势问卷的一些项目可能具有不同的效用。此外，以前的研究使用了不同的样本（如本科生、研究生、普通成年人或同卵双胞胎）和不同的因子分析策略来检验 VIA 优势问卷的因子结构，使得结果不能直接相比。探索性因子分析（EFA）在量表修订和改进中的应用必须考虑到这两个因素（Reise，Waller，& Comrey，2000）。

综上所述，我们首先要确定这 24 种性格优势在中国人群体中是否能够聚合成 Peterson 和 Seligman（2004）提出的六因子结构，并在此基础上去评价 VIA 优势问卷题目在衡量中国人性格优势时的适用性和功能等价性。根据世界卫生组织提供的翻译指南和方法（World Health Organization，2011），我们使用了定量分析和认知访谈的方法。

一 CVQ 的开发与因子结构

（一）研究对象

在获得了 VIA 优势问卷开发者 Christopher Peterson 的知情同意后，我们在中国大陆地区开展了 VIA 优势问卷简体中文版的验证研究，来探讨 24 种性格优势是否可以划分为六个类别，以及简体中文版 VIA 优势问卷在衡量中国人性格优势时是否具有与原始版本一样的等价性。

这一研究共分为两个阶段。

第一阶段我们通过网络和班级通知招募了来自西南大学的 839 名本科生参与本研究。样本的平均年龄为 20.62 岁（标准差 $SD = 2.12$，年龄范围为 17 ~ 25 岁）；其中男性 365 人（43.50%），女性 471 人（56.14%），有 3 名参与者没有提供性别信息。在签署知情同意书后，我们通过电子邮件邀请参与者访问 VIA 性格研究院网站（www. viacharacter. org），并于 2010 年 6 ~ 12 月完成 VIA 优势问卷简体中文版的作答。完成后，每个参与者会收到一份个人报告，其中包含个体排在最前面的 5 种优势，并附加说明。我们为每个访问者提供了一个研究代码，用以识别属于本研究的参与者。这一代码由 VIA 性格研究院官方授权，供研究者使用。所有数据均由 VIA 性格研究院下载，经数据整合后通过电子邮件发送给研究者。

第二阶段我们从大学心理健康课程中招募另外 40 名未参加上一阶段研究的大学生（20 名女性和 20 名男性），进行了小组访谈。该样本的平均年龄为 20. 57 岁（标准差 $SD = 0.95$，年龄范围为 19 ~ 23 岁）。学生自愿参加，没有任何形式的报酬。访谈的目的是从参与者那里获得有关 VIA 优势问卷题目的适用性及其在中国语境中含义的反馈意见。为了与第一阶段的参与者类型相一致，被招募到第二阶段的学生也是本科生。然后通过专家小组的形式讨论了访谈的结果，并决定了量表题目的选择。访谈的参与者被随机分为 4 组，每组 10 人。所有访谈都是在研究者的引导下进行的，访谈提纲是基于中国文化背景而拟定的。

（二）研究工具

本研究使用的主要工具是 VIA 优势问卷的简体中文版，该版本问卷由香港大学积极心理学实验室通过翻译和回译程序从原始英文版本中翻译获得。参与者被要求用 5 点 Likert 量表来评价每个题目在何种程度上可以描述他们自身的情况，从"1 = 非常不像我"到"5 = 非常像我"。如前所述，通过求每种优势相应题目的均值，可以获得该优势的得分。

认知访谈包括以下 4 个类型的问题：（1）您是否理解这个题目？您认为这个题目是在询问什么？（2）当您第一次阅读这个题目时您会怎么看？（3）您了解问卷中答案的描述吗？"非常像我"的意思是什么？（其他答案也类似）您选择哪一个？为什么？（4）您可以选择反映您对此题目的真实意见的答案选项吗？为什么？其中，问题（1）和问题（2）考虑的是文化差异性，通过审查参与者对题目的认知理解和解释来评估题目的功能和概念等价性（Cheung et al.，2011）；问题（3）和问题（4）评估参与者是否可以理解指导语和选项的描述。

（三）数据分析策略

我们根据以下策略选择 VIA 优势问卷的题目进行最终分析。

　　首先，分别对 24 种性格优势进行探索性因子分析（每种优势 10 个题目）。因子载荷以 0.6 为分界点，采用这个分界点来决定题目是不是适合载荷到某一特定的优势上（Hair, Anderson, Tatham, & Black, 1998）。Bartlett's 球形检验和 KMO 值用以判断该量表是否适合进行因子分析。结果显示 Bartlett's 球形检验的结果是显著的，KMO 值都在 0.75 以上（范围为 0.75~0.91）。

　　其次，认知访谈被转录为书面形式，并在项目所有研究人员之间进行三角检验，以此来决定后续分析题目的选择。其中一名研究小组成员来自香港，他已经开发了繁体中文版的问卷。其他是中国内地的研究人员，他们熟悉简体中文和中国社会文化情境。所有研究人员都能够熟练使用英语和中文。除了因子载荷之外，我们还在题目选择的过程中充分考虑了每个题目的文化适用性。不符合中国文化的题目，即有悖于社会规范、社会期望、社会背景和测试敏感度低的题目被移除在外，因此最终题目数量少于 240 个。原始的 240 个题目的 VIA 优势问卷可能需要 40 分钟或更长时间才能完成，获得一个较短版本的 VIA 优势问卷可以提升其简洁性和完成效率。类似于 240 道题目的 VIA 优势问卷和其他官方版本，我们决定预先设定每个优势分量表应该具有相等的题目数量。我们希望这将有助于今后在各国不同研究之间进行数据比较，并且在考虑实际应用时，每个子量表中相等数量的题目将有助于控制可能产生的权重问题（Moos, 1997）。根据上述 24 个分量表探索性因子分析和定性认知访谈的结果，我们排除了一些题目。

　　接下来，我们将第一阶段（$N = 839$）中的样本随机分为两个子样本。对第一个子样本进行探索性因子分析，第二个进行验证性因子分析。子样本 1（S1，$N = 420$）的平均年龄为 20.31 岁（标准差 $SD = 1.85$；年龄范围为 17~25 岁）；男性 164 人（39.05%），女性 253 人（60.24%），3 名参与者没有提供有关性别的信息。子样本 2（S2）由 419 名参与者组成，平均年龄为 20.13 岁（标准差 $SD = 1.74$；年龄范围为 17~25 岁）；其中男性 201 人（47.97%），女性 218 人（52.03%）。使用 SPSS 22.0 和 Amos 20.0 进行统计分析。

（四）研究结果

1. 题目的选取

探索性因子分析。在总样本中，我们对每个性格优势分量表进行探索性因子分析，从而根据因子载荷进行初步的题目选择。表 2-2 描述了探索性因子分析的结果。从结果中我们获得了两项重要发现：（1）题目的平均因子载荷为 0.56（标准差 $SD = 0.12$，范围是 0.14~0.78），超过一半的题目因子载荷低于 0.60；（2）除创造力（可解释的方差 = 43.67%）之外，大多数性格优势所对应的 10 个题目累积解释方差低于 35%（平均 = 27.31%）。这些结果表明，一些不适当的题目必须被删除才能改善题目的因子载荷和可解释方差。

表 2-2　对原版 24 种性格优势进行探索性因子分析的结果（$N = 839$）

创造力		好奇心		批判性		好学		洞察力		诚实	
题目	载荷	题目	载荷	题目	载荷	题目	载荷	题目	载荷	题目	载荷
T5	0.781	T7	0.714	T8	0.686	T9	0.691	T5	0.679	T5	0.699
T7	0.763	T9	0.713	T7	0.682	T7	0.684	T10	0.670	T1	0.677
T6	0.760	T5	0.664	T2	0.663	T5	0.669	T8	0.627	T2	0.631
T3	0.703	T3	0.634	T10	0.625	T4	0.628	T1	0.622	T10	0.610
T1	0.697	T1	0.626	T6	0.620	T2	0.584	T2	0.605	T3	0.569
T2	0.661	T4	0.618	T4	0.608	T3	0.570	T9	0.599	T8	0.494
T8	0.641	T8	0.615	T5	0.554	T10	0.562	T3	0.567	T7	0.418
T9	0.569	T6	0.487	T3	0.515	T8	0.533	T4	0.451	T6	0.374
T4	0.495	T2	0.437	T1	0.135	T1	0.530	T7	0.563	T4	0.317
T10	0.452	T10	0.247	T9	0.274	T6	0.506	T6	0.566	T9	0.390
43.669% *		34.403%		31.095%		26.220%		31.175%		24.010%	
公平		领导力		合作		宽恕		谦逊		审慎	
题目	载荷	题目	载荷	题目	载荷	题目	载荷	题目	载荷	题目	载荷
T4	0.690	T8	0.689	T9	0.706	T7	0.671	T4	0.705	T6	0.654
T9	0.680	T5	0.683	T6	0.681	T3	0.667	T7	0.657	T3	0.631
T3	0.651	T3	0.637	T4	0.624	T6	0.652	T9	0.648	T7	0.563
T5	0.644	T1	0.614	T10	0.606	T1	0.633	T10	0.584	T2	0.562
T10	0.627	T9	0.598	T2	0.598	T4	0.591	T1	0.561	T9	0.545

续表

公平		领导力		合作		宽恕		谦逊		审慎	
题目	载荷	题目	载荷	题目	载荷	题目	载荷	题目	载荷	题目	载荷
T6	0.625	T2	0.575	T8	0.586	T8	0.573	T8	0.548	T5	0.478
T8	0.583	T6	0.554	T7	0.575	T2	0.569	T5	0.394	T8	0.450
T7	0.477	T10	0.533	T1	0.549	T5	0.540	T2	0.496	T4	0.441
T1	0.429	T7	0.498	T3	0.512	T1	0.431	T3	0.435	T1	0.317
T2	0.273	T4	0.532	T5	0.490	T9	0.398	T6	0.284	T10	0.259
33.864%		25.817%		24.931%		24.117%		23.344%		20.371%	

勇敢		毅力		热情		善良		爱与被爱的能力		社交能力	
题目	载荷	题目	载荷	题目	载荷	题目	载荷	题目	载荷	题目	载荷
T6	0.687	T8	0.716	T6	0.687	T3	0.667	T6	0.680	T2	0.694
T10	0.609	T9	0.670	T4	0.674	T6	0.642	T2	0.658	T9	0.653
T5	0.576	T4	0.661	T9	0.673	T2	0.631	T9	0.625	T4	0.646
T3	0.574	T5	0.636	T10	0.608	T8	0.623	T8	0.595	T1	0.621
T7	0.551	T1	0.611	T5	0.581	T4	0.612	T3	0.564	T5	0.615
T1	0.535	T3	0.603	T7	0.521	T10	0.597	T7	0.556	T6	0.563
T2	0.512	T7	0.540	T3	0.426	T9	0.556	T4	0.551	T3	0.523
T4	0.495	T6	0.535	T1	0.336	T7	0.483	T10	0.551	T7	0.506
T9	0.442	T2	0.453	T8	0.211	T5	0.482	T5	0.231	T10	0.477
T8	0.325	T10	0.360	T2	0.372	T1	0.437	T1	0.438	T8	0.402
20.774%		34.531%		25.997%		33.414%		25.005%		33.248%	

自我调节		对美和卓越的欣赏		感恩		希望		幽默		灵性	
题目	载荷	题目	载荷	题目	载荷	题目	载荷	题目	载荷	题目	载荷
T3	0.612	T6	0.692	T5	0.707	T3	0.729	T6	0.754	T9	0.730
T8	0.538	T7	0.606	T8	0.664	T7	0.644	T9	0.724	T6	0.723
T10	0.534	T9	0.602	T9	0.662	T2	0.582	T4	0.718	T3	0.686
T4	0.534	T3	0.589	T7	0.642	T8	0.580	T10	0.682	T4	0.626
T2	0.527	T10	0.564	T10	0.630	T6	0.572	T2	0.641	T10	0.589
T9	0.522	T8	0.529	T6	0.627	T4	0.527	T3	0.495	T1	0.480
T5	0.481	T4	0.456	T1	0.573	T9	0.513	T5	0.491	T5	0.459
T1	0.373	T1	0.413	T4	0.537	T10	0.472	T8	0.359	T8	0.394
T6	0.314	T2	0.398	T2	0.507	T5	0.328	T1	0.512	T7	0.432
T7	0.346	T5	0.500	T3	0.447	T1	0.570	T7	0.487	T2	0.388
18.638%		19.867%		25.494%		22.776%		26.539%		26.049%	

认知访谈。通过三方检验，我们删除了一些因子载荷低、不符合中国社会规范的题目。例如，"当我听到有人说卑劣的事情时，我总是会抗议"（勇敢，T9 = 0.442；见表 2 - 2）和"我没有吃健康食物的麻烦"（自我调节，T1 = 0.373；见表 2 - 2），题目因子载荷低，与中国社会规范也不尽相符。我们从题目库中删除了这些题目。此外，一些与宗教有关的题目（例如，"我相信存在统治一切的力量，相信存在一个神"），或者是一些与宗教性质感恩有关的事情（例如，"我每天至少一次停下手头工作进行祈祷"）也被删去。240 项中共删掉了 103 项，其中 137 项被保留。接下来，根据参与者的反馈，另有 27 项在半结构化的团体访谈之后被删除（剩余题目 110 项）。例如，"我会坚持我的决定"在原始的 VIA 优势问卷中旨在衡量"毅力"这一性格优势。但是，17 位参与者（42.50%）并不认为它是对中国文化所阐释的毅力优势的表现，可能体现了固执这一特点。为了避免潜在的歧义，我们将此题目从问卷中删除。应该指出的是，根据访谈的结果，我们保留了一些载荷较低的题目进行进一步探索。例如，"我总是说，该适可而止了"，尽管载荷低（勇敢，T8 = 0.325；见表 2 - 2），但是几乎所有的参与者（92.50%）都赞成这在一定程度上体现了中国传统文化中的勇气优势。

最后，我们删除了一些题目来使得每个优势的题目数量一致。根据因子载荷删掉了 110 项题目中的 14 项，最终的版本包含 96 项题目（每种优势 4 项），以测量 24 种性格优势。这个新修订的问卷被命名为中国人长处问卷（Chinese Virtue Questionnaire，CVQ），以区别于原来的 VIA优势问卷（VIA-IS）。

2. 因 子 结 构

探索性因子分析。在确定了 96 项题目后，我们再次采用了探索性因子分析来检查中国人长处问卷的因子结构。我们在样本 1（$N = 420$）中进行了基于 96 项题目的 24 种性格优势的探索性因子分析。使用方差最大旋转法的主成分分析来提取成分（Shryack et al.，2010）。经过探索，分别提取了三个特征值为 10.612、1.932 和 1.322 的因子，这些因子可以解释总方差的 57.774%（见表 2 - 3）。在 Brdar 和 Kashdan（2010）的研究中，通过主成分分析方法得到的四因子之一的活力因子，所包含的所有性格优势都可以在中国人长处问卷的第一个因子中找到；此外还包含了一些与自恃（Self-assuredness）相关的优势（Shryack et al.，2010）。

这个因子在本研究中被称为生命力（Vitality），解释了总方差的44.215%。第二个因子（因子2）包含 Brdar 和 Kashdan（2010）所提出的模型中的大部分与人际关系相关的优势（Interpersonal Strengths），以及Shryack 等（2010）提出的社会性优势（Sociability Strengths），还反映了与他人互动相关的优势——真实性（Authenticity）。这个因子被称为亲和力（Interpersonal），它解释了总方差的 8.050%。第三个因子被称为意志力（Cautiousness），它包含审慎、自我调节、批判性、谦逊、毅力和好学。这个因子解释了总方差的 5.509%。[①]

表 2-3 中国人长处问卷（CVQ）进行探索性因子分析的结果（N = 420）

	当前研究						
	因子1	因子2	因子3	Peterson et al.（2008）	Brdar & kashdan（2010）	Singh & Choubisa（2010）	Shryack et al.（2010）
幽默	0.760	0.256	0.048	自我超越	活力	人际优势	社交
好奇心	0.752	0.266	0.114	智慧	活力	智力优势	自恃
创造力	0.714	0.139	0.300	智慧	坚毅	智力优势	自恃
热情	0.685	0.377	0.186	勇气	活力	自觉优势	自恃
洞察力	0.651	0.090	0.410	智慧	坚毅	智力优势	自恃
希望	0.640	0.283	0.127	自我超越	活力	自觉优势	自恃
社交能力	0.628	0.184	0.369	仁慈	坚毅	人际优势	自恃
对美和卓越的欣赏	0.553	0.244	0.320	自我超越	—	智力优势	自恃
勇敢	0.495	0.295	0.446	节制	人际优势	公民优势	自恃
灵性	0.449	0.295	0.399	自我超越	谨慎	自觉优势	—
善良	0.235	0.758	0.098	仁慈	人际优势	人际优势	社交
合作	0.144	0.752	0.202	公正	人际优势	公民优势	社交
爱与被爱的能力	0.294	0.739	0.030	仁慈	人际优势	智力优势	社交
公平	0.228	0.727	0.285	公正	人际优势	公民优势	社交
领导力	0.244	0.672	0.264	公正	人际优势	公民优势	社交
宽恕	0.287	0.656	0.190	节制	人际优势	智力优势	社交
诚实	0.114	0.652	0.451	勇气	谨慎	公民优势	自觉性
感恩	0.319	0.539	0.395	自我超越	人际优势	智力优势	社交

[①] 在不同年份的研究中，我们使用了不同的术语来命名这个三因子结构。2012 年时，我们采用Interpersonal、Vitality 和 Cautiousness 来命名三类性格优势；2015 年时，我们采用了Interpersonal Strength、Intellectual Strength 和 Temperance Strength 进行命名；2017 年时，随着该领域研究证据的积累及我们自身对其理解的加深，三类性格优势被正式命名为 Caring（亲和力）、Inquisitiveness（求知欲）和 Self-control（自控力）。虽然命名上有些许差异，但其本质内涵并无改变，均指代对他人、对外界、对自身的三分类优势结构。

续表

	当前研究						
	因子 1	因子 2	因子 3	Peterson et al.（2008）	Brdar & kashdan（2010）	Singh & Choubisa（2010）	Shryack et al.（2010）
审慎	0.174	0.170	0.724	节制	谨慎	公民优势	自觉性
自我调节	0.371	0.103	0.660	节制	谨慎	自觉优势	自觉性
批判性	0.487	0.223	0.619	智慧	坚毅	智力优势	自恃
谦逊	0.049	0.320	0.599	勇气	坚毅	人际优势	自觉性
毅力	0.202	0.391	0.575	勇气	谨慎	自觉优势	自觉性
好学	0.440	0.116	0.524	智慧	坚毅	智力优势	自恃
可解释方差（%）	44.215	8.050	5.509				

注：因子 1 = 生命力（Vitality）；因子 2 = 亲和力（Interpersonal）；因子 3 = 意志力（Cautiousness）。

验证性因子分析。在第二个样本中（$N = 419$），我们进行了验证性因子分析，以检验这个三维度性格优势模型的拟合。我们比较了五个假设的模型，其中三个是通过将任何两个因子合并成一个整体，然后与其余一个因子结合成一个新模型而构建的。我们还将所有因子合并从而构建了另一个模型。其中，最优拟合指数出现在三因子模型中（χ^2 = 829.440，df = 249，拟合指数 GFI = 0.852，增量拟合指数 IFI = 0.899，Tucker-Lewis 指数 TLI = 0.887，比较拟合指数 CFI = 0.898，近似均方根误差 RMSEA = 0.075；见表 2 - 4）。标准化路径系数如图 2 - 1 所示。

表 2 - 4　验证性因子分析的结果（N = 419）

模型	χ^2	df	GFI	IFI	TLI	CFI	RMSEA
单因素	1413.235	252	0.709	0.797	0.777	0.796	0.105
双因素 - 1	1254.663	251	0.736	0.824	0.806	0.824	0.098
双因素 - 2	1237.126	252	0.796	0.828	0.810	0.827	0.097
双因素 - 3	1244.380	252	0.769	0.826	0.809	0.826	0.097
三因素	829.440	249	0.852	0.899	0.887	0.898	0.075

注：GFI = 拟合指数（Goodness-of-Fit Index）；IFI = 增量拟合指数（Incremental Fit Index）；TLI = Tucker-Lewis 指数（Tucker-Lewis Index）；CFI = 比较拟合指数（Comparative Fit Index）；RMSEA = 近似均方根误差（Root Mean Square Error of Approximation）。双因素 - 1：亲和力与生命力被当作一个因子；双因素 - 2：意志力和生命力被当作一个因子；双因素 - 3：亲和力和意志力被当作一个因子。

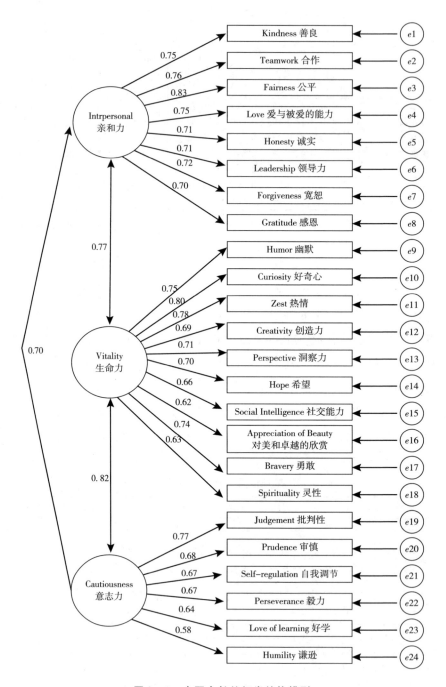

图 2-1　中国人长处问卷结构模型

3. 相关性检验

最后，我们对中国人长处问卷的三个分量表（即亲和力、生命力、意志力）进行了描述统计和相关分析（见表 2-5）。因子之间的相关性的范围为 0.64~0.73，而 Cronbach's α 的范围是 0.83~0.91。

表 2-5　描述统计与相关分析

	均值（标准差）	亲和力	生命力	意志力	Cronbach's α
亲和力	3.974(0.422)	—			0.900
生命力	3.554(0.472)	0.668 **	—		0.905
意志力	3.528(0.478)	0.641 **	0.734 **	—	0.825

** $p < 0.01$。

（五）小结

Peterson 和 Seligman（2004）指出，性格优势的分类可能会随着相关理论与实证研究的进行而改变。到目前为止，大多数对性格优势的研究依赖于以英语为主要语言的样本。Park、Peterson 和 Seligman（2006）运用英文版 VIA 优势问卷测量了来自 54 个国家 83576 名参与者的性格优势，但他们中只有 110 人是受过足够英语教育以完成英文版 VIA 优势问卷的中国人。本研究的主要目的是检验简体中文版 VIA 优势问卷在中国大陆大学生群体中的因子结构和功能等价性。我们开发的 96 题的中国人长处问卷可以被看作对现有研究的补充。已有研究涉及地域包括德国（Ruch et al.，2010）、美国（Peterson & Seligman，2004）、印度（Singh & Choubisa，2010）、日本（Otake et al.，2005）、克罗地亚（Brdar & Kashdan，2010）、澳大利亚（Macdonald et al.，2008）和非洲（Khumalo et al.，2008）。该项研究是基于中国人开展并发表于国际期刊的第一项研究。

然而，与其他在美国以外的地区进行的研究（例如，Brdar & Kashdan，2010；Otake et al.，2005）类似的是，Peterson 和 Seligman（2004）提出的六因子结构未能得到证实。我们的研究得出了理论上有意义的三因素模型，即亲和力、意志力和生命力。结果表明，Peterson 和 Seligman（2004）提出的 24 种性格优势在目前的样本中可以聚合为三大类。如前所述，中国的文化非常多元，并且具有来自不同领域和不同传统的框架。因此，不同于英语中可以用"美德"（Virtue）一词进行概括，用一个统一的框架来理解中国人"德"的概念是非常困难甚至不可能的。然而，我们认为，中国人长处问卷测量的三大优势（即亲和力、生命力和意志力），反映了中国早期历史上三位重要的哲学家（即孔子、墨子、孟子）的经典思想。例如，墨子提出了一种称为"反抗命运"的认知风格来反对儒家思想的"宿命论"，他认为，我们所有人都需要积极的生活态度来创造一种更美好和更快乐的生活，而不是屈服于命运（Mill, 2007）。孔子在《论语》中坚持把"仁"（Kindness）作为和谐与良好关系的核心组成部分。自我修养被孟子认为是对个人成长与发展至关重要的品质（Van Norden, 2007）。此外，我们的三因素模型也与其他先前研究的结果一致（例如，Khumalo et al., 2008；Shryack et al., 2010）。从表2-3可以看出，不同模型的相似性远远大于差异性，例如，亲和力（人际优势或社交）是反映个人对其他人的积极行为的因素；生命力（活力、洞察力、积极性或自恃）是反映个人在世界/社会层面所体现的积极品质；意志力（个体优势或谨慎）是反映个体某些内在特征的因素。这种结构可能在各种文化之间是普遍的，应该在未来进一步探索。可以认为，三类性格优势之间的高度相关性可能表明这三个因素不应被视为独立结构（Fowers, 2008）。然而，我们的验证性因子分析结果显示，单因素模型以及不同版本的二因素模型（见表2-4）无法很好地拟合数据。从理论的角度来看，三类性格优势中的每一类都应该在帮助个体获得幸福的过程中发挥独特的作用，不能相互代替。因此，我们认为在今后的研究和实践中，三类性格优势应被视为相关但独立的变量。

　　这项研究也有不可避免的局限性。首先，我们的样本是从中国西南部的一所大学招募的大学生，其结果可能无法推广到中国其他人口群体。其次，我们通过互联网收集的数据可能存在部分无效，因此在可靠性上存在争议。然而有研究表明，通过互联网收集的数据与通过面对面调查表收集的数据作用相当（Gosling, Vazire, Srivastava, & John, 2004）。此外，通过互联网收集数据在VIA优势问卷的研究中非常普遍（Park & Peterson, 2010；Seligman et al., 2005）。因此，我们有理由相信我们当前数据的有效性。最后，目前的研究对中国人长处问卷的心理测量属性的检验非常有限，其他属性如标准相关效度、预测效度和内容效度都应在未来的研究中继续进行检验。在社会工作的实践应用中，开发衡量性格优势的标准化问卷可以帮助社会工作者识别案主的优势和潜力，从而进行相应的积极心理干预。它符合现代社会工作实践的"优势视角"的趋势，可以帮助测量干预效果，以加强循证的社会工作实践。

二　CVQ 的心理测量学特征

在上一节的研究中，Duan 和 Ho 等（2012）以中国大陆 839 名本科生为对象开展研究，试图解决在华语社群中测量性格优势时的因子结构问题。该研究通过题目层面的探索性因子分析和定性访谈来择取适合中国文化的题目（Duan，Ho et al.，2012）。在探索性因子分析和验证性因子分析之后（Duan，Ho et al.，2012），开发了 96 题的中国人长处问卷，建立了基于中国文化的三维度优势量表：亲和力（32 题）、生命力（40 题）和意志力（24 题）。

这三类性格优势分别对应中国人幸福观所暗示的内涵。中国人对幸福的哲学观点与西方不同。中国的幸福观念更注重集体主义、和谐的相互关系及相应的心理体验（Lu & Gilmour，2004）。这个特点在很大程度上受到中国传统文化所塑造的幸福观念的影响。文化影响除了能引导幸福感的主观体验，甚至还能影响对主观幸福感进行的科学研究（Lu & Gilmour，2004）。中国文化具有多元性，特别是关于幸福的看法。孔庙、道观、寺院是中国哲学和文化最典型和最具影响力的基地，每个教派都对幸福有独特的看法。儒家思想将幸福与一种现实的情感联系在一起，包括与父母同住以及兄弟姐妹之间没有冲突等，强调在追求正义与人性时的理性幸福（Watson，2007）。道教倡导一种超现实主义的幸福，其特点是与自然和祸福相依一致（LaFargue，1992）。与此同时，佛教将幸福与涅槃相结合（Huang，1991）。这些体系是各自独立发展的，但在一定程度上也表现出相互融合，形成了对现代华人影响力很大的三个不同观点：第一种幸福就是集体主义的幸福，其重点是人际和社会的和谐，但较少关注个体感受；第二种涉及一种道德观念（善良）和美学主义（对美和卓越的欣赏）；第三种是通过逃避现实追求超然。这些观点部分揭示了中国文化下幸福的三个方面：人际、生活和自我。

因此，我们认为，中国人长处问卷中的三因素结构根植于中国的哲学和文化。亲和力、生命力和意志力是提升中国人幸福感的可行手段。与以往在西方国家进行的研究（Khumalo et al.，2008；Shryack et al.，2010）所获得的积极品质的结构类似，这种三因素结构可能是全球化的，可以跨越不同的文化，但需要进一步的证据支持。一项新的研究发现，三因素的美德结构在中国香港与中国内地这两个文化间并没有显著差异（Duan，Bai et al.，2012）。

这一项研究是针对 Duan 和 Ho 等（2012）研究的局限性而进行的后续研究。主要包括评估中国人长处问卷的信度、因子结构、结构效度和时间稳定性。样本包括本科生和在职工作人员，以扩大问卷的生态效度。本次共进行了三项子研究，分别是检测中国人长处问卷的二阶因子结构与测量不变性、每个构成维度的效标效度，以及中国人长处问卷的信度和其对生活满意度的预测效度。

（一）CVQ 的二阶因子结构与测量不变性

前面的研究遗留一个问题，即中国人长处问卷的一阶三因子（亲和力、生命力、意志力）上是否存在一个更高的二阶结构（Duan，Ho et al.，2012）。具体来说，本研究旨在探讨除了目前的三因素结构之外，中国人群中是否存在一个更为普遍的单因素，即"好的性格"（Good Character）。我们之前的研究表明，三个因素之间的相关性在 0.64 ~ 0.73，也就是说，这三种性格优势之间的高度相关性表明它们不应被视为独立结构（Fowers，2008）。因此，我们应用验证性因子分析来测试两种模型的拟合程度：一阶三因素相关模型和二阶三因素高阶模型。另一个问题涉及测量不变性，我们进行了一系列跨群体（即学生群体与员工群体）的检验来探索这个问题。我们预期中国人长处问卷的因子结构在不同的群体中应该具有一致性（Meredith，1993）。

1. 研究对象与工具

在这项研究中，由 493 名大学生（$N = 493$；男性 182 人，女性 311 人；平均年龄 21.52 岁，标准差 $SD = 1.49$）和 153 名员工（$N = 153$；男性 82 人，女性 71 人；平均年龄 29.56 岁，标准差 $SD = 6.68$）组成的两个独立样本被用于验证中国人长处问卷的因子结构。总样本共 646 人，其中男性 264 人，女性 382 人。该样本的平均年龄为 23.41 岁（标准差

$SD = 4.88$，范围为 18～49 岁）。学生和员工均通过公共渠道（如网站、社区和学校的公告栏系统）所发布的被试需求广告进行招募。在提供口头知情同意后，所有参与者完成了包含人口学变量（性别和年龄）和中国人长处问卷的纸笔问卷册（问卷册 I）。数据收集时间为 2011 年 10 月至 2011 年 12 月，由研究人员从不同地区进行数据收集。此外，员工样本还完成了其他问卷调查，用于后续研究。

当前研究中，仅用到 96 道题目的中国人长处问卷，包含亲和力、生命力、意志力三个分量表，测量 24 种性格优势，每种性格优势包含 4 道题目。要求作答者用 5 点 Likert 量表来评价每个题目在何种程度上可以描述他们自身的情况，从"1 = 非常不像我"到"5 = 非常像我"。在本研究中，每个子量表的均值、标准差和内部一致性系数分别为：亲和力，均值 $M = 118.31$，标准差 $SD = 14.97$，内部一致性系数 Cronbach's $\alpha = 0.90$；生命力，均值 $M = 143.14$，标准差 $SD = 18.84$，内部一致性系数 Cronbach's $\alpha = 0.92$；意志力，均值 $M = 85.83$，标准差 $SD = 11.13$，内部一致性系数 Cronbach's $\alpha = 0.90$。

2. 结果与讨论

我们构建了两个验证性因子分析模型来验证中国人长处问卷的因子结构：一个一阶三因素相关模型（模型 A）和一个二阶三因素高阶模型（模型 B）（见图 2 - 2、图 2 - 3）。

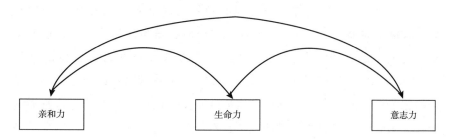

图 2 - 2 模型 A：一阶三因素相关模型

采用近似均方根误差（RMSEA）、标准化残差均方根（SRMR）和比较拟合指数（CFI）来描述模型的拟合程度。我们没有采用卡方检验的结果，因为在某些情况下卡方检验会使发生 I 类错误的概率增加。一致性阿凯克信息标准指数（CAIC）用于比较不同模型（Parker, Keefer, &

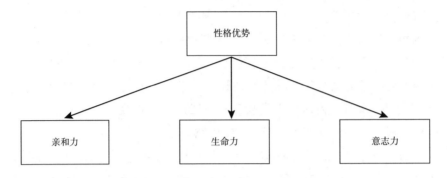

图 2 - 3　模型 B：二阶三因素高阶模型

Wood，2011）。具有最小 CAIC 值的模型能够提供最佳拟合和模型简约性之间的平衡（Bozdogan，1987）。结果显示，模型 A 和模型 B 几乎都符合标准，并在所有指标上显示了近乎相同的数据（比较拟合指数 CFI = 0.89，标准化残差均方根 SRMR = 0.05，近似均方根误差 RMSEA = 0.08，一致性阿凯克信息标准指数 CAIC = 1675.02），这表明两个模型在统计上没有显著的差异，二阶模型并没有比一阶模型解释更多的独特方差。Macdonald 等（2008）对 24 种性格优势的因子结构进行了研究，其单因素模型和四因素模型也显示相似的结果。导致这种结果的一个可能原因是模型 A 和模型 B 具有相同的自由度和变量数。像许多经典的复杂的人格结构一样，一般来说，加总每个维度的分数来表示个人的总体概况是没有意义的。相反，个体的总体概况必须通过不同维度来表现。例如，大五人格结构包括外向性、开放性、神经质、随和性和尽责性，这五个方面是独立的，我们并不使用大五人格的总得分来表示人格的结构（Cattell & Kline，1977；Reise et al. ，2000）。尽管这些因子之间具有显著的相关性，但加总的得分没有实质性意义。因此，我们认为，三类优势在未来的研究和实践中可能应该被看作相关但独立的变量，以探求各类优势独特的功能。

　　每个分量表的标准化参数估计值在表 2 - 6 中已经列出。每类优势上对应题目的载荷范围是 0.42 ~ 0.77（均值为 0.61），24 题和 48 题除外。24 题"我看到了别人没有发现的美丽"，一方面可以表现出感知美的能力，但另一方面也可以体现洞察力这一品质。中国人长处问卷上的所有项目都是从原始的 VIA 优势问卷中选择而没有进行任何改变，仍保留了一些载荷较低的题目（Duan，Ho et al.，2012）。因此，未来的研究仍然需要不断进行微小的调整以达到测量的最优化。

表 2 - 6 标准化参数估计值

题目号	亲和力	题目号	生命力	题目号	意志力
73	0.72	41	0.77	21	0.72
66	0.72	32	0.76	72	0.71
47	0.71	19	0.75	17	0.68
92	0.68	13	0.75	94	0.68
71	0.68	5	0.74	70	0.65
39	0.67	87	0.73	31	0.65
46	0.67	52	0.73	63	0.63
91	0.66	65	0.72	30	0.62
35	0.66	29	0.72	56	0.61
9	0.65	3	0.72	86	0.61
79	0.64	95	0.72	16	0.61
8	0.63	57	0.68	44	0.61
22	0.63	20	0.67	81	0.59
7	0.63	85	0.67	12	0.58
11	0.63	59	0.66	93	0.57
67	0.63	84	0.64	26	0.57
45	0.62	76	0.64	88	0.57
53	0.61	89	0.63	55	0.57
10	0.61	43	0.63	23	0.54
2	0.61	33	0.62	75	0.50
78	0.60	58	0.61	6	0.49
61	0.59	49	0.61	1	0.49
34	0.59	62	0.60	4	0.47
77	0.58	40	0.60	48	0.32
80	0.58	42	0.60		
15	0.57	18	0.59		
69	0.57	51	0.59		
28	0.56	60	0.57		
36	0.55	54	0.56		
68	0.53	38	0.56		
83	0.52	50	0.54		

续表

题目号	亲和力	题目号	生命力	题目号	意志力
37	0.40	14	0.52		
		90	0.48		
		64	0.47		
		27	0.47		
		96	0.45		
		74	0.44		
		25	0.44		
		82	0.42		
		24	0.26		

　　为了初步获得模型 A 的测量不变性证据，我们进行了六组验证性因子分析。总样本被分为学生组与员工组、男性组与女性组和另外两个均匀分布的样本以拟合模型。如果这个模型能很好地拟合所有数据，或者在这些模型之间观察到极小的差异（Widaman & Reise，1997），则说明该量表具有测量不变性。表 2-7 显示了总样本、性别子样本、类型子样本和另外两个均匀分布的子样本的拟合指标（比较拟合指数 CFI、标准化残差均方根 SRMR、近似均方根误差 RMSEA 以及一致性阿凯克信息标准指数 CAIC）。从表 2-7 中可以发现，总样本的拟合度略高于女性和员工群体，但不如男性和学生群体的好。两个均匀分布的子样本在关键指标方面的差异非常小。考虑到不同的样本大小影响 I 类错误率和卡方检验结果，Vandenberg 和 Lance（2000）建议使用 CFI 的变化（$\Delta CFI \leqslant 0.01$）作为等价拟合。经查验发现，与总样本拟合指标相比，女性组、学生组和员工组的 CFI 变化均值在 ±0.01 之间，而男性组的变化约为 0.01。无论从传统的拟合统计数据还是等价拟合的结果来看，中国人长处问卷在不同群体中所测量的性格优势结构都是不变的，这表明不同性别和类型人群的测量结果是可以比较的。本研究中没有以年龄来分组，因为学生样本的年龄是一致的（18~22 岁），员工样本也是如此（25~49 岁）。总体来说，该研究结果初步支持了中国人长处问卷因子结构的测量不变性，但未来还需更为严格的多组别验证性因子分析进行检验。

表 2 - 7 分组验证性因子分析结果比较

组别		CFI	SRMR	RMSEA	CAIC	ΔCFI	样本量
总计		0.891	0.051	0.081	1675.024	—	646
性别	男性	0.904	0.050	0.076	963.466	0.013	264
	女性	0.889	0.061	0.082	1326.896	0.002	382
类型	学生	0.899	0.044	0.078	1369.431	0.008	493
	员工	0.888	0.064	0.082	952.267	0.003	153
平均分配	组1	0.887	0.065	0.081	1190.702	0.004	323
	组2	0.894	0.047	0.079	1096.066	0.003	323

注：CAIC = 一致性阿凯克信息标准指数（Consistent Akaike Information Criterion）；CFI = 比较拟合指数（Comparative Fit Index）；RMSEA = 近似均方根误差（Root Mean Square Error of Approximation）；SRMR = 标准化残差均方根（Standardized Residual Mean Root）。

（二）CVQ 的效标效度

效标效度分为聚合效度和区分效度（Campbell & Fiske, 1959; Cronbach & Meehl, 1955）。聚合效度的一个重要问题就是共同方法偏差，它是人为产生的共变对研究结果严重的混淆，并对结论产生潜在的误导，是一种系统误差（Podsakoff, MacKenzie, Lee, & Podsakoff, 2003）。当预测变量与效标变量之间具有同样的数据源或评分者、相同的测量环境、项目语境以及某些项目本身特征时，这种偏差通常表现为预测变量和效标变量之间出现的协方差（Podsakoff et al., 2003）。因此，我们根据 Podsakoff 等（2003）的建议，使用过程控制来削弱共同方法偏差。同时，区分效度的问题在于，当计算双变量相关性时，预测因子和效标变量之间的独特关联则会被掩盖（Parker et al., 2011）。例如，中国人长处问卷的生命力分量表包括了希望、感恩和创造力等一系列性格优势，因此它应当比单个优势（如希望和感恩）具有更高的预测效度。因此，在将中国人长处问卷的每个子量表与其包含的相应个人优势进行比较时，应通过增量效度来表示其区分效度。此外还要进行多变量线性回归分析，以获得本研究中预测因子和效标变量之间总体的、独有的和共享的方差估计。

1. 研究对象与工具

除了前面的 153 名员工样本外，当前研究又采集了 132 名来自西南大学的学生数据（男性 51 名，女性 81 名，平均年龄 = 20.08 岁，标准差 $SD = 0.90$，18 ~ 23 岁）。与前一研究中的学生样本相互独立，但参与者的招募方式与之相同。我们采用不同背景的学生和员工数据，用以控制共同方法偏差（Podsakoff et al., 2003）。调查问卷分为三个部分。问卷册 I：中国人长处问卷；问卷册 II：希望量表和感恩问卷；问卷册 III：扩展版生活满意度量表和医院焦虑抑郁量表。每个部分的问卷题目以随机顺序出现，从而抵消来自题目顺序导致的偏差。我们还获得了每位参与者口头上的知情同意，保证了调查的保密性以及匿名性，以降低参与者对调查的担忧。所有参与者在完成所有问卷后休息 15 ~ 20 分钟。学生的资料收集时间为 2012 年 1 月至 2012 年 2 月。

参与者完成了 96 题的中国人长处问卷。在当前的样本中，描述统计和内部一致性的结果如下。亲和力：均值 $M = 127.25$，标准差 $SD = 13.35$，内部一致性系数 Cronbach's $\alpha = 0.90$；生命力：均值 $M = 139.71$，标准差 $SD = 18.57$，内部一致性系数 Cronbach's $\alpha = 0.91$；意志力：均值 $M = 83.77$，标准差 $SD = 9.99$，内部一致性系数 Cronbach's $\alpha = 0.88$。

根据 Snyder 等（1991）提出的模型，希望量表被用于测量参与者的希望认知风格。这个量表包含 12 个题目，其中 4 个题目测量方法思维，另 4 个测量动力思维，还有 4 个是干扰项。方法思维意指达成目标的计划和手段；动力思维意指目标导向的决心（Snyder et al., 1991）。参与者被要求对每个题目的描述按照从 1（完全不正确）到 8（完全正确）的 8 点 Likert 量表来进行评价打分。对 8 个与方法和动力有关的题目分数求和，得到总体希望得分，得分越高则反映出越高水平的希望认知风格。内部一致性、重测信度和希望量表的结构表现良好；在以往研究中，希望量表的信度已经得到了验证，希望量表及其分量表的 Cronbach's α 的范围分别为 0.74 ~ 0.88、0.70 ~ 0.84 和 0.63 ~ 0.86（Snyder, 1995, 2002；Snyder et al., 1991；Snyder, Rand, & Sigmon, 2002），第三周和第十周里，方法思维和动力思维的重测信度均超过了 0.80。在本研究中，总体希望得分的均值为 43.79 分（标准差 $SD = 5.80$，Cronbach's $\alpha = 0.82$）。

感恩使用感恩问卷 - 6 题版（Gratitude Questionnaire - 6）（McCullough, Emmons, & Tsang, 2002）来测量，这是一个含有 6 个题

目的自我报告式问卷，其形式为从 1（强烈不同意）到 7（强烈同意）的 Likert 量表。总分为 6 ~ 42 分，分数越高表示感恩越强烈。这些题目涵盖了参与者体验感恩情绪的频率、感恩情感的强度以及引起感恩的事情的范围。McCullough 等（2002）的研究中报告了这一量表具有较高的内部一致性（Cronbach's α = 0.82），是一个稳健的单因素测量工具，并提供了一系列实证研究证据（McCullough，Kilpatrick，Emmons，& Larson，2001；McCullough，Tsang，& Emmons，2004）。当前样本中感恩得分均值为 31.55 分（标准差 SD = 4.13，Cronbach's α = 0.83）。

扩展版生活满意度量表（Expanded Satisfaction with Life Scale，ESWLS）被用以测量生活满意度。Ho 和 Cheung（2007）采用了兼顾文化共通性与文化特殊性的方法来扩展原版的生活满意度量表（Diener et al.，1985），其中 3 个题目被用以测量个体内在的主观幸福感，另外 3 个题目被用以测量人际的主观幸福感。参与者需要运用 7 点 Likert 量表（1 = 强烈不同意，7 = 强烈同意）对每个题目打分回应（例如，"我对我的生活满意"），分数越高表明生活满意度越高。研究者在中国内地和香港地区选取不同样本验证了该量表的因子结构，结果表明，ESWLS 能够良好运用于评估中国人的生活满意度（Ho & Cheung，2007）。当前样本中生活满意度均值为 24.92 分（标准差 SD = 4.48，Cronbach's α = 0.81）。

医院焦虑抑郁量表（Hospital Anxiety and Depression Scale，HADS）（Leung，Ho，Kan，Hung，& Chen，1993）共计 14 个题目，用于测量焦虑（7 项）和抑郁（7 项）症状的状态和严重程度（Zigmond & Snaith，1983）。参与者被要求按照 4 点 Likert 量表（0 = 不存在症状，3 = 存在严重症状），根据前一周发生的症状评估自身的相关症状。越高的分数表示越严重的焦虑和抑郁症状，焦虑和抑郁的得分范围均为 0 ~ 21 分。Leung 等（1993）使用成人样本验证了该量表中文版本的可靠性。当前样本的焦虑平均得分为 7.60 分（标准差 SD = 2.62，Cronbach's α = 0.84），抑郁平均得分为 7.83 分（标准差 SD = 4.14，Cronbach's α = 0.79）。

2. 结果与讨论

聚合效度的结果显示，中国人长处问卷的表现正如预期的那样，三类优势和相关积极变量（即希望、感恩和生活满意度）的得分呈现显著正相关关系（0.27~0.52），与焦虑和抑郁消极变量呈现显著负相关关系（-0.25~-0.12）。正如表2-8中所示，亲和力体现于人际交往过程中的优势，与感恩的相关系数最高（$r = 0.47$）。已有研究比较了互联网用户对中国台湾和美国的知名运动员的支持策略，来自中国台湾和美国网站的数据显示，相较于美国运动员更偏向于受到高表现力的策略支持，中国台湾地区运动员更倾向于获得来自短社会距离的支持，这项研究说明了中国人对"短距离"中亲密关系的依赖和重视（Hsieh & Hsu，2010）。由此，亲和力与感恩的相关性最高或可归因于中国人对人际依赖和互助的重视以及中国人能更好地表达对人际关系的感恩之情。早期一项对希望量表（Hope Scale）的验证性研究，分析了希望量表的因子结构、内部一致性系数、重测信度、趋同效度和区分效度，数据分析结果确定了希望量表的二因素模型，包括动力思维和方法思维，即希望的认知风格涉及实现未来目标的动力和方法（Snyder et al.，1991）。因此，与其他优势相比，希望与生命力优势呈现最高程度的相关性（$r = 0.52$），因为生命力反映了个体对世界或社会的积极情感、认知与行为。在这类优势上得分高的人往往生活充满激情与活力。总的来说，本研究的结果正如预期的那样，性格优势对于美好生活（如感恩他人、充满希望、生活满意）至关重要（Dahlsgaard et al.，2005），而与焦虑和抑郁存在中等水平的负相关。

表2-8 中国人长处问卷与相关变量的相关性（$N = 285$）

	感恩	希望	生活满意度	焦虑	抑郁
亲和力	0.47**	0.43**	0.31**	-0.22**	-0.22**
生命力	0.34**	0.52**	0.46**	-0.25**	-0.25**
意志力	0.27**	0.42**	0.30**	-0.16**	-0.12*

*$p < 0.05$；**$p < 0.01$。

从表2-8中还可以发现，虽然三个因素与各个结果变量之间的相关性都是显著的，但是其关联程度并不相同，且差异较大（r从-0.25到0.52）。预测因子（即性格优势）和效标变量（即结果变量）之间的独特关联无从得知。因此，我们通过分析中国人长处问卷的增量效度来进一步发现这些变量之间隐含的关系。我们以生活满意度为因变量进行了两个分层回归分析。在这个分析中我们排除了焦虑和抑郁这两个变量，因为两者与三个因子的相关性较低（见表2-8）。在第一个回归模型中，我们将希望量表和感恩问卷的得分放入了回归方程的第一层，然后将三类性格优势的得分放入了第二层。在第二个回归方程中，我们交换了这两个步骤的顺序（即首先将三类性格优势的得分放入回归方程的第一层，而后将希望量表和感恩问卷的得分放入第二层），以观察可解释方差的变化，结果如表2-9所示。在第一个回归方程中，希望和感恩进入回归方程第一层后，一起解释了生活满意度可观察到方差的13%；在第二层中，三个性格优势因子另外解释了观察到方差的9%，其中生命力因子具有显著的贡献。在第二个回归方程中，三个性格优势因子首先解释了生活满意度可观察到方差的21%，而第二层中的希望和感恩所解释的方差增量仅为1个百分点。因此，从这些结果可以看出，中国人长处问卷所测量的性格优势对生活满意度的解释与其他变量，如希望和感恩等，有一定程度的重叠。然而，希望和感恩所贡献的可解释方差相对较小，中国人长处问卷所测量的性格优势更具全面性。

表 2 - 9　分层回归检验中国人长处问卷增量效度的结果　($N = 285$)

		Predictors	Adjusted R^2	F	b	t
1	第一层		0.13	22.04 **		
		希望			0.45	2.16 *
		感恩			0.78	5.20 **
	第二层		0.22	17.68 **		
		亲和力			0.001	0.012
		生命力			0.36	5.41 **
		意志力			0.16	1.32
2	第一层		0.21	27.31 **		
		亲和力			0.08	1.04
		生命力			0.41	6.28 **
		意志力			0.18	1.49
	第二层		0.22	17.68 **		
		希望			0.34	2.06 *
		感恩			0.20	0.93

* $p < 0.05$；** $p < 0.01$。

（三）CVQ 的信度和长期预测效度

Macandrew（1979：11）认为，“最有效的评估手段是针对具体目的而开发的，除了少数例外”。第三个需要获得的证据是中国人长处问卷在学生样本中的长期预测效度及其重测信度。

1. 研究方法与工具

为了继续检验中国人长处问卷的重测信度和预测效度，我们又招募了 296 名本科生参与一项独立的纵向研究。在这一研究开始之前，他们都没有接触过中国人长处问卷。在口头知情同意后，学生被要求进行性格优势和生活满意度的测量，并且在 10 周之后再次进行生活满意度的测量。问卷顺序是随机出现的。53 名学生没有完成第二次测量，因此数据分析中将其排除。最终，共有 243 名学生完成了全部测量，其中男性 72 名，女性 171 名，平均年龄为 19.67 岁，标准差 $SD = 0.99$。数据收集时间为 2012 年 2 月至 2012 年 5 月。

在此研究中，再次使用了中国人长处问卷。描述统计和内部一致性分析结果显示：亲和力，均值 $M = 127.81$，标准差 $SD = 12.82$，Cronbach's $\alpha = 0.88$；生命力，均值 $M = 133.84$，标准差 $SD = 19.29$，Cronbach's $\alpha = 0.89$；意志力，均值 $M = 89.61$，标准差 $SD = 11.27$，Cronbach's $\alpha = 0.87$。此外，生活满意度量表（Satisfaction with Life Scale，SWLS）被用以衡量一个人整体的生活满意度。它是一个共计 5 题的自陈式量表（Diener et al.，1985）。参与者需要对每个题目的描述（例如，“我对我的生活满意”）使用 7 点 Likert 量表（1 = 强烈不同意，7 = 强烈同意）进行打分。分数越高，反映出其生活满意度越高。Diener 等（1985）的研究中，该量表的内部一致性系数为 0.87，重测相关系数为 0.82。后续研究报告了这一量表的信度为 0.921（Shevlin，Brunsden，& Miles，1998），聚合效度为 0.39 ~ 0.88（Pavot，Diener，Colvin，& Sandvik，1991）。总体而言，生活满意度量表已被证明是一项可靠的测量工具。

2. 结果与讨论

就重测信度而言，我们基于由 243 名学生组成的样本，获得了 10 周期间的稳定系数（重测信度）。亲和力子量表的重测信度为 0.73（$p < 0.001$），生命力子量表为 0.76（$p < 0.001$），意志力子量表为 0.70（$p < 0.001$）。

配对样本 t 检验结果显示，生活满意度在两次测量中没有显著性差异（均值 $M_1 = 18.60$，标准差 $SD_1 = 5.39$；均值 $M_2 = 18.12$，标准差 $SD_2 = 5.83$；$t = 1.27$；$p = 0.21$）。我们通过分层回归来探索中国人长处问卷的预测效度。当前生活满意度和未来生活满意度（10 周后）分别被设定为因变量。将三类性格优势分别依次纳入三层回归方程，首先进入的是亲和力，其次是生命力，最后是意志力。回归分析的结果（见表 2 - 10）表明，只有生命力能够显著预测参与者的当前生活满意度以及他们的未来生活满意度。最近在中国内地和中国香港地区进行的一项研究，分别以香港样本和内地样本为例，探索了性格优势和生活满意度之间的关系，研究对象是来自香港的 116 名大学生和来自内地的 613 名大学生，测量工具包括中国人长处问卷、生活满意度量表。相关分析结果显示，不论是香港样本还是内地样本，三类性格优势都与生活满意度正相关，而回归分析结果进一步揭示了与当前研究同样的结果：生命力是生活满意度的唯一重要的预测因素（Duan，Bai et al.，2012）。当我们把生命力纳入模型中时，亲和力因子在回归中的预测能力被部分减弱，甚至变得无关紧要。但需要注意的是，虽然生命力预测了当前和未来的生活满意度，但预测当前生活满意度的能力远远超过其预测未来生活满意度的能力。

表 2 - 10 分层回归检验中国人长处问卷对现在和未来生活
满意度的预测效度（ $N = 243$ ）

	预测因子	第一步 β	第二步 β	第三步 β
当前生活满意度	亲和力	0.21 **	0.17	0.17
	生命力	—	0.14 **	0.15 **
	意志力	—	—	0.12
	Adjusted R^2	0.14	0.15	0.15
未来生活满意度	亲和力	0.18 **	0.16	0.16
	生命力	—	0.12 **	0.13 *
	意志力	—	—	0.13
	Adjusted R^2	0.08	0.09	0.08

注：因变量是生活满意度。
$^*p < 0.05$；$^{**}p < 0.01$。

（四）小结

考虑到原始 VIA 优势问卷可能存在的问题（Shryack et al.，2010），我们开发了中国人长处问卷（Duan，Ho et al.，2012）。通过这些研究，我们首次提供了中国人长处问卷的心理测量特性。正如我们的预期，中国人长处问卷满足心理测量学的基本要求，表现出足够的可靠性（内部一致性和重测信度）、题目特征、因子的效度即聚合效度、区分效度和长期预测效度。中国人长处问卷与积极的心理素质（即希望、感恩和生活满意度）以及负面的情绪（焦虑和抑郁）有中等水平的显著相关性。此外，中国人长处问卷显著地预测了现在和未来的生活满意度。总体而言，这些结果表明，与 VIA 优势问卷相比，中国人长处问卷可能更适合应用于中国人群体，是我们首选的性格优势自陈式量表。

我们发现，32 题亲和力分量表的信度系数范围为 0.88 ~ 0.90；40 题生命力分量表的范围为 0.89 ~ 0.92；24 题意志力分量表的范围为 0.89 ~ 0.90。因此，本研究结果表明中国人长处问卷具有良好的内部一致性。在 10 周的重测中，三个分量表（亲和力、生命力和意志力）的稳定系数为 0.70 ~ 0.76。这些系数与 Peterson 和 Seligman（2004）报告的原始 VIA 优势问卷的系数相似。

本部分一再强调原始版本 VIA 优势问卷的因子结构问题。Macdonald 等（2008）曾对普遍存在于各种形式的文献中的六大分类提出质疑，他们以 123 名澳洲大学生为研究样本，发现 24 种性格优势并没有产生与 Peterson 和 Seligman（2004）所提出的六大分类相一致的因子结构。关于这一质疑有两大解决办法：一是将这六大分类的美德作为一种独立的分类体系，并开发独立的测量工具来测量它们；二是将它们简单地视为其他性格优势，添加到当前的性格优势分类中。换句话说，美德与性格优势不再被看作具有层级结构的一类体系，相反，应该被看作不同的两类构念。因此，根据现有 24 种性格优势的不同文化特征，通过可比较的样本和方法来重新研究性格优势的因子结构，可能是更可取的一种方式，这也是我们开展此类研究的基本出发点（Duan，Ho et al.，2012）。

本研究的局限性需要被提及。第一，中国人长处问卷这一简短版本的 VIA 优势问卷与其原始版本相比效果如何，是否具有更好的心理测量属性以及两种量表之间的关系如何仍有待研究。第二，根据 Marsh、

Ellis、Parada、Richards 和 Heubeck（2005）的研究成果，可以通过多模式的潜变量建模方法来改进聚合效度和区分效度，其中评估相关矩阵中的变量也可以使用不同方法进行研究，如自我报告问卷、绩效考核和其他评估方法等。第三，我们的长期预测效度相对较弱。因此，后续研究中需要改进统计方法和目标变量。第四，关于样本，因为中国人长处问卷的研究是用成人样本进行的，所以我们可以开发青少年适用版本来扩大对民众的适用范围。第五，本研究中样本在普通人群中的代表性也是一个局限。未来可以在来自不同社会经济背景的群体中进行大规模的研究。第六，三因素结构在不同的文化间可能普遍存在的假设应该通过跨文化研究来进一步探索，单一文化研究不足以证明这一假设。

总之，中国人长处问卷还需要进一步研究。量表及其结构的验证是一个长期和连续的过程（Strauss & Smith，2009），没有一个单一的研究可以为一个量表提供详尽的心理测量证据。此外，我们认为中国人长处问卷可用于各种研究、教育和培训，或应用于旨在增强个人幸福感和改善精神健康的研究或项目。本研究对社会工作的实务有若干启示。首先，这个工具可以用来探索专业社会工作者的优势，揭示他们的优势概况，可以回答"什么样的个体可以成为一个更好的社会工作者"。其次，这个工具可以为培养社会工作者的某些优势提供便利，使其更好地服务、更专业地服务。最后，这个工具也可以用来探索案主的优势，从而根据案主的优势进行干预活动设计，提高合理性。而后，案主能将所有的精力或意愿用于干预活动，并将获得巨大的收益。沿着这样的研究思路，基于优势的干预计划可能成为一种有效的方式，并且有希望得到实践运用。

三　CVQ 在青少年群体中的应用

本研究旨在进一步拓展中国人长处问卷的适用群体，考察该量表在中国青少年人群中的信效度及因子结构，为其在未成年人学校教育、心理健康辅导等领域的运用提供依据。

（一）研究对象

按方便取样原则，于 2013 年 2 月到 2013 年 10 月，在江苏省、广西壮族自治区、山西省和重庆市四地共 8 所中学（4 所初中、4 所高中）6 个年级（初一、初二、初三、高一、高二、高三）发放问卷 1200 份，收回有效问卷 1120 份，问卷有效回收率为 93.33%。其中男生 534 人，女生 586 人，年龄范围为 12～17 岁，平均年龄为 15.79±1.82 岁。其中初一 216 人，初二 308 人，初三 88 人，高一 130 人，高二 154 人，高三 224 人。6 周后，对其中 337 人进行重测，该样本中，男生 159 人，女生 178 人，年龄范围为 12～17 岁，平均年龄为 15.01±1.63 岁。其中初一 72 人，初二 54 人，初三 43 人，高一 79 人，高二 39 人，高三 50 人。

参与者被要求完成一套纸笔测试问卷并将完成的问卷即刻交回。为了控制共同方法偏差，根据 Podsakoff 等的建议，进行事前控制（Podsakoff et al.，2003；Podsakoff，MacKenzie，& Podsakoff，2012）。一共准备了 4 套（A、B、C 和 D）问卷，问卷中题目内容一致但顺序不同，作答者会被随机分配一套进行测试。同时，不采用统一作答方式，邀请参与者在其空余时间到指定地点完成测试。数据在中国不同省份进行收集，包括了东部、中部和西部。在学生完成问卷前，会获得其知情同意，所有的数据收集过程会由本校的一名心理健康教师陪同，以保证数据的合理性、合法性和有效性。

数据用 SPSS 21.0 及 Mplus 7.0 进行统计分析。

（二）研究工具

除了完成中国人长处问卷外，本研究中的青少年还依次完成了希望量表、感恩问卷和医院焦虑抑郁量表。

希望量表（Hope Scale），是 Snyder 等（1991）根据希望理论开发用来测量个体希望认知风格的量表。该量表包括 12 个题目，4 个测量动力思维，4 个测量方法思维，另外 4 个是干扰题项，不计分。受测者需要在一个 8 点 Likert 量表上进行标记，从 1（完全不正确）到 8（完全正确）。以往研究证明该量表具有较好的内部信度，清晰的两因素结构，以及较高的聚合效度和区分效度，并且可运用于青少年群体（12～17 岁）（Snyder et al.，1991；Snyder，Lopez，Shorey，Rand，& Feldman，2003；Snyder et al.，1996）。该量表的中文版由香港城市大学何敏贤教授及其研究团队翻译并验证，证明了其较好的心理测量学特性，如希望量表的内部一致性系数为 0.81 ~ 0.87，动力思维分量表内部一致性系数为 0.71 ~ 0.80，而方法思维分量表的内部一致性系数为 0.76 ~ 0.79（Ho，Ho，Bonanno，Chu，& Chan，2010）。

感恩问卷（Gratitude Questionnaire，GQ - 6）。该问卷由 McCullough 等（2002）开发，包括 6 个题目，要求作答者在 Likert 7 点量表上对各个题目进行回答，从强烈不同意到强烈同意。如"我觉得生活中有许多要感激的事情""我要感谢各种各样的人"，主要测量个体在感恩上的频度、强度和密度上的差异。结果显示，6 个题目之间相关度很高，且探索性因子分析显示其单因素结构明显，与感恩有关的各种形容词量表相关度高。魏昶等（2011）对其进行修订，并通过研究证明修订版具有更好的心理测量学属性，可作为评定我国青少年感恩的有效工具。

医院焦虑抑郁量表（Hospital Anxiety and Depression Scale，HADS）是一个由 14 个题目组成的用来测量个体焦虑（7 题）和抑郁（7 题）状态存在性及严重性的自我报告式问卷（Zigmond & Snaith，1983）。作答者被要求在 Likert 4 点量表上回答其在过去一周内一些症状的存在和严重程度。分数越高，说明作答者的焦虑或抑郁状态越严重。Zigmond 和 Snaith（1983）指出，HADS 可以被在非精神病学领域及多群体中做筛查或检测之用。

（三）研究结果

中国人长处问卷各分量表及总量表的内部一致性系数及其重测信度见表 2 - 11。结果表明，中国人长处问卷在中国青少年群体中，具有较高的内部一致性系数和重测信度。

表 2 - 11 中国人长处问卷分量表及总量表的信度

	内部一致性系数	重测信度[#]
亲和力	0.905	0.789[**]
生命力	0.923	0.802[**]
意志力	0.878	0.738[**]
总量表	0.945	0.826[**]

注：[#]该样本 $N = 337$。

[**] $p < 0.01$。

　　由于 Duan、Ho 等人在编制中国人长处问卷时认为三类优势结构属于"相关但独立"模型（Duan, Ho et al., 2012; Duan, Ho, Bai, & Tang, 2013），并认为未来应该对各类优势分别进行研究。官群等（2009）在编制中国中小学生积极心理品质量表时亦采用此观点，因此本研究用中国青少年群体样本，对三类优势结构分别进行验证性因子分析。模型拟合指数见表 2 - 12。由于该问卷测量指标过多等复杂特性，与之前研究结果相一致（段文杰等，2011；Duan, Ho et al., 2012; Duan et al., 2013），根据温忠麟和侯杰泰等（2004）的建议，可以认为三个优势分量表均有可以接受的拟合指标。

表 2 - 12　三大优势分量表结构方程模型拟合指标

	χ^2	df	CFI	TLI	RMESA	SRMR
亲和力	81.901	20	0.921	0.890	0.068	0.046
生命力	140.836	35	0.878	0.859	0.077	0.055
意志力	41.064	9	0.882	0.862	0.081	0.047

　　注：CFI = 比较拟合指数（Comparative Fit Index）；TLI = Tucker-Lewis 指数（Tucker-Lewis Index）；RMSEA = 近似均方根误差（Root Mean Square Error of Approximation）；SRMR = 标准化残差均方根（Standardized Residual Mean Root）。

　　三类优势与希望、感恩、焦虑和抑郁等心理变量的相关系数见表 2 - 13。结果表明，三类优势与感恩和希望均存在显著正相关（0.379 ~ 0.587），与抑郁存在显著负相关（-0.461 ~ -0.240）。此外，仅意志力和生命力与焦虑状态显著负相关。这些结果与之前的研究相一致（Duan, Bai et al., 2012; Duan, Ho et al., 2012; Duan et al., 2013）。

表 2 - 13　三大优势的效标效度

	意志力	亲和力	生命力
焦虑	-0.269**	-0.076	-0.294**
抑郁	-0.385**	-0.240**	-0.461**
感恩	0.379**	0.500**	0.411**
希望	0.557**	0.428**	0.587**

　　** $p < 0.01$。

从总体上看，各类优势均分及标准差为：亲和力，3.914 ± 0.423；生命力，3.451 ± 0.468；意志力，3.136 ± 0.419。其中亲和力得分最高。

性别与亲和力显著正相关（$r = 0.141$，$p = 0.010$），与其他两类优势无显著相关性。性别差异分析显示，男生在亲和力上显著低于女生，其他优势无显著性别差异（见表 2 - 14）。此结果与 Park 等（2006）编制 VIA-Youth 时的结果相一致，女生在感恩、善良、爱与被爱的能力等优势上显著高于男生，而这些优势均体现在亲和力优势中。

年级与亲和力（$r = 0.232$，$p < 0.001$）、生命力（$r = 0.361$，$p < 0.001$）和意志力（$r = 0.272$，$p < 0.001$）均呈显著正相关关系。说明三类优势均会随着年龄的增长和教育层次的提升而增强。优势在不同年级上均存在显著差异（$F > 3.944$，$p < 0.002$），进一步事后检验显示，这种差异主要体现在高年级与低年级之间（如高三与初一、高二与初二等），而相近的两个年级间不存在显著差异（如初一与初二、高一与高二等）（见表 2 - 15）。

性别与年龄的交互作用在三类优势上均不显著（$F < 1.529$，$p > 0.180$）。

表 2 - 14　三大优势的性别差异

	$M_{男生}(SD)$	$M_{女生}(SD)$	$F(sig)$
意志力	3.142(0.383)	3.131(0.447)	7.747(0.010)
亲和力	3.848(0.425)	3.967(0.415)	0.114(0.736)
生命力	3.461(0.471)	3.443(0.467)	0.057(0.811)

表 2 - 15　三大优势在不同年级组别上的平均分及标准差

	$M_{初一}(SD)$	$M_{初二}(SD)$	$M_{初三}(SD)$
意志力	2.988(0.414)	3.117(0.406)	3.217(0.454)
亲和力	3.812(0.401)	3.883(0.397)	3.859(0.469)
生命力	3.221(0.437)	3.444(0.458)	3.598(0.452)
	$M_{高一}(SD)$	$M_{高二}(SD)$	$M_{高三}(SD)$
意志力	3.240(0.395)	3.252(0.365)	3.314(0.451)
亲和力	3.969(0.511)	4.032(0.392)	4.097(0.484)
生命力	3.450(0.457)	3.658(0.400)	3.623(0.436)

（四）讨论与结论

以中国青少年群体（12～17岁）为被试，中国人长处问卷总量表和三个分量表的内部一致性系数较高，在0.878及以上，重测信度在0.738及以上，说明三个优势分量表在中国青少年群体中均具有较好的信度，这与之前中国人长处问卷在中国内地大学生群体（Duan，Ho et al.，2012）、中国香港大学生群体（Duan，Bai et al.，2012）和中国普通居民群体（Duan et al.，2013）中的结果相一致。而三个分量表验证性因子分析的拟合指标均达到可接受水平，这在一定程度上体现出中国人长处问卷因子结构的跨群体稳定性，也为以后优势研究的跨年龄比较提供了条件。因此，可以认为该量表具有良好的结构效度。此外，三个优势与积极心理变量（希望与感恩）显著正相关，与消极心理变量（焦虑与抑郁，除亲和力与焦虑外）显著负相关，体现出积极品质的保护性功能。总的来说，中国人长处问卷在中国青少年群体中具有良好的心理测量学特征，可以用来测量中国青少年的个人优势。

此外，本研究还发现一些与以往研究不同的结果值得进一步讨论。第一，性格优势的性别差异。以往以东方文化下成年人为被试的研究表明，男性的生命力和意志力均显著高于女性，而男女在亲和力上无显著差异（Duan，Bai et al.，2012）。在西方文化下，成年女性的人际优势（Interpersonal Strengths）中等程度地高于男性（Park et al.，2006），而在其他性格优势上差异甚小（Linley et al.，2007）。这种差异主要归因于东西方文化差异，在集体主义文化下的个体，更注重人与人之间的关系、人与社会的和谐，即体现出更多的亲和力（Duan et al.，2013）。但这与当前以青少年为被试群体的研究结论恰巧相反。中国青少年群体在亲和力上存在显著的性别差异，而在其余两类优势上不存在显著差异，一种可能的解释是源于个体的成长与教育（Park & Peterson，2006）。因为性格优势被认为是具有道德标签的类人格特质（Park et al.，2004），会受到后天家庭、社会、教育环境的影响。之前的研究发现，积极的家庭教养方式能够促进个体性格优势的健康发展，从而提高个体的心理和谐程度。第二，性格优势的年龄差异。观察从初一到高三群体在各类优势上的得分可以发现，总体呈现一种增长趋势，但增长程度有部分差异。这与Linley等（2007）以英国成年人被试进行的大样本调查结果一致，均表现出优势的毕生发展趋势，但不同的优势在不同的年龄阶段发展速度不一。在本研究中，唯一例外的生命力在高二到高三间出现了下降趋势，这种趋势可能与高中毕业生的升学压力有关，过高的压力体验会抑制个体的活力。这些都需要未来进行更深入的研究。

第二节　简明优势量表（BSS）

近年来，越来越多的精神卫生专业人士开始关心其服务对象的优势和劣势（McCrae，2011）。世界各地开展了许多相关研究，探讨积极的个人特质与健康之间的关系（Duan，Ho，Siu，Li，& Zhang，2015；Park et al.，2004；Peterson & Seligman，2004；Wood et al.，2011）。这些研究结果表明，通过日常应用实践可以明确识别、培养、使用和强化不同的优势，以提高生活满意度，减少抑郁和焦虑症状（Duan，Bai et al.，2012；Duan，Ho，Tang，Li，& Zhang，2014；Park et al.，2004；Peterson & Seligman，2004；Seligman & Csikszentmihalyi，2000；Seligman et al.，2009；Seligman et al.，2005；Wood et al.，2011）。一项涉及4266人、51项研究的元分析，对符合以下四个条件的研究进行了探讨：一是以证据的方式测试一种干预、治疗或活动的效果，且其干预、治疗或活动主要是为了增加积极的感觉、行为或认知，而不是改善病理症状、消极的想法或不良的行为模式；二是包含对幸福感或抑郁的干预前和干预后测量；三是必须设置比较组，如无治疗控制、中性控制、安慰剂组或常规治疗组；四是提供效应量以确定积极心理干预组和比较组之间的正负差异及其强度。此外，旨在促进短期情绪改善，而非持续性心理健康的研究不被纳入其研究范畴，包括改善身体健康或涉及身体活动的干预措施或情绪诱导研究。该研究从51项对幸福感或抑郁的干预研究中提取出了其样本容量、效果量及其显著性进行数据分析，对参与者的抑郁状态、年龄、是否自愿参与积极心理干预、干预形式、干预持续时间、比较组类型进行了内容分析。最终，该元分析得出结论，积极心理干预措施能够显著减轻抑郁症状、改善幸福感（Sin & Lyubomirsky，2009）。另一项历时10年的纵向研究旨在探究缺乏积极的心理幸福感是不是导致抑郁症的一个风险因素，共5566名参与者在两个时间点参与调查，时间点 1 是其年龄在 51～56 岁时，时间点 2 是参与者的年龄在 63～67 岁时，相关分析和回归分析结果表明，除负面人格特质之外，缺乏自我接纳、自主、生活目标和积极的人际优势等积极资源将成为后十年患抑郁症的重要风险因素（Wood & Joseph, 2010）。上述研究结果表明，积极因素的缺乏能够对心理健康产生显著的消极影响。

因此，研究者们开发了评测个体优势的理论模型和测量工具，包括"VIA 优势问卷"（Values in Action Inventory of Strengths, VIA-IS）（Peterson & Seligman, 2004）和"盖洛普优势框架"（Gallup Strengths Framework）（Clifton & Harter, 2003）。其他一些理论或量表中也纳入了对于积极特征的测量，如情绪智力理论（Emotional Intelligence Theory）中的个性特征［抗逆力（Resistance），乐观（Optimism），灵活（Flexibility），同情心（Sympathy）和社会责任感（Social responsibility）］（Mayer, Salovey, & Caruso, 2003）；五因子模型（Five-Factor Model）中的人格因素［如想象力（Fantasy），利他（Altruism），积极情绪（Positive emotions）和自律（Self-discipline）］（Norman, 1963）；还有心理健康量表（Psychological Well-Being Scale）中的自主和自我接纳（Ryff, 1989）。在现有的测量工具中，Peterson 和 Seligman（2004）及其同事开发的 VIA 优势问卷可能是用于测量优势的最知名的量表。

将 VIA 优势问卷应用于精神卫生领域时应注意两个问题。首先，VIA 优势问卷的功能等价性和结构稳定性的问题，尤其是当该量表应用于非英语国家文化的人群时（Ho, Rochelle et al., 2014）。这一问题在第一节中已经进行了详细的探讨，此处不再赘述。此外，无论是原版的 240 道题目的 VIA 优势问卷还是中国人长处问卷，它们对于患有精神疾病的临床人群来说显得太过冗长。许多存在精神健康问题的人很难完成一个太过冗长的问卷调查，因为这需要极大的耐心和集中注意力。所以应该开发一个更短的问卷，以筛选临床人群的性格优势，并由此来促进未来在临床和咨询中对于优势的运用。

值得注意的是，上述两个问题，即结构稳定性和问卷冗长程度，不仅仅存在于对性格优势的心理测量中，也存在于对其他精神健康变量的测量中，如被定义为经历创伤事件后自我感知到的积极变化的创伤后成长（Posttraumatic Growth）（Tedeschi & Calhoun，1995；Tedeschi，Park，& Calhoun，1998）。21 个条目的英文版创伤后成长量表（Posttraumatic Growth Inventory，PTGI）（Tedeschi & Calhoun，1996）已经被翻译成不同的语言，包括中文（PTGI-C）（Ho et al.，2004）、日语（PTGI-J）（Taku et al.，2007）、德语（PTGI-G）（Maercker & Langner，2001）和西班牙语（PTGI-S）（Weiss & Berger，2006）。然而，PTGI 的不同语言版本显示出不同的因子结构（Ho et al.，2013）。例如，与原始英文版 PTGI 的五因子模型［与他人的联系（Relating to Others），新的可能（New Possibilities），个人优势（Personal Strengths），精神变化（Spiritual Change）和生活感悟（Appreciation of Life）］相比，PTGI 的中文版显示出四个因子［自我（Self），精神（Spiritual），生活导向（Life Orientation）和人际关系（Interpersonal Relationships）］。最后，在精神病理学和人格心理学中，比较常见和有用的是开发较短版本的筛选工具（Ziegler，Kemper，& Kruyen，2014）。如 53 个条目的简明症状量表（Brief Symptom Inventory）（Derogatis，1993）可以被视为 90 个条目的症状检查表（Symptom Checklist）（Derogatis，Lipman，Rickels，Uhlenhuth，& Covi，1974）的修订版。最近，为了更好地进行筛选，开发了 18 题的简明症状量表（18-Item Brief Symptom Inventory）（Derogatis & Fitzpatrick，2004）作为简短版症状检查表。

基于这些考虑，我们接下来决定开发一种具有较强生态效度的、简短的测量工具来测量"在跨情境一致行为中表现出可观察特性"的个人性格优势（Shryack et al.，2010：714）。在此项研究中，我们没有采用原有的 VIA 优势问卷或是中国人长处问卷中的题目，因为这些题目的生态效度长期以来受到学者的质疑（Duan，Bai et al.，2012；Duan et al.，2013）。

我们进行了两项研究来验证新筛选工具的普遍性、内容效度和结构效度（John & Soto，2007）。首先在接受香港精神科服务的人员的社区样本中进行。通过主成分分析，选择题目来测量具有心理障碍的个体的性格优势，并建立构建效度。应该指出的是，患者的心理障碍可能会影响他们对于性格优势量表的回应。例如，在抑郁的参与者中过于悲观的自我观念可能会导致他们对所有优势条目的自我评分偏低。然而，我们的目标是开发临床使用的简要量表，所以该部分研究的主要目的之一是选择与心理障碍相关的项目。我们认为必须在本研究中纳入有精神病学问题的群体来提高未来量表中条目的生态效度。接着在内地本科大学生样本中进行另一项研究，以检验该工具对人口和文化的结构稳定性。无精神病学问题的年轻人的样本将使我们有机会进一步审查前一研究中受访者的心理障碍是否会影响该简明优势量表的结果。此外，虽然差异不如东方与西方文化那么大，但是受英国管辖大约150年的时间里，香港的亚文化与中国内地的亚文化产生了一些不同（Cheung, Conger, Hau, Lew, & Lau, 1992）。为了保持人际和谐，中国内地居民往往更加内敛，反映出一种典型的集体主义文化，而香港居民则可能展现出更多英国文化中的个人主义。因此，来自中国内地的样本还被用来探讨该量表是否适用于不同文化的人群。我们预期这种新开发的测量工具将同时适用于具有心理障碍的个体和正常个体。因此，量表的两个潜在应用包括筛选具有发生心理障碍风险的正常个体，与监测接受治疗的心理障碍患者的优势变化。

一　BSS 的开发与因子结构

（一）研究对象

第一个样本为接受香港精神科服务的人员，共有 149 名参与者完成了测量。在参与者中，77 人是女性（51.7%），71 人是男性（47.7%），1 人未报告性别信息；18 人（12.1%）的年龄在 18 岁到 25 岁，32 人（21.5%）在 26 岁到 35 岁，31 人（20.8%）在 36 岁到 45 岁，47 人（31.5%）在 46 岁到 55 岁，17 人（11.4%）超过 55 岁（4 名参与者没有报告他们的年龄）。此外，94.5% 的参与者有精神病史，92.5% 的被试需要精神/心理随访，93.6% 在接受该测量时需要接受新生精神康复会的精神科药物和心理疏导的治疗服务。其他参与者在不接受药物治疗的情况下在康复会接受临床心理学和社会工作服务。平均诊断年龄为 8.93 年（标准差 $SD = 8.94$，范围为 1～35 年）。

（二）研究工具

我们首先构建了初始版本的简明优势量表（Brief Strengths Scale

Initial Version，BSS-Initial Version），成立了一个研究小组，根据文献回顾和成员以往的研究以及临床实践经验，拟定了相应的测量题目。该小组由一位大学心理学教授领导，他同时也是一名临床心理学家，该研究小组的另外两名成员都是临床心理学硕士，他们具有良好的精神病理学和积极心理学知识。该研究小组有两个主要研究重点。研究重点一是心理障碍问题，例如，对以反刍思维（Rumination）为中介的消极认知方式对抑郁产生的负面影响的作用分析（Ho et al.，2012；Ho，Tong，& Lai，2008；Lo，Ho，& Hollon，2008，2010）。研究重点二是对优势的评估与干预。例如，考察以中国大学生优势为基础的干预项目对提高生活满意度的作用（Duan，Ho et al.，2012；Duan et al.，2013，2014；Fung et al.，2011）。

　　量表的初始内容是基于之前研究中确定的三类优势而形成的（Duan，Ho et al.，2012；Duan et al.，2013），即意志力（"我是一个有恒心的人"），亲和力（"我重视和身边人的关系"）和生命力（"我是一个喜欢寻找新事物的人"）。以三维度优势结构为基础的理由有二。第一，这些题目从以中国人群为基础的两项有关开发性格优势测量工具的研究中改编而来（Duan，Ho et al.，2015），上述研究表明此三维度与中国人的精神健康密切相关（Duan，Ho et al.，2012；Duan et al.，2013）。因此，我们认为将这三类优势纳入初始版本的简明优势量表，用来对有心理障碍的群体进行优势筛选是合理的。第二，本研究所提出的三个维度与美国一些研究中所发现的三因子优势结构（自恃、社交和自觉性）比较相似（Shryack et al.，2010）。比如，一项包含三个子研究的系列研究对 24 种性格优势的最佳分类进行了论证，研究一的样本为 634933 名成年美国居民和 434518 名成年非美国居民，对 VIA 优势问卷进行因子分析，主成分分析结果分别得到了单因子结构（好的性格）、二因子结构（善良、求知欲）、三因子结构（亲和力、求知欲和自控力）、四因子结构（联系感、谦逊、自控力和求知欲）和五因子结构（社交性、灵性、谦逊、自控力和求知欲）；研究二的样本为 385 个成年人，测量工具包括 VIA 优势问卷、标志优势量表（Signature Strengths Inventory）和旺盛感量表（Flourishing Scale），平行分析和最小平均值分析结果表明三因子结构是最为合适的；研究三的样本为 1135 个来自社区的参与者，测量工具包括对个人品质看法的问卷（Perceptions of Personal Qualities）、VIA 优势问卷、修订后人格量表（NEO Personality Inventory-Revised）、HEXACO 人格量表（HEXACO Personality Inventory）、卡特尔的 16 种人格因素问卷第 5 版（Cattell's Sixteen Personality Factor Questionnaire-5th edition），相关性分析结果进一步证实了三因子结构，亲和力、求知欲和自控力这三个因子应该是 VIA 优势分类系统最可靠的潜在结构（McGrath，2015b）。此外，本研究团队的相关经验还包括跨文化研究中开发工具的一般方法和程序（Ho & Cheung，2007）。

　　根据团队成员的临床经验和以前的研究结果（Fung et al.，2011），每个团队成员首先创建了针对情绪困扰和心理健康问题的干预措施的备选题目。这些项目包括以下方面的内容：爱与被爱的能力（Basco，Prager，Pita，Tamir，& Stephens，1992；Cochrane，1990；Trumpeter，Watson，O'Leary，& Weathington，2008），好奇心（Camp，1986；Rodrigue，Olson，& Markley，1987），创造力（Holm-Hadulla，Roussel，& Hofmann，2010；Reynolds，2000；Silvia & Kimbrel，2010），感恩（Wood et al.，2010；Wood，Maltby，Gillett，Linley，& Joseph，2008），乐观与希望（Hassija，Luterek，& Naragon-Gainey，2012；Peleg，Barak，Harel，Rochberg，& Dan，2009；Snyder，2000；Wong & Lim，2009），坚持（Nation & Massad，1978；Nation & Woods，1980），自控（Francis，Mezo，& Fung，2012；Fuchs & Rehm，1977；Jun & Choi，2013）和自我管理（Care & Kuiper，2013；Mathews，1977）。

　　基于上述过程，我们编制了 36 个初始题目。在整个过程中我们都仔细考虑了题目的概念相关性以及对于措辞的修改。受访者需要在一个 7 点 Likert 量表（1 = 完全不同意，7 = 完全同意）上回答问题。36 个题目中有 12 个需要反向计分。我们从当前研究所招募的样本中抽取了两个接受治疗的个体进行测试，以检验量表中题目的可理解性和清晰度。调查对象的反馈意见表明，这些题目是清晰易懂的，因此我们没有对 36 个题目进行修改。

　　此项研究中，还需参与者完成医院焦虑抑郁量表（Hospital Anxiety and Depression Scale，HADS）。医院焦虑抑郁量表是由 Zigmond 和 Snaith（1983）开发，用以测量非精神健康疾病患者焦虑和抑郁状态的存在和严重程度。受访者需要完成一个包含 14 个题目的量表，该量表使用 4 点 Likert 计分法（0 = 无症状，3 = 严重症状）来评估前一周与抑郁和焦虑相关症状的严重程度。抑郁评分和焦虑评分分别通过其相应的题目得分求和而获得。分数越高，反映出越严重的焦虑或抑郁症状。根据最初的研究（Zigmond & Snaith，1983）和此前对香港精神病患者的研究（Leung et al.，1993），5/6 分界点被用于将参与者评判为抑郁症、焦虑症个体，医院焦虑抑郁量表抑郁评分为 5 或以下的参与者被评判为非抑郁案例，而医院焦虑抑郁量表抑郁评分为 6 或以上的参与者则被评判为抑郁案例。焦虑或非焦虑案例的评判使用相同标准进行区分。本研究采用了 Leung 等（1993）开发的中文版量表。在当前样本中，抑郁子量表的 Cronbach's α 信度为 0.79，焦虑子量表的 Cronbach's α 信度为 0.87。

（三）研究结果

我们使用了主成分分析（Principal Components Analysis，PCA）来探索初始版本简明优势量表的因子结构。相关矩阵显示，除了反向计分的题目之外，36 个题目中的大多数相关系数在 0.30 以上。Herbert（1996）指出，测量中同时存在积极和消极的措辞会使得因子结构更加复杂（Greenberger，Chen，Dmitrieva，& Farruggia，2003），并且会降低被试回答的准确性（Schriesheim & Hill，1981）。因此，12 个反向题目被我们从题库中删除（例如，"当我遇到挫折时，我很容易放弃我的目标"，"当别人对我表示关心时，我经常感到不舒服"）。

删除反向计分的题目之后，我们对剩余的 24 个题目进行了斜交转轴法（Oblimin Rotation）的主成分分析，KMO 值为 0.91，Bartlett's 球形检验结果具有统计学意义，表明样本量适合进行因子分析。根据 Hair 等（1998）提出的标准，我们采用了 0.60 作为题目载荷的分界点，获得了 5 个特征值高于 1.00 的因子。之后，我们进一步删除了一些载荷相对较低（< 0.50）的题目、具有多重载荷（在多个因子上载荷超过 0.50）的题目以及那些负载在与其概念不一致的因子上的题目。

最终的量表结构包括了三个因子，每个因子包含 4 个题目（见表 2 - 16）。三个因子共解释了 61.50% 的方差变异，因子 1 方差贡献率为

40.00%，因子2方差贡献率为11.20%，因子3方差贡献率为10.30%。所有12个题目的因子载荷均大于或等于0.60。

表2-16 简明优势量表的主成分分析（N=149）

题目	因子		
	1	2	3
我是一个有恒心的人	**0.83**	-0.11	-0.10
我是一个勤劳的人	**0.82**	0.16	0.07
我是一个喜欢寻找新事物的人	**0.67**	0.11	-0.10
我是一个充满爱心的人	**0.61**	0.03	-0.10
我重视和身边人的关系	-0.23	**0.72**	-0.11
我经常陶醉于一些有趣的事物	0.22	**0.72**	0.11
当我想到有可能制造一件新事物便会感到兴奋	0.13	**0.69**	-0.05
我感恩别人对我的恩惠	0.24	**0.60**	-0.09
遇到困难时，我会要求自己坚持到底	0.17	-0.15	**-0.79**
当我看到他人开心时，我也会开心	0.06	-0.08	**-0.80**
我是一个自制能力很强的人	-0.16	0.24	**-0.79**
我觉得这个世界有很多有趣的事物有待发掘	0.13	0.20	**-0.64**
解释方差(%)	40.00	11.20	10.30

注：因子载荷在0.60及以上的已经在表格中重点显示。

我们采用了Shryack及其同事（2010）的提法来为我们的因子命名。因子1被命名为"意志力"（Temperance Strength），描述了坚持实现目标和表现出自控能力的人。因子2被命名为"亲和力"（Interpersonal Strength），因为它描述了一个人对他人的爱、关心和感恩。因子3测量了一个人对创造力的好奇心和热情，因此被命名为"生命力"（Intellectual Strength）。

由于当项目数量较少时，传统的Cronbach's α 可能低估信度（Mayer et al.，2003），所以我们通过使用R软件3.0.2（Team，2013）来计算序数信度（Ordinal α）（Anne，Martin，& Bruno，2012）。三个优势分量表的内部一致性系数较好，范围为0.76～0.84。在不同的人口学变量中，只有生命力分量表的分析结果显示出了显著的性别差异

（$t=2.61$，$p<0.01$，$d=0.43$），其他优势则没有表现出性别差异（见表 2 - 17）。

表 2 - 17　心理健康问题样本中三种优势的序数 α、均值、
标准差和 t 检验（$N=149$）

优势	序数 α	$M \pm SD$			$t-test$
		总样本	男性	女性	
总体优势	0.88	4.82 ± 0.95	4.89 ± 0.89	4.74 ± 1.01	-0.96
意志力	0.82	4.34 ± 1.31	4.44 ± 1.14	4.29 ± 1.46	0.68
亲和力	0.76	5.36 ± 0.93	5.24 ± 0.93	5.48 ± 0.93	-1.67
生命力	0.84	4.75 ± 1.24	5.02 ± 1.07	4.50 ± 1.34	2.61 **

** $p<0.01$。

接下来，我们检查了精神病临床问题（即抑郁或焦虑）是否会影响优势的得分。首先计算抑郁和焦虑的均值：抑郁为 7.85 ± 4.54；焦虑为 8.38 ± 4.74。使用 5/6 分界点确定案例，67.8%（$N=101$）和 69.8%（$N=104$）的参与者分别被置于抑郁案例和焦虑案例组中。独立样本 t 检验显示，与非抑郁组或非焦虑组的参与者相比，抑郁组和焦虑组的参与者在简明优势量表的三个优势分量表上的得分都明显较低。均值、标准差和统计值见表 2 - 18。

表 2 - 18　抑郁和焦虑样本的优势（$N=149$）

样本	意志力		亲和力		生命力		总体优势	
	$M \pm SD$	t	$M \pm SD$	t	$M \pm SD$	t	$M \pm SD$	t
抑郁	4.15 ± 1.40	-2.88 **	5.19 ± 0.92	-3.21 **	4.48 ± 1.28	-4.02 ***	4.60 ± 0.97	-4.12 ***
非抑郁	4.80 ± 0.99		5.70 ± 0.87		5.32 ± 0.92		5.26 ± 0.74	
焦虑	4.17 ± 1.34	-2.68 **	5.25 ± 0.98	-2.10 *	4.53 ± 1.29	-3.46 **	4.63 ± 0.97	-3.60 ***
非焦虑	4.80 ± 1.15		5.60 ± 0.79		5.27 ± 0.93		5.23 ± 0.77	

* $p<0.05$；** $p<0.01$；*** $p<0.001$。

相关分析显示，简明优势量表总评分与抑郁和焦虑显著负相关，各个优势分量表评分与医院焦虑抑郁量表评分之间的相关系数列于表 2 -

19 中。生命力、意志力与抑郁和焦虑有显著的负相关，而亲和力仅与抑郁症显著负相关。

表 2 − 19　优势、抑郁和焦虑之间的相关性　($N = 149$)

	总体优势	意志力	亲和力	生命力
抑郁	− 0.52 **	− 0.34 **	− 0.35 **	− 0.52 **
焦虑	− 0.35 **	− 0.20 *	− 0.14	− 0.36 **
总体优势	—	0.86 **	0.81 **	0.81 **
意志力		—	0.48 **	0.52 **
亲和力			—	0.48 **

$^*\, p < 0.05$；$^{**}\, p < 0.01$。

进行回归分析来比较三种优势解释抑郁和焦虑的能力。多元回归分析的结果如表 2 − 20 所示。三项优势分别解释了 29% 的抑郁方差变异和 13% 的焦虑方差变异。生命力是两个回归方程中唯一显著的预测因子：抑郁，$\beta = -0.44$，$t = -4.99$，$p < 0.001$；焦虑 $\beta = -0.36$，$t = -3.67$，$p < 0.001$。

表 2 − 20　回归分析　($N = 149$)

因变量	自变量	β	t	R^2	F
抑郁				0.29	18.51 ***
	意志力	− 0.06	− 0.73		
	亲和力	− 0.10	− 1.15		
	生命力	− 0.44	− 4.99 ***		
焦虑				0.13	6.97 ***
	意志力	− 0.05	− 0.48		
	亲和力	0.05	0.50		
	生命力	− 0.36	− 3.67 ***		

$^{***}\, p < 0.001$。

二　BSS 的心理测量学特征

在上一研究中，逐步建立了 12 个条目的简明优势量表（BSS），以测量亲和力、意志力、生命力三个优势。这个简短的筛选问卷能够适用于有精神病症状的参与者。接下来，将进一步在中国大陆样本中检验这个量表的信度、结构效度和普遍性。

（一）研究对象

我们在位于中国重庆的西南大学的几个班级中招募了本科生样本参与该研究，对简明优势量表进行验证性因素分析。数据收集由两名心理学研究生完成。在完成调查问卷之前，我们首先向学生获取口头知情同意。共有大一到大三的 203 名本科生（113 名女性，90 名男性，平均年龄为 20.93 岁，标准差 $SD = 1.13$）完成了简明优势量表。应该注意的是，汉语的两种类型（简体和繁体）在语言上是等价的。前者在中国大陆使用，后者在中国港澳台地区使用。上一个研究的参与者是在香港招募的，所以使用了 BSS 的繁体版本，而在当前研究中，则使用简体版本。BSS 的两个中文版本的内容是相同的。该设计旨在配合参与者的日常阅读习惯，减少对题目内容的理解困难。我们以前的研究证实，这两种形式的中文可以互换使用，且对结果的影响很小（Duan，Bai et al.，2012；Ho et al.，2004；Ho，Fung，Chan，Watson，& Tsui，2003）。两个样本之间最大的不同，是当前研究的参与者均没有任何精神疾病诊断史。数据收集于 2012 年 4 月至 2012 年5 月。

（二）研究工具

简明优势量表。简明优势量表是研究 1 中形成的共计 12 道题目的自我报告问卷，用以测量意志力（4 道题）、亲和力（4 道题）和生命力（4 道题）。通过对相应题目的得分进行求和来获得各分量表分数，较高的分数表明个人在较大程度上具有特定的优势。

（三）研究结果

使用 Mplus 7.0 进行了一系列验证性因子分析来探究简明优势量表的结构稳定性。在本研究中，提出了三个假设模型进行比较：三因子相关模型（模型 1）、二阶三因子模型（模型 2）和单因子模型（合并所有因子成为一个因子，模型 3）。根据 Hu 和 Bentler（1998）的研究，我们使用比较拟合指数（CFI）、近似均方根误差（RMSEA）、标准化残差均方根（SRMR）和卡方统计量来评估模型拟合优度。模型 1 和模型 2 都显示出相同的拟合优度指数（$\chi^2/df = 1.846$，CFI = 905，RMSEA = 0.065，SRMR = 0.059）（见表 2 - 21），并且都比模型 3 拟合度更好。图 2 - 4 显示了标准化路径系数。

表 2 - 21　假设模型的拟合优度指数（$N = 203$）

模型	χ^2/df	CFI	SRMR	RMESA
模型 1：三因子相关模型（因子 1：意志力；因子 2：亲和力；因子 3：生命力）	1.846	0.905	0.059	0.065
模型 2：二阶三因子模型	1.846	0.905	0.059	0.065
模型 3：单因子模型	2.600	0.811	0.072	0.089

注：CFI = 比较拟合指数（Comparative Fit Index）；RMSEA = 近似均方根误差（Root Mean Square Error of Approximation）；SRMR = 标准化残差均方根（Standardized Residual Mean Root）。

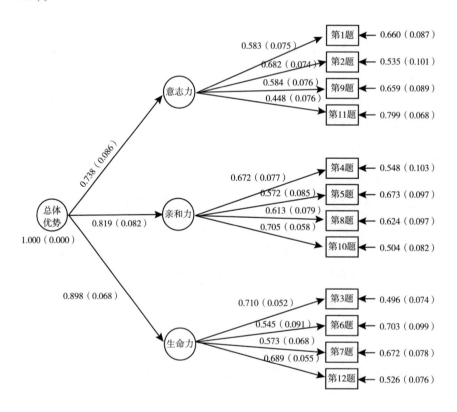

图 2 - 4　简明优势量表因子结构的标准化路径系数

在本科生样本中，三个分量表的序数 α 从 0.72 到 0.89，反映了这些分量表在该群体中良好的内部一致性。表 2 – 22 显示了三个优势分量表的均值和标准差。这些结果与前一研究中使用的抑郁和焦虑临床样本的结果相似。

表 2 – 22　本科生三种优势的序数 α、均值、标准差和 t 检验 （ N = 203 ）

		$M \pm SD$			
	Ordinal α	总样本	男性样本	女性样本	t-test
总体优势	0.86	5.62 ± 0.65	5.66 ± 0.65	5.59 ± 0.65	0.78
意志力	0.72	5.11 ± 0.90	5.14 ± 0.95	5.08 ± 0.85	0.49
亲和力	0.89	5.98 ± 0.71	6.03 ± 0.73	5.49 ± 0.70	0.95
生命力	0.80	5.76 ± 0.84	5.80 ± 0.87	5.74 ± 0.83	0.49

三　关于 BSS 的讨论

本研究以具有精神健康问题的样本为研究对象，探索简明优势量表中性格优势的因子结构。与之前的研究相似（Duan，Ho et al. ，2012；Duan et al. ，2013），本研究发现三个因子——意志力、亲和力和生命力，接着在中国大陆本科生样本中证实了同样的三因子结构。

首先，我们的结果支持优势评估三因子结构的因子不变性。积极心理学家提出的一个基本观点是要强调一个人"优势是什么"（Duckworth，Steen，& Seligman，2005）的重要性，无论这个人是健康的还是生病的，利用这些优势来提高人的生活质量。这与传统的精神病理学临床方法不同。此前有一些研究已经按照这一研究方向来测量和增强积极品质，以解决患有抑郁症、危及生命的疾病（如癌症）和丧偶的人的心理问题（Ho et al. ，2010，2011；Wong & Lim，2009）。在临床环境中应用基于优势的方法的主要困难之一是缺乏测量和监测优势的简短且经过验证的工具。在这项研究中，我们开发了一种非常简洁但具有良好心理测量属性的工具来评估优势。这个简短的工具将使实践者和研究人员能够将优势有效地扩展到临床人群。我们的研究结果显示，意志力、亲和力和生命力三个优势（Duan，Ho et al. ，2012；Duan et al. ，2013）也存在于抑郁个体和精神健康疾病患者中。此外，在香港，使用患有精神疾病的样本来开发的测量工具可以推广到中国内地的正常样本。我们的研究结果表明三因子（意志力、亲和力和生命力）具有跨文化和跨人群的结构稳定性。因为在使用美国参与者样本的其他研究中也发现了三项优势（McGrath，2015b；Shryack et al.，2010），所以认为这个量表可以推广到西方人身上是合理的。未来的研究应进一步探讨三维度性格优势的跨文化适用性。

如表2-17和表2-22所示，中国香港参与者的优势得分远低于中国内地参与者。不过，需要加以注意的一点是，鉴于香港样本是由精神问题患者组成，而中国内地样本是由大学生组成，所以这些差异在预期之中。不同文化和亚文化是否共享三个优势应通过具有可比性样本特征的多组验证性因子分析进行检验。在表2-21中，模型1和模型2具有相同的拟合优度，鉴于个体优势之间的相互关系，二阶三因子模型可能是更好的模型。我们建议，对于不需要测量个人优势特征的研究人员（例如，用来增加优势的总体干预功效），可以使用总体优势分数；而对于需要研究个体优势的研究人员（例如，个别优势对特定成果指标的潜在差异效应），可以计算出单独的优势分数。

简明优势量表的三个分量表均具有0.72及以上的内部一致性系数，这在心理学统计上是可接受的，一项专门讨论量表信度的研究重点探讨了内部一致性系数的历史发展以及与它的不同类型测量方式，他们指出内部一致性系数是量表的一个固定属性，信度指测量量表的内部一致性，其数值越大则效果越好，它的范围是0~1（Streiner，2003）。尽管量表较短，4个题目的优势分量表也具有良好的内部一致性，表明简明优势量表具有很好的信度。关于量表的结构效度，我们发现生命力是与积极和消极结果相关的最重要的优势。鉴于三大优势之间的高度相关性，这一结果并不奇怪。与Shryack等（2010）的发现类似，简明优势量表的生命力包括与VIA优势分类系统的生命力（如创造力和好奇心）相关的题目。因此，这一发现与以前的研究一致，表明生命力是香港和内地样本中个人生活满意度的唯一积极预测因子（Duan，Bai et al.，2012）。Ryan和Frederick（1997）认为生命力反映了活跃和旺盛的感觉，与心理和躯体因素相辅相成，增加了自我能量的可用性，具有改善心理健康、身体症状和身体功能的作用。因此，可以通过培养一个人使其拥有更积极的能量来缓解消极的认知、情绪和行为。意志力、亲和力和其他变量之间的关系与其他研究相同（Duan et al.，2013）。总而言之，这三大优势具有良好的结构效度，但为了更好地进行理解，未来应探索其内部机制。

我们认为，简明优势量表在多个方面补充了现有较长的优势量表的不足。简明优势量表可用作筛选工具，以提供关于个体，特别是具有心理问题或障碍的个人的优势特征的初步信息，以便及时和适当地进行干预。在初步筛选后，如果需要更详细地评估优势，则可以使用 VIA 优势问卷（Peterson & Seligman，2004）或中国人长处问卷（Duan，Ho et al.，2012；Duan et al.，2013）进行进一步的评估测量。

该研究的一个局限性是，参与者的心理症状可能会影响我们横截面设计中的优势和结果变量之间的关系。例如，抑郁症的快感缺失和回避症状（Dimidjian，Martell，Addis，Herman-Dunn，& Barlow，2008）会妨碍生命力优势的体现，包括追求新事物或对有趣事物的兴趣（"我是一个喜欢寻找新事物的人"；"我经常陶醉于一些有趣的事物"），这将导致在研究中，抑郁症状严重程度与生命力呈负相关关系。今后应进行纵向研究来澄清它们之间的关系。此外，尽管在回归分析中发现生命力是抑郁和焦虑的重要预测因子（见表 2-20），但我们在本研究中并没有包括其他因素如行为激活、快感缺乏和回避行为。当回归方程中包含其他因素（如回避行为）时，生命力可能不会对心理症状的方差做出如此重要的贡献。未来的研究可以通过将三种优势与影响精神病理学的其他因素进行比较，进一步检查简明优势量表的有效性。

此外，还存在其他的局限性值得注意。第一，本研究从抑郁和焦虑患者的样本中提取因子结构，并在非临床本科样本中进行确认。因此，应该进一步研究该因子结构是否适用于其他具有不同身体和心理障碍的样本，如癌症、恐惧症或强迫症。第二，需要更多关于优势与其他影响因素之间关系的信息。需要进行实证研究来加深对内在优势和其他心理变量机制的理解。第三，由于因子分析模型分别适用于内地和香港的样本，应该对这两个样本进行其他的直接比较来进一步检验工具等价性。同时需要使用英语（或其他语言）版本的量表来进行东西方文化的跨文化研究，以确定量表的结构稳定性。第四，可以进行基于认知的访谈，以提高我们研究的效度。第五，本研究没有进行敏感性和特异性测试，以确定最有辨别力的分界点来进行筛选。未来的研究应该尝试建立临床变化筛查和监测的门槛。

第三节 三维度性格优势量表（TICS）

性格优势作为一种自我图式，从自我、他人和世界三个层面来组织不同类别信息（DiMaggio，1997），并提供有助于实现目标、价值观和道德原则的自我觉察（Cloninger，2004）。研究人员提出，积极的心理概念，如韧性、性格优势和正念，可以并且应该被纳入临床实践，以帮助个体缓解痛苦和增加幸福感（Boardman & Doraiswamy，2015），而不是强调消极的因素。性格优势引起了不同健康促进领域科学家的关注（Niemiec，2013b），然而，在临床环境中尚未得到很好的研究（Rashid & Ostermann，2009）。Bird 等（2012）回顾了7种定性和5种定量共12种优势评估测量方法，得出的结论为，它们都不符合临床人群的需要。现有测量方法受到各种问题的影响，例如，内容效度问题、因子结构的变化、翻译版本的生态效度和问卷长度（Bird et al.，2012；Ho，Rochelle et al.，2014；Joseph & Wood，2010；McGrath，2015b）。本研究试图通过开发跨文化（东方和西方）和跨人群（医疗与社区）的用于衡量性格优势的简短问卷来解决这些问题。

经过上述一系列研究，几乎所有测量结果都指向了一个具有三因素结构的性格优势模型。尽管现在三因素模型在多种文化和测量中已经被证明具有可靠性，但仍存在一些问题阻碍其在临床和非临床环境中的应用（Bird et al.，2012）。对于具有重大心理健康问题的医疗患者或个人，现有的 VIA 优势问卷和中国人长处问卷可能过于冗长；而简明优势量表是基于华人社群所开发，其结果与国际学界无法直接相比。Sims、Barker、Price 和 Fornells-Ambrojo（2015）对 21 名精神病患者进行了半结构化的访谈，其中 38% 的人认为问卷调查的难度过高且耗时过长。此外，调查问卷过长也给社区人口大规模调查带来不便。Ziegler 等（2014）指出了以往对简短量表的五个认识误区，包括简短量表容易很快过时，发展简短量表的目的是替代较长量表或非缩略量表，与较长量表或非缩略量表相比简短量表的测量标准相关性可能会更低，简短量表必须与较长量表或非缩略量表具有相同的包括内部一致性在内的统计学测量属性，且简短量表可以迅速完成。经过严谨讨论，学者们建议有必要开发简短量表以适应社区和临床研究与实践。

此外，许多在不同国家的正常人群（如大学生、青少年和成年人）中进行的研究已经探讨了性格优势与心理健康之间的关系。具有高水平性格优势的个体普遍会表现出高水平的心理健康（如幸福感和丰盈感）和低水平的心理症状（如抑郁和焦虑）。例如，性格优势与生活满意度（Buschor，Proyer，& Ruch，2013；Duan，Bai et al.，2012）、幸福感（Gillham et al.，2011）、积极情绪（Güsewell & Ruch，2012）、生活质量（Proctor et al.，2011）、较小的感知压力（Duan，2016a；Duan，Ho et al.，2015）、生活意义（Littman-Ovadia & Steger，2010）均有着显著的正相关关系。基于性格优势的干预措施研究，揭示了使用性格优势增加心理健康的积极作用（Duan et al.，2014；Seligman et al.，2005；Wood et al.，2011）。然而，只有少数研究探讨了性格优势与心理障碍之间的关系。关于一般人群的少数研究表明，性格优势与心理压力（Duan，Ho et al.，2015）和创伤后应激障碍（Duan，Guo，& Gan，2015）呈负相关。有限的医学和临床研究发现，身体疾病和特殊疾病（如恐笑症）可能与某些性格优势有低水平的负相关，如希望、好奇心和感恩（Peterson，Park，& Seligman，2006）。此外，Seligman 等（2005）的研究发现，使用性格优势并没有显著减轻抑郁症患者的抑郁症状（Mongrain & Anselmo-Matthews，2012）。Sims 等（2015）发现基于优势的干预只能改善临床精神病患者的积极情绪而不能改变其消极情绪。有别于上述研究指出的对性格优势的评估有助于理解临床现象，Mongrain 和 Anselmo-Matthews（2012）则认为评估优势应该旨在同样有益于减轻临床和社区一般人群的痛苦和增加幸福感，强调衡量一个同样适用于医疗和社区一般人群的优势的有用性。

这些发现提出了三个问题：（1）三因素模型是否可以描述 VIA 优势分类系统中性格优势的理论结构；（2）是否可以在普通人群与临床人群中同等测量性格优势；（3）上述两个人群中性格优势的角色或功能是否相同（即减轻痛苦和增加幸福感）。开发这样一种测量方法的主要贡献在于检验跨群体的测量一致性（即度量等价性和标量等价性）。接下来的两项研究，将开发一个简短的问卷来衡量三维度性格优势，并评估其跨文化和跨群体的有效性。在第一个研究中，会使用中国大陆大学本科生样本开发三维度性格优势量表（Three-dimensional Inventory of Character Strengths，TICS），然后在西方学生中验证这一工具的因子结构。第二个研究使用中国社区样本和住院病人样本来检查不同人群中量表的测量不变性，并探讨三维度性格优势量表预测四周后心理健康水平的能力。

一　TICS 的开发与跨文化验证

（一）研究对象与题库筛选

参加者包括 1074 名在中国内地上学的大学本科生。亚洲样本包括 518 名（48.23%；229 名男性和 289 名女性）中国学生，西方样本包括来自美国、意大利、法国、加拿大、瑞士和英国的 556 名留学生（51.77%；231 名女性和 325 名男性）。参与者的年龄范围是 18~25 岁（均值 $M = 20.17$，标准差 $SD = 1.47$）。亚洲样本被用于量表开发，如项目选择和探索性因子分析；西方样本被用于跨文化验证，如验证性因子分析。本研究使用亚洲和西方的样本考察了三维度性格优势模型在具有跨文化背景学生中的稳定性。我们通过大学电子邮件系统分发了参与研究的邀请函。参与者可以通过在线问卷以匿名方式完成测量。我们采用了滚雪球抽样方法，鼓励具有西方文化背景的学生邀请他的同学参加本次研究。在作答问卷前，参与者需要阅读知情同意书，并点击"同意"按钮，表明他们的意愿。患有严重身体或精神疾病的参与者在数据分析过程中被排除在外。数据收集于 2013 年 10 月至 2015 年 5 月。

96 题的中国人长处问卷作为初始题库。参与者需要从 1（"非常不像我"）到 5（"非常像我"）评价每个题目的陈述。我们采用 Marsh 等人

（Marsh et al.，2005）提出的开发简短量表的准则构建了简短的问卷，本研究中的具体构建标准如下：（1）保留三个分量表的结构，以描述三种性格优势；（2）保留尽可能多的优势，但每种优势只有一题；（3）三个分量表中，每个分量表至少包括 4 个题目；（4）筛选项目以使每个分量表达到可接受的内部一致性；（5）选择题目总相关系数（Item Total Correlations）在 0.40 以上的题目；（6）报告可接受的模型拟合度以及保留因子载荷在 0.50 以上的项目。

（二）研究结果

按照上述程序，我们使用亚洲样本进行了探索性因子分析。通过斜交转轴法产生了三个因子。KMO 值（0.93）和 Bartlett's 球形检验（$p < 0.001$）的结果都是可以接受的。结果表明：（1）三个因子能解释总方差的 29.51%；（2）题目显示出低因子载荷（即有 93 项因子载荷小于 0.60 和有 48 项因子载荷小于 0.50）；（3）一些项目在多个潜在因素上交叉载荷；（4）出现了与理论不符的载荷（如原本属于亲和力的优势载荷到了自控力上）。这些统计数据表明，VIA 优势分类系统中性格优势之间的划分不够明确（Kristjánsson，2010）。将不符合标准的题目删除后，我们获得了 15 个题目（每种性格优势 5 个题目），这一结果解释了总方差的 50.94%。此外，15 个项目中的 14 个项目因子载荷高于 0.50，仅有 1 个题目的因子载荷为 0.49。总相关性大于等于 0.42。三个分量表的内部一致性系数（Cronbach's α）均为 0.74。结果如表 2-23 所示。

表 2-23　三维度性格优势模型问卷的因子结构、内部信度
和项目总体相关性（亚洲样本）

题号	VIA 中的优势	题目	因子载荷			总相关性
			求知欲	亲和力	自控力	
54	好奇心	在任何情形下，我都能找到乐趣	0.71	0.23	-0.21	0.56
51	幽默	我从不让沮丧的境遇带走我的幽默感	0.64	0.25	-0.29	0.54
32	创造力	我总能想出新方法去做事情	0.61	0.30	-0.47	0.47
20	社交能力	我有能力令其他人对一些事物产生兴趣	0.56	0.21	-0.30	0.47
52	热情	我精力充沛	0.51	0.34	-0.35	0.42

续表

题号	VIA 中的优势	题目	因子载荷			总相关性
			求知欲	亲和力	自控力	
79	公平	我认为每个人都应该有发言权	0.28	0.81	-0.27	0.56
80	领导力	作为团队的领导者，我认为每个成员都有对团队所做的事发表意见的权利	0.19	0.68	-0.19	0.55
78	合作	尊重团体的决定对我来说很重要	0.21	0.53	-0.23	0.56
91	诚实	别人相信我能帮他们保守秘密	0.31	0.51	-0.43	0.55
66	善良	我享受善待他人的感觉	0.31	0.49	-0.25	0.563
16	自我调节	我是一个高度自律的人	0.22	0.25	-0.67	0.55
17	审慎	我总是谨慎地做出决定	0.28	0.24	-0.63	0.51
56	批判性	深思熟虑是我的特点之一	0.36	0.19	-0.62	0.53
44	毅力	我不言放弃	0.34	0.41	-0.57	0.47
30	好学	我是个真正的终身学习者	0.45	0.27	-0.54	0.47
		解释方差（%）	29.87	11.36	9.71	
		Cronbach's α 系数	0.74	0.74	0.74	
		Ordinal α 系数	0.87	0.82	0.86	

使用西方样本检验跨文化结构有效性，运用 Mplus 7.0 软件进行验证性因子分析。结果显示，比较拟合指数（CFI） > 0.95，Tucker-Lewis 指数 > 0.95，近似均方根误差（RMSEA） < 0.05 或 0.08。我们测试了两个模型：单因素模型和三因素模型。单因素模型显示出不良的拟合度（$\chi^2 = 602.968$，$df = 90$，$\chi^2 / df = 6.70$，$p < 0.001$，比较拟合指数 CFI = 0.706，TLI = 0.657，近似均方根误差 RMSEA = 0.101，90% CI = [0.094，0.109]），而三因素模型具有可接受的拟合度（$\chi^2 = 213.246$，$df = 87$，$\chi^2 / df = 2.45$，$p < 0.001$，比较拟合指数 CFI = 0.928，TLI = 0.913，近似均方根误差 RMSEA = 0.051，90% CI = [0.042，0.060]）。三因素模型的标准化路径系数高于 0.49。结构模型图如图 2-5 所示。

亚洲和西方样本各优势的均值和标准差见表 2-24。独立样本 t 检验显示亚洲和西方人群的三种性格优势之间没有显著差异。

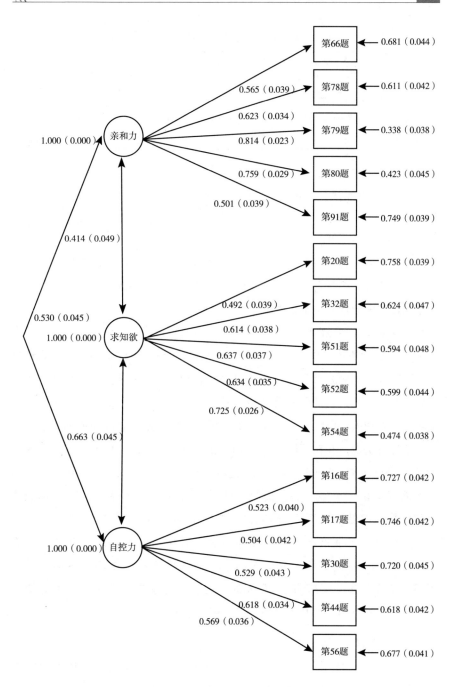

图 2 - 5 验证性因子分析结果

表 2 - 24　　三种性格优势在亚洲和西方人群中的描述统计

	亚洲样本($N=518$)		西方样本($N=556$)		t 检验	
	均值	标准差	均值	标准差	t 值	p 值
亲和力	4.11	0.50	4.01	0.56	1.33	0.19
求知欲	3.42	0.65	3.45	0.64	-0.84	0.40
自控力	3.50	0.68	3.47	0.63	0.61	0.54

二　TICS 的测量不变性与预测能力

（一）研究对象

有 175 名（50.58%）社区参与者和 171 名（49.42%）普通外科住院患者参与本研究。参与者是从中国重庆和四川不同社区和医院招募的。只有正在康复过程中的普通手术患者受邀参加此研究，重症患者、急诊和精神病患者被排除在外。男性 167 人（48.27%），女性 179 人（51.73%），年龄在 22~54 岁（均值 $M=40.21$，标准差 $SD=8.44$）。在两个样本中没有发现性别（$t=0.74$，$p=0.46$）或年龄（$t=-1.87$，$p=0.06$）差异。数据收集采用的是纸质问卷的方式。社区内受过心理训练的学生和医院注册护士负责邀请可能的参与者加入本研究。参与者需要在研究项目开始后立即完成简短版三维度性格优势量表，并在四周后完成抑郁焦虑压力量表（DASS）。完成两个量表之间有四周的时间间隔，以便探索三维度性格优势量表预测精神健康的能力。在社区样本中，我们测试了个人的性格优势是否在没有身体或情绪疾病的健康人群中也具有保护作用。在住院病人中，我们验证了是否有更高水平性格优势的人在经历手术后会相对不容易患抑郁症和焦虑症。随后，我们比较了两个人群中性格优势的相对作用。参加并完成了整个研究的参与者获得了 30 元的补助。所有参与者都提供了书面知情同意书。数据收集于 2015 年 3 月至 2015 年 10 月。

（二）研究工具

三维度性格优势量表是一个包含 15 道题目的简短量表，用于衡量之前研究中描述的三维度性格优势（即亲和力、求知欲和自控力；每个分量表包含 5 个题目）。参与者需要从 1（"非常不像我"）到 5（"非常像我"）评价每个题目的陈述。通过对各个分量表所含的题目求平均值，获得分量表分数。社区样本和医疗样本中亲和力量表的 Cronbach's α 系数分别为 0.82 和 0.86，求知欲量表的 Cronbach's α 系数分别为 0.79 和 0.80，自控力量表分别为 0.83 和 0.85。

抑郁焦虑压力量表被用于评估过去一周的抑郁、焦虑和压力症状。这是一个共计 21 道题目的自陈式问卷，其中包含三个分量表（每个分量表有 7 个题目）（Lovibond & Lovibond，1995）。参与者根据过去一周的经验，以 4 点 Likert 量表作答（0 = "根本不适用于我" 到 3 = "非常适用于我，或大部分时候适合我"）。所有题目都没有反向计分。以前的研究显示，中文版抑郁焦虑压力量表具有良好的心理测量属性（Wang et al.，2016）。在本研究中我们只使用了抑郁和焦虑分量表作为衡量精神健康状况的指标。在社区样本和医疗样本中抑郁分量表的 Cronbach' α 分别为 0.76 和 0.79，焦虑分量表的 Cronbach' α 分别为 0.72 和 0.73。

（三）研究结果

首先，我们进行了多组验证性因子分析（MG-CFA）以检查医疗和社区样本之间三因素模型的测量不变性。我们检查了从最弱到最强的三个等级（即结构不变性、弱/度量因子不变性和强/标量因子不变性）（Byrne，2012；Meredith，1993）。采用比较拟合指数（CFI）变化（ΔCFI）小于 0.010（Cheung & Rensvold，2002），近似均方根误差（RMSEA）的变化（ΔRMSEA）小于 0.015（Chen，2007）为标准以确定是否在较受限模型与较少限制模型之间保持等效性。作为初步分析，验证性因子分析分别在两个样本中进行。医疗样本（$\chi^2 = 113.034$，$df = 87$，比较拟合指数 CFI = 0.925，TLI = 0.909，近似均方根误差 RMSEA = 0.042，90% CI = [0.013，0.062]）和社区样本（$\chi^2 = 112.204$，$df = 87$，比较拟合指数 CFI = 0.926，TLI = 0.911，近似均方根误差 RMSEA = 0.041，90% CI = [0.011，0.061]）产生可接受的指数值。多组验证性因子分析结果见表 2 - 25，表明弱模型的比较拟合指数（CFI）和近似均方根误差（RMSEA）的变化是可接受的。结果表明，在医疗和社区人群中，简短版三维度性格优势量表题目的因子数和题目的因子载荷具有一致性。因此，三因素模型的因子不变性得以部分实现。

两个样本中三个优势的均值和标准差的描述统计数据如表 2 - 26 所示。独立样本 t 检验表明，社区样本中三维度性格优势的得分显著高

表 2 - 25　医疗和社区样本中的因素方差检验

	χ^2	df	CFI	$\mid \Delta CFI \mid$	RMSEA	$\mid \Delta RMSEA \mid$
模型一	229.213	174	0.917		0.043	
模型二	244.232	186	0.912	0.005	0.043	0.000
模型三	309.707	198	0.831	0.081	0.057	0.014

于医疗样本（在所有情况下，$t \geq 2.37$，$p < 0.05$）。医疗样本中的抑郁（$t = -4.61$，$p < 0.01$）和焦虑（$t = -10.50$，$p < 0.01$）也显著高于社区样本。

表 2 - 26　医疗和社区样本中三种性格优势的描述统计

	社区样本($N = 175$)		医疗样本($N = 171$)		t 检验	
	均值	标准差	均值	标准差	t 值	p 值
亲和力	4.13	0.39	3.85	0.57	5.10	< 0.01
求知欲	3.42	0.45	3.29	0.56	2.37	< 0.05
自控力	3.52	0.49	3.36	0.69	2.39	< 0.05
抑郁	0.95	0.48	1.20	0.54	- 4.61	< 0.01
焦虑	0.93	0.31	1.39	0.49	- 10.50	< 0.01

　　表 2 - 27 显示了两个样本中性格优势与抑郁和焦虑之间的 Pearson 相关性。结果表明，两个样本中三种性格优势相互之间均呈正相关，系数范围为 0.19 ~ 0.48（$p < 0.05$）；三种性格优势与抑郁、焦虑呈负相关（$r = -0.41 \sim -0.17$，$p < 0.01$）。然而，医疗样本中性格优势与心理健康变量之间的相关性弱于社区样本。在社区样本中，回归分析表明，三种优势预测了抑郁症状 29% 的方差变异，而求知欲预测了焦虑症状变异的 12%（见表 2 - 28）。而在医疗样本中，只有自控力解释了焦虑症状变异的 6%。

表 2 - 27　医疗和社区样本中三种性格优势与焦虑、抑郁的相关性

	社区样本($N = 175$)				医疗样本($N = 171$)			
	1	2	3	4	1	2	3	4
1 亲和力								
2 求知欲	0.19 *				0.40 **			
3 自控力	0.33 **	0.35 **			0.46 **	0.48 **		
4 抑郁	- 0.36 **	- 0.39 **	- 0.41 **		- 0.26 **	- 0.26 **	- 0.26 **	
5 焦虑	- 0.21 **	- 0.28 **	- 0.26 **	0.31 **	- 0.17 **	- 0.17 **	- 0.24 **	0.68 **

　　* $p < 0.05$，** $p < 0.01$。

表 2 - 28　医疗和社区样本中三种性格优势与抑郁和焦虑的回归分析

	预测值	结果:抑郁		结果:焦虑	
		β	t	β	t
社区样本	亲和力	- 0.23	- 3.36**	- 0.13	- 10.66
	求知欲	- 0.26	- 3.72**	- 0.21	- 2.69**
	自控力	- 0.25	- 3.46**	- 0.15	- 1.85
	F	22.82**		8.01**	
	R^2	0.29		0.12	
医疗样本	亲和力	- 0.16	- 1.83	- 0.08	- 0.90
	求知欲	- 0.13	- 1.54	0.00	- 0.01
	自控力	- 0.12	- 1.38	- 0.20	- 2.24*
	F	6.54**		3.66*	
	R^2	0.11		0.06	

$^* p < 0.05, ^{**} p < 0.01$。

三　关于 TICS 的讨论

当下研究旨在解决性格优势测量领域中三个方面的问题:(1)三因素模型是否可以描述 VIA 优势分类系统中的理论结构;(2)是否简短的性格优势量表可以有效促进积极品质应用于医疗环境;(3)简短的性格优势量表在不同人群中度量和功能是否一致。为此,本研究在之前研究经验及有关证据的基础上,进一步开发了一个简短且心理测量属性良好的三维度性格优势量表,用于衡量亲和力、求知欲和自控力(共 15 题,每种优势有 5 题)。这一量表在医疗和社区人群中具有合理效用,以下将讨论上述三个问题。

本研究基于前人的研究(Duan, Ho et al., 2012;McGrath, 2015b)和理论模型(Cloninger, 2004;Peterson & Seligman, 2004),提出了一个更可靠的三维度性格优势模型(即亲和力、求知欲和自控力)。亲和力部分表明了个体与他人保持良好关系的性格优势;求知欲部分涉及描述将自我与外部世界联系起来的好奇心和创造力的性格优势;而自控力部分表示反映实现有价值目标的自我调节和适应能力的性格优势。三维度性格优势量表展示了其通过验证性因子分析检验的跨文化(东方与西方)和交叉人口(医疗与社区)的有效性。此类发现并不唯一。如

Bellier-Teichmann 和 Pomini（2015）为患有精神障碍的个人开发了另一种基于 Q 分类的自我评估优势。虽然参与者只包括 21 名精神障碍患者，如精神分裂症、情绪障碍和人格障碍，但是其结果依然有意义。这项研究表明，30 种优势可以被划分为三类：个人优势（如好奇心和幽默），爱好和热情（如阅读/写作和做运动），以及环境和社会优势（如家庭和浪漫关系）。控制心理和文化因素后获得的性格优势三因素模型，实际上是在性格和气质视角下所形成的模型（Cloninger, Svrakic, & Przybeck, 1993）。该性格模型源自心理生物学的视角，涉及大脑组织结构以及外部环境对个人情感、思想和行为的影响（Cloninger, 2004）。该模型描述了个体性格优势的三个普遍维度：（1）与自主和自我实现有关的优势；（2）与他人（如设施成员、亲密朋友和社区合作伙伴）的关系及会参与其中的性格特征；（3）与灵性有关的性格特征及与社会的联系。因此，三维度性格优势模型（即亲和力、求知欲和自控力）可能是性格优势比较可靠的解释模型。

简短版三维度性格优势量表的开发验证了三维度性格优势模型适用于不同文化（东西方）、不同人群（非临床和临床）之中。三个分量表的内部一致性系数都高于 0.70，这对于题目少于 20 项的量表来说是较好的信度（Streiner, 2003）。标准 VIA 优势分类系统包含 24 种性格优势，而 15 题简短版三维度性格优势量表仅涵盖了 VIA 优势分类系统的 15 种不同组成部分。以前的研究表明，VIA 优势分类系统中所涉及的组成成分之间可能存在模糊边界（Kristjánsson, 2010）。因此，最终题库中保留的项目数量少于 24 个是可以预期的。此外，另一项研究根据 Peterson 和 Seligman 提出的对性格优势的分类，发展了性格优势等级量表（Character Strengths Rating Form），该量表相对于 VIA 优势问卷来说更简洁。性格优势等级量表的开发过程中，研究者们首先利用 5 点 Likert 计分方法对初始版本收集了第一遍数据，结果显示该量表与 VIA 优势问卷的相关性低于预期，原因在于原始量表中的一些优势没有很好地与 VIA 优势问卷中的题目内容相匹配，且部分参与者的得分过高。为此量表被进行了如下调整，计分方法从 5 点改到 9 点，并且在量表填写过程中采取措施限制参与者全部选择最高分的可能行为。调整后，因子结构分析得出的五个因素与生活满意度显著正相关，且性格优势等级量表与 VIA

优势问卷具有高度相关性，这说明了性格优势等级量表是性格优势的有效测量工具，结果也表明简短的测量工具也可以具有与标准量表相似的测量特征（Ruch，Martínez-Martí，Proyer，& Harzer，2014）。因此，简短版三维度性格优势量表是可行的。

综上所述，简短版三维度性格优势量表有三个主要优点：（1）能够评估不同人群中的三种性格优势，是一种简单而快速的测量方式；（2）涵盖了已有实证研究与临床实践中普遍确定的积极品质；（3）能够在实践中为干预对象提供较为全面的性格优势档案。

第四节 三维度性格优势模型跨群组稳定性

Vandenberg 和 Lance（2000）提出，测量等价性或测量不变性主要是为了保证跨群组中有类似的潜在结构，从而可以在此基础上进行有意义的比较。因此必须进一步夯实其测量学特征，才能为后续研究奠定更扎实的基础。

一 性格优势与人口统计学变量的关系

个体的积极品质在一定程度上是稳定的，但可能会由于生活事件（如婚姻状况）和干预（如教育）（Peterson & Seligman，2004；Schwartz & Sharpe，2006）而发生改变。因此，性格优势被认为受到社会因素（即教育和婚姻状况）的影响多于生物因素（即性别和年龄）的影响。然而，关于性格优势在不同人口特征（如性别、年龄、教育和婚姻状况）中是否具有不变性，现有调查结果并不一致。

研究中，学者们通过人口统计学变量与性格优势的统计学分析指出，与男性样本相比，女性样本通常在人际优势，如爱与被爱的能力、善良和感恩这些方面得分较高。一项来自美国的研究也得出性格优势在不同性别中具有差异，该研究以来自科罗拉多大学博尔德分校的 759 名大学生为研究对象，研究要求参与者提供人口基本信息并完成心理健康结果变量和 VIA 优势问卷，结果发现在 24 种性格优势中，有 11 种出现了显著的性别差异，男性样本在创造力、勇敢、开放性和自我调节等品质方面的得分相比女性样本更高。然而，另有一项来自英国的研究得到了不同的结果，该研究以 17056 名网络受访者为研究对象，将所得 VIA 优势问卷的数据根据性别和年龄进行分组，通过将性格优势与年龄、性别进行多元分析后发现，除了创造力这个性格优势之外，女性在几乎所有性格优势上的得分都比男性高（Linley et al.，2007）。上述性别差异是否可归因于抽样偏差、跨文化差异或测量偏差仍不清楚。此外，探讨性格优势是否会随年龄而变化的研究尚不充足。西方国家（包括美国、英国和瑞士）以往的研究表明，老年人在一些与智慧和自我超越相关的性格优势上，如好奇心、好学、公平和自我调节都比年轻人得分更高（Azañedo et al.，2014；Linley et al.，2007；Park & Peterson，2006；Ruch et al.，2014）。然而，Park 等（2004）的研究并没有发现年龄和这些性格优势之间有明显的联系。最后，受教育水平和婚姻状况等其他个人因素在以前的研究中并没有被广泛调查。只有两项研究发现，受过高等教育的成年人比那些受教育程度较低的成年人具有更高水平的智慧相关优势，如好学、开放性和好奇心（Park & Peterson，2006；Ruch et al.，2014）。婚姻状况与性格优势之间的关系还从未被研究过。

综上所述，本项研究旨在探讨三维度性格优势模型在人口统计学变量（如性别、年龄、教育和婚姻）中的不变性。验证这种三维度性格优势模型的测量等价性提高了该模型的可靠性，并可促进其未来的应用。

二　研究对象与工具

在完成调查问卷之前，我们要求参与者签署书面知情同意书。本研究项目的伦理批准是由香港城市大学伦理审查小组委员会批准通过的。本研究中没有任何已知的利益冲突。参与者包括来自中国内地城市 11 个社区的 375 名成年人。数据收集的两三天前，在每个社区的公告板上公布招募信息。参与标准为：（1）18 岁及以上人士；（2）可以读写中文；（3）能够在社区委员会办公室内完成最多耗时 30 分钟的问卷。此外，我们排除了具有身体和精神疾病的参与者。调查完成后，我们向参与者解释了研究目的。本研究于 2014 年 5 月收集了来自 198 名女性（52.8%）、176 名男性（46.9%）的数据（1 人未报告性别信息），参与者年龄范围为 18 ~ 88 岁（均值 $M = 32.10$，标准差 $SD = 10.07$）。

在本研究中，我们选择了最为简短的、基于中国人群开发的简明优势量表（BSS）用于测量三维度性格优势（每种优势分别有 4 个题目来测量）。参与者需要评价每个题目的陈述（1 = 非常不同意，7 = 非常同意）。通过对相应的题目分数求平均值以获得子量表分数，较高的分数表示个人在较高程度上具有某种特定的优势。题目包括"我是一个有恒心的人"和"我觉得这个世界上有很多有趣的事物有待发掘"等。

三　分析策略

本研究中所有数据分析均使用 Mplus 7.0 完成。通过多组验证性因子分析（MG-CFA）来确定三维度性格优势结构在不同性别、年龄、教育、婚姻状况的组别中的测量不变性（Schaie，2000：258）。

首先，结构方程建模的卡方值易受样本量的影响（Cheung & Rensvold，2002），为了减少卡方值变化对测量不变性结果的影响，必须确保不同组别的参与者人数大致等同（Spada，2014）。参与者分为年轻组（18 ~ 30 岁；$N = 180$，48.00%，均值 $M = 24.79$，标准差 $SD = 3.40$）和年长组（30 岁以上；$N = 171$，45.60%，均值 $M = 39.79$，标准差 $SD = 8.97$）。教育分组包括低等教育（包括小学、初中和高中；$N = 178$，47.47%）和高等教育（包括本科和研究生；$N = 182$，48.53%）。婚姻状况分为未婚（包括单身和恋爱中；$N = 140$，37.33%）和已婚（$N = 204$，54.40%）。需要指出的是，已婚和未婚两组参与者的人数分布存在较大差异。

其次，需要确定每个组别的拟合基线模型。在构建基础模型时，需要在不同的组别中进行验证性因子分析以获得现有的基础模型（Configural Model）。根据 Hu 和 Bentler（1998）的建议，一个有效的结构方程模型应该具有非显著的卡方值，标准化残差均方根（SRMR）值需低于 0.08，TLI 和比较拟合指数（CFI）值需在 0.95 以上，近似均方根误差（RMSEA）值需低于 0.05 或至少低于 0.08（近似均方根误差 RMSEA 值超过 0.08 被认为是不可接受的）。此外，这些指标可以为模型的改进提供具体建议（Brown，2006），因此计算了修正指数（MI）。具体来说，具有高修正指数的项目，若可以通过理论、概念或实践的原因进行解释，则可以被删除（Brown，2006；Jovanovié & Gavrilov-

Jerković，2016）。

最后，需要进行从最弱到最强四个等级的等价性测试，包括结构不变性（Configural Invariance，模型1），弱/度量不变性（Weak/Metric Factorial Invariance，模型2），强/截距不变性（Strong/Scalar Factorial Invariance，模型3）和严/残差不变性（Strict/Uniqueness Factorial Invariance，模型4）（魏修建、郑广文，2015；Meredith，1993）。使用三个标准来确定不同模型之间是否保持等价性，包括：（1）｜ΔCFI｜< 0.010（Cheung & Rensvold，2002）；（2）当以大于300的总样本大小和具有相等参与者的组别检验因子载荷和截距的不变性时，Chen（2007）建议研究人员考虑｜ΔRMSEA｜< 0.015作为ΔCFI的补充指标；（3）一些学者认为Satorra-Bentler χ^2是评估平均值和协方差结构模型的最可靠统计量（Byrne，2012；Curran，West，& Finch，1996），因此用Satorra-Bentler调整卡方检验统计量的显著差异（Satorra & Bentler，2001）来反映其是否存在不变性。

四 研究结果

我们首先构建了8个独立的CFA模型，以确定基线模型之间可能的差异，包括女性组（模型1），男性组（模型2），年轻组（模型3），年长组（模型4），低等教育组（模型5），高等教育组（模型6），未婚组（模型7）和已婚组（模型8）。比较拟合指数（CFI）（0.869~0.910），TLI（0.830~0.883），近似均方根误差（RMSEA）（0.072~0.078），标准化残差均方根（SRMR）（0.065~0.096）均超出建议的标准值，表明在测量工具层面需要进行微调，以便三维度性格优势模型更好地拟合数据。

在12个题目中，题目3（"我是一个喜欢寻找新事物的人"）在模型4、模型5和模型8的不同潜变量上存在交叉载荷。Brown（2006）认为此种存在交叉载荷的题项不宜保留。因此，我们首先删除题目3，以便明确区分指标和潜在变量。在删除第3项后，我们计算了改进后的所有模型，但一些指标仍然超出阈值。仔细检查8个模型中的MIs发现，题目10（"当我看到他人开心时，我也会开心"）与题目12（"我觉得这个世界有很多有趣的事物有待发掘"）之间有很高的协方差，题目10在模型 1、模型 3、模型 6、模型 7 中与题目 9 （"遇到困难时，我会要求自己坚持到底"）也有很高的协方差。因此，我们删除了第 10 项，结果在所有模型中均有显著改善。我们对修正后的模型进行第三次分析，结果显示，题目 1 和题目 2 之间以及模型 2、模型 4 和模型 5 中的题目 1 和题目 5 之间存在高协方差。其他模型中没有显示 MIs。因此，题目 1 （"我是一个有恒心的人"）被删除。最后，剩下 9 个题目 （每个子量表 3 个题目），具有良好的拟合度，卡方不显著 （28.682 ~ 42.066，$p > 0.05$），比较拟合指数 （CFI） 较高 （0.934 ~ 0.969），TLI 较高 （0.902 ~ 0.978），标准化残差均方根 （SRMR） 良好 （0.048 ~ 0.075），近似均方根误差 （RMSEA） 也可以接受 （0.037 ~ 0.064）。

Cronbach's α 系数 （内部一致性系数） 虽然被广泛使用，但可能导致信度随着题目数量的减少而被低估 （Maydeu-Olivares，Coffman，& Hartmann，2007）。因此，对于内部一致性，序数信度 （Ordinal Reliability） 被认为更好 （Anne et al.，2012；Bruno，Anne，& Zeisser，2007）。结果表明，自控力维度的信度为 0.77，求知欲为 0.71，亲和力为 0.76。

根据前面描述的基本步骤，我们根据性别、年龄、教育和婚姻状况分别对四个模型进行了审查。所有四组的基础模型均具有足够的模型拟合 ［性别组：$\chi^2 = 79.909$，$df = 48$，SC = 1.160，比较拟合指数（CFI） = 0.951，近似均方根误差 （RMSEA） = 0.060；年龄组：$\chi^2 = 68.482$，$df = 48$，SC = 1.119，比较拟合指数 （CFI） = 0.966，近似均方根误差 （RMSEA） = 0.049；教育组：$\chi^2 = 78.132$，$df = 48$，SC = 1.157，比较拟合指数 （CFI） = 0.961，近似均方根误差 （RMSEA） = 0.053；婚姻状况组：$\chi2 = 71.114$，$df = 48$，SC = 1.224，比较拟合指数 （CFI） = 0.961，近似均方根误差 （RMSEA） = 0.053］，所有因子载荷均显著，并为比较提供了基线。

在性别分组中，四个模型的三个主要指标 （即 $\Delta\chi^2_{S-B}$、ΔCFI 和 ΔRMSEA） 显示出可接受的变化比较拟合指数 （CFI） （| ΔCFI | = 0.002 ~ 0.007） 和近似均方根误差 （RMSEA） （| ΔRMSEA | = 0.000 ~ 0.005），包括不显著的 $\Delta\chi^2_{S-B}$ （3.563 ~ 10.136，$p > 0.01$），这表明因子载荷、截距和均数的限制没有导致变体模型。不同性别群体中的三维度

模型具有测量不变性。

在年龄分组中，弱不变性水平下，年轻组和年长组之间的 $\Delta CFI = -0.003$ 是可接受的，$\Delta\chi^2_{S-B}$（8.050，$p > 0.01$）不显著且近似均方根误差（RMSEA）（$|\Delta RMSEA| = 0.000$）没有变化，这表明弱模型的约束并没有导致拟合模型变差，即获得稳定性支持。然而，在弱和强不变性模型之间，ΔCFI 略高于 0.01（$|\Delta CFI| = 0.013$），这表明模型的不变性不能保持。但有趣的是，两个模型之间的 $\Delta\chi^2_{S-B}$（14.389，$p > 0.01$）不显著，也就是说两组的测量具有等价性。

在教育和婚姻状况组别中，比较拟合指数（CFI）、近似均方根误差（RMSEA）和 $\Delta\chi^2_{S-B}$ 值的检查显示，不同婚姻状况组（$|\Delta CFI| = 0.006$，$|\Delta RMSEA| = 0.009$，$\Delta\chi^2_{S-B} = 9.736$，$p > 0.01$）中的基础和弱不变性模型具有等价性，但在不同的教育组中不等价（$|\Delta CFI| = 0.026$，$|\Delta RMSEA| = 0.011$，$\Delta\chi^2_{S-B} = 15.233$，$p > 0.01$）。后续检验的结果也不能支持等价性。这些结果表明，在整个教育组和婚姻状况组中只能观察到有限的因子结构不变性。

详细结果可见表 2 - 29。

表 2 - 29　性别、年龄、教育和婚姻状况群体多组 CFA 分析

	χ^2	df	SC	$\Delta\chi^2_{S-B}$	CFI	ΔCFI	RMSEA	ΔRMSEA
性别								
模型一	79.909	48	1.160	—	0.951	—	0.060	—
模型二	90.043	54	1.159	10.136	0.945	-0.006	0.060	0.000
模型三	94.433	60	1.179	3.563	0.947	0.002	0.055	-0.005
模型四	102.573	63	1.136	8.582	0.940	-0.007	0.058	0.003
年龄								
模型一	68.482	48	1.119	—	0.966	—	0.049	—
模型二	76.526	54	1.121	8.050	0.963	-0.003	0.049	0.000
模型三	90.288	60	1.108	14.389	0.950	-0.013	0.066	0.017
模型四	108.574	63	1.103	19.480**	0.924	-0.026	0.064	-0.002
教育								
模型一	78.132	48	1.157	—	0.961	—	0.053	—
模型二	93.497	54	1.161	15.233	0.935	-0.026	0.064	0.011
模型三	114.161	60	1.142	22.452**	0.911	-0.024	0.071	0.007
模型四	129.690	63	1.137	16.497**	0.891	-0.020	0.077	0.006

	χ^2	df	SC	$\Delta\chi_{S-B}^2$	CFI	ΔCFI	RMSEA	ΔRMSEA
婚姻状况								
模型一	71.114	48	1.224	—	0.961	—	0.053	—
模型二	80.802	54	1.136	9.736	0.955	-0.006	0.062	0.009
模型三	96.776	60	1.121	16.954 **	0.938	-0.027	0.060	-0.002
模型四	120.054	63	1.115	25.503 **	0.903	-0.035	0.073	0.013

注：模型一 = 组态模型（Configural Model）；模型二 = 等载荷模型（Equal Loadings Model）；模型三 = 等载荷 + 截距模型（Equal Loadings + Intercepts Model）；模型四 = 等载荷 + 截距 + 均值模型（Equal Loadings + Intercepts + Means Model）；SC = 度量校正因子（Scaling Correction Factor）；$\Delta\chi_{S-B}^2$ = Satorra-Bentler 调整卡方差（Satorra-Bentler Adjusted Chi-square Difference）。

** $p < 0.01$。

五 关于三维度性格优势模型稳定性的讨论

测量等价性是指"测量工具的题目是否能够对不同组别的成员进行等价的测量"（Cheung & Rensvold，2002：233）。为了实现测量等价性或测量不变性，研究人员通常会测试特定量表题目的因子结构是否在不同人口（如男性/女性、年轻组/年长组以及西部/东部）中等价；研究人员还会测试特定因果模型的不同潜在变量之间的路径或特定构造的潜在方法是否在各种样本之间是不变的（Byrne，2012）。本研究在社区样本中进行了三维度性格优势模型（Ho et al.，2016；Ho，Rochelle et al.，2014）测量等价性的初步检验。CFA 结果显示，社区样本的数据并未良好拟合原来的 12 道题目。鉴于一些题目之间的交叉载荷和协方差，类似于其他研究（Desjardins，Yeung Thompson，Sukhawathanakul，Leadbeater，& MacDonald，2013；Spada，2014；Zimprich，Allemand，& Lachman，2012），在本研究中，使用与之类似的方法步骤，最终题目 2、3 和 10 被删除，使用修订过的简明优势量表（即每个子量表删除一个题目）来评估三维度性格优势模型，并与当前样本数据进行良好拟合。

当前社区样本与以前使用过的学生样本之间的差异可能是由人口统计变量的差异（如性别、年龄、教育和婚姻状况）导致的。在以前的研究中，12 题的量表在大学生样本中通过验证性因子分析进行了检验（Ho et al. , 2016），那是一群高学历、未婚的年轻人，结果显示 12 题能够很好地拟合。但目前使用的样本显然更加复杂和多元化。值得注意的是，单一的一项研究不足以为量表提供详尽的心理测量证据。因此，将来还需要进行连续和长期检验（Strauss & Smith，2009）。

目前的三维度性格优势模型，对性别、年龄、教育和婚姻状况群体进行了测量等价性检验后，尽管不是完全符合标准，但是不变性模型的总体拟合是有意义的。基础模型评估了相同指标是否在不同组别中都负载到相似的因子上（Bontempo & Hofer，2007）。本研究获得了较为一致的肯定结果，因为不同性别、年龄、教育和婚姻状况组中卡方、比较拟合指数（CFI）和近似均方根误差（RMSEA）值的变化都是可以接受的，这意味着三维度性格优势模型能够衡量女性、男性、年轻、年长、低受教育水平、高受教育水平、未婚和已婚的不同群体。

我们的分析也验证了在不同性别、年龄和婚姻状况分组中的弱不变性，这可以评估不同分组的因子载荷是不是相同的。结果显示性别、年龄和婚姻状况分组的模型拟合指数的变化是可接受的。我们目前的研究结果表明，三维度性格优势模型在年龄、性别、教育和婚姻状况方面具有普遍性。然而，考虑到不同教育组的比较拟合指数（CFI）值发生显著变化，我们不推荐使用三维度性格优势模型进行跨组比较，因为我们不清楚不同教育群体潜在因素差异的度量是否具有等价性（Bontempo & Hofer，2007）。这里隐含着一个重要的启示，即性格优势是否可以通过有目的的教育而改变，因此在受教育水平不同的群组中需要进行进一步研究。

在强不变性水平上，不同年龄组明确表现出等价性，这反映在比较拟合指数（CFI）和近似均方根误差（RMSEA）的微小变化以及不明显的 $\Delta\chi^2_{S-B}$ 上。然而，年轻组和年长组之间的不变性需要仔细检查，因为比较拟合指数（CFI）的变化值在 0.01 以上。根据目前的样本，年长组（31~88 岁）的分布比年轻样本（18~30 岁）更为广泛和复杂。因此，如前所述，$\Delta\chi^2_{S-B}$ 可能是更好的指标（Curran et al. , 1996）。综上，已有的结果表明，相应因素的截距在性别和年龄之间是相等的。在潜在因子的平均差异水平上，只有性别组达到一致性，这表明三种优势在平均值上没有性别差异。

我们预计测量结果会受到社会文化因素（如教育和婚姻状况）而不是生物学因素（如性别和年龄）的影响，因而导致不同人口变量的测量差异。Peterson 和 Seligman（2004）以及 Schwartz 和 Sharpe（2006）都认识到，教育和干预等有意义的活动可以培养相应的优势，并且可以被婚姻等重大生活事件改变。教育是一个长期和系统的项目，只有广泛的纵向研究才能提供直接的证据来证实教育是否可以改变个人的优势。许多学校已经开始发展基于性格优势的教育计划（Bernard & Walton，2011；Proctor et al.，2011；White & Waters，2015），可为未来的研究提供依据。以一项调查社会和情感学习的项目（You Can Do It，YCDI）对小学生社会交往和健康情绪影响的研究为例，该项目对小学生进行了持续一年的自信心、毅力、组织能力、相处能力及韧性的课程培养，通过对参与学习的学生与没有参与学习的学生进行数据对比分析，发现基于性格优势的干预措施对于小学生社会交往能力与健康情绪都有积极作用。另有研究基于性格优势的积极心理干预项目"优势健身房"鼓励学生建立自己的长处，学习新的优势，并认识到他人的长处，参与者为实验组的 218 名青少年学生与对照组的 101 名青少年学生，研究结果表明，与未参与优势强化训练的青少年相比，那些参与了训练的青少年生活满意度显著提高。再者，一项以彼得森的性格优势基础方法为例的案例研究阐释了澳大利亚一所学校的性格优势培养课程，该学校已经将性格优势融入了英语课程、体育课程、学生领导力培养课程和咨询当中，结果表明接受性格优势融入培养后，学生得以更全面、更综合地发展。关于教育对性格优势的培养作用，我们将在最后一个章节中详细介绍。

另有一些研究表明，重大生活事件会改变积极品质。例如，Peterson、Park、Pole、D'Andrea 和 Seligman（2008）研究了积极品质与创伤事件之间的关系，参与研究的是 VIA 性格研究院网站上的 1739 名注册者，单项方差分析和相关性分析结果显示，随着重大生活事件数量和严重程度的增加，多项个人性格优势包括善良、领导力、勇敢、诚实等得到了提高。又如，一项研究试图弄清楚美国人是否在 9·11 事件之后性格优势发生了改变，该研究通过对 4817 个参与者在 9·11 事件之前、9·11 事件发生之后以及 9·11 事件之后 10 个月的数据进行对比分析，结果显示在 9·11 事件之后，美国公众的一些个人性格特征发生了显著的改变（Peterson & Seligman，2003）。主要生活事件发生前后的性格优势差异可以部分支持某些群体的优势和美德的差异。

　　总之，上述一系列研究在不同的时间、不同的地区，采用不同研究方法，并进行了多种数据分析，不断夯实"三维度性格优势模型"的理论基础与测量工具，为后续研究提供了科学有效的测量依据。

第三章　性格优势的积极功能：抗逆性

压力是一种影响人们幸福和持久健康的危险因素，会导致一系列的身心疾病，如抑郁症、焦虑症、头痛、心脏病、高胆固醇、Ⅱ型糖尿病、高血压、癌症、肾脏疾病和精神疾病等（Anisman，2015；Aziz，Wuensch，& Duffrin，2015）。一项以 3706 名大学生为调查对象的研究，评估了英国大学生知觉压力与一系列自我报告的症状和健康问题之间的关系（Ansari，Oskrochi，& Stock，2013）。这一研究运用知觉压力量表（Perceived Stress Scale）和 22 种身心症状量表（22 Symptoms），并对社会人口基本信息和生活方式问题（婚姻状况、居住状况、吸烟问题、酗酒问题、主观健康状况、健康意识、体重指数、宗教信仰和收入状况）等相关变量进行测量，该研究运用 2007～2008 年在 7 所大学中收集到的数据进行主成分分析得出了 22 种身心症状量表的四因素结构，即心理（Psychological）、呼吸循环（Breathing/Circulatory）、胃肠道（Gastrointestinal）和疼痛（Pains/Aches）；之后进行的多因素 Logistic 回归分析发现，在控制其他因素的情况下，压力水平的增加导致了负面身心症状的增加。此外，知觉到的压力水平越高，感觉到的呼吸循环系统症状和疼痛越严重。

事实上，在这一过程中，压力对人们健康的消极作用又受多种因素的影响（Ansari et al.，2013；Lovallo，2011；Smith et al.，2013），因为处于压力环境中的个体，被迫需要调动各种身心资源来抵抗压力所造成的危害。个体感知到压力后会对其水平进行评估并做出相应反应，从最低水平到最高水平分为不同的标准强度，该受压反馈由脑神经控制。证据表明，亚健康结果可能与过分夸大和相对过弱的受压反馈相关，因为这两种倾向都意味着压力反馈失衡。这也意味着，只有对压力进行合理的应对与抵抗，才有可能保证身心健康状态。每个人都有不同的性格特点，都会以自己独特的方式去应对生活中不同阶段的各种压力。因此，性格作为一种重要的个体资源，将各种压力情境与身心症状联系起来（Segerstrom & O'Connor，2012）。

　　大五人格理论是一个描述个体人格特质的经典理论，包括外向性（Extraversion）、宜人性（Agreeableness）、责任心（Conscientiousness）、神经质（Neuroticism）和开放性（Openness）。过往研究表明，大五人格中的开放性、外向性、责任心和神经质对压力都起到了调节的作用（Gartland, O'Connor, Lawton, & Ferguson, 2014; Korotkov, 2008; Murphy, Miller, & Wrosch, 2013）。例如，Murphy 等（2013）以 157 名15～19 岁的女性青少年为研究对象，将有高抑郁风险的 147 名参与者设置为高风险组，将剩余的 10 名参与者设置为低风险对照组，通过生活压力访谈（Life Stress Interview, LSI）对参与者所经历的生活压力进行测试。这一研究持续了两年半，每 6 个月进行一次实验。研究结果表明责任心越强的人，自我依赖的情景压力、学术和人际关系压力都会越小，在长期的人际关系压力下，高度的责任心可以保护青春期的女性不受到某些压力的影响。Kondratyuk 和 Morosanova（2014）以 242 名年龄分布在20～62 岁的参与者为研究对象，探究自我调节、慢性与急性压力水平和个体特质，包括外向性/内向性与神经质/稳定性之间的关系，研究者要求参与者完成自律问卷（Self-Regulation Profile Questionnaire）、压力管理问卷（Managerial Stress Survey）、简版埃森克人格特质问卷（Eysenck Personality Profile-Short），结构方程分析结果表明，神经质和内向性（Introversion）是高水平的慢性压力的决定因素。

　　然而，迄今为止，只有少数研究探索了积极品质（例如，希望、感激、真诚等）在压力情境中的作用。压力会发生在不同的人身上，他们性格不同、所经历的生活事件也不同，在不同的人生阶段，有不同的自我。这些个体差异可能会影响其感知到的压力及采用的应对方式，因此，有必要结合个体差异进行压力研究。

　　随着积极心理学的兴起和发展，一些研究逐渐表明性格优势与负面身心症状呈负相关关系。然而，关于压力情境中性格优势对健康影响的研究仍然较少（Gander, Proyer, Ruch, & Wyss, 2012; Gillham et al., 2011; Linkins, Niemiec, Gillham, & Mayerson, 2014; Niemiec, 2013b; Vertilo & Gibson, 2014）。一项旨在探明性格优势与主观幸福感之间关系的研究探讨了性格优势对心理健康的影响（Gillham et al., 2011）。该研究以青少年为样本（$N = 65149$），结果显示善良和合作可以减轻抑郁症状，而自我超越优势（如爱与被爱的能力）则可以预测更高的生活满意度，社会支持部分调节了性格优势和抑郁之间的关系，但未能调节性格优势和生活满意度之间的关系。另一项研究（$N = 876$）在探讨智慧、压力和员工创造性之间的关系时，引入了压力情境（Avey, Luthans, Hannah, Sweetman, & Peterson, 2012）。研究者首先提出四个假设，包括假设一：智慧与个人的创造性任务表现正相关；假设二：个体报告的压力水平与他们的创造性任务表现负相关；假设三：个人的智慧和他们报告的压力水平之间存在负相关关系；假设四：个体报告的压力水平在一定程度上调节了他们的智慧和创造性任务表现。该研究要求参与者完成创造性练习任务并利用 VIA 优势问卷、抑郁焦虑压力量表收集数据资料。结果表明，参与者的智慧水平与他们在创造性任务上的表现有积极联系，并与他们报告的压力水平呈负相关。此外，该研究还指出压力也与创造性任务的表现呈负相关，参与者所报告的压力水平在一定程度上调节了智慧与创造性任务表现之间的关系。

可以看出，上述研究并不是在压力情境下，就性格优势对个体身心健康的积极作用而开展的针对性研究。基于不同事件而感知到的压力，可以从最低水平的日常烦心事到最高水平的创伤事件，分为不同的标准强度。因此，为了系统检验三维度性格优势模型在压力情境中的抗逆性，我们开展了一系列研究，包括日常烦心事、学业压力、创伤事件、病理性互联网使用、心血管反应等。

第一节　消除日常烦心事

当前的研究旨在探索大学生的性格优势、知觉到的压力和身心症状之间的关系。对大学生群体来说，他们大部分居住在校园中，遇到重大事件（如罹患癌症、死亡和危及生命的事故）的机会很小，他们的大部分压力来自日常烦心事。知觉到的压力（Perceived Stress）来自主要但小型的生活事件。据我们所知，本研究是基于三维度性格优势模型在压力领域所开展的第一项研究，所得结果可以为研究大学生心理健康的专业人士提供一个基于性格优势的理论和实践视角。

之前有研究专门讨论了大五人格中的责任心与压力的关系，旨在确定责任心是否在日常烦心事评估、日常情感和身体负面症状之间起调节作用。该研究共有 103 名参与者，参与者需要完成日记以记录他们每天的日常烦心事，日记能够表现参与者的自我控制能力并减少记忆偏差。测量工具包括压力评价量表（Stressor Appraisal Scale）、日常情感测量（Daily Affect）和身体症状体验（Physical Symptom Experience）。结果表明，在低水平责任心下，日常烦心事与积极情感之间的负相关性更加强烈，责任心通过日常压力对健康产生影响（Segerstrom & O'Connor，2012）。

尽管现在还没有一个合适的理论来论述性格优势、压力和身心症状之间的关系，但它们之间的潜在关系可以通过压力应对交互模型（Transactional Model of Stress and Coping）（Folkman & Susan，2013）和人格－事件一致性假说（Personality-Event Congruence Hypothesis）（Iacoviello，Grant，Alloy，& Abramson，2009）来进行推测。压力应对交互模型是由 Folkman 和 Susan（2013）提出的关于压力和个体应对的经典模型，这一模型为个体的资源（即性格优势）、压力和身心结果之间的潜在机制提供了可能的解释。本质上，压力被看作一种个人和环境之间交互影响的体验，也是个体对个人资源和压力源进行认知评估的结果。因此，我们假设具有较高水平性格优势的个体会感知到较少的压力，这进一步又会导致心理症状的减轻。

亲和力反映的是个体与其他人互动中的积极认知、情感和行为，它存在于人际关系过程中；求知欲反映的是个体与世界或者社会互动过程中所表现出的积极品质，它存在于社会环境和社会关系过程中；自控力反映的是个体的内在特质，它体现了个人在自我管理过程中的特质。人格－事件一致性假说认为，与特定压力相关的人格对其相应的生活压力事件的反应具有敏感性，例如，亲和力与人际关系相关的压力，求知欲与生活中的烦心事，等等。因此，一些人比其他人更有可能出现心理障碍，因为他们面对生活中的压力事件时倾向于采取不良的评估方式，反之亦然（Cohen et al.，2013；Eberhart & Hammen，2010）。例如，一项研究考察了中国青少年的依恋认知、压力和情感痛苦之间的关系，该研究探究了消极依恋认知是否能够预测抑郁和焦虑症状，以及压力模型是否能够较好地解释消极依恋认知和负面心理症状之间的关系。参与者包括来自中国湖南省一所市区学校的 558 名青少年及一所农村学校的 592

名青少年，他们完成了对负面依恋认知、负面事件、抑郁症状和焦虑症状的基线测量，并于 1 个月后和 6 个月后进行了随访评估。测量工具包括流调用抑郁量表（Center for Epidemiological Studies Depression Scale）、儿童青少年多维度焦虑量表（Multidimensional Anxiety Scale for Children）、青少年生活事件量表（Adolescent Life Events Questionnaire）以及青少年依恋问卷（Adolescent Attachment Questionnaire）。结果发现较高水平的负面依恋认知能够预测潜在的抑郁和焦虑症状，并发现压力模型可以在一定程度上促成上述纵向关系的产生。另一项研究考察了人际交往方式、压力与抑郁之间的关系。该研究以 104 名大学生为研究对象，测量工具包括筛选问卷（Screening Questionnaire）、第二版贝克抑郁量表（Beck Depression Inventory-2nd Edition）、修订后的亲密关系问卷（Experiences in Close Relationships-Revised）、过度安慰寻求量表（Excessive Reassurance Seeking Scale）、三矢量依赖量表（3 Vector Dependency Inventory）。该研究持续时间为四周，结果表明人际交往方式可以显著预测浪漫关系中的冲突压力，从而导致抑郁的产生。因此，我们假设不同的性格优势在个体面对不同的压力事件的过程中发挥着不同的作用。

一　研究对象和工具

西南大学全校参与选修课的本科生于 2013 年春季（3 月）受邀参加调查。选修课老师是本研究的作者之一。参加者被要求在课程结束前完成一系列问卷并立即交回。知情同意书在参加者完成问卷调查之前获得。本研究的样本为自愿参与的本科生 235 人，其中男性 93 人、女性 142 人。平均年龄为 18.58 岁（标准差 $SD = 0.77$，17～22 岁）。大约 44.68%（$N = 105$）的学生来自城市地区，55.32%（$N = 130$）来自农村。104 人（44.26%）为独生子女。数据通过 SPSS 20.0 进行分析，路径分析通过 Amos 20.0 进行。

首先，我们采用大学生生活压力评定量表（Life Stress Rating Scale for College Students，LSRS）来衡量大学生生活压力的严重程度。这是一个包含 60 个中文题目的自我评估量表，其中包括重大事件分量表和日常烦心事分量表。题目包括"高考失败"（题目 3；重大事件）、"转学"（题目 11；重大事件）、"失窃"（题目 16；重大事件）、"较大地改变饮食习惯"（题目 4；重大事件）、"思乡、失去亲人"（题目 41；日常烦心事）、"学习困难"（题目 25；日常烦心事）、"学习科目多、内容加深"（题目 24；日常烦心事）、"平时的考试失败"（题目 30；日常烦心事）等。要求参与者选择题目对应事件对他们影响的严重性（0 = 无影响，4 = 非常严重）和持续时间（1 = 3 个月，3 = 6 个月或更多），再分别将重大事件及其对应的持续时间相乘、日常烦心事及其对应的持续时间相乘，从而获得两种不同事件造成的压力大小。每题的最终得分从 0 到 12 不等。两个分量表的平均分数表示了不同程度的压力，较高的分数反映出较高的压力。原量表的 Cronbach's α 系数为 0.86 ~ 0.92，重测信度系数为 0.79 ~ 0.90，准则效度系数为 0.51 ~ 0.70（Xu，2004）。在本研究所采用的样本中，重大事件的 Cronbach's α 系数为 0.88，日常烦心事为 0.93。

中国人长处问卷被用于评估亲和力、求知欲和自控力三大优势。题目包括"我是一个充满感恩之心的人"（亲和力），"我是个真正的终身学习者"（求知欲），"我会控制自己的情绪"（自控力）。参与者在 5 点 Likert 量表上评估每个题目的程度，范围从 1（非常不像我）至 5（非常像我）。通过将每个子量表的题目相加总和再除以题目数量，获得 3 个性格优势的平均分数，分数越高反映了个人所具有的性格优势越突出。该问卷的心理测验属性（包括信度、因子结构、结构效度和时间稳定性）在以前的研究中已经得到了检验（Duan et al.，2013）。本研究中总体问卷（Cronbach's α = 0.96）、亲和力分量表（Cronbach's α = 0.93）、求知欲分量表（Cronbach's α = 0.92）和自控力分量表（Cronbach's α = 0.90）的内部信度系数良好。

90 项症状清单（Symptom Checklist-90，SCL – 90）是用于评估身心症状（即抑郁、敌意、焦虑、恐惧、强迫症、人际敏感性、躯体化、偏执观念和精神病）的一套包含 90 题的自评量表（Derogatis, Lipman, & Covi, 1973）。这一九因子结构已经在非临床中国样本中得到验证（Jin, Wu, & Zhang, 1986）。此量表要求参与者评价他们在过去 7 天内出现症状的程度，量表为 5 点 Likert 量表，从 1 = "绝没有"到 5 = "非常多"。计算所有相应题目的总和得出 SCL-90 总分，这一总分即整体严重程度指标（Global Severity Index，GSI），总分越高反映身心症状越严重。本研究使用 GSI 来反映参与者的整体身心症状情况。在当前样本中，GSI 评分的 Cronbach's α 系数为 0.97。

二　研究结果

（一）描述统计与方差分析

性格优势、压力和身心症状指数 GSI 的均值和标准差如表 3 - 1 所示。方差分析（ANOVAs）显示这些变量在性别、家庭类型（独生子女家庭与非独生子女家庭）和地区（城市与农村）上不存在显著差异。配对样本 t 检验表明，个体知觉到的日常烦心事的压力水平（0.86）显著高于个体知觉到的重大事件的压力水平（0.64），$t = 5.58$，$p < 0.001$。

表 3 - 1　性格优势、压力和身心症状指数 GSI 的描述统计与差异分析（$N = 235$）

测量项目	均值	标准差	分组差异（F 值）		
			性别	家庭类型	地区
亲和力	4.05	0.43	1.37	0.14	2.23
求知欲	2.99	0.45	4.49	10.46	9.60
自控力	3.51	0.52	3.61	3.26	1.73
知觉到的重大事件压力	0.64	0.72	0.60	0.29	0.08
知觉到的日常烦心事压力	0.86	0.74	0.22	2.25	0.98
身心症状指数 GSI	1.55	0.42	0.69	1.56	5.47

（二）性格优势对压力和身心症状指数的影响

性格优势、知觉到的压力和身心症状指数 GSI 之间的相关性如表 3 - 2 所示。三种性格优势分别与 GSI（$r = -0.41 \sim -0.37$）和知觉到的日常烦心事压力（$r = -0.26 \sim -0.16$）呈显著负相关。只有求知欲与知觉到的重大事件压力呈现负相关。来自重大事件和日常烦心事的压力均与 GSI 呈正相关（$r = 0.40 \sim 0.60$）。

表 3 - 2　性格优势、知觉到的压力和身心症状指数 GSI 的相关分析（$N = 235$）

	测量项目	1	2	3	4	5
1	亲和力					
2	求知欲	0.64 **				
3	自控力	0.71 **	0.71 **			
4	知觉到的重大事件压力	-0.10	-0.14 *	-0.09		
5	知觉到的日常烦心事压力	-0.16 *	-0.26 **	-0.24 **	0.66 **	
6	身心症状指数 GSI	-0.37 **	-0.37 **	-0.41 **	0.40 **	0.60 **

* $p < 0.05$；** $p < 0.01$。

　　通过多元回归分析探求三种性格优势对不同压力和身心症状的相对影响（见表3-3）。知觉到的重大事件压力、知觉到的日常烦心事压力和身心症状指数 GSI 分别作为回归方程中的因变量，三种性格优势被设定为自变量。研究结果表明，求知欲能够显著解释知觉到的日常烦心事压力，自控力能够显著地解释身心症状指数 GSI。其他数据无统计学显著意义。基于回归分析的发现，在接下来的调节模型分析中，我们排除了亲和力和知觉到的重大事件压力两个变量。

表3-3　感知生活压力和身心症状的回归分析（$N = 235$）

因变量	自变量（标准化 b 值）		
	亲和力	求知欲	自控力
知觉到的重大事件压力	-0.04	-0.14	0.04
知觉到的日常烦心事压力	0.08	-0.21*	-0.15
身心症状指数 GSI	-0.12	-0.12	-0.24*

* $p < 0.05$。

（三）性格优势的调节作用

　　我们通过分层回归分析来检验压力是否可以调节性格优势与身心症状之间的关系。在进行调节模型分析前，我们将求知欲、自控力、知觉到的日常烦心事压力进行了中心化处理。此外，我们还根据调节的测试原则（Frazier, Tix, & Barron, 2004），计算了两个新的交互变量（求知欲×知觉到的日常烦心事压力、自控力×知觉到的日常烦心事压力）。将身心症状指数 GSI 设置为因变量，第一步输入人口变量，包括性别、年龄、家庭类型和地区，第二步输入知觉到的日常烦心事压力，第三步输入两项性格优势变量，第四步输入两个交互变量。最终回归方程结果如表3-4所示。知觉到的日常烦心事压力和性格优势对身心症状指数 GSI 的影响是显著的（参见表3-4第二步和第三步），而交互效应不显著（$\Delta F = 2.28$；参见表3-4第四步）。知觉到的日常烦心事压力解释了 GSI 方差变异的 35.00%，两个性格优势共同贡献了 7.00%。结果显示，交互作用项不显著，不支持调节模型。

表 3 - 4   调节模型的层次回归分析的主要指标

Indicator	β	t	R^2	Adjusted R^2	ΔR^2	ΔF
第一步			0.03	0.01		1.52
性别	- 0.04	- 0.66				
年龄	- 0.03	- 0.48				
家庭类型	0.03	0.42				
地区	0.14	1.89				
第二步			0.38	0.36	0.35	129.35 ***
知觉到的日常烦心事压力	0.52	9.80 ***				
第三步			0.45	0.43	0.07	15.17 ***
求知欲	- 0.02	- 0.25				
自控力	- 0.28	- 3.89 ***				
第四步			0.46	0.44	0.01	2.28
求知欲 × 知觉到的日常烦心事压力	- 0.13	- 2.01				
自控力 × 知觉到的日常烦心事压力	0.12	1.81				

*** $p < 0.001$。

（四）"性格优势 - 压力 - 身心症状"中介模型

采用结构方程模型检验中介效应。逐渐删去无效路径后，得到近似饱和的路径分析模型（见图 3 - 1）。所有路径的系数均显著。拟合度优良：$df = 2$，$\chi^2 = 1.93$（$p = 0.38$），标准拟合指数（NFI）= 0.99，比较拟合指数（CFI）= 1.00，相对拟合指数（RFI）= 0.98，增量拟合指数（IFI）= 1.00，近似均方根误差（RMSEA）= 0.00（Hu & Bentler，1998）。这些指标意味着数据和模型拟合得很好（Brown，Chorpita， & Barlow， 1998；Chen，Chan，Bond， & Stewart，2006；Frone，2000）。求知欲对 GSI 的标准间接效应为 - 0.14。计算 Sobel 值用于测试间接效应的标准误差（Sobel，1982），结果表明求知欲这一性格优势的间接影响是显著的（$z = - 3.83$，$p < 0.001$）。总之，分析结果表明求知欲是调查样本中知觉到的日常烦心事压力与身心症状之间的中介变量（见图 3 - 1）。

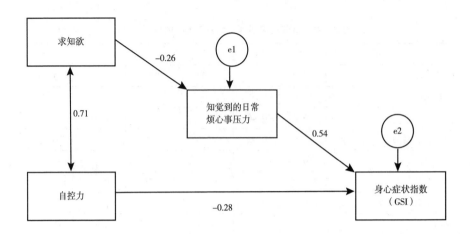

图 3 - 1   性格优势 - 压力 - 身心症状的中介模型

三   小结

本研究旨在探索性格优势和知觉到的压力在中国大学生身心症状中的作用。正如预期的那样，日常烦心事对大学生的影响比重大事件更为突出。以前的研究表明，与重大事件相比，知觉到的日常烦心事压力在普通群体中显得更为重要，更容易导致负性结果（Almeida，2005；Mclntyre & Matsuo，2008）。例如，一项研究调查了不同类型的日常烦心事对压力水平的影响，以 164 名大学生为研究对象，要求研究对象使用日记的方式列出五件他们生活中所遇到的日常烦心事，并对其从四个维度（重要性、控制、负面情绪和压力）进行评估。相关性分析和回归分析结果表明，导致负面情绪的烦心事是压力最有力的预测因素。

研究结果表明，三种性格优势在压力 - 结果过程中起着不同的作用。首先，知觉到的日常烦心事压力能够中介求知欲与身心症状之间的关系。这一发现可以称为"求知欲 - 压力 - 身心症状"中介模式，是一种符合压力应对交互模型的机制（Folkman & Susan，2013），即个体认知对个人资源和压力源的评估影响了个体应对压力的方式和结果。具有较高求知欲的个体会把日常烦心事知觉为较小的压力，从而产生较少的身心症状。Ryan 和 Frederick（1997）认为求知欲反映的是一种生命力，是一种有意识地体验能量和活力的状态，这种状态与影响心理健康、身体症状和感觉身体功能的心理和身体等因素相关。而本研究重新定义了求知欲，将其看作一种积极品质或心理资源。但两种定义都强调了求知欲在个人幸福和健康方面的积极促进作用。我们建议未来开展更多的实证研究来进一步探索求知欲的作用及其机制；此外，我们也建议发展系统的干预，以增强求知欲，从而促进积极的心理健康。

Linkins 等（2014）提出了一个新的以积极心理学为指导的优势教育的框架，以加强学生在教育背景下的积极品质和心理资源的开发和培养，帮助个人识别和使用他们的性格优势，从而促进幸福感。这一框架包括发展优势话语和视角、认识和思考别人的优势、认识和思考自己的优势、实践和应用优势、识别和培养团队（如班级、学校等）的优势等。将基于性格优势的优势教育框架应用到学校，就意味着根据每个学生的性格特点进行教学，帮助学生熟悉自己所属的性格优势将更加有利于其学习。迄今为止，基于性格优势的课堂干预研究已经在促进积极情绪、积极参与、人际关系和个人成就方面取得了积极的成果。可以参考这一框架制定提高大学生求知欲的系统化策略。

此外，自控力直接影响身心症状，而无论压力大小。Bogg 和 Roberts（2004）对194项已有研究进行了元分析，结果表明，自控力相关的特征与有风险性健康行为之间呈现显著的负相关。在传统的中国文化中，圣人认为"修身，齐家，治国，平天下"，他们强调运用个体的内部优势和自我修养来解决个人的内部冲突，而无论外部环境如何。这一主张和行为可以作为一种解释，来回答为什么自控力对参与者的压力没有显著影响。研究表明，具有较高自控力的参与者通常表现出较强的条理性和勤奋程度，而这两者改变了个体对压力的评估，进而对积极/消极情绪产生影响（Gartland et al.，2014）。上述人格－事件一致性假说提供了另一个解释，具有不同人格的人对不同的压力事件的敏感性是不同的。在当前的样本中，求知欲对日常烦心事敏感，而自控力和亲和力对日常烦心事不敏感。因此，后续的研究，我们进一步探讨了另外两种性格优势对其他压力性生活事件（如癌症的诊断、丧亲和地震）的敏感性。

亲和力与身心症状呈负相关（参见表3－2），在人际关系中表现出积极认知、情感和行为的人以及具有善良和团队合作性格优势的人，通常表现出较少的身心症状。我们猜想具有高度亲和力的人会获得更多的社会支持，而社会支持恰恰可以缓解痛苦。Uchino、Cacioppo 和 Kiecolt-Glaser（1996）回顾了 81 项研究以考察社会支持与生理过程的关系。结果表明，来自家庭的社会支持能够缓解压力带来的负面影响。尽管在我们的研究中，与其他两种性格优势相比，亲和力对压力的影响并不显著（见表 3 - 3），但这一结果可能表明了社会支持具有双向的效应（Uchino et al.，1996）。如果一个人的亲和力很高，那么他可能获得更多的社会支持，反之亦然。未来的研究应该在得出结论之前进一步研究这种现象。

　　本项研究有几个局限。第一，虽然本研究初步研究了性格优势、知觉到的压力和身心症状之间的关系，但所采用的与健康相关的变量非常有限。未来的研究应采取不同的测量方法来进一步厘清性格优势的作用机制。例如，为什么具有较高求知欲的学生在日常生活中的压力较小？第二，从心理问题的产生和发展的角度来看，保护性心理资源发挥作用至少有三种可能的机制：预防机制（减少个体在压力事件中心理不适的可能性）、中间调节机制（合理地理解压力事件并有效利用内外部资源减轻心理问题）和事后机制（促进心理健康恢复，甚至超过原来的水平）。因此，未来需要开展纵向研究来探索不同阶段性格优势所展现的不同功能。第三，本研究在大学生群体中开展，其结果不能推广到其他人群，如癌症患者、慢性病患者、危及生命的疾病患者和普通社区人群。当前的研究表明，大学生知觉到的日常烦心事压力中介了求知欲与身心症状之间的关系，而自控力直接影响身心症状。实际上，大学校园的精神健康专家可以进一步改善现有的干预方案（如日常使用方案），重点是通过一系列以校园为基础的活动来增强心理健康，培养求知欲和自控力的个人优势以减少学生感知到的压力。

第二节　应对学业压力

　　对于大学生群体来说，他们的压力水平往往比我们想象的还要高。美国大学健康协会（American College Health Association）每年都会在全美范围内开展一项针对全美大学生的健康评估（The National College

Health Assessment）。2017 年，该协会通过随机抽样，选取了来自 92 所院校的 63497 名大学生作为参与者，要求学生根据其自身在过去 12 个月的经历进行评估。结果显示，报告没有压力的学生仅有 1.6%，而在平均压力及以上的学生超过了 90%；87% 的学生在过去 12 个月内有过"感到超出负荷但又不得不去做"的经历，并且这种状态持续了至少 2 周；30.6% 的学生报告压力对其考试成绩、课堂表现、论文写作、出勤、研究等方面产生了影响（American College Health Association，2017）。

在我国，也有关于大学生心理压力的调查报告。一项研究以硕士研究生为调查样本，得出我国大学生的主要压力包括就业压力、经济压力与学业压力；在性别差异上，男大学生的压力总体上大于女大学生的压力（刘海鹰、赵媛媛，2013）。因此，在当前的教育环境中，培养学生在面对压力和挫折时保持心情愉悦、身心健康的能力非常重要。积极教育，被定义为对传统技能和幸福的教育，并认为从全球范围来看，年轻人的生活满意度很低且患抑郁症的可能性很高，所以该研究指出有必要在学校里教授如何运用学习和积极情绪之间的协同作用。该研究说明了幸福感是否应该在学校教授、什么是幸福感、学校是否能够教授幸福感，并从教授积极教育的具体课程、如何嵌入积极教育、生活中的积极教育、为什么现在要实施积极教育这几方面阐述了其在吉隆文法学校中进行的项目及其效果。结果表明，良好的积极教育，可以提升学生的抗逆性、积极情绪、参与和意义感，积极教育对学生幸福感的培养将在未来大有发展（Seligman et al.，2009）。

在过去十年中，许多研究表明性格优势对促进心理健康（如对生活和幸福的满足）以及减少心理问题（如抑郁、焦虑和压力）具有积极作用。特别地，三维度性格优势（亲和力、求知欲、自控力）被证明与精神健康结果有密切的联系，比如对生活的满意度（Duan，Bai et al.，2012）、心理健康（Duan et al.，2013）、病理性互联网使用（Zhang，Yang et al.，2014）和精神病理学症状（Duan，Ho et al.，2012）。基于性格优势的干预是一种常见的积极心理干预手法（Positive Psychology Intervention，PPI），将在下一章详细论述。在基于性格优势的积极心理干预中，参与者通过学会识别自身的优势、在日常生活中使用自己的优势以提升幸福感（Peterson & Seligman，2004；Seligman et al.，2005）。

研究表明，基于性格优势的积极干预策略能有效地增加西方和东方国家不同人群的幸福感，并减少精神病理学问题（Duan et al.，2014；Proyer, Gander, Wellenzohn, & Ruch，2015；Quinlan, Swain, & Vella-Brodrick，2012）。Waters（2011）系统地回顾了 12 个在学校内进行的积极心理干预课程，探讨学校通过积极心理干预课程培养学生的积极情绪、适应力和性格优势的干预措施及其效果。结果表明，现有积极心理干预课程能够提升学生的健康水平和学业成绩，然而，在紧张的学习氛围中，我们对性格优势的具体作用却知之甚少。已有纵向研究发现，利用性格优势可以减轻压力（Wood et al.，2011），然而，我们使用"优势"（Strength）和"知觉压力"（Perceived Stress）等关键词搜索 PubMed、SCOPUS 和 PsycINFO 等数据库，发现研究个体知觉到的压力及其相关结果的功能和内部作用机制的研究十分有限。

根据压力应对交互模型（Folkman & Susan，2013），知觉到压力的个人将压力经验看作对当前心理资源和客观压力/环境的认知评估。换句话说，具有较高水平的性格优势的个体占据更多的心理和社会资源，与优势水平较低的个体相比，当他们受到相同的客观刺激时，个体知觉到的压力较小，进而导致较少的心理问题。第一节中关于性格优势和知觉到的日常烦心事压力的横断面研究已经部分地验证了这一点（Duan, Ho et al.，2015）。然而，如果没有严格的纵向研究设计，就无法得知性格优势、压力和精神健康之间在时间上的相互联系。在研究设计和数据分析中还应当控制压力和心理健康的初始水平。重要的是，要想获得更为准确的结果，只能通过跟踪和测量那些在某一段时间内经历过压力事件的对象进行研究（Segerstrom & O'Connor，2012）。因此，进行纵向研究是十分必要的。

大学生的压力与社会中的年轻人所面临的不同。大学生的人际互动以及与校园环境的互动都和他们的精神健康息息相关（Seligman et al.，2009）。第一节的研究中提到，不同的性格优势对不同的事件产生作用，或称具有敏感性。大学生知觉到的日常烦心事压力中介了求知欲与身心症状之间的关系；自控力直接影响身心症状；而亲和力则更有可能和与人际关系相关的压力有联系。研究者们总结了大学生最关心的生活事件，其中排在最前的三个依次是：学业表现、"成功"带来的压力和毕业后的计划。在本研究中，我们将进一步探索大学生在面临这些主要的压力事件时，其性格优势的作用如何。

本研究尝试阐明本科生的性格优势、校园生活事件带来的压力和精神健康之间的纵向时间关系。本研究对参与者追踪了 12 个月，但只有那些在此期间经历了压力事件的人才被列入最终样本。正如世界卫生组织（World Health Organization，2015）所指出的，精神健康是一个完整概况，包括积极和消极的组成部分。本研究采用心理健康和心理问题两项指标反映学生完整的精神健康状况。以压力应对交互模型为依据（Lazarus，1966），我们假设具有较高水平性格优势的学生在压力事件后期感受到较小的压力，因而其心理健康水平更高、心理问题更少。就目前的最新研究而言，本研究是第一个通过纵向研究来分析在充满压力的校园环境中三种性格优势的作用的研究。其结果可为教育背景下的性格优势的干预项目奠定进一步的基础。

一 研究对象和过程

参与对象是来自国内四所综合性大学的本科生，这些大学位于上海、南京、重庆、南宁，代表了中国不同经济和社会发展水平的地区。参与者通过校内公告栏的网站进行招募（即 2014 年 9 月，第一次测量 Time 1）。公告显示：（1）需要 300 名来自大学的学生参加为期 12 个月的纵向研究；（2）欢迎所有没有精神健康问题和身体疾病的学生参加纵向研究；（3）参与对象需要在研究开始之后和 12 个月之后完成几份自评式在线调查问卷。研究采用方便抽样的方法，在四所大学共招收了 1528 名参与者，并收集了他们的电子邮件地址以进行沟通。

本研究采用纵向研究设计，共进行两期调查。在 2014 年 9 月底进行第一期调查。研究者首先向招募到的所有参与对象（$N = 1528$）发送链接，进行青少年生活事件量表（Adolescent Self-Rating Life Events Checklist，ASLEC）的在线调查，并要求参与者阅读填写知情同意书之后完成问卷调查。在 1528 名参与者中，855 名学生在过去 12 个月内遇到过压力事件，这部分学生被排除出研究样本（后文测量工具部分将说明理由）。剩余的 673 名学生报告过去 12 个月内没有遇到任何压力性生活事件，这部分学生将收到第二封电子邮件。第二封电子邮件要求他们完成性格优势和精神健康量表，包括简明优势量表、丰盈感量表（Flourishing Scale，FS）与抑郁焦虑压力量表。12 个月后（即 2015 年 8 月，第二次测量 Time 2），研究者发送第三封电子邮件给这 673 名参与者以评估其从 2014 年 9 月（第一次测量）至 2015 年 8 月（第二次测量）感受到的压力以及其目前的心理健康状况。在 673 名参与者中，195 名学生没有回复电子邮件，因此这部分学生被从数据库中删除。另外有 74 名参与者也被移除出数据库，因为他们的回答中没有提到与本研究相关的压力性生活事件。以上程序是为了保证所有进入研究数据库的参与者样本在研究开始时都具备正常的心理状态，并在接下来的 12 个月内经历过数次压力事件。

二　研究工具

学生知觉到的压力是通过青少年生活事件量表测量的。该量表列举了过去 12 个月内可能给青少年带来身心反应的 27 个负性生活事件，并要求评估这一事件对参与者的影响程度（刘贤臣等，1997）。这些事件可以概括为六个方面：人际关系、学业压力、受到处罚、亲友与财产丧失、健康与适应问题以及其他事件。对每个事件的回答方式为先确定该事件过去 12 个月内是否发生，若发生过则根据事件发生时的心理感受进行评分。评分采用 5 点 Likert 量表，从 0 分（不发生在我身上）到 4 分（非常严重）进行评分。统计指标通过累计各事件的得分，再计算整体平均分来评估生活事件对参与者造成的负面影响的大小，分数越高反映出负面影响越大。Xin 和 Yao（2015）用 10566 名学生评估了这一量表的心理测量特征及常模，得出较高的内部一致性系数（0.92）、重测信度（0.73）、效标效度和结构效度。

简明优势量表用于测量参与者的性格优势（即亲和力、自控力、求知欲），每个优势有 4 个题目（Ho et al.，2016）。根据自己的实际情况，参与者需要使用 7 点 Likert 量表评出他们对题目陈述同意或不同意的程度（1 = 非常不同意，7 = 非常同意）。通过对相应题目得分进行求和并将总和除以题目数量来获得各个优势的分数。高分表明一个人的某种特定的优势很突出。量表的开发者报告了本量表的 Cronbach's α 系数超过 0.72，以及本量表在临床和非临床样本中都具有良好的结构效度和效标效度（Ho et al.，2016）。

丰盈感量表（Flourishing Scale，FS）用以评估参与者的心理健康状况的积极方面。该量表包括 8 个题目，测量诸如参与、关系、能力和生活目等指标（Diener et al.，2010）。参与者根据题目表述，从 1（强烈不同意）到 7（强烈同意）进行自评。最终统计指标采用整体平均值计分，高分表示参与者具有较高心理健康水平或丰盈感水平。这一量表在青少年人群中具有较高的信效度，内部一致性系数为 0.87（Diener et al.，2010；Duan & Xie，2016；Tang，Duan，Wang，& Liu，2014）。

抑郁焦虑压力量表用于测量参与者过去一周心理健康的消极方面，是一个 21 题的自我报告式量表，包含三个分量表（每个分量表有 7 个题目）（Lovibond & Lovibond，1995）。抑郁分量表题目如"我似乎完全不能积极乐观起来"，焦虑分量表题目如"我感到过呼吸困难（例如，在没有体力透支的情况下而感到呼吸急促，喘不过气来）"，压力分量表题目如"我对于所处的环境（情况）易于反应过度"。要求参与者根据上周的经验，从 0（不适用于我）到 3（非常适用于我）进行自评。统计指标采用平均值计分，高分反映了心理问题或心理症状的严重性。以往的研究揭示了 DASS 量表良好的内部一致性和因子结构（Wang et al.，2016）。

三　数据分析策略

数据采用 SPSS 23.0 进行分析，分析步骤如下。第一，收集参与者的基本信息和列出最终样本中涉及的压力事件，并做描述统计分析。第二，对研究的变量进行描述统计和 Pearson 相关分析，这些变量包括三种性格优势（亲和力、自控力、求知欲）、个体知觉到的压力、心理健康（即丰盈感）和心理问题（即抑郁和焦虑）。第三，使用第一次测量（Time 1）的变量做第一组线性回归。根据研究程序，最终样本中的所有学生的初始心理健康状态处于轻微压力水平之下。将三种性格优势分别作为自变量构建三个独立的回归模型。第一次测量时的丰盈感、抑郁和焦虑分别被设置为每个回归中的因变量。首先进入方程的是人口统计学变量，其次是性格优势。第四，使用第一次测量和第二次测量（Time 2）的研究变量再进行另外三个回归分析。在每个回归方程中，首先输入人口统计学变量；其次输入第一次测量的丰盈感、抑郁和焦虑，将其分别设置为相应的控制变量，并进行第二步回归；最后加入三种性格优势进行回归分析。期望的结果是，即使在控制基线之后，这三种性格优势仍然能够显著地解释精神健康相关结果的方差。采用进入法（Enter）进行回归分析，其中 F 的概率小于 0.05 进入，大于 0.10 移除。第五，使用 PROCESS 插件中的模型 4（Model 4）进行中介效应分析，其中 Bootstrap 重复抽样设置为 10000 次和校正后置信区间设置为 95%（Hayes，2013）。如果 95% 置信区间不包含零，则所获得的统计量被认为在统计学上是显著的。每个优势被设定为预测因子（X），每个心理健康结果（即丰盈感、抑郁和焦虑）被设定为结果变量（Y）。第二次测量时个体知觉到的压力被设定为中介变量（M），而第一次测量时的相应心理健康结果被设定为控制变量。期望的结果是，优势对心理健康结果具有显著的间接影响，即中介效应显著。

四 研究结果

（一）压力事件概述

根据实验程序，269 名学生由于未回复邮件或没有经历压力事件被从最终的数据分析中移除。最终进入分析的样本为 404 名（195 名女性和 209 名男性）学生，他们平均年龄为 20.43 岁（标准差 SD = 0.74，18 ~ 24 岁）。在这些合格的学生中，有 102 人处于恋爱状态，而 302 人是单身人士。单样本 t 检验结果显示，在第一次测量的亲和力 [均值 ± 标准差 $(M \pm SD)_{included}$ = 5.99 ± 0.71，均值 ± 标准差 $(M \pm SD)_{excluded}$ = 5.95 ± 0.90；t = 0.72，p = 0.47]、自控力 [均值 ± 标准差 $(M \pm SD)_{included}$ = 5.00 ± 0.97，均值 ± 标准差 $(M \pm SD)_{excluded}$ = 4.86 ± 1.14；t = 1.70，p = 0.09]、求知欲 [均值 ± 标准差 $(M \pm SD)_{included}$ = 5.77 ± 0.83，均值 ± 标准差 $(M \pm SD)_{excluded}$ = 5.67 ± 1.01；t = 1.36，p = 0.17]、心理健康 [均值 ± 标准差 $(M \pm SD)_{included}$ = 5.51 ± 0.92，均值 ± 标准差 $(M \pm SD)_{excluded}$ = 5.45 ± 1.03；t = 0.85，p = 0.39]、抑郁 [均值 ± 标准差 $(M \pm SD)_{included}$ = 0.62 ± 0.55，均值 ± 标准差 $(M \pm SD)_{excluded}$ = 0.81 ± 0.58；t = -1.27，p = 0.20]、焦虑 [均值 ± 标准差 $(M \pm SD)_{included}$ = 0.83 ± 0.58，均值 ± 标准差 $(M \pm$

$SD)_{excluded} = 0.86 \pm 0.59$；$t = -0.65$，$p = 0.52$] 上，被移除的样本和进入分析的样本之间并无显著差异。此外，他们在年龄（$F = 0.75$，$p = 0.39$）、性别（$\chi^2 = 1.32$，$p = 0.27$）和婚姻状况（$\chi^2 = 1.94$，$p = 0.72$）上同样没有显著差异。

在学生经历的压力事件中，排在前五位的分别是项目9（"沉重的学习负担"；321名学生提及这一事件；均值 $M = 2.50$，标准差 $SD = 1.12$），项目25（"来自家庭的压力"；317名学生提及这一事件；均值 $M = 2.18$，标准差 $SD = 1.43$），项目3（"考试失利"；291名学生提及这一事件；均值 $M = 2.19$，标准差 $SD = 1.05$），项目8（"远离家人"；275名学生提及这一事件；均值 $M = 2.45$，标准差 $SD = 1.34$）和项目6（"不想上学"；234名学生提及这一事件；均值 $M = 2.03$，标准差 $SD = 1.09$）。累计经历生活事件的整体平均值为1.66（标准差 $SD = 0.56$，得分范围为1.04~3.42）。这些结果表明，大多数研究参与者在过去12个月内确实经历了与学业有关的压力事件。

（二）变量在不同时间点的描述统计

每个变量的均值和标准差可在表3-5中找到。亲和力的平均得分最高（均值 $M = 5.99$），而自控力平均得分最低（均值 $M = 5.00$）。在三种性格优势中，自控力和亲和力在两个时间点均显示出与抑郁的负相关（$r = -0.20 \sim -0.11$）和与丰盈感的正相关（$r = 0.21 \sim 0.46$）。自控力与第一次测量的焦虑呈显著负相关（$r = -0.11$），而亲和力与第二次测量的焦虑呈负相关（$r = -0.15$）。第二次测量的个体知觉到的压力与三种性格优势（$r = -0.21 \sim -0.10$）呈显著负相关。个体知觉到的压力和心理健康结果之间的所有关系在预期的方向上是显著的。从参与者的人口统计学变量上看，除了第一次测量的性格优势和第二次测量的个体知觉到的压力存在性别差异，其他变量在参与者的性别、婚姻状况和年龄之间的差异并不显著。具体来说，女性参与者（均值 $M = 6.09$，标准差 $SD = 0.70$）比男性参与者（均值 $M = 5.90$，标准差 $SD = 0.71$）的亲和力得分较高，而女性参与者自控力（均值 $M = 4.89$，标准差 $SD = 0.93$）与个体知觉到的压力（均值 $M = 1.60$，标准差 $SD = 0.52$）得分比男性参与者低（自控力：均值 $M = 5.10$，标准差 $SD = 0.99$；个体知觉到的压力：均值 $M = 1.72$，标准差 $SD = 0.60$）。

表 3 - 5　第一次测量和第二次测量的研究变量之间的描述统计和相关分析

		1	2	3	4	5	6	7	8	9	10
1	自控力	—	—	—	—	—	—	—	—	—	—
2	求知欲	0.30**	—	—	—	—	—	—	—	—	—
3	亲和力	0.40**	0.53**	—	—	—	—	—	—	—	—
4	知觉到的压力（T2）	-0.17**	-0.10**	-0.21**	—	—	—	—	—	—	—
5	抑郁（T1）	-0.20**	-0.02	-0.11*	0.16**	—	—	—	—	—	—
6	抑郁（T2）	-0.16**	-0.08	-0.19**	0.51**	0.36**	—	—	—	—	—
7	焦虑（T1）	-0.11*	0.04	-0.04	0.09	0.66**	0.21**	—	—	—	—
8	焦虑（T2）	-0.09	-0.01	-0.15**	0.48**	0.26**	0.73**	0.30**	—	—	—
9	丰盈感（T1）	0.46**	0.39**	0.42**	-0.20**	-0.44**	-0.30**	-0.28**	-0.13**	—	—
10	丰盈感（T2）	0.32**	0.21**	0.22**	-0.37**	-0.22**	-0.52**	-0.13**	-0.33**	0.45**	—
	均值	5.00	5.76	5.99	1.66	0.62	0.70	0.83	0.85	5.51	5.23
	标准差	0.97	0.83	0.71	0.56	0.55	0.65	0.58	0.61	0.92	1.16

注：T1 = 第一次测量；T2 = 第二次测量。

$^*p < 0.05$；$^{**}p < 0.01$。

（三）性格优势的"同时"与"跨时"解释力

采用第一次测量数据进行横截面回归分析，结果显示，自控力是影响抑郁（$B = -0.11$, $p < 0.01$）、焦虑（$B = -0.07$, $p < 0.05$）和丰盈感（$B = 0.05$, $p < 0.01$）的唯一显著因素。换句话说，在低压力水平下（即第一次测量时，参与者均没有经历压力性事件），只有自控力对负面心理健康指标有显著的影响。三种性格优势显著地解释了丰盈感这一变量 31.00% 的方差（见表 3 - 6）。

表3-6　使用时间1的横断面变量检验性格优势对精神健康结果的回归分析

	精神健康结果					
	抑郁		焦虑		丰盈感	
	第一步	第二步	第一步	第二步	第一步	第二步
	非标准化 B					
性别	-0.01	0.01	0.01	0.01	0.05	0.05
年龄	-0.03	-0.03	-0.05	-0.04	0.03	0.03
婚姻状况	-0.09	-0.08	-0.09	-0.08	0.21*	0.21
自控力		-0.11**		-0.07*		0.05**
求知欲		0.05		0.07		0.03**
亲和力		-0.06		-0.03		0.21**
R^2	0.01	0.05**	0.01	0.02	0.01	0.31**

$^*p<0.05$；$^{**}p<0.01$。

第二组线性回归进一步探讨了性格优势在高压力下的作用（即第二次测量时，参与者都经历过压力性事件）。所有在第一次测量和第二次测量时的变量都被添加进模型中，详细结果见表3-7。在第一次测量中，抑郁（$B=0.43$，$p<0.01$）、焦虑（$B=0.32$，$p<0.01$）和丰盈感（$B=0.58$，$p<0.01$）的基线水平对其对应的第二次测量的相应水平有显著的影响。在第三步将三种性格优势加入模型之后，基线的心理健康结果仍然对第二次测量的水平有显著影响，而三种性格优势则表现出不同的作用。具体来说，在第一次测量结果（基线水平）被控制之后，亲和力在第二次测量中能够显著地解释抑郁（$B=-0.12$，$p<0.05$）和焦虑（$B=-0.15$，$p<0.01$），而自控力（$B=0.16$，$p<0.01$）在第二次测量中显著地解释了丰盈感。

表3-7　使用时间2的纵向变量检验在控制基线后性格优势
对精神健康结果的回归分析

	精神健康结果								
	抑郁			焦虑			丰盈感		
	第一步	第二步	第三步	第一步	第二步	第三步	第一步	第二步	第三步
	非标准化 B								
性别	0.01	0.01	0.09	0.07	0.06	0.03	0.10	0.07	0.03、
年龄	-0.02	-0.01	-0.01	-0.06	-0.04	-0.05	0.02	0.01	0.01
关系状况	-0.02	0.01	0.02	0.03	0.05	0.07	0.08	-0.05	-0.03
基线		0.43**	0.40**		0.32**	0.30**		0.58**	0.49**

续表

	精神健康结果								
	抑郁			焦虑			丰盈感		
	第一步	第二步	第三步	第一步	第二步	第三步	第一步	第二步	第三步
	非标准化 B								
自控力			-0.03			-0.01			0.16**
求知欲			0.01			0.06			0.03
亲和力			-0.12*			-0.15**			-0.01
R^2	0.01	0.14**	0.16**	0.01	0.10**	0.12**	0.01	0.21**	0.22**

$^* p < 0.05$；$^{**} p < 0.01$。

（四）性格优势的压力应对交互模型

采用 PROCESS 插件分析中介效应，详细的分析结果见表 3 - 8。中介效应分析中，分别以三种性格优势为自变量（即亲和力、求知欲和自控力），三个精神健康指标为因变量（即抑郁、焦虑和丰盈感），总共构建了 9 个中介模型。结果显示，三种性格优势对抑郁和焦虑的间接影响是显著的，反映出个体知觉到的压力在性格优势对抑郁和焦虑的影响中起到了中介作用。此外，自控力和亲和力对丰盈感有显著的间接影响。这一中介模型能够解释不同的精神健康结果中 0.29 ~ 0.34 的方差。这些结果支持了基于压力应对交互模型所提出的研究假设。

表 3 - 8　PROCESS 中介效应的主要结果

Models	R^2	F	直接影响		间接影响	
			结果	95% 置信区间	结果	95% 置信区间
Tem-Str-Dep	0.34	68.27**	-0.02	[-0.07,0.04]	-0.04	[-0.07,-0.01]
Intel-Str-Dep	0.34	68.41**	-0.02	[-0.09,0.04]	-0.03	[-0.08,-0.01]
Inter-Str-Dep	0.34	69.37**	-0.06	[-0.14,0.02]	-0.08	[-0.13,-0.03]
Tem-Str-Anx	0.29	54.75**	0.01	[-0.05,0.06]	-0.02	[-0.07,-0.02]
Intel-Str-Anx	0.29	54.97**	0.02	[-0.04,0.09]	-0.03	[-0.07,-0.01]
Inter-Str-Anx	0.29	55.17**	0.04	[-0.11,0.04]	-0.08	[-0.14,-0.04]
Tem-Str-Flo	0.30	55.90**	0.14	[0.02,0.25]	0.03	[0.01,0.07]
Intel-Str-Flo	0.29	53.46**	0.05	[-0.08,0.17]	0.01	[-0.03,0.05]
Inter-Str-Flo	0.29	53.27**	-0.02	[-0.17,0.13]	0.07	[0.02,0.15]

注：基线结果被设定为模型中的控制变量；Tem = 自控力，Intel = 求知欲，Inter = 亲和力，Str = 知觉到的压力，Dep = 抑郁，Anx = 焦虑，Flo = 丰盈感。

$^{**} p < 0.01$。

五　小结

这项研究通过纵向调查，探讨性格优势（即亲和力、求知欲和自控力）在影响大学本科生心理健康方面的积极作用。结果表明，高水平的性格优势在时间维度上与低水平的个体所知觉到的压力相关联，进而带来更高的心理健康水平（即低抑郁、低焦虑和高丰盈感）。

从数据分析的结果上看，性格优势在个体面临压力时对个体起到了保护作用，同时性格优势也能够提升个体主观报告的心理健康水平。在控制基线水平后的 12 个月内，这些性格优势显著地解释了精神健康水平，尽管统计上的数值较小。在高压力水平下（第二次测量时），性格优势与低水平的抑郁和焦虑、高水平的丰盈感显著相关，并且个体知觉到的压力水平在这一关系中起到了中介作用。在低压力水平下（第一次测量时），性格优势能够显著地解释精神健康的方差。这些结果与压力应对交互模型一致（Lazarus，1966），这表明个体知觉到的压力取决于个体对当前的心理资源和个体对客观压力因素的评估。其他实证研究同样支持了上述结果（Gaultney，2011；Koletzko，La，& Brandstätter，2015；Steinhardt & Dolbier，2008）。

一般来说，人们会在生活中面临两种不同的压力，即日常压力和创伤应激（Kanner，Coyne，Schaefer，& Lazarus，1981）。前者通常指的是小型生活事件，如"错过公共汽车"；而后者则指的是重大的生活事件，如"诊断为癌症"。但是，这种传统的分类并不适合目前的研究。正如本研究开始时所述，不同的人对同一或客观的压力源的感受是不同的，这取决于每个人拥有的心理和社会资源（Lazarus，1966）。本研究中报告的压力事件，即沉重的学习负担、来自家庭的压力、考试失利、远离家人、不想上学等，对学生群体来说是其生活中的主要压力来源（Beiter et al.，2015；Nonterah et al.，2015）。本研究的参与者经过了仔细的筛选，所有学生在研究开始时都没有任何的压力，但在接下来的 12 个月里，他们或多或少都经历了上述压力事件。结果表明，亲和力和自控力有助于个体应对学生生活中的主要压力并且能改善他们的心理健康，而求知欲并不能。

完整的精神健康是指心理健康的改善（即本研究中的丰盈感）和心

理问题的减少（即本研究中的抑郁和焦虑）。已有学者探讨了精神健康的评估和结构，他以美国 3032 名成年人为研究对象，使用精神疾病诊断和统计手册第三版修订版、积极情绪量表、心理幸福感量表、社会幸福感量表进行相关测量。验证性因子分析结果支持了心理健康测量的假设，即心理疾病与心理健康构成了相关的单极维度，且完全精神健康的成年人往往拥有最健康的社会心理功能（Keyes，2005，2012；World Health Organization，2015）。本研究显示，性格优势对精神健康的两个方面都有积极影响。在第一次测量中，当大多数学生经历低水平的压力时，他们的自控力解释了抑郁 5.00% 的方差，三种性格优势解释了丰盈感 31.00% 的方差。在第二次测量中，当大多数学生经历了压力事件时，三种性格优势对抑郁和焦虑也显示出了显著的间接影响（$R^2 = 0.29 \sim 0.34$），亲和力和自控力对丰盈感有显著的间接影响（$R^2 = 0.29 \sim 0.30$），自控力对丰盈感存在显著的直接影响。这些截面和纵向结果与以前的研究结果一致（Gillham et al.，2011；Peterson & Seligman，2004；Proyer，Gander，Wellenzohn，& Ruch，2013；Wood et al.，2011），表明了性格优势对精神健康的重要影响。

重要的是，如结果所反映的那样，性格优势对心理健康的影响更为直接，对心理问题的影响则是间接的。这些结果反映了性格优势的本质。Seligman（2015：2）认为"心理健康（指精神健康的积极方面）是潜在的性格优势"，而性格优势的缺乏、过剩或者与性格优势相反则成了心理问题或障碍。性格优势对心理健康的直接影响可以部分地通过健康行为模型来解释（Armitage & Conner，2000；Smith & Ruiz，2004）。健康行为模型指出，个人特征直接或间接（即通过自信、自我控制和自我效能）影响健康相关行为，反过来又促进了健康相关的结果变量（Armitage & Conner，2000；Cohen，Farley，& Scribner，2000）。例如，Proyer 等（2013）以 440 个成年人为样本，对性格优势与主观幸福感（包括生活满意度、自我评估健康程度和实际身体健康）之间的关系进行了测试，结果表明情绪优势、智力优势与生活满意度和实际身体健康之间呈正相关，情绪优势与自我评估身体健康呈正相关。总之，性格优势与主观因素以及身体健康之间存在积极的关系。

性格优势对健康的影响似乎在压力状态下更加显著。那么，性格优势能否被认为是一种"事后"资源，如心理抗逆性，即只有在受压后才能体现一种抵御负面影响的能力呢（Bensimon，2012）？我们认为，性格优势不是这种"事后"资源，因为在经历压力事件之前、之中和之后，具有高水平性格优势的人其性格优势的水平是保持稳定的。Schueller 等（2015）在 VIA 性格研究院在线数据库中收集了 31429 个不同国家的样本，比较了个体在经历悲伤事件之前和之后的性格优势。结果表明，经历悲伤事件前后的性格优势总体上略有不同，一些人性格优势变化较大，另一些人性格优势变化较小。而所观察到的这种性格优势的差异在后续的跟踪过程中出现了不一致，悲伤事件对性格优势的改变较小。具体来看，该项研究调查了三起枪击事故后性格优势的变化情况，比较了枪击事件发生前八个月、枪击事件发生一个月后和两个月后这三个时间点经历者（$N = 31429$）的反应，通过多元方差分析探索不同时间点上研究对象性格优势发生的变化，再通过 t 检验对这种变化进行逐级分析。研究结果表明枪击事件前后性格优势的变化略有一些不同，枪击事件对性格优势的改变效果很小（Schueller et al.，2015）。因此，性格优势是相对稳定的一种积极品质，在压力发生之前、之后都能够为个体起到保护作用，从而促进个体的心理健康。

本研究的结果能够为教育领域内从事心理健康专业的工作人员提供一些借鉴。培养性格优势被证明是提升学生幸福感的一个潜在途径（Weber，Wagner，& Ruch，2016），无论学生是否处在压力之中，并且性格优势不仅能够帮助学生个人，也有助于班级、学校整体氛围的改善。因此，第一，教育领域的心理健康工作者可以制定旨在帮助大学生改善心理健康的性格优势干预方案。例如，正念减压训练被认为可以帮助参与者认识并提升自己的优势（Duan，2016b）。最近一项针对大学新生心理适应的快速干预方案，通过帮助大学新生识别和使用性格优势，提升其幸福感，同时降低焦虑、抑郁和压力，进而快速地适应大学环境（Duan & Bu，2017b）。另一项关于大学生与幸福感的生活满意度提升干预研究，在进行为期 18 周的性格优势课程干预之后，其生活满意度被证实得到了提升（Duan et al.，2014）。第二，教育领域的心理健康工作还应当注重发展综合的教育政策，以优势的发展为重点，为学生建立良好的校园综合环境（Palmer，2003），而不仅仅是注重传统的学业教育。甚至可以将学生心理健康的提升和性格优势的养成纳入日常教学内容和教学质量的评估当中（黄建春，2014），从而在学校中形成积极教育的氛围。第三，以本研究的结果为基础，在未来的研究中可以制定出基于性格优势的减压计划。或者，将基于性格优势的干预策略整合到经典治疗方案中以提高治疗功效（Zhang，Duan，Tang，& Yang，2014）。

　　本研究的主要局限是结果的效应量较小。性格优势对心理健康变量的额外贡献以及中介效应分析结果均只显示出较小的效应量。在控制心理健康的基线水平之后，性格优势独立地解释心理健康的方差并没有超过2%。我们的抽样方法和被试的流失可能是造成这一局限的两个潜在的原因。由于性格优势和压力关系的研究还较为有限，未来应该通过更多研究来验证这些结果。此外，还有一些其他的局限。第一，因为心理健康是通过自我报告式的问卷进行评估的，参与者可能对问卷题目做出比较保守的应答，因为心理问题的污名化可能使他们没有根据真实情况进行回答。一些研究发现性格优势（如亲和力和自控力）与污名化之间存在负相关关系。一项研究通过回顾大量已有文献指出，基于性格优势的干预策略可以减少污名化（Corrigan，Druss，& Perlick，2014）。因此，纵向研究应采用更客观的方法来评估与心理健康相关的结果，还可以增加身体健康指标来检查性格优势对身体健康是否具有积极影响。第二，虽然优势和心理健康的中介模式得到了验证，但还是应该考察是否存在其他的中介变量和调节变量。中介变量可以帮助我们确定性格优势与心理健康关系背后的作用机制；调节变量可以帮助研究者和实践者提高性格优势的效力，制定更加有效的干预措施。第三，本研究所描述的压力事件仅仅是在大学校园背景下，其结论的普遍性是有限的。这些日常烦心事件与"创伤事件"是不同的。尽管如此，亲和力、求知欲和自控力在本研究中被认为是应对个体知觉到压力的重要心理资源，是心理健康的保护因素。在正常情况下，这些性格优势通过增强积极的心理状态来维持心理健康；而在面临压力的情况下，这些性格优势通过改善心理问题来维持心理健康。教育者或心理健康专家可以帮助学生认识和使用自身的性格优势，使其在压力事件发生前、发生时和发生后都保持心理健康的稳定性。

第三节　抵抗创伤事件

人们在经历一系列威胁生命安全的重大事件，如地震、丧亲和重大疾病后，会产生创伤后应激障碍（Posttraumatic Stress Disorder，PTSD）和创伤后成长（Posttraumatic Growth，PTG）。创伤后应激障碍是个体经历、目睹或遭遇到一个或多个涉及自身或他人的实际死亡，或受到死亡的威胁，或严重的受伤，或躯体完整性受到威胁，或性虐待等创伤事件后，所导致的个体延迟出现和持续存在的精神障碍（Edition，2013）。创伤后成长是创伤经历后个体所产生的积极变化和自我超越（Tedeschi & Calhoun，1996）。理论和实证研究表明，人格、品质和特质可能是在创伤背景下健康相关结果（如 PTG）的重要预测因素（Hampson & Friedman，2008），因为与其他一般个体相比，具有更强积极品质的个体更有可能最大化利用内部（例如，希望思维和感激）和外部（例如，社会支持）资源来摆脱逆境。这种在压力情境下展现出来的积极功能被称为"抗逆性"。

以往的研究中主要有三种定义抗逆力的观点（Lepore & Revenson，2006）。第一种观点认为，抗逆力是一种在创伤事件发生后，个体的功能从受损的低水平"恢复"到创伤事件发生之前正常水平的能力。然而，Bonanno（2004）认为要实现"抗逆力"，"恢复"不是必然发生的。研究表明，一些创伤幸存者可能会在经历创伤后产生 PTSD，而其他幸存者则不会（Yehuda & Flory，2007）。也就是说，尽管一些经历 PTSD 的幸存者有抗逆力，但他们的日常功能仍然低于正常水平。第二种观点认为，抗逆力是逆境的一种可能的结果（Carver，1998）。因此，抗逆力是个体经历创伤后恢复和变化的过程（Bensimon，2012）。基于这一观点，抗逆力是一种"重构"的过程（Lepore & Revenson，2006），这一过程有些类似于 PTG。为了明确抗逆力和 PTG 之间的差异，Agaibi 和 Wilson（2005）建议将抗逆力视为一种人格特质，而 PTG 应被描述为创伤适应的一种模式（Wortman，2004）。第三种观点正是基于 Agaibi 和 Wilson 的观点，认为抗逆力被概念化为一种抵抗消极变化并保持稳定的能力（Bonanno，2004）。第三个定义假设具有高抗逆力的个体在经历创伤之前、过程中和之后仍然具有抗逆力。Bensimon（2012）研究了个体应对创伤的消极心理反应（PTSD）和积极心理反应（创伤后成长、抗逆力），500 名经历过各种水平创伤的参与者完成了抗逆力、创伤史、PTSD 和 PTG 的测量。结构方程模型结果表明，抗逆力可以预测参与者的 PTG 水平，PTSD 则是抗逆力与 PTG 之间的中介。

Fowers（2005）和 Robbins（2008）提出，抗逆力可以扩展当前积极心理学中性格优势的分类（Peterson & Seligman，2004）。观察抗逆力和 VIA 优势分类系统中包含的具体成分，不难发现抗逆力与性格优势之间的相似性。一项研究讨论了创伤后成长的问题，该研究主要从创伤后成长的客观证据（该成长是怎样发展的、什么促进了成长、个体感知到的成长是否真实存在）、成长的促进因素这两方面进行了阐述。结果表明，抗逆力特性，包含一系列积极品质，如乐观、希望、自我完善、自我调节、自我提升、积极情绪和生命力，有助于个体整合创伤经历（Wortman，2004），而这些品质也与 VIA 优势分类系统中的性格优势有所重合。此外，抗逆力也有可能与勇气这种品质重叠，勇气是指"面对外部或内部的逆境时，个体实现目标的情感优势"（Peterson & Seligman，2004）。然而，这些研究都不是在相同的创伤背景下开展的。

在文献综述的基础上，我们假设抗逆力和性格优势是概念上相关的结构，因为二者都可以用来描述某种个人的特性，并且可能具有相同的生物成分（Hutchinson，Stuart，& Pretorius，2011）。然而，它们在创伤样本中是否具有不同功能我们仍不清楚。本研究将考察抗逆力与性格优势在相同创伤背景下的关系，为创伤相关领域的以优势为基础的研究和实际应用提供进一步的见解。

一　研究对象和过程

数据收集分为两个阶段。第一阶段，在几所大学的社交网络中发布被试招募信息。有意者在指导语的指引下，于网络上在线完成一个 17 题的生活事件检查表。只有那些经历过创伤的参与者才符合要求，并被邀请参加下一阶段的研究。

在第二阶段，合格的参与者收到了一封包含网络问卷链接的电子邮件。在获取书面知情同意后，这些参与者开始回答问卷。只有报告具有 PTSD 症状和 PTG 的参与者才被纳入本研究。PTSD 的诊断依据是 DSM-V 中 PTSD 的 A 标准（American Psychiatric Association，2014），即个体直接或间接地经历导致死亡或威胁生命的事件、造成严重损害的事件以及性暴力事件。

　　第一阶段共有 537 人完成了生活事件检查表，在这些参与者中，26.44%（N = 142）的个体经历了创伤事件。在 142 名合格个人中，95 例（66.90%）报告了 PTSD 症状和 PTG 表现。因此，最终经历创伤事件并出现 PTSD 症状和 PTG 的 95 名参与者参与了本研究的最终分析。其中 76 人（80.00%）为女性，19 人（20.00%）为男性。基于前人的研究，因为其分布不均，我们没有计算性别差异。在 95 名学生中，73 名（76.84%）为 21 ~ 29 岁，22 名（23.16%）为 18 ~ 20 岁。此外，77 人（81.05%）为单身，18 人（18.95%）为恋爱或有伴侣状态。表 3 - 9 展示出人口统计学因素的描述统计。我们使用统计软件 SPSS 20.0 来分析数据。

表 3 - 9　样本人口统计学信息

单位：人，%

变量	人数	占比
性别		
男性	19	20.00
女性	76	80.00
年龄		
18 ~ 20 岁	22	23.16
21 ~ 29 岁	73	76.84
创伤类型		
身体攻击（被攻击、被殴打等）	50	52.63
自然灾害（洪水、飓风、龙卷风、地震）	34	35.79
亲近的人突然意外地死亡	26	27.37
交通事故（车祸、船事故、火车失事、飞机失事）	16	16.84
危及生命的疾病或伤害	12	12.63
火灾或爆炸	10	10.53
身体虐待、性虐待，或者被亲近的人情感虐待	7	7.37
在工作、家庭或娱乐活动中发生的严重事故	6	6.32
武器攻击（被枪击，刺伤,用刀、枪、炸弹威胁）	4	4.21
对别人造成严重伤害或死亡	4	4.21
其他不舒服的性经历	3	3.16
接触有毒物质（危险化学品、辐射）	3	3.16
性侵犯（强奸未遂、强迫或威胁实施任何类型的性行为）	1	1.05

二 研究工具

在该项研究中，我们使用中国人长处问卷来评估参与者的亲和力、求知欲和自控力。在当前样本中，亲和力分量表（Cronbach's α = 0.84）、求知欲分量表（Cronbach's α = 0.82）和自控力分量表（Cronbach's α = 0.85）的内部信度系数良好。

生活事件检查表（Life Events Checklist, LEC）（Bae, Kim, Koh, Kim, & Park, 2008）根据 17 个不同的事件，如自然灾害（如洪水、飓风、龙卷风、地震）、危及生命的疾病或受伤以及火灾或爆炸等，用来筛选有创伤经历的个体。参与者被要求根据他们的真实经验，通过使用 5 点 Likert 量表评价每个事件（1 = 亲身经历，2 = 目击事件，3 = 了解，4 = 不确定，5 = 不适用）。在这项研究中，我们在指导语中设定了一年的时间框架，要求参加者回顾过去一年所发生的事件。只有参与者将至少一个创伤事件认定为"亲身经历"时，才被认为是合格的样本。

康乃尔戴维森抗逆力量表修订版（The Connor-Davidson Resilience Scale, CD-RISC-R），有 10 个题目，用于评估个人的抗逆力水平（Campbell-Sills & Stein, 2007）。修订版比原始的完整版表现出更稳定的结构、更高的可靠性和更好的效度（Connor & Davidson, 2003）。在这项研究中，参与者被要求按照 5 点 Likert 量表对每个题目进行评分，从 0（根本不是这样）到 4（几乎所有时间都是这样）。分数越高，说明该作答者的抗逆力水平越高。中文版量表显示出良好的心理测量属性（Wang, Shi, Zhang, & Zhang, 2010）。在本研究中整个量表 Cronbach's α 值为 0.82。

创伤后应激障碍特定量表（PTSD Checklist-Specific, PCL－S）。按照 5 点 Likert 量表，要求受访者在 17 项描述 PTSD 的症状上进行自评，从 1（完全没有影响）到 5（非常严重的影响）来评估他们的经历感受（Weathers, Litz, Herman, Huska, & Keane, 1993）。总分越高表示 PTSD 的症状越严重。在当前的样本中，总体的 Cronbach's α 为 0.89。

创伤后成长量表（Posttraumatic Growth Inventory, PTGI），用于测量参与者的创伤后成长水平，是一个包含 15 个题目的自我报告式量表（Ho et al., 2004）。个体要表明他们经历创伤后在多大程度上经历了各种变化，从 0（完全没有）到 5（非常多）。在本研究中，将所有题目选择为"完全没有"（0）的参与者会被排除。当前样本中的 Cronbach's α 值为 0.80。

三　研究结果

（一）性格优势与抗逆力的相关性分析

描述统计和相关分析结果如表 3 – 10 所示。抗逆力与三种性格优势（亲和力、求知欲和自控力）（$r = 0.21 \sim 0.41$，$p < 0.05$）、PTG（$r = 0.53$，$p < 0.01$）之间呈显著的正相关关系；三种性格优势与 PTG 呈正相关关系（$r = 0.48 \sim 0.59$，$p < 0.01$），但只有亲和力与 PTSD（$r = -0.21$，$p < 0.05$）、创伤频率（$r = -0.28$，$p < 0.05$）呈负相关关系；PTG 与 PTSD、客观的创伤频率无显著相关性；PTSD 与创伤频率呈正相关关系（$r = 0.27$，$p < 0.01$）。根据 Blanchard 等（1996）提出的标准，大于等于 44 分可以被视为存在 PTSD 症状。因此，36 名参与者（37.89%）被分到了 PTSD 组，59 名参与者（62.11%）被分到了非 PTSD 组。然而，方差分析显示所有其他变量在两组之间没有显著差异。

表 3 – 10　抗逆力、性格优势、创伤后应激障碍、创伤后成长和创伤频率的
描述性和相关性统计（$N = 95$）

变量	描述统计		相关分析					
	均值	标准差	1	2	3	4	5	6
1. 抗逆力	2.55	0.48	—					
2. 自控力	3.50	0.63	0.41**	—				
3. 亲和力	4.02	0.50	0.21*	0.51**	—			
4. 求知欲	3.98	0.47	0.40**	0.35**	0.55**	—		
5. 创伤后应激障碍	2.46	0.73	-0.17	-0.09	-0.21*	-0.17	—	
6. 创伤后成长	4.12	0.44	0.53**	0.59**	0.48**	0.48**	-0.14	—
7. 创伤频率	1.85	1.34	0.06	-0.14	-0.28*	-0.07	0.27**	-0.01

注：* $p < 0.05$；** $p < 0.01$。

（二）性格优势与抗逆力在不同组别中的功能

进行分层回归以检查 PTSD 组和非 PTSD 组中的抗逆力和性格优势对

PTG（设为因变量）的预测能力。在两个组别中，分别构建两个回归方程来进一步研究两个目标变量的增量效度。在第一个方程中，抗逆力进入方程的第一层，在第二层中纳入三种性格优势；在第二个方程中，第一层纳入三种性格优势，第二层纳入抗逆力。表3-11显示了回归分析的主要结果。在非PTSD组中，控制抗逆力后，自控力额外解释了PTG的13%的方差变异，见表3-11中方程（1）；而将变量交换位置后，抗逆力只额外解释了PTG 3%的方差变异，见表3-11方程（2）。在PTSD组中，性格优势额外解释了当抗逆力被控制时的43%的方差变异，见表3-11方程（1）；同样，当性格优势受到控制时，抗逆力额外解释了14%的方差变异，见表3-11方程（2）。因此，无论是非PTSD组还是PTSD组，性格优势都表现出比抗逆力更强大的预测能力；横向比较，在解释PTG时，抗逆力在PTSD组（14%）中比在非PTSD组（3%）中贡献更大。进一步分析可以发现，在非PTSD组中，将性格优势纳入方程式后抗逆力的解释作用会变得不显著，见表3-11方程（1）；而在PTSD组中，即使在回归中纳入三种性格优势，抗逆力对PTG的解释力仍然显著。这些结果表明，PTSD症状的严重程度可能会调节抗逆力与PTG之间的关系。

表3-11　不同组别中抗逆力特质、三种性格优势
对创伤后成长的回归分析（$N = 95$）

	非PTSD组（$N = 59$）				PTSD组（$N = 36$）			
	R^2	F	Beta	t	R^2	F	Beta	t
方程（1）								
步骤一	0.38	35.05***			0.17	6.79*		
抗逆力			0.62	5.92***			0.41	2.61*
步骤二	0.51	14.21***			0.60	11.466***		
抗逆力			0.25	1.84			0.41	3.29**
自控力			0.40	3.36***			-0.09	-0.48
亲和力			0.08	0.74			0.73	3.30**
求知欲			0.18	1.45			-0.01	-0.05
	$\Delta R^2 = 0.13$**				$\Delta R^2 = 0.43$***			

续表

	非 PTSD 组($N=59$)				PTSD 组($N=36$)			
	R^2	F	Beta	t	R^2	F	Beta	t
方程（2）								
步骤一	0.48	17.08 ***			0.46	8.94 ***		
自控力			0.51	5.05 ***			0.12	0.59
亲和力			0.13	1.11			0.48	2.04 *
求知欲			0.26	2.21 *			0.14	0.81
步骤二	0.51	14.21 ***			0.60	11.466 ***		
自控力			0.40	3.36 ***			− 0.09	− 0.48
亲和力			0.08	0.74			0.73	3.30 **
求知欲			0.18	1.45			− 0.01	− 0.05
抗逆力			0.25	1.84			0.41	3.29 **
	$\Delta R^2 = 0.03$				$\Delta R^2 = 0.14$ **			

* $p < 0.05$；** $p < 0.01$；*** $p < 0.001$。

（三）PTSD 对抗逆力作用的调节

使用 PROCESS（Hayes，2013）中的模型 1 来计算调节效应。结果表明，将抗逆力设定为预测因子（X），将 PTG 设为结果变量（Y），将 PTSD 组设定为调节变量（M）进行计算后，整体模型是显著的：$R^2 = 0.315$，MSE $= 0.139$，$F(391) = 18.899$，$p < 0.001$。表 3 − 12 表明两组间变量的交互作用（抗逆力 × PTSD 组）和斜率均显著。因此，PTSD 可以调节抗逆力与 PTG 之间的关系。图 3 − 2 进一步表明非 PTSD 组的斜率高于 PTSD 组，这一结果表明，非 PTSD 组中抗逆力的促进作用可能比 PTSD 组强。

表 3 − 12　**PTSD 分组对抗逆力作用的调节作用分析（$N=95$）**

	Coff	SE	t	p	LLCI	ULCI
模型						
（常数）	2.492	0.278	8.964	< 0.001	1.940	3.045
PTSD 组（M）	0.811	0.363	2.235	0.028	0.090	1.531
抗逆力（X）	0.641	0.103	6.229	< 0.001	0.437	0.846
抗逆力 × PTSD 组（$X \times M$）	− 0.333	0.146	− 2.282	0.025	− 0.622	− 0.043
条件效应						
非 PTSD 组	0.641	0.103	6.229	< 0.001	0.437	0.846
PTSD 组	0.308	0.103	2.986	0.004	0.103	0.514

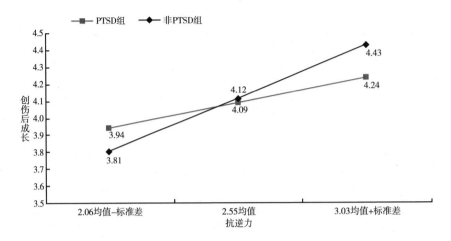

图 3 - 2   在 PTG 上的抗逆力和 PTSD 组之间的交互作用

四   小结

本研究旨在探索一年内具有创伤经历的样本，其 PTSD 和 PTG 与抗逆力、三种性格优势之间的关系。结果表明，性格优势和抗逆力在概念上是相关的，但在功能上是不同的。抗逆力和性格优势与创伤背景下的 PTG 有着正向的相关性，并且二者存在差异；然而，当个人被诊断为 PTSD，且性格优势被控制后，抗逆力才发挥作用。

目前的样本经历了各种不同的创伤事件，如自然灾害、身体暴力、交通事故以及亲属的突然意外死亡等。以前的研究表明，创伤频率增加会导致 PTSD 症状风险增加（Gehrke & Violanti，2006）。同样，本研究揭示了创伤频率与 PTSD 症状严重程度之间的正相关关系。Hagenaars、Fisch 和 van Minnen（2011）通过量表测量与精神病学访谈发现，临床样本中经历多重创伤的个体通常比那些仅仅经历单一创伤的个体报告出更多疏离、内疚和人际敏感性。这些发现表明临床和非临床样本之间的差异可能导致不一致的结论。此外，创伤产生的时间也是影响这种关系的一个重要因素。Ogle、Rubin、Berntsen 和 Siegler（2013）以 3575 名成人为研究对象，结果发现，在创伤事件发生频率相近的情况下，于生命早期发生的创伤事件可能会比生命后期发生的创伤事件导致更严重的 PTSD 症状。因此，在未来与创伤有关的研究中，应该仔细考虑创伤事件的发生频率、发生时间和事件类型。

本研究中，抗逆力和三种性格优势、PTG 呈正相关，但与 PTSD 呈负相关关系或者无显著相关关系。抗逆力和 VIA 优势分类系统具有许多共同的特征（如希望、乐观和自力更生），因此，抗逆力与性格优势的正相关关系与前人研究保持一致（Ogle et al.，2013）。关于性格优势与 PTG 之间的关系，Hutchinson 等（2011）认为，当前 VIA 优势分类系统中的一些元素与 PTG 所描述的范围相符。因此，本研究中提出的这些"理论上相关的优势"应该与 PTG 呈正相关关系。Peterson 和 Seligman（2003）比较了 9·11 事件前后美国公民个人优势的得分情况，并在其后续研究中进一步指出，个人经历创伤事件后，性格优势可能会得到加强（Peterson et al.，2008）。除此之外，上述发现有可能是由测量工具中题目同义所导致。比如，用于评估求知欲的项目"我总能想出新方法去做事情"类似于用于评估 PTG 的项目"我会发展新的兴趣"，这两个项目都反映了创造力和好奇心。基于这一原因，有人可能会认为性格优势与 PTG 之间的界限仍然不清楚，在概念上是重叠的。但是，我们建议应该用区分抗逆力和 PTG 的方法来区分性格优势和 PTG，因为在创伤事件发生之前、之中和之后，个体都应该表现出积极品质，而 PTG 作为创伤调整的模式仅在创伤事件发生后才会展现。

本研究进一步表明，无论是在非 PTSD 组还是 PTSD 组中，性格优势对创伤后成长的贡献比抗逆力更大。即使其他性格优势受到控制时，抗逆力和亲和力仍然是 PTSD 样本中的重要预测因素。基于 PROCESS 的分析表明，二分类组别（即非 PTSD 组与 PTSD 组）调节了抗逆力与 PTG 之间的关系。有批评者认为 PTG 是一种不切实际的信念和积极的幻想，而其他一些研究者则将 PTG 视为积极的变化（Tedeschi & Calhoun，2004）。创伤后成长如果对应于不切实际的乐观精神（Sumalla, Ochoa, & Blanco，2009），那么具备抗逆力的人绝不是"阿 Q"（Johnson et al.，2007），如此，抗逆力与 PTG 之间应该是负相关关系。但是，目前的数据不支持这一想法。相反，在 PTSD 组中，抗逆力与 PTG 正相关并显著地预测了 PTG。研究人员认为只有具有 PTSD 症状的个体才能获得创伤后成长（Bensimon，2012）。这个发现可能支持我们的假设。目前的研究意味着，"真正的" PTG 在逆境发生后需要 PTSD，并且"真" PTG

需要抗逆力。Dekel、Mandl 和 Solomon（2011）建议 PTG 可能是对威胁和创伤的反应的实际结果。在这方面，性格优势在功能上与抗逆力有所不同。

在控制抗逆力之后，三种性格优势还能够额外地解释 PTG 的方差变异，但在被诊断具有或不具有 PTSD 的样本中表现出一些特定的功能。Duan 和 Guo（2015）发现，求知欲在直接创伤样本中独立贡献了与压力相关的 PTG 的方差变异。该结果由另一个本科生样本所证实，即具有较高求知欲的个体往往认为轻微事件的压力较小，导致心理症状较少（Duan, Ho et al., 2015）。这些发现表明，求知欲可能是低压情况下的保护因素，而不是创伤或高压情况。一项干预研究发现，高求知欲的本科生更愿意表达与日常压力有关的不满意思想和消极思想，以改善心理健康，这种方法部分显示了求知欲的保护作用（Yang, Tang, Duan, & Zhang, 2015；Zhang, Duan et al., 2014）。

先前研究发现，对于那些没有被诊断为 PTSD 的直接创伤样本，亲和力和自控力对 PTG 有着显著的贡献，而在被诊断为 PTSD 的直接创伤样本中，只有自控力才可以有效解释 PTG（Duan & Guo, 2015）。30 年的纵向研究进一步表明，自控力优势表现的是自我控制或自我管理的能力，在 PTSD 被有效控制的情况下，与此类似的自我控制或管理能够单独并有效预测 PTG（Dekel et al., 2011）。然而，这些发现与目前的结果略有不同：特别是在非 PTSD 组中，求知欲和自控力共同促进了 PTG；相比之下，在 PTSD 组里，亲和力是唯一显著影响 PTG 的变量。根据人格－事件一致性假说（Iacoviello et al., 2009），不同的个人特征对压力生活事件具有不同敏感性。因此，不同类型的创伤事件可能导致这种不一致。因为目前的样本经历了广泛且不同的创伤，而以前的样本几乎都经历了地震相关的创伤（Duan & Guo, 2015）。另一个可能的解释是，以前的研究没有分析抗逆力（Duan & Guo, 2015）。虽然结果略有不同，但在压力情况下，性格优势的保护功能可以预见。一项包括 103 项纵向研究的元分析考察了乐观、社会支持和应对策略对创伤后成长的作用，结果表明，社会支持对 PTG 做出重要贡献（Prati & Pietrantoni, 2009）。因此，具有较强亲和力优势的个人更有可能最大限度地利用外部资源（如社会支持）来克服创伤造成的逆境。我们可以得出结论，在创伤事件背景下，抗逆力可能是影响 PTG 更稳定和更可靠的因素；相比而言，性格优势对不同压力的情况比抗逆力更敏感。

需要对当前研究的局限性进行讨论。第一，事件类型可能是一个重要的影响因素，而这在当前的研究中受样本数量限制并没有被很好地区分。之前的研究表明，PTG、PTSD 和相关因素之间的联系可能取决于事件类型（Duan & Guo，2015）。所以，在得出结论之前，应该进行进一步的研究。第二，目前的研究只涉及本科生，他们很少经历特定的创伤事件，比如癌症和丧失亲人之痛。这些学生可能不会对创伤后成长有深入的了解，在未来的研究中，应该对社区样本和更多的心理结果变量进行研究。第三，在当前的横断面设计中因果关系无法得到验证。因此，未来的研究应该采用纵向设计和大样本来确定在创伤事件发生前后的抗逆力和性格优势的变化。在概念和度量水平上，抗逆力、性格优势和 PTG 可能会有所重叠，如共同表示一种结果、一种状态或一种特征。因此，未来应进行研究，以区分和提供精确的定义和测量。

第四节　避免网络成瘾

病理性互联网使用（Pathological Internet Use，PIU）已经成为一个与越来越多互联网用户相关的全球性问题。国际电信联盟（The International Telecommunications Union，ITU）2017 年度报告表示，在过去 5 年里，移动互联网用户每年增长超过 20%；预计到 2017 年年底，全球移动互联网用户将达到 43 亿人（The International Telecommunications Union，2017）。在过去的十年里，我国网民规模从 2007 年的 2.1 亿人增加到 2018 年 6 月的 8.02 亿人（中国互联网信息中心，2018）。

互联网使用可以被比作一把双刃剑：它为用户提供了诸多好处和便利，但也带来了伤害。已有研究证明了孤独与大学生网络依赖相关，在此基础上，一项研究以 283 名大学生作为对象，通过网络问卷的方式探究人际关系羞怯和大学生网络依赖的关系，结果表明虚拟网络可以为用户提供一个安全的区域，以缓解社交焦虑和害羞（Lavin，Yuen，Weinman，& Kozak，2004）。另一项研究对 261 名青少年的实际经历进行调查后发现：性别可以预测网络使用情况，即男孩可能花更多的时间上网和玩暴力游戏，而女孩则更多在网上聊天或购物；网络使用造成社会孤立和抑郁，特别是对青少年而言；青少年因为网络的匿名性特点而使用网络，会对网络产生依赖，并进一步导致社会孤立和抑郁（Gross，2004）。

在各种不适当地使用互联网的行为中，病理性互联网使用可能是最严重的负面后果之一。在过去的几十年里，关于病理性互联网使用这一新的精神健康问题的研究越来越多（Young，2010）。Durkee 等（2013）对 11356 名在学校就读的青少年的网络使用情况进行了研究，使用青年诊断问卷、贝克抑郁量表第二版、自我评定焦虑量表、优势和困难问卷评估病理性互联网使用与精神健康的关系。结果表明病理性互联网使用在青少年中占比约 4.20%，其与自杀行为、抑郁、注意缺陷、多动障碍之间均存在显著的相关性。另有研究将沉迷网络游戏作为病理性互联网使用的一种情况进行深入探讨，调查了玩游戏的学生与不玩游戏的学生是否存在心理健康上的区别（Strittmatter et al.，2015）。该研究随机选择了 8807 名欧洲学生作为参与者，采用青少年诊断问卷对病理性互联网使用进行评估，并将参与者分为游戏玩家（PIU-g）和非游戏玩家（PIU-ng），分别有 3.62% 和 3.11% 的学生被划分为游戏玩家和非游戏玩家。多元 Logstic 回归结果显示，游戏玩家更有可能具有情感障碍、品行障碍、注意力不集中、自伤行为、自杀意念和自杀行为，且存在更高的患抑郁症的风险（Strittmatter et al.，2015）。

此外，不同国家青少年病理性互联网使用的流行率均相当高。在欧洲的研究中，研究人员发现这一比率通常在 1.00% ~ 9.00%（Siomos，Dafouli，Braimiotis，Mouzas，& Angelopoulos，2008；Villella et al.，2011）；在亚洲国家，特别是在中国，青少年病理性互联网使用流行率甚至高达 18.00%（Cao & Su，2007；Ni，Yan，Chen，& Liu，2009；Wang & Wang，2008），而在大学生中这一比例为 35.00%。截至 2015 年 12 月，中国青少年网民规模达到 2.87 亿人，占青少年总人口的 85.3%（中国互联网信息中心，2016）。因此，可以估计有多达 5100 万名中国青少年是潜在的病理性互联网使用者。这一庞大的人口和日益增长的趋势，使得探究有效干预方案的影响因素迫在眉睫。

　　值得注意的是，目前公认的精神疾病诊断手册（如 DSM-V）中没有任何官方的或者公认的关于病理性互联网使用的诊断标准，因此不同的研究人员在他们的研究中采用了不同的定义（Spada，2014）。一些研究人员将病理性互联网使用（Pathological Internet Use）定义为不合理或过度使用互联网所造成的负面影响，它强调了普通用户和过度使用互联网的用户之间在认知、情感、行为和生理上的差异（Beard，2005；Davis，2001；Morahan-Martin & Schumacher，2000；Young & Rogers，1998）。研究人员还使用了"强迫性电脑使用"（Compulsive Computer Use）（Davis，2001）、"有问题的互联网使用"（Problematic Internet Use）（Shapira et al.，2003）以及"互联网依赖"（Internet Dependence）（Wang，2001）等不同术语来描述同样的现象。尽管不同的研究使用了不同的术语，但它们都包含以下六个核心要素：突出性、耐受性、戒断症状、冲突、复发和情绪变化（Young，1998a）。

　　在此基础上，学者们提出了一系列的模型以解释病理性互联网使用的成因和机制。例如，问题行为理论主要关注触发病理性互联网使用的行为（Jessor & Jessor，1977）。以问题行为理论为框架，有学者开展了一项基于 2114 名高中生的研究，该研究通过陈氏网络成瘾量表（Chen Internet Addiction Scale）、滥用药物筛选试验（Substance Abuse Screening Test）、行为抑制系统和行为方式系统量表（Behavior Inhibition System and Behavior Approach System Scale）、酒精态度调查问卷（Questionnaire for Attitude Toward Alcohol）、罗森伯格自尊量表（Rosenberg Self-Esteem Scale）、简版多维学生生活满意度量表（Brief Multidimensional Students' Life Satisfaction Scale）及家庭 APARG 指数对相关变量进行了系统测量。通过卡方检验评估了家庭日常饮酒、家庭关系、同伴因素、网瘾与酗酒问题的关系，并利用 t 检验分析了人格、家庭功能、自尊、生活满意度、对酒精和网瘾的态度以及酗酒问题之间的关系，结果表明酒精使用是对病理性互联网使用的重要驱使因素（Ko et al.，2008）。然而，另一项研究则得到了不同结果。此研究以 498 名大学生为样本，使用中文网络成瘾量表（Chinese Internet Addiction Scale）、酒精和药物核心调查（Core Alcohol and Drug Survey）、社会交往焦虑量表（Social Interaction Anxiety Scale）、艾森克 I_7 问卷（Eysenck I_7 Questionnaire）、情绪状态短版问卷

（Mood States-Short Form）以及家庭环境问卷（Family Environment Scale）进行测量。结果显示，越受到社会焦虑、抑郁和家庭冲突的影响，学生越会表现出病态网络使用的倾向，且病理性互联网使用与内部而非外部的问题之间存在更为一致的相关性。也就是说，这项研究表明，病理性互联网使用并非外部化问题（如麻醉品使用和其他危险行为），而是与内部化问题有关（De Leo & Wulfert, 2013）。上述研究结果中出现的矛盾暗示了发生病态网络使用可能是由个体的差异造成的（Grohol, 1999; Walther & Reid, 2000）。

因此，Davis（2001）从个体精神病理学的角度出发，提出了病理性互联网使用的认知行为模型。这个模型对远端因素（如压力和成瘾物质等）和近端因素（如个体特征和认知模式等）进行了区分（Quayle & Taylor, 2003）。另有研究指出网络成瘾和大五人格特质密切相关，以此为基础，一项综述研究采用元分析方法对12项实证研究进行回顾，结果表明，开放性、责任心、外向性、宜人性与网络成瘾呈负相关，神经质与网络成瘾呈正相关。基于以上文献分析，我们发现现有大部分研究都集中在消极的人际关系和个人因素上，而缺乏积极的视角。随着近十年积极心理学的蓬勃发展，许多心理学家和临床医生开始意识到积极因素对他们的服务对象的影响。于是，本研究旨在通过探索性格优势与病理性互联网使用之间的关系来增进对性格优势的认识，其结果将为这一领域带来新的理论和实践启示。

一　研究对象和过程

本研究采用简便的抽样方法，邀请了来自东部、中部和西部地区（即重庆、山西、广西、江苏）的4所初中和4所高中的学生参加这次调查。招募信息由所在学校老师通过学校公告栏发布，所有6个年级的学生（初中1~3年级，高中1~3年级）都受邀参加。每所学校预期采集100名受访者的数据，受访者需要完成一份纸笔填答的问卷，作答完毕后上交。为了防止常见的方法偏差，研究过程中准备了四份问卷册（A、B、C和D）。每个问卷册里的题目顺序是不同的，将A、B、C、D册随机分配给受访者。受访者被要求在空闲时间完成问卷集。作答前参与者签署知情同意书。开始收集数据之前，研究建议和伦理批准被送到目标学校的心理健康教师那里，并征询了教师的书面同意。所有的数据收集过程都由心理健康教师监督，以保证数据收集过程的合理性、合法性和有效性。数据从2013年2月到2013年7月进行收集，共有674名有效参与者自愿参加并完成了此次调查，问卷回收率为84.25%。

二　研究工具

除了中国人长处问卷，本研究最主要使用的工具是青少年病理性互联网使用量表（Adolescent Pathological Internet Use Scale，APIUS）。这是一个用于测量青少年群体病理性互联网使用的中文量表。它是基于Vandecreek 和 Jackson（1999）、Young（1998b）、Young 和 Rogers（1998）以及 Davis（2001）的理论而开发的，共38道题目。参与者被要求评价每一项（从"1＝完全不一致"到"5＝完全一致"）。病理性互联网使用的严重程度用整个量表的平均分数来表示，分数越高反映的严重程度越高。青少年病理性互联网使用量表原版具有良好的信效度（Cronbach's α＝0.95），四周后测量仍具有良好的信效度（Cronbach's α＝0.86，标准效度为0.38～0.77）（Lei & Yang，2007）。在本研究中，量表的 Cronbach's α＝0.95。尽管还有其他21种自我报告工具来筛选病理性互联网使用（Kuss，Griffiths，Karila，& Billieux，2014），比如网瘾测试（The Internet Addiction Test）、互联网成瘾诊断问卷（The Internet Addiction Diagnostic Questionnaire）和陈氏网瘾量表（Chen's Internet Addiction Scale），但 Beard（2005）发现这些测量工具所测量的维度各不相同（Spada，2014）。在此基础上，考虑到本研究的研究对象为青少年，因此采用青少年病理性互联网使用量表更符合目标特性。

三　研究结果

（一）样本概况

本研究的样本中，302名（44.81%）参与者是男性，372名（55.19%）是女性，平均年龄为15.10岁（标准差 SD＝1.81，从12岁到17岁）；共有296名（43.92%）的学生来自初中，378名（56.08%）来自高中。互联网使用的平均时长为5.31年（标准差 SD＝2.09）。需要说明的是，在流行病学调查中，这样的样本规模可能很小，然而当前研究的重点是研究心理变量之间的关系，因此，该研究的样本容量是可以接受的（Maccallum，Browne，& Sugawara，1996）。

（二）病理性组与非病理性组的差异

根据青少年病理性互联网使用量表的划分标准，即参与者在病理性互联网使用量表上的平均得分为 3.15 分。64 名学生（9.50%）的平均分数高于 3.15，被定义为病理性互联网使用组，而剩下的学生则被定义为非病理性互联网使用组。表 3-13 显示了不同组的所有变量的描述性统计数据。在不同组别的性格优势中，亲和力得分最高（平均为 3.85～3.97 分），其次是求知欲（平均为 3.53～3.55 分）和自控力（平均为 3.11～3.29 分）。女性的亲和力明显高于男性（$t = -2.60$，$p < 0.01$）；在病理性互联网使用组中，自控力明显低于非病理性互联网使用组（$t = -2.18$，$p < 0.01$）。在男性和女性中，病理性互联网使用得分明显不同（$t = 3.86$，$p < 0.001$）。

表 3-13　不同子组的变量的描述性统计和差异分析

	总样本 $M(SD)$	性别			诊断		
		男 $M(SD)$	女 $M(SD)$	t	PIU $M(SD)$	非 PIU $M(SD)$	t
亲和力	3.91(0.42)	3.85(0.42)	3.97(0.41)	-2.60**	3.89(0.48)	3.92(0.42)	-0.30
求知欲	3.54(0.48)	3.55(0.48)	3.53(0.48)	0.34	3.55(0.53)	3.54(0.48)	0.17
自控力	3.27(0.44)	3.28(0.40)	3.27(0.47)	0.24	3.11(0.52)	3.29(0.43)	-2.18**
病理性互联网使用	2.36(0.59)	2.50(0.62)	2.25(0.55)	3.86***	—	—	

** $p < 0.01$；*** $p < 0.001$。

（三）性格优势与病理性互联网使用的相关性

表 3-14 显示了性格优势与病理性互联网使用的 Pearson 相关系数。病理性互联网使用得分与亲和力（$r = -0.19$，$p < 0.001$）和自控力（$r = -0.19$，$p < 0.001$）呈负相关。回归分析可以进一步探讨性格优势对于病理性互联网使用的解释力。在回归方程中，病理性互联网使用被设

置为因变量，三个性格优势（亲和力、求知欲和自控力）被设置为自变量。结果显示，亲和力（$\beta = -0.24$）和自控力（$\beta = -0.21$）可以对病理性互联网使用进行负向预测，而求知欲（$\beta = 0.25$）可以正向预测病理性互联网使用。

表 3 – 14　对所有变量的相关性分析

	亲和力	求知欲	自控力
突出性（Salience）	– 0.11 **	– 0.02	– 0.17 ***
宽容（Tolerance）	– 0.20 ***	– 0.04	– 0.15 ***
强迫性网络使用（Compulsive Internet Use）	– 0.18 ***	– 0.07	– 0.17 ***
情绪变化（Mood Alteration）	– 0.06	0.04	– 0.09
社会舒适度（Social Comfort）	– 0.05	0.04	– 0.05
消极结果（Negative Outcomes）	– 0.28 ***	– 0.20 ***	– 0.23 ***
病理性互联网使用	– 0.19 ***	– 0.05	– 0.19 ***

** $p < 0.01$；*** $p < 0.001$。

（四）优势分析：三种性格优势的相对重要性

优势分析能够揭示三种优势在影响病理性互联网使用过程中的相对重要性。通常，研究人员使用多元回归分析来计算每个自变量的回归系数，然后通过比较这些回归系数来确定它们的相对重要性。然而 Johnson（2000）建议，传统的多元回归分析，包括逐步回归和分层回归，可能高估了具有较强预测能力的自变量，也可能低估了预测能力相对较弱的自变量。根据这一观点，Budescu（1993）提出了一种优势分析法来改进当前的分析方法。

当前研究中有三种性格优势，根据这三种性格优势可以构建出 7 种不同的组合，即 3 种单变量组合、3 种双变量组合和 1 种三变量组合。病理性互联网使用被设置为因变量，回归方程运用 7 个组合，总共进行了 7 次回归（见表 3 – 15），根据获得的 R^2 值（见表 3 – 15，倒数第二行）重新计算了每个变量的相对贡献。最后，用三种性格优势的相对贡献（R^2）除以 0.073（即总解释方差），评估每个预测因子的相对重要性。在当前的研究中，我们发现亲和力解释了 42.47% 的预测方差，自控力解释了 39.73%，而求知欲仅解释了 19.18%。

表 3 – 15　优势分析：三种性格优势的相对重要性

	R^2	亲和力	求知欲	自控力
	—	0.036	0.002	0.036
亲和力	0.036	—	0.012	0.10
求知欲	0.002	0.046	—	0.043
自控力	0.036	0.010	0.009	—
亲和力与求知欲	0.048	—	—	0.025
亲和力与自控力	0.046	—	0.027	—
求知欲与自控力	0.045	0.028	—	—
亲和力、求知欲和自控力	0.045	—	—	—
R^2 分解	0.073	0.031	0.014	0.029
预测方差比例(%)	—	42.466	19.178	39.726

四　讨论

本研究的目的在于探讨性格优势与病理性互联网使用之间的关系，以期对性格优势理论与网络成瘾进行深入了解。研究结果表明，亲和力和自控力在网络成瘾中扮演着保护性角色，二者共同解释 82.20% 的预测方差。尽管求知欲对病理性互联网使用来说是一个易损因子，但与其他性格优势相比，并没有那么重要，因为求知欲只解释了 19.18% 的预测方差。

既往的研究已经确定了人际关系和病理性互联网使用之间稳定且强有力的相关性。然而，这些研究往往把人际关系作为结果变量。例如，Milani 等 (2009) 对病理性互联网使用、人际关系质量和面对日常问题的习惯性认知技巧之间的关系进行了研究，研究对象为意大利 14 ~ 19 岁 ($N = 98$) 的青少年，使用网络成瘾测试、人际关系测试 (Test of Interpersonal Relationships) 和儿童行为检查量表 (Child Behavior Checklist) 等工具。结果发现，每周使用互联网时长过多的青少年倾向于拥有不良的人际关系。另一项研究探讨了孤独、抑郁和社会支持对病理性互联网使用的影响，该项研究的参与者是土耳其两所大学的 459 名学生。结果显示，知觉到社会支持与病态网络使用呈负相关，且他人的支持与帮助在一定程度上可以减少网络成瘾 (Ozsaker et al., 2015)。尽管本研究与以往研究的角度不同，但也揭示了一致的结果，即有较强人际关系的个体可能较少产生病理性互联网使用。这意味着，一个拥有高水平亲和力的人往往会产生良好的人际关系，进而保护这个人不去虚拟的网络世界中寻找替代品（McKenna，Green，& Gleason，2002）。

　　另一个有意义的保护性因素是自控力。自控力在当前的研究中负向预测了病理性互联网使用。Karim、Zamzuri 和 Nor（2009）研究了学生在学术环境中的不道德网络行为，以及这种不道德行为与大五人格特质之间的关系。该研究以马来西亚一所公立大学的学生（N = 252）作为样本，结果表明，不道德网络行为会引起学术欺骗，责任心、宜人性和情绪稳定性都与大学生的不道德网络行为有显著的负相关关系，其中最重要的因素是责任心。此外，一项旨在探讨青少年责任心与课堂行为表现对网络成瘾发展影响的纵向研究（N = 648），利用网络成瘾测试、儿童五因素问卷责任心分卷（Five-Factor-Questionnaire for Children）、症状检查量表的敌意分量表（Symptom Check List-90）进行相关测量，并通过相关性分析与多层分析得出责任心越低，网络成瘾风险性越高的结论（Stavropoulos，Kuss，Griffiths，& Motti-Stefanidi，2016）。责任心反映了中国传统文化强调"慎独"的概念，无论在什么情况下，个人应实施自制和控制自己的行为。根据这一观点，具有高度责任感的人可以控制自己的情绪和认知，并较少出现不恰当或过度使用互联网的行为，从而抑制网络成瘾的出现。

　　此前的研究都指明求知欲具有积极意义和保护作用（Duan，Bai et al.，2012；Duan，Ho et al.，2012；Duan et al.，2013）。然而，目前的结果发现了求知欲的相反效果，它将求知欲看作导致病理性互联网使用发生的因素。Ko 等（2008）以问题行为理论为指导，探究了网络成瘾与饮酒问题之间的关系，研究样本为 2114 名高中生，结果表明问题行为背后的社会心理倾向与网络成瘾相关。另有研究探讨了人格特征和网络游戏成瘾之间的关系，以 123 名大学生为样本，结果表明寻求新奇感和寻求感官刺激是引起网瘾的原因之一（Mehroof & Griffiths，2010）。一项探讨网络成瘾与冲动之间关系的研究，基于双系统模型（Dual Systems Model）和生物社会情感模型（Biosocial-Affect Model），以男性青少年为样本（N = 375），发现冲动行为中对感觉的需求是形成网络成瘾的助因（Hu，Zhen，Yu，Zhang，& Zhang，2017）。我们的求知欲性格优势包括好奇心、勇气和创造力等基本要素。未来的研究可以更多地探讨这些不同的"求知欲"概念之间的区别。Suler（1999）还认为，健康或病态的互联网使用是由基本心理需求的实现决定的，而青春期是发展心理学的一个特殊时期。在此期间，个人充满了求知欲，展现出一种强烈的愿望、需要和兴趣去探索未知的世界（Shedler & Block，1990）。

　　另外，还有一个需要讨论，但并不直接与本研究结果有关的问题。第五版的精神疾病诊断与统计手册（DSM - 5）已经在第三部分（Emerging Measures and Models）中确定了"网络游戏障碍"（Internet Gaming Disorder）。在"网络游戏障碍"被认为是一种正式的精神疾病之前，应该获得更多的临床研究和经验。然而，值得注意的是，当前研究中使用的病理性互联网使用是一个非常宽泛的概念，它关注的是由过度使用互联网、社交媒体、赌博、色情以及游戏所导致的一系列不健康的结果。因此，应该进行更多的研究来检验这些性格优势是否在不同的互联网活动中扮演同样的角色。

　　还需要注意一些其他的研究局限。首先，与流行病学研究相比，样本量相对较小。因此，在目前的样本中，病理性互联网使用的流行率不应该向其他群体推广。此外，本研究中所报告的流行率与其他研究的差异还可能来自不同评估工具和不同的划分标准。其次，在目前的研究中只采用了自我报告的测量方法。在未来的病理性互联网使用研究中，应当采用更多客观的指标来揭示这一问题。最后，本研究仅仅是一项初步的研究。未来的研究还应考虑其他因素，如社会支持、好奇心和自律等因素，来进一步阐明性格优势与病理性互联网使用的关系及其背后的作用机制。对病理性互联网使用的青少年来说，亲和力和自控力是可能的保护性因素，而求知欲则有可能是风险因素。本研究的结果可以促进对网络成瘾患者的治疗和干预的发展，并对风险小组（高求知欲青少年）进行预防性干预。总之，有必要将研究中确立的科学证据转化为实际的临床实践。

第五节　缓解压力的心血管反应

　　情境需求（Contextual Demands）和心理资源之间的不平衡会导致一系列心理 - 生理的应激反应，从而影响心理、生理、社会健康（Henry & Stephens，1977）。这是本章一再强调的基本观点。已有一些实证研究探索了心理和生理的压力防御机制。例如，一项研究调查了皮质醇反应是否与日常压力的变化有关，该研究招募了 63 名大一新生在 3 个工作日内提供 15 个压力处理记录和 15 个相应压力事件发生时的唾液样本。结果显示，仅对压力处理能力或压力处理信念低于平均水平的青少年，其感知比平时更大的压力与皮质醇的升高有显著的联系，这些发现说明皮质醇反应与知觉到的日常压力之间的关系随环境变化和个体差异的不同而不同（Sladek, Doane, Luecken, & Eisenberg, 2016）。

一些理论也指出性格特征是应对压力情境的重要心理资源，性格是个体解释和传递信息给自己、他人和世界的一种自我图式。对于不同背景下的个体，性格优势都在其心理健康（如生活满意度、抑郁和生活质量）和生理健康（如身体的健康、疾病和症状）方面扮演着保护者的角色（相关文献综述可以参考 Niemiec, 2013a）。压力应对交互模型（Lazarus, 1966）指出，具有高强度性格优势的个体通常能够感知到较少的压力（Duan, Ho et al., 2015）。纵向研究结果发现，具有高水平性格优势的学生无论是在低水平的压力下还是在经历高水平的压力事件之后，都表现出较少的心理问题和较高的心理健康水平（Duan, 2016a）；性格优势还可以帮助个体从创伤中恢复，减少创伤症状，并促进创伤后成长（例如，地震、枪击事件、恐怖袭击）（Ai, Cascio, Santangelo, & Evans-Campbell, 2005; Duan, Guo et al., 2015; Peterson et al., 2008; Schueller et al., 2015）。这些本章一一介绍的研究逐步展现了性格优势在心理应激过程中的防御作用。接下来该领域的研究仍需继续深化，期望性格优势的积极功能能够在个体应对压力时的生理反应上得到体现。

稳态应激理论（Allostasis Theory）（McEwen & Gianaros, 2011）认为，在面临紧张情况时，个体会立即出现必要的生理反应，但随后会不断下降。这些变化表明个体在面临压力的过程中会表现出生理可塑性和适应性（McEwen, 1998）。基于此理论，我们可以假设，具有高水平性格优势的个体，能够在受压后以较快的速度恢复如常的生理反应。收缩压（Systolic Blood Pressure, SBP）、舒张压（Diastolic Blood Pressure, DBP）和心率（Heart Rate, HR）是被广泛用于评估对心血管是否存在威胁的指标（Seery, 2011），同时也是与压力相关的慢性病或心血管疾病相关的关键指标（May, Sanchez-Gonzalez, Seibert, Samaan, &

Fincham，2016）。Lü、Wang 和 Hughes（2016）探究了大五人格特质中的开放性、生理反应、社会压力以及重复的社会压力之间的联系。通过 5 个实验阶段，对 70 名大学生收集了不同时间点的主观数据和生理数据，发现较高的开放性与较低的心率反应有关，较高的开放性与明显降低的收缩压和舒张压相关联。这说明，人格特质中开放性高的个体在面临社会压力时具有更好的生理表现（如较低的收缩压和心率）。这些发现可能揭示了将个体的性格特征与健康联系起来的生物学基础。另一个研究将 82 名大学生分为高心理抗逆性组（$N=40$）和低心理抗逆性组（$N=42$），发现与低心理抗逆性组的参与者相比，高心理抗逆性组的参与者表现出更良好的心率、收缩压和舒张压的恢复。这一结果说明，高心理抗逆性组的个体具有适应性的生理反应模式（Lü，Wang，& You，2016）。

Trier 社会应激任务（Trier Social Stress Task，TSST）是一个实验室常用的产生社会压力和焦虑的实验程序。这个程序旨在通过面试形式及其后的心理算术（Surprise Mental Arithmetic）诱发社会焦虑（Monasterio et al.，2016）。在实验条件下，研究人员可以使用 Trier 社会应激任务产生一个有效、可靠的急性应激源来得到人类急性应激反应。TSST 公布了不同性别以及不同年龄组对急性压力的神经生物学反应差异，它是目前研究人类急性应激的认知神经生物学的黄金标准（Allen et al.，2017）。众多研究已经成功地用这一范式在被试中造成焦虑压力（Cruess et al.，2015）。Allen 等（2017）发表的一篇文章对研究中所采用的 TSST 原则和实践方式进行了全面审查，并通过多次实验总结了 TSST 标准程序和拓展应用，认为 TSST 是现有实验研究中评估社会压力的基准。

本研究中，我们采用 TSST 标准程序来诱导焦虑压力，并考察性格优势与生理应激反应之间的联系。被试被分为高性格优势组和低性格优势组以探索两组在社会压力下的生理恢复的差异。研究假设具有高性格优势的参与者在面临社会压力时其压力水平和低性格优势组之间存在差异。

一 研究对象和工具

本研究中的参与对象是通过大学 BBS 发布广告进行招募的，参与研究的对象不包括那些患有严重精神疾病或有身体疾病史或在研究期间患病的人。最后有 30 名符合要求的志愿者参与了实验，其中 12 名男性，

18 名女性，平均年龄为 20.10 岁（标准差 $SD = 1.52$）。在进入实验之前的 24 小时，所有的参与者被要求不能摄入咖啡因和其他兴奋剂，在进入实验室之前的 2 小时不进行剧烈运动。参与者签署了实验协议，于实验结束之后，他们会获得 50 元人民币的报酬。

中国人长处问卷被用于测量参与者的三维度性格优势。此外，采用 20 题的状态焦虑量表（State Anxiety Inventory，SAI）测量焦虑状态（Spielberger & Gorsuch，1983）。在 Shek（1988）的研究中，通过对 2150 名学生的研究验证了量表的因子结构和信效度，结果表明该量表在中国人群体中是适用的。参与者被要求在 4 点 Likert 量表中进行自我评分，1 代表几乎没有，4 代表几乎总是。Omron 电子血压计（HEM-7051）用以测量参与者的舒张压、收缩压和心率。

二　实验过程

在参与者的招募阶段，通过电子邮件向参与者发送了在线版的中国人长处问卷，并邀请参与者完成测评。回收有效问卷 30 份，意味着 30 名参与者都将参与整个实验。因此，我们利用该问卷总均分的中位数将他们分为高性格优势组（15 个人；均值 $M = 11.74$，标准差 $SD = 0.79$）和低性格优势组（15 个人；均值 $M = 10.02$，标准差 $SD = 0.45$）。两组之间性格优势水平的差异显著（$t = 7.39$，$p < 0.001$）。所有的参与者在下午 3 点至 4 点进行实验，以消除生理反应（血压和心率）的周期性变化。当参与者到达实验室时，他们可以先在椅子上休息 15 分钟，然后再进行三个阶段的压力暴露实验（基线、压力暴露中和恢复期）。每个阶段持续 10~15 分钟。第一、第二和第三次测量分别被用来记录参与者在自然状态、压力情境中和压力恢复时的反应。

首先，参与者被要求完成焦虑状态和生理反应的基线测量（T1）。其次，参与者被要求进行一场公开的演讲并进行一系列的减法运算，这一过程将被录像机记录下来，视频记录将会被评估。公开演讲的过程被设计为一个模拟的工作面试；减法运算的过程要求参与者尽可能快且精确地连续计算，题目是 45392 连续减去 13。第二次焦虑状态和生理反应测试（T2）是在完成公开演讲和减法运算之后进行的。最后，经过 15 分钟的恢复期，研究者又一次测量了参与者的焦虑状态和生理反应（T3）。

三　研究结果

表 3－16 对 T1、T2 和 T3 的焦虑状态和生理指标进行了描述统计。高性格优势组和低性格优势组之间的差异通过 t 检验来测量，结果也在表 3－16 中显示。在基线测量中，焦虑状态（$t = 1.76$，$p = 0.09$），心率（$t = -0.01$，$p = 0.99$），收缩压（$t = -1.05$，$p = 0.30$），舒张压（$t = 1.51$，$p = 0.14$）在两组之间没有显著差异。配对样本 t 检验结果显示了从基线（T1）到压力暴露（T2）两组组内的焦虑状态（高性格优势组：$t = 6.26$，$p < 0.001$；低性格优势组：$t = 8.59$，$p < 0.001$），心率（高性格优势组：$t = 6.46$，$p < 0.001$；低性格优势组：$t = 14.73$，$p < 0.001$），收缩压（高性格优势组：$t = 7.92$，$p < 0.001$；低性格优势组：$t = 11.90$，$p < 0.001$）和舒张压（高性格优势组 $t = 7.86$，$p < 0.001$；低性格优势组：$t = 4.93$，$p < 0.001$）。这些结果显示公开演讲和一系列减法任务有效地增强了参与者的焦虑状态和生理反应。

随后，2（低性格优势组和高性格优势组）×3（T1、T2、T3）混合设计重复测量方差分析被用于焦虑状态、心率、收缩压、舒张压的分析中。

表 3－16　在三个时间点下心理和生理相关变量的描述性统计

	总体组 ($N = 30$)		低性格优势组 ($n_1 = 15$)		高性格优势组 ($n_2 = 15$)	
	均值	标准差	均值	标准差	均值	标准差
性格优势	10.88	1.08	10.02	0.45	11.74	0.79
焦虑状态_T1	1.57	0.30	1.66	0.33	1.48	0.26
焦虑状态_T2	2.46	0.51	2.73	0.44	2.18	0.41
焦虑状态_T3	1.77	0.41	2.00	0.38	1.54	0.29
心率_T1	84.90	12.98	84.87	10.40	84.93	15.51
心率_T2	113.40	15.72	121.00	12.17	105.80	15.51
心率_T3	99.63	18.25	108.53	14.02	90.73	17.99
收缩压_T1	115.37	6.47	114.13	6.82	116.60	6.07
收缩压_T2	134.93	6.79	138.33	7.03	131.53	4.61
收缩压_T3	121.43	8.50	123.53	10.13	119.33	6.14
舒张压_T1	74.40	8.92	76.80	10.09	72.00	7.11
舒张压_T2	84.30	8.26	88.07	5.98	80.53	8.68
舒张压_T3	77.70	10.12	81.87	8.37	73.53	10.24

注：T1：阶段一；T2：阶段二；T3：阶段三。

（一）焦虑状态

组别（$F = 15.83$，$p < 0.001$，$\eta_p^2 = 0.36$）和时间（$F = 83.82$，$p < 0.001$，$\eta_p^2 = 0.75$）的主效应以及它们的交互效应（$F = 3.59$，$p < 0.03$，$\eta_p^2 = 0.11$）都是显著的。在低性格优势组（$F = 30.19$，$p < 0.001$），对简单效应的分析显示焦虑状态从 T1 到 T2 是显著增加的（1.66 ± 0.33，2.73 ± 0.44；$p < 0.001$）。相似地，在高性格优势组（$F = 21.02$，$p < 0.001$），对简单效应的分析表明焦虑状态从 T1 到 T2 也是显著增加的（1.48 ± 0.26，2.18 ± 0.41；$p < 0.001$）。然而，低性格优势组的参与者的焦虑状态从 T1 到 T3 仍然呈现显著上升（1.66 ± 0.33，2.00 ± 0.38；$p = 0.02$），而高性格优势组的参与者则没有（1.48 ± 0.26，1.54 ± 0.29；$p = 0.58$）。

（二）心率

组别（$F = 5.21$，$p < 0.03$，$\eta_p^2 = 0.16$）和时间（$F = 112.36$，$p < 0.001$，$\eta_p^2 = 0.80$）的主效应以及它们的交互效应（$F = 12.88$，$p < 0.001$，$\eta_p^2 = 0.32$）也是显著的。在低性格优势组（$F = 33.49$，$p < 0.001$），对简单效应的分析显示从 T1 到 T2，参与者的心率是明显增加的（84.87 ± 10.40，121.00 ± 12.17；$p < 0.001$）。类似地，在高性格优势组（$F = 6.49$，$p < 0.01$），对简单效应的分析说明心率从 T1 到 T2 也是明显增加的（84.93 ± 15.51，105.80 ± 15.51；$p < 0.01$）。然而，低性格优势组组员的心率从 T1 到 T3 仍然呈现显著上升（84.87 ± 10.40，108.53 ± 14.02；$p < 0.001$），而高性格优势组的组员则没有（84.93 ± 15.51，90.73 ± 17.99；$p = 0.34$）。

（三）收缩压

组别（$F = 2.77$，$p < 0.11$，$\eta_p^2 = 0.09$）主效应不显著，而时间（$F = 73.78$，$p < 0.001$，$\eta_p^2 = 0.73$）的主效应和交互效应（$F = 4.20$，$p = 0.02$，$\eta_p^2 = 0.13$）显著。在低性格优势组（$F = 33.72$，$p < 0.001$），对简单效应的分析表明收缩压从 T1 到 T2 是显著增加的（114.13 ± 6.82，138.33 ± 7.03；$p < 0.001$）。在高性格优势组（$F = $

29.71，$p < 0.001$），对简单效应的分析同样也表明收缩压从 T1 到 T2 是显著增加的（116.60 ± 6.07，131.53 ± 4.61；$p < 0.001$）。然而不同于高性格优势组（116.60 ± 6.07，119.33 ± 6.14；$p = 0.19$），低性格优势组组员的收缩压从 T1 到 T3 仍然呈现显著上升（114.13 ± 6.82，123.53 ± 10.13；$p < 0.01$）。

（四）舒张压

组别（$F = 5.96$，$p = 0.02$，$\eta_p^2 = 0.18$）和时间（$F = 38.03$，$p < 0.001$，$\eta_p^2 = 0.58$）的主效应以及它们的交互作用（$F = 1.28$，$p < 0.29$，$\eta_p^2 = 0.04$）都是显著的。在低性格优势组（$F = 6.90$，$p < 0.01$），简单效应的分析说明舒张压从 T1 到 T2 是显著增加的（76.80 ± 10.09，88.07 ± 5.98；$p < 0.01$）。类似地，在高性格优势组（$F = 4.04$，$p = 0.03$），对简单效应的分析说明舒张压从 T1 到 T2 是显著增加的（72.00 ± 7.11，80.53 ± 8.68；$p = 0.01$）。但是，从 T1 到 T3 低性格优势组（76.80 ± 10.09，81.87 ± 8.37；$p = 0.10$）和高性格优势组（72.00 ± 7.11，73.53 ± 10.24；$p = 0.64$）舒张压的增加水平都不显著。

这些结果如图 3 - 3 和图 3 - 4 所示。

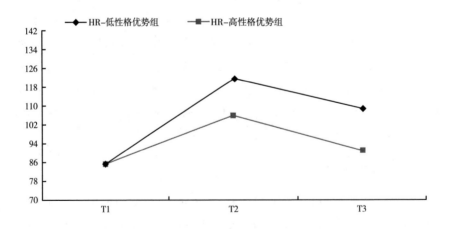

图 3 - 3　阶段一、阶段二和阶段三中低性格优势组和高性格优势组
压力应激反应下的平均心率（HR）

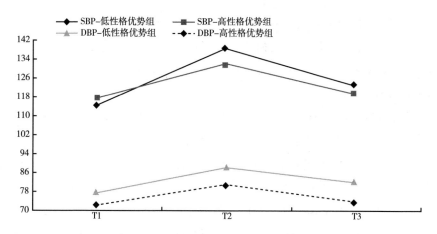

图3-4　阶段一、阶段二和阶段三中低性格优势组和高性格优势组压力应激反应下的平均收缩压（SBP）和舒张压（DBP）

四　小结

　　心率、收缩压和舒张压是一组广泛使用的生理压力测试指标，焦虑状态是反映被试心理压力的自评量表；前者是客观指标，后者则是对感知到焦虑压力程度的主观评价。由压力应激所产生的心理状态和生理指标之间的关系已经得到广泛的探索，先前的研究结果表明，情绪和压力的变化可能导致生理指标的变化。本研究旨在考察个体性格优势在个体承压及恢复过程中的作用。研究表明，与具有较低性格优势的参与者相比，具有高性格优势的参与者表现出心理和生理上对压力的适应性；因此，高性格优势参与者有较低水平的焦虑状态、心率、收缩压和舒张压。这项研究扩展了先前关于性格优势和压力的研究，发现具有高性格优势的个体，即使两组在T1和T2的应激情况下都显示相似的心血管唤醒模式，从T1至T3的压力应激后，高性格优势组的恢复速度更快（见表3-16）。总的来说，高性格优势组比低性格优势组在压力下表现出了更好的生理恢复能力。

　　这些压力指标之间存在差异，因此要确定哪些指标对压力应激反应更加敏感。结果显示高性格优势组组员的收缩压比低性格优势组组员的收缩压恢复得更快，而两组的舒张压都获得了较快的恢复，换句话说，低性格优势组的组员收缩压的恢复更慢，因此，收缩压对压力更加敏感。

从生理上解释，当类似"白大褂高血压"（即患者由于临床环境引起的紧张）造成患者的紧张和压抑时，患者的血液中会产生许多儿茶酚胺，外周血管收缩并且阻力增加，从而增加了收缩压（Franklin, Thijs, Hansen, O'Brien, & Staessen, 2013）。

性格优势可以被看作一种压力防御因素。一项研究探讨了性格优势、应对方式、与工作相关的压力与工作满意度之间的关系，结果将智力、情感和人际关系优势确定为应对工作压力资源，这些优势在压力对工作满意度产生的负面影响中扮演了积极中介者的角色（Harzer & Ruch, 2015）。此外，Papousek 等（2010）研究了积极个性对心血管压力应激反应的影响，研究者对 65 名学生在学习压力前、压力暴露中和压力暴露后的心率、低－高频率心率变化、血压等相关变量进行了对比分析，发现积极个性较强的个体与主观压力应激后的迅速恢复密切相关。上述这些研究为设计基于优势的积极心理干预来应对压力奠定了基础。

性格优势反映了个人积极的情绪、思想和行为模式（Park & Peterson, 2009）。性格优势强调用积极的认知来解释内部和外部的信息。认知理论表明认知偏差在焦虑中起重要作用（Bar-Haim, Lamy, Pergamin, Bakermans-Kranenburg, & van Ijzendoorn, 2007）。Fredrickson（2001）的扩展和建构理论认为，在认知层面上的扩展会调节心血管水平。具有积极认知、积极情绪或积极品质的心理强抗逆性者在经历负面情绪后表现出快速的心血管恢复能力。因此，积极的认知、情绪和行为模式可以拓宽人们的思维活动，可以建立持久的个人资源，包括身体、社会和心理的资源，以应对压力或其他负面影响。在本研究中，高性格优势者随着心率、收缩压和舒张压的增加呈现压力，但他们有能力消除持续的心血管反应。在实践中，可以开发提升性格优势项目并与生理反馈相结合，以帮助参与者训练其性格优势来应对各种类型的压力。这要求参与者在紧张情况下观察他们的心率和血压，然后要求他们回顾他们的个人性格优势如何在困境时帮助他们并观察其生理指标的变化。可以开发可视化的生理反馈，以使参与者有意识地通过视觉刺激来使用其优势，这种机制可以改变自主神经冲动、心率和血压，最终训练或加强性格优势来克服压力。

本研究与先前的研究一致（Lü, Wang, & You, 2016），心率和血压是反映个体面临压力时有效的生理指标。在临床领域，压力环境能够诱发交感神经兴奋性、心跳加快、血管内血流速度加快、血压升高、心脏收缩力增加，一项元分析以 36 篇文章为基础，包括 2086 名焦虑症患者和 2294 名对照者，对数据的再分析结果证实了以上观点（Chalmers，Quintana，Abbott，& Kemp，2014）。这些典型表现被认为是导致左心室肥大的危险因素（Burns，Sun，Fobil，& Neitzel，2016）。因此，不考虑社会压力和焦虑，高性格优势个体的低心率和低血压也可以反映心血管疾病风险的差异。因此，具有高水平性格优势的人会有更好的身体状况。未来应开展进一步研究以探讨这一假设。

本研究对患者的康复具有重要意义，特别是经常产生对心脏和血管有害的负面认知和情感的心血管疾病患者，这种情况不仅影响临床治疗效果，而且降低了这些患者的生活质量。患者可以借助可视化的生理反馈、利用自己的性格优势来调节心率和血压。幽默、希望和感恩等优势可以帮助减轻心血管病患者的紧张、焦虑和慢性疼痛（Forster，2012；Ghandeharioun，Azaria，Taylor，& Picard，2016；Lackner，Weiss，Hinghofer-Szalkay，& Papousek，2014）。因此，可视化的生理反馈可作为促进患者康复的有效方法。

当然，本研究有不可避免的局限性。第一，样本的大小和类型有限。整个样本分为高性格优势组和低性格优势组。因此，没有强调具体性格优势（即亲和力、求知欲和自控力）的影响。未来的研究可以招募更多的参与者，并在紧张压力情境下更具体地考察三维度性格优势对压力的防御作用。第二，本研究采用了 TSST 的单一压力任务，后续研究可以采用多次任务以在时间维度上扩展研究结果。第三，其他因素如性别和年龄等需要在未来的研究中考虑。本研究样本量较小，因此没有控制性别和年龄。Allen 等（2017）报告了 TSST 揭示神经生物学应激反应中的性别和年龄差异，因此，还需要进行更多的研究来检查性格优势与压力应激反应之间的中介和调节关系。尽管本研究存在以上局限，但其结果表明具有高性格优势的个体从基线到应激后心血管的快速恢复。这一结果为促进心血管病人的恢复提供了新的视角和方法。这项研究也为后续研究提供了初步的经验证据，即个人的性格优势可以作为一种身心压力的防御因素。

第四章 基于性格优势的干预

第一节 积极心理干预概述

基于对一个多世纪以来心理学研究和治疗的问题视角的反思，马丁·塞利格曼（Martin E. P. Seligman）博士于 1998 年提出了"积极心理学"（Positive Psychology）这一概念，对近 20 年心理学的发展产生了重大影响（Seligman，2002）。积极心理学旨在通过科学的研究方法寻找能够帮助个人、群体和组织理解并获得幸福的有效机制，从而促进个人、群体和组织达到一种丰盈（Flourishing）的状态（Seligman & Csikszentmihalyi，2014）。丰盈是帮助研究者衡量积极情绪、参与、人际关系、意义、成就的重要概念，是指个人有能力通过自身的能动性，使其自身生活在一种积极、幸福的环境中，即便面对威胁和挑战也能适应并获得积极的成长（Fairman，Knapp，& Martin，2005；Fredrickson & Losada，2005）。

随着积极心理学理论的发展，基于其基本原理而开发的干预技术也随之出现。积极心理干预（Positive Psychology Intervention，PPI）正是在这一背景下产生的一系列干预活动的总称，是积极心理学理论转换为心理干预或治疗操作技术的载体。Wellenzohn 等（2016b）研究发现，基于性格优势的干预可以帮助个体提升幸福感，干预效果在 6 个月后的跟踪测试中仍然显著；Meyers 和 van Woerkom（2017）却发现，这种类型的干预效果至多持续一个月。以往的研究发现积极心理干预在提升个体幸福感方面比认知行为疗法更有效（Asgharipoor，Asgharnejad Farid，Arshadi，& Sahebi，2012）；而最近一项研究表明，在积极功能的提升上，二者并没有表现出显著差异（Chaves，Lopez-Gomez，Hervas，& Vazquez，2017）。此外，学者们还发现积极心理干预并非无所不能，例如，一些干预措施在学校（Baños et al.，2017）和企业（Meyers & van

Woerkom，2017）中并不能产生显著效果。

这些不一致的结果使得我们有必要在"积极心理学"提出 20 周年之际，对积极心理干预的主要内容、干预技术及其成效、作用机制、影响因素等方面进行系统归纳和分析，探讨并回答积极心理干预"如何"（How）、"为何"（Why）以及"何时"（When）能起作用这一系列关键性问题。以期为丰富积极心理学理论研究和进一步发展积极心理干预的实践应用提供新思路。

一　定义

目前，主要有"内容取向"和"机制取向"两种方式来理解积极心理干预。

"内容取向"的观点强调积极心理干预的内容和主题。一些学者认为，积极心理干预就是帮助个体发掘、强化和维持人本身及其生命中的"积极资源"（如积极情绪、性格优势、生命的意义等），这种干预方法不是直接针对个体的消极情绪或心理问题而开展的干预或治疗，而是通过发现并强化个体本身所具有的"积极资源"，从而帮助个体改善消极情绪和心理问题（Seligman，Rashid，& Parks，2006）。例如，Seligman、Rashid 和 Park 等（2006）开发的积极心理治疗（Positive Psychotherapy）包含了 14 个帮助患者提升"积极资源"的策略，并通过积极资源的提升来减轻抑郁。然而，"内容取向"过分强调干预的内容，而忽略了对干预结果的要求。好奇心是一种性格优势，但过度好奇会让人觉得聒噪（Niemiec，2013a）；"感恩"也是个体的一种积极资源，但受虐者常常因为"感恩"而忍受暴行（Wood et al.，2016）。显然，增强个体及其生命中"积极资源"的结果并不一定是积极的。"积极"与"消极"是辩证统一的关系，不应将其割裂成对立的两方面，并以此来定义积极心理干预。此外，"内容取向"这一定义过于宽泛，它包含了其他任何不直接针对心理问题开展的活动（如逃避行为）和任何能够使个体感到愉快的活动（如放纵行为），这些活动使个体通过麻痹自己来消解负面情绪、获得快感，但显然不能包含在积极心理干预的范畴之中（Parks & Biswas-Diener，2013）。

"机制取向"则侧重于积极心理干预的机制和干预结果。这一观点认为，通过改变积极变量或者获得积极结果的干预活动就是积极心理干预。例如，基于积极情绪的拓展－建构理论（the Broaden-and-Build Theory）（Fredrickson，2004），积极心理干预可以通过提升积极情绪来帮助个体面对问题和困境；Sin 和 Lyubomirsky（2009）也提出积极心理干预是通过改变积极情绪、积极行为、积极认知等来提升幸福感的干预活动。这一定义比前一种定义更准确，但我们仍然无法确定干预活动最终达成的积极结果是通过可操作的干预手段获得的，还是个体通过其他手段获得的（Lomas，Hefferon，& Ivtzan，2015；Parks & Biswas-Diener，2013）。

在对过往研究回顾和分析的基础上，Parks 和 Biswas-Diener（2013）认为积极心理干预应该同时满足：（1）以强化个体"积极资源"、促进个体自我提升为主要目标，但不包含以放纵或是回避的行为来达成目标的活动；（2）可以被证明是通过积极的干预机制，改变积极变量而达成上述目标的活动，不包括个人自我调适、自助发展而实现自我提升的活动；（3）所设定的目标是具有实证基础的，在设计时应该参考已有研究，明确改变目标变量达成积极效果的路径是可行的。

此外，Lomas 等（2015）认为，积极心理干预很难被定义成某种"纯粹"的干预，它不取决于干预活动本身，而取决于干预的对象。那些经过实证检验的，能够帮助非临床人群提升幸福感的干预活动就是积极心理干预，它所针对的对象是那些受到负面情绪困扰但不愿意进行传统治疗的人群。这一取向为我们理解积极心理干预提供了另一种视角，它不再突出干预活动本身，而是强调其运用的对象和环境。Lomas 等（2015）强调，这一定义并不是要否认积极心理干预在临床领域的运用，积极心理干预可以与传统的心理治疗相结合运用到临床治疗当中。

可以看出，积极心理干预的定义不是在理论驱动下进行的分类尝试，而是研究者们对既往研究和实务经验合理化后提出的定义（Parks & Biswas-Diener，2013）。无论"内容取向"还是"机制取向"，运用单一的视角来理解积极心理干预，失之粗疏。Parks 和 Biswas-Diener 所提出的三个标准兼具包容性和排他性，能够帮助研究者们更加清晰地理解积极心理干预，但需要强调的是，积极心理干预的对象不仅包括健康人群，也包括临床患者；积极心理干预不仅能够帮助个体达到丰盈的状态，还能减少负面情绪，改善心理问题。综上所述，我们认为，积极心理干预是一种以明确干预路径可行性为前提，以强化个体"积极资源"为目标，以改变积极变量为手段，为有需要的人群提供的心理干预方法。

二　基本策略

通过过去 20 年的研究和实践，积极心理干预已形成了四大基本干预策略，即认识和运用积极特质、感知和欣赏积极体验、训练和养成积极思维、建立和维持积极关系。这些策略不仅能够促进积极情绪、积极认知和积极行为的提升和发展，还能帮助参与者减少负面情绪，改善心理问题。

（一）认识和运用积极特质

积极的人格特质是积极心理学研究的三大主题之一，是指个人性格中的优势、个人的兴趣、天赋、价值观等（Peterson，2006a）。Peterson 和 Seligman 等人提出的 24 种积极特质，即性格优势（Character Strengths）是积极特质研究的主要内容（Peterson & Seligman，2004）。

基于性格优势的干预（Character Strengths-based Intervention）是一种个性化的干预策略，也是目前为止积极心理干预领域运用最为广泛的一种方式。参与者可以根据自己的突出优势开展相对应的活动。Martínez-Martí 等（2014）针对"对美和卓越的欣赏"这一优势设计了为期 3 周的在线课程，包括美丽日记（Beautiful Journal）、美丽意识（Beauty Awareness）、美丽作品（Beauty Portfolio）、分享论坛（Forum）等，旨在帮助参与者提升对"美"的感知、了解"美"的作用、提升美学态度、接触美的事物，从而提升幸福感。Wellenzohn 等（2016b）设计了基于"幽默"的干预方案，包括收集有趣的事、运用幽默、以幽默应对压力等。

在这一系列干预中，普遍采用了"认识－探索－运用"模型（Aware-Explore-Apply Model）（Niemiec，2013b），这是最常被采用的模型之一（Walsh，Cassidy，& Priebe，2017）。"认识优势"阶段的主要干预内容是，帮助参与者建立他们对性格优势的普遍认识。这个阶段的前提假设是，大多数人对自己的性格优势没有很深刻的认识，而人们可以从更高水平的优势意识中获益。在此阶段，可以首先通过问卷测量使参与者获得对自身性格优势的了解，这也可以成为干预者和干预对象首次会面时进行分享交流的良好话题。目前有多种量表可用以测量性格优势，如 VIA 优势问卷、中国人长处问卷、三维度性格优势量表、简明优势量表等（Duan & Bu，2017a；Duan，Ho et al.，2012；Duan et al.，2013；Ho et al.，2016；Peterson & Seligman，2004）。参与者在完成性格优势量表之后，可以计算其每种性格优势的得分，得分最高的优势就是自己的突出优势（Signature Strengths）（Peterson & Seligman，2004）。想象自己最好的状态（Best Possible Self）（Niemiec，2013）是另一个帮助干预对象认识自己优势的练习。干预对象被要求回想自己最近或过去的一些成功经历，然后写下来或讲述他的故事，并说出他们在其中使用的性格优势。优势评价（Strengths 360°）（Shankland & Rosset，2017）可以帮助干预对象获得他人对自己的评价。干预对象根据已给出的 24 种性格优势，邀请五个不同的人（同学、朋友等）来识别其中干预对象所具有的优势，要求每个人给出的优势要不同于其他人。指导语：请邀请五个不同的人来评价你的性格优势。如果他们不了解什么是性格优势，请先向他们解释性格优势的内涵。所邀请的五个人不能给出同样的答案，如果有重复，请邀请他重新指出一个优势，或者重新邀请一位作答。他人对你的评价与你自己对自己的认知一致吗？如果不一致，你觉得是为什么呢？在这个阶段干预对象需要思考和明确的问题是：你擅长什么？人们最称赞你的品质是什么？在你的优势报告上，最能引起你共鸣的是什么优势？

"探索优势"阶段包括探究干预对象过去及当前的优势使用情况与未来如何使用潜在优势。干预者需要在提问的过程中运用自己的好奇心，并且从更广的角度来看待干预对象的生活、当前的问题和未来的目标，其目的是帮助干预对象挖掘他们已经在家庭、工作及其他各类社交场合中所使用的优势、可能使用的更多优势以及使用何种优势以避免现有优势的过度使用。在这一阶段，可以引导干预对象回顾：在过去的经历中，我是如何使用我的优势的？在日常生活中，我是如何使用我的优势的？在我感觉最好的时候，我是如何运用我的优势的？当我表现出我的优势时，我是怎么样的？当我感到压力和沮丧时，我是如何运用我的优势的？当我太少表现我的优势时会发生什么？通常什么时候会发生上述情况？当我过度表现我的优势时会发生什么？通常什么时候会发生上述情况？

优势为我和其他人带来了什么好处？观察他人的优势（Strengths Spotting）（Niemiec，2013b）可以帮助干预对象加深对优势的识别。团体辅导中可以将干预对象分成小组，相互分享自己的成功故事，在分享过程中其他组员需要仔细倾听，并识别出分享者的优势，最后对分享者的优势进行赞美。

"运用优势"阶段是从思考转变为行动的阶段，涉及帮助干预对象利用他们的性格优势来实现他们的目标或制定计划，并在他们的日常生活中更多地使用优势。该阶段不仅着重于采取行动，还注重保持成功。想象自己最好的状态（Best Possible Self）（Niemiec，2013a）也可以在这一阶段加以运用。此阶段内，干预对象需要思考和明晰的问题是：你是想要强化你的突出优势，还是弥补不突出的优势，或是培养某一种优势？在你的优势使用中，你是否需要平衡过度使用和过少使用某种优势？你如何利用你的优势来实现你的目标？干预对象需要学会如何在日常生活中使用自己的优势（Use Your Strengths in a New Way），并通过不断练习来提升幸福感（Peterson & Seligman，2004；Seligman et al.，2005）。具体来说，就是鼓励干预对象在日常生活中运用不同的方法来使用自己的优势。最后，干预对象需要了解，运用优势是一个持续的过程，上述阶段都是随着时间的推移而不断重复的。在干预结束之后，仍需要干预对象坚持练习，将其变成自己的一种习惯，这是培养性格优势和保持优势使用的关键。如果没有持续有意识地思考和使用自己的优势，可能就会导致已经培养的优势逐渐弱化，从而优势带来的积极效果也很可能会停滞甚至恢复到过往水平。

此外，新近研究将基于性格优势的干预与传统干预模型相结合。例如，Niemiec 将性格优势与正念干预相结合，通过正念的方式提高个体对自身性格优势的意识，同时通过性格优势提升个体的正念水平（Niemiec，2013a）；Duan 和 Bu 将性格优势、认知行为疗法、单一干预模型（Single Session Model）相结合，用于快速提升大学新生的入学适应性（Duan & Bu，2017b）。本章后半部分将着重讨论这些内容。

（二）感知和欣赏积极体验

有价值的主观体验是积极心理学研究的另一支柱，包括了愉悦感、主观幸福感、最优的体验、乐观、自我决定、积极情绪和身体健康的关系等（Seligman & Csikszentmihalyi，2014）。积极的情绪体验不仅包括能使个体内在达到平衡的基本愉悦感（Pleasures，如生存需求、健康需求、性需求的满足），还包括个体突破自我极限和内在平衡而取得发展时的愉悦感（Enjoyment，如体育、艺术活动中的自我超越，利他行为和激励人心的谈话），后者能够使个体获得积极的成长和长久的幸福感（Seligman & Csikszentmihalyi，2014）。积极心理干预策略通过感恩、品味等方式帮助个体感知和体验积极情绪（Davis et al.，2016；Wellenzohn，Proyer，& Ruch，2016a）；通过帮助个体开展相关活动，获得心流体验，从而提升积极情绪和幸福感（Drozd，Mork，Nielsen，Raeder，& Bjørkli，2014；Layous，Katherine Nelson，& Lyubomirsky，2013）。

感恩是积极体验的重要元素，个体通过感知和欣赏世界、主动地回馈世界来获得感恩的体验。感恩的策略通常包括帮助个体觉察到自己是受馈者并记录下值得感恩的事情（感恩清单、感恩日记）、向他人表达感恩（感谢信、感恩拜访）以及心理教育领域的感恩活动（感恩图、感恩树）（Davis et al.，2016；Shankland & Rosset，2017）。感恩的练习能够帮助个体获得积极情绪，提升幸福感，并减少负面情绪（Davis et al.，2016）。"三件好事"（Three Good Things，每天记录下生活中的三件好事及其发生的原因）也是一种与感恩相关的练习（Parks & Biswas-Diener，2013）。感恩和"三件好事"练习是最常被采用的积极心理干预策略（Walsh et al.，2017）。

心流（Flow）是一种人在全身心投入一项活动时达到的最愉快的巅峰体验。当个体在进行一项有明确目标的挑战性活动，并且个人技能和挑战之间匹配适当时，个体就会产生"心流"的体验（Csikszentmihalyi，1990；Mao，Roberts，Pagliaro，Csikszentmihalyi，& Bonaiuto，2016）。个体不仅享受这个时刻，而且可以通过学习新技能、增强自我效能来提升个人能力，发掘潜力（Mao et al.，2016）。心流的特点包括行动与意识的融合、时间的扩展、忘我的状态、内在的驱动、完全集中的注意力等（Csikszentmihalyi，1990；Mao et al.，2016）。积极心理干预通过帮助个体寻找、计划并实施与心流相关的活动，如想象并写下"最好的自己"以及实现它的详细计划和步骤，从而促进个体获得心流的体验、提升幸福感（Drozd et al.，2014；Layous et al.，2013）。

品味（Savoring）是一种操控自身的注意力以关注、产生、欣赏积极情绪的能力，个体通过品味积极的回忆来唤起积极情绪，从而提升幸福感和生活满意度，减轻焦虑和抑郁（何敏贤、袁雅仪、段文杰，2014）。品味与正念干预不同之处在于，正念强调对当下的觉察，无论当下的体验是愉悦还是不愉悦的；而品味在于把注意力放在积极体验上，通过有意识的认知加工来提升愉悦感和幸福感，并使其得以持续（Niemiec，2013a）。品味包含三个基本过程：品味体验（意识到有关的刺激、事件、情绪、情感等）、品味过程（对意识到的刺激进行加工处理的生理和心理过程）、品味策略（个体采取行动和策略来维持和强化积极体验）（何敏贤等，2014；Bryant，Chadwick，& Kluwe，2011）。积极心理干预通常帮助参与者制定品味计划，来获得积极体验。例如，鼓励参与者每天花点时间回顾和记录我们习以为常的事情（如吃饭、洗澡、上课等），思考认真记录和匆匆度过相比有什么不一样的感受等（Rashid，2015；Seligman et al.，2006；Walsh et al.，2017）。

除了直接的感知和欣赏之外，自然环境也会对个体的积极体验产生影响，例如，宜人的气候能够改善情绪、拓展认知（Keller et al.，2016），因此个体与自然的联结能帮助个体在身心灵各个方面获得积极体验，促进个体达到丰盈的状态。人类对自然的依赖使自然成为人类幸福感的必要成分；自然环境还能帮助个体恢复注意力、减轻压力（Capaldi，Passmore，Nisbet，Zelenski，& Dopko，2015），因此增强个体与自然的联结也是积极心理干预的一种手段。基于自然的积极心理干预鼓励参与者开展和进行与自然相关的活动，例如，在 30 天内每天至少花 30 分钟在户外或自然环境中，聆听自然的声音、进行冥想、观察野生动物等（Hamann & Ivtzan，2016）；参与者也被鼓励拍摄自然美景，上传到公共空间并相互交流（Hamann & Ivtzan，2016；Passmore & Holder，2017）。

（三）训练和养成积极思维

积极思维是指一个人对未来抱着积极的期望，并且他所采取的行动会受到他对这些行为可能后果的预期的影响，那些看到预期结果的人通过自身的努力去争取期望中的结果，尽管他们在这一过程中会遇到困难（Scheier & Carver，1993），典型的积极思维有希望和乐观。积极心理干预策略帮助个体养成积极的思维方式，从积极的视角探索并实现目标（如希望疗法），用积极的信念促进最优的功能（如幸福疗法）。

希望疗法（Hope Therapy）是由积极心理学家施耐德（Snyder）等人提出的"希望理论"发展而来的一系列干预方法，该理论认为"希望"是一种目标导向的积极思维策略，包括目标思维（Goal Thinking）、动力思维（Agency Thinking）与路径思维（Pathway Thinking）三个部分（何敏贤等，2014；Snyder et al.，2002）。希望疗法的过程通常包括两个阶段——灌注希望和提升希望。在灌注希望的阶段，首先要帮助个体理解希望的内涵，从积极的视角回顾自己的经历，关注自己所获得的成就，使其明白希望感是贯穿生命始终的，并在回顾的过程中帮助个体形成"目标"的概念，探索和明晰自己所追求的目标；在提升希望的阶段，帮助个体寻找能够通向目标的方法和路径，尤其是当个体面临挑战时克服困难的方法，并增强个体的动力思维来增强其实现目标的动机（何敏贤等，2014；Goodall & Berman，1999；Keyes & Lopez，2002；Snyder，2000；Snyder et al.，2002）。目前，希望理论和希望疗法已经得到了广泛的研究和运用。刘孟超和黄希庭（2013）概括总结了希望与学业成绩、心理健康、生理健康、人力资源管理、物质滥用治疗之间的联系和作用。谢丹等（2016）详述了希望思维在改善身心症状、帮助行为矫正、维护心理健康、促进个体适应、激发个人成长等临床与实践领域的应用。希望疗法是一种适用范围广泛、干预方法简单、既可作为独立干预系统也能与传统心理治疗相融合的积极心理干预策略。

幸福疗法（Well-being Therapy，WBT）是以 Ryff（1989）提出的心理幸福感的多维度模型（包括个体对环境的掌握、个人的成长、生活的目的、自决、自我接纳以及与他人的积极关系）为干预内容发展起来的一种短期的积极心理干预策略（Fava，2016）。Fava（2016）将幸福疗法概括成三个阶段。（1）初期：帮助参与者选择体验到最佳幸福感的情境。（2）中期：鼓励参与者识别导致幸福感中断的想法和信念。这一阶段是干预的核心阶段，其目的在于改变个体对幸福的信念和态度，促进个人成长，强化积极行为。（3）末期：讨论和修正参与者影响幸福感维度的想法和信念。幸福疗法所采用的技术与认知行为疗法相近，主要包括认知重组、安排愉快的活动、分级分配任务、自信训练、解决问题以提高参与者的自决能力和环境掌控能力以及增加乐观和积极思维，其与认知行为疗法的主要区别在于幸福疗法的重点是增强幸福感并促进最优的功能，而不仅仅是减轻痛苦。幸福疗法可以被独立运用，也可以与传统的认知行为疗法相结合；在严重精神障碍的治疗中，幸福疗法作为中后期的一种治疗技术更为有效；此外，幸福疗法不仅可以用于个体的治疗，也可以用于团体辅导（Fava，2016）。

（四）建立和维持积极关系

积极关系是幸福感的一大支柱，积极关系包括社会融合感、支持他人以及被他人支持，积极关系能够带来更高的生活满意度、希望、感恩和灵性（Kern，Waters，Adler，& White，2015）。积极心理干预策略通过鼓励参与者与他人积极地互动（如利他行为）、积极地沟通（如积极回应）来帮助参与者建立和维持积极的关系。

"善良行为"（Acts of Kindness/Counting Kindness）是一种鼓励和引导参与者发现和识别需要帮助的人，并采取利他行为的积极干预策略。作为社会性动物，人类拥有一系列的心理机制激励我们去帮助别人。善良行为能够促进个体采取更多亲社会行为，进而促进幸福感的提升（Layous，Nelson，Kurtz，& Lyubomirsky，2017）。善良行为形式多样，帮助他人开门、帮忙照看小孩、慈善捐助、志愿服务等都可以作为一种帮助个体提升幸福感的积极活动（Parks & Biswas-Diener，2013）。

"积极回应"（Active Constructive Responding）是指积极地、有建设性地回应他人。我们如何回应他人对人际关系的质量和个人的幸福感有很大的影响，因此积极回应能够促进人际沟通，改善人际关系。例如，一项在学校中开展的积极干预项目——"没有'但是'的一天"（But Free day），要求老师和学生以积极的、主动的方式对他人做出回应，不能在言语之间表达或者暗含否定的意味（Peterson，2013；Shankland & Rosset，2017）。积极心理干预鼓励参与者每天至少练习一次积极回应，对他人有意义或者重要的信息表示热情和支持（Rashid，2015；Seligman et al.，2006；Walsh et al.，2017）。

三　作用机制

对现有实证研究进行归纳总结，发现目前积极心理干预的作用机制主要包括认知行为理论、拓展－建构理论、自我决定理论和神经生理机制。

（一）认知行为理论

认知行为理论的基本信念是：思想扭曲和不适应行为在心理障碍的发展和维护中起着重要作用，帮助服务对象改变不良的认知（如思想、信念和态度），发展持久的技能，促进行为改变，可以减少症状和相关的痛苦（Beck，1993）。认知行为理论为积极心理干预的作用机制提供了一种解释。例如，基于性格优势的积极心理干预模型，即"认识－探索－运用"模型反映了认知重构、学习技巧、运用训练等认知行为疗法的核心过程，认知重组、设定目标和安排愉快活动等认知行为疗法的技巧也被用在积极心理干预的过程中。

例如，Duan 和 Bu（2017b）针对大学新生适应问题设计了一次 90 分钟的单一小组干预，辅之以一周的自主活动。这一干预更加清晰地将认知阶段和行为阶段进行了划分：认知阶段主要是一节 90 分钟的干预课程，侧重于帮助学生认识自身性格优势，运用的策略包括认识优势（Identifying Character Strengths）、请他人评价自己的优势（Character Strengths 360°）、突出优势（Signature Character Strengths）、制定目标（Nominate Goals）；一周的自主活动是行为阶段，侧重于运用优势达成目标。这一干预过程将认知行为疗法的技巧（如认知重组、学习技巧、设定目标、安排愉快活动等）和积极心理干预策略相结合，通过提升优势意识和优势使用来达到减少负面情绪、提升幸福感的作用。

（二）拓展－建构理论

美国心理学家 Fredrickson 通过拓展－建构理论（the Broaden-and-Build Theory）来解释积极情绪在积极心理干预中的重要性及其运作机制。她认为，积极情绪体验（快乐、满足、骄傲、爱等）具有瞬时的拓展功能，能帮助个体拓展其注意、认知、行动的范围，从而建构起可持续到未来的特质（高正亮、童辉杰，2010；Fredrickson，2004）。因此，积极心理干预的作用机制在于通过提升个体的积极情绪帮助个体拓展认知和行动，建构资源，从而良好地应对困境，而对困境的良好应对又能进一步产生积极情绪，这是一种"螺旋式"的上升（高正亮、童辉杰，2010），最终帮助个体达到丰盈的状态。Fredrickson 提出，通过积极情绪拓展注意、认知、行动能够帮助个体缓解负面情绪、增强心理韧性，从而促进组织良好地运转（Fredrickson，2016）。此外，研究表明个体的心理韧性通过积极情绪影响丰盈感和压力水平（Denovan & Macaskill，2017）；性格优势通过积极情绪影响员工的生活满意度、工作参与度和倦怠感（Meyers & van Woerkom，2017）。可以看出，积极情绪在积极心理干预发挥作用的过程中扮演着重要的角色，这一理论也是"机制取向"的积极心理干预的重要理论基础。

Fredrickson 等（2008）设计了一组爱与善良冥想训练（Loving-and-Kindness Meditation，LKM）。LKM 要求参与者在一个相对安静的环境中，闭上双眼，席地而坐，首先将注意力放置到呼吸上，接下来依次进行关于自己、所爱之人、他人与陌生人的爱与善良的冥想。不同于非评判的正念冥想，LKM 直接指向积极情绪，参与者在将积极情绪从自身延伸到一个不断扩大的圈子（他人、陌生人）的过程中，其认知也得到了拓展。随机对照试验的结果显示，爱与善良冥想练习使参与者在日常生活中获得了更持久的积极情绪体验，进而使个人的积极资源（如正念、生活的目的、社会支持等）得到了提升。这些个人资源的增加也预示着生活满意度的提高和抑郁症状的减轻。

（三）自我决定理论

自我决定理论（Self-Determination Theory，SDT）为积极心理干预的有效性提供了另一种解释。自我决定理论提出了三个人类最基本的心理需求，即胜任（Competence）需求、自主（Autonomy）需求和归属（Relatedness）需求。胜任需求是个体有能力达成目标的需求；自主需求是个体把自己看作行为源头的需求；归属需求是个体对频繁和持久的关心的需求。自我决定理论假设人在充满安全感和归属感的环境中，内在动机更有可能被激发，并产生探索性的行为（Britton，Williams，& Conner，2008；Ryan & Deci，2000）。如果这三者能够得到满足，则会促进个体的幸福和健康（Chirkov，Ryan，Kim，& Kaplan，2003）。这些需求是与生俱来的，不需要经过后天的学习。积极心理干预通过一系列干预活动帮助个体满足心理需求，激发内在的自我动机（Self-motivation），从而促进个性整合（Personality-Integration），提升幸福感。因此，内在需求的满足，是积极心理干预发生作用的重要机制。基于自我决定理论的干预技巧包括自主的支持（如促进自我认同、尊重兴趣和选择、避免控制等）、结构化（如制定目标、将目标与个人能力结合、即时反馈获得的进步等）、参与（如同理心、情感披露等）（Silva, Marques, & Teixeira, 2014）。

Farmer、Allsopp 和 Ferron（2014）针对患有学习障碍和多动症的大学生的需要设计了"个人优势训练"（Personal Strengths Program, PSP）项目。这一项目将基于自我决定理论的干预技巧和积极心理干预相结合，为干预对象提供了 8 次干预课程。干预主题为：自我意识、性格优势（2次）、学习优势（2次）、自信地交流与沟通技巧、合理处理反馈、一般化与维持。PSP 项目通过一对一面谈来帮助学生识别他们自身的性格优势，并在学习过程中使用他们的突出优势来达到与学业表现相关的目标。每次干预遵循相同的流程：设定目标、制定计划、监测进展、反思进步。在面谈过程中，指导者主要采用开放式的询问技巧引导学生学会选择合适的策略并反思自己的想法。学生会被询问"你达成上周的目标了吗？你本周的目标是什么？你将使用什么优势来实现自己的目标？你如何得知自己已经达成了目标"等问题。学生在识别自身的突出优势并选择个性化的活动过程中满足了自主需求；在运用突出优势达成目标的过程中满足了胜任需求；在指导者和学生问答的互动过程中，开放式的询问技巧、对学生的自我效能感的支持、良好的治疗关系满足了学生的归属需求。

（四）神经生理机制

生物心理学、认知神经科学等领域的理论和研究结果为积极心理干预产生作用的生理机制提供了多种解释。脑成像研究表明，大脑皮层（如眼窝前额皮质、扣带皮层、前额叶皮层）是与愉悦感、幸福感相关的关键区域（Funahashi, 2011；Machado & Cantilino, 2016），而个体的性格和气质与大脑皮层的激活有关（Cloninger et al. , 1993；Machado & Cantilino, 2016），因此，积极心理干预的策略能够激活大脑相关区域，从而提升幸福感。

皮质醇是一种和压力相关的激素，创伤和压力事件会提升皮质醇分泌的水平和持续时长（Gropper, Smith, & Groff, 2009）。同时，皮质醇分泌水平也被认为是一项预测幸福感的指标，与心理健康、生活满意度、积极情绪、知觉到的社会支持等积极功能呈显著负相关，皮质醇水平越低，个体积极功能越高（Rickard，Chin，& Vella-Brodrick，2016）。性格优势是一种压力防御因素，能够帮助个体在生理和心理上适应压力（Li，Duan，& Guo，2017），从而减少皮质醇分泌，以提升幸福感。

Kini 等（2016）招募了一批寻求心理咨询的案主作为被试，一组被试在每次咨询之后，进行感谢信写作，每次写作 20 分钟，连续三周；另有一组进行普通的心理治疗，并在每次咨询后书写生活中所感受到的压力事件和时期。三个月之后，两组被试参与一项"金钱传递"的游戏并接受核磁共振扫描。在游戏中，被试作为受益人可以获得 1～20 美元的捐助，同时被试会被告知捐助者是一个真实的人而不是电脑，而实际上捐赠是由电脑决定的。之后，被试会得到另一名受益人的信息，被试可以自行决定与另一名受益人分享其获得的捐助的比例。被试会被告知捐助人并不想要回钱，但是如果被试想要表示感谢，可以将金额与他人分享。分享金额的比例和自我报告式的感恩量表被用来量化感恩的程度。

游戏反复进行 5 次，游戏过程中会通过核磁共振对被试的大脑进行扫描。结果显示，感恩表达通常与大脑顶叶和外侧前额叶皮质的活动有关，感恩信写作也与这些区域中更高水平、更持久的神经敏感度显著相关，这就意味着参加感谢信书写组的被试的感恩行为增加，在感恩的激发下，被试内侧前额叶皮质中表现出更高水平的神经调节，从而使得被试的临床结果（如焦虑、抑郁）有极大的改善。

四　起作用的基本条件

Kopetzky（2013）基于以往的理论和实证研究，提出了积极活动模型（the Positive-Activity Model），旨在解释"如何"使积极的活动帮助人们获得幸福感。积极心理干预的一系列活动通过积极情绪、积极思维、积极行为和需求满足促进和提升幸福感。活动的特征、个体的特征和文化背景因素都影响了干预的效果。

活动的特征包括干预的频率和时间点、干预内容的多样性和连续性，参与者获得的社会支持等（Kopetzky，2013）。过往研究表明，过度地进行"感恩日记"练习，会让参与者感到冗余而失去兴趣，每周进行一次效果最佳（Lyubomirsky，Sheldon，& Schkade，2005）；而每天坚持"三件好事"能够有效、持久地提升幸福感，减少抑郁情绪（Seligman et al.，2005）。"三件好事"与"感恩日记"的区别在于，"三件好事"关注的是当天发生的事情，每天都会经历各种各样的事件，而"感恩日记"主要是回顾过往发生的值得感恩的事件，如果太频繁地记录，容易出现重复，导致参与者失去兴趣。此外，社会支持调节了个体积极心理优势对其主观幸福感的影响（Khan & Husain，2010）。

个体的特征包括个人参与活动的需求及其配合程度、参与者的个性及其情绪特质等。具有较强参与意愿的参与者、希望变得更幸福的参与者往往对干预活动的投入更多，从而获得更多的积极体验。例如，前文提到，Baños 等（2017）发现并非所有的积极心理干预在学校情境中都能产生显著的效果，未能产生显著效果，可能是由于学生被动参与到积极心理干预中，将其视为不得不完成的任务，参与动机不强，活动的执行也可能是敷衍，从而影响了干预的效果。Meyers、van Woerkom 和 Bakker（2013）也总结道：积极心理干预的有效性受到员工心理资本、个体负面情绪特质等多种因素的影响。

最优的个体与活动的匹配状态（Person-Activity Fit）也影响着幸福感的提升（Kopetzky，2013）。例如，Baños 等（2017）提出，对青少年进行在线干预时，比起电脑操作，通过手机进行干预更加适合，因为他们对手机的使用频率远远高于电脑；当个人在运用某项技能进行挑战活动时，只有挑战和技能都很高并且相互平衡，个人才会产生"心流"的体验（Csikszentmihalyi，1990；Mao et al.，2016）。

文化背景是一个不能忽视的因素。东方文化强调集体主义，这使得东方文化中，如中国人，他们的幸福感不仅仅取决于他们自身，还存在"他人取向"（Other-Oriented）（Ho，Duan，& Tang，2014）。因此，强调参与者与他人关系的策略，例如，感恩、善良等，更能够帮助中国人提升幸福感（D'raven & Pasha-Zaidi，2014）。尽管积极心理学的研究和干预已经在不同国家（如中国、英国、印度）（何敏贤等，2014；Eades & Gray，2017；Marujo & Neto，2016；Singh，Junnarkar，& Kaur，2016）和不同领域（如学校、临床、组织）（Macaskill，2016；Meyers et al.，2013；Shankland & Rosset，2017）中开展，但西方国家的研究和运用远比在其他国家和地区多，因此，积极心理干预的跨文化和跨群体的有效性仍然是值得研究的问题。此外，人口统计学因素（性别、年龄等）也影响着积极心理干预的效果（Layous & Lyubomirsky，2014）。

五　总体评价与未来发展方向

十年之前，积极心理学家们提出了疑问："积极心理学会有未来吗？"十年之后，我们可以看到，积极心理学不仅成为一个独立的学科派别，其研究成果还广泛地被其他心理学流派吸收和采纳（Linley，2017）。积极心理学和传统心理学既有联系又有区别。积极心理学并非要替代传统心理学，它与传统心理学共同构成了一枚硬币的两面。而相比传统的心理干预，基于积极心理学基本原理而开发的积极心理干预，面向对象、目标结果、接受性更广泛；同时，有学者认为积极心理干预还具有见效快、成本低、能够避免污名化（D'raven & Pasha-Zaidi，2014；Lambert D'raven，Moliver，& Thompson，2015）等优势。因此，积极心理干预不是新瓶装旧酒，而是建构在对问题视角的反思上，基于被实证检验过的知识而形成的一系列新的心理干预策略，是心理学在辩证的发展中所开出的新花。

未来在开展积极心理干预的研究和实践中应当注意以下问题。

首先，未来研究中需要开展严格的随机对照组实验（Randomized Controlled Trial）。目前，许多积极心理干预仅仅是初步的研究，缺乏对照组、安慰剂效应组等来检验其有效性。例如，Flink 等（2015）对慢性病患者开展了为期 7 周的积极心理干预。干预策略包括三件好事、品味、想象自己最好的状态等练习。干预仅仅对参与者进行了前测、后测和三个月后的跟踪测试，并没有设置对照组和安慰剂效应组。

其次，上文中提到的 Duan 和 Bu（2017b）开展的干预以及 Farmer 等（2014）开展的干预，都采用了认识和使用性格优势这一策略，但二者分别与认知行为疗法、自我决定理论两种不同的模型相结合。未来的研究还需将干预策略与理论模型结合起来检验，探索同一策略与不同模型相结合时，其效果是否存在差别，何种模型更为有效。

最后，Sin 和 Lyubomirsky（2009）对 49 个通过积极心理干预提升幸福感的研究和 25 个通过积极心理干预减少抑郁情绪的研究进行了元分析，结果发现积极心理干预能够有效提升幸福感、减少抑郁情绪，干预具有中等效应。然而，Bolier 等（2013）对 19 个通过积极心理干预提升主观幸福感（Subject Well-being）和心理幸福感（Psychological Well-being）、减少抑郁情绪的研究进行了元分析，结果表明尽管干预效应显著，但效应量很小。因此，未来研究还需要对已有研究进行更多的元分析，检验效应值大小，以确定不同的积极心理干预结果在强度和方向上的差异。此外，未来研究还应当寻找"人－环境－方法"的最佳匹配性。针对不同的干预对象（如临床患者与健康人群）、不同的文化背景（如东西方文化背景）、不同的环境（如学校、企业），寻找最为适切的干预手段。

发展方向上，未来的研究应当注意将内容取向与机制取向相结合，将独立运用与整合运用相结合，将效度原则与经济成本相结合。首先，将内容取向与机制取向相结合要求研究者和实务工作者在设计积极心理干预的过程中，以明确干预路径可行性为前提，以强化个体积极资源为目标，以改变积极变量为手段，选择和设计具有"人－环境－方法"最佳匹配性的干预策略，为有需要的人群提供积极心理干预，帮助个体达到丰盈的状态。值得注意的是，盲目地强调"积极"，一味地促进个体的积极资源并不是最有效的途径，相反地，还会带来负面影响。Hervás（2017）指出，积极情绪对于幸福感的促进作用是呈倒 U 形的，高强度和低强度的积极情绪都无益于幸福感。未来在研究和实践中应当注意把握适度原则，避免出现"日中则昃，月满则亏"的问题。

其次，将独立运用与整合运用相结合，能够充分发挥积极心理干预的灵活性和可操作性。如前文所述，积极心理干预既可以独立地运用（如希望疗法、幸福疗法等），也可以和其他心理治疗方法相结合（如认知行为疗法、正念等）；可以将积极心理干预的策略整合，根据对象的不同特点开展干预，例如，包含 14 种策略的积极心理治疗和包含 6 种策略的简短积极心理治疗；还可以通过网络平台实施干预（Rashid，2015；Seligman et al.，2006；Walsh et al.，2017；Woodworth，O'Brien-Malone，Diamond，& Schüz，2017）。尽管这些都体现了积极心理干预的灵活性和可操作性，研究者和实务工作者还需要重视干预可及性的问题。Hone 等（2015）通过回顾和总结，发现积极心理干预具有较高的流失率，在报告的干预中，其平均流失率达到 57%，意味着超过半数的参与者没能完成所有的干预活动。这部分流失的参与者为何流失，他们具有怎样的特征，是因为参与意愿低还是因为干预活动设计不合理，未来的研究应当考虑这方面的问题。

最后，将效度原则与经济成本相结合，需要干预设计者考虑积极心理干预在现实环境中实施时，其效果的持续性以及积极干预的成本。积极心理干预作为一种简短的干预策略，能够快速而有效地帮助参与者提升幸福感，减少负面情绪。Seligman 等人提出，积极心理干预的干预周期越长，干预的效果越好（Seligman et al.，2005）。而近来的研究表明，无论是单一的、短期的，还是较长周期的干预都具有显著的即时和短期效果（Duan & Bu，2017b；Meyers & van Woerkom，2017；Proyer，Gander，Wellenzohn，& Ruch，2016）。然而，蜜月式的干预之后，这一效果是否能够维持，能维持多久，当前的研究尚难以解答。因为多数的研究并未进行长期的跟踪测试，仅有少部分研究进行了 6 个月以上的跟踪测试（Hone et al.，2015），再加上高流失率的影响，干预的长期效果难以保证。前文中提到，有学者认为积极心理干预具有成本低的优势，然而这些所谓的低成本操作，往往是在实验条件下进行的小规模操作。目前极少有研究者报告干预的成本和详细的开支（Hone et al.，2015）。当积极心理干预运用到大规模的人群（如公司、学校、社区）中，成为积极干预项目时，活动设计者和政策制定者就不得不将实施成本纳入考量标准。

本书通过对积极心理干预的定义及其主要策略（即干预的核心要素）、干预的成效及其机制（即干预的中介因素）、干预起作用的基本条件（即影响干预效果的因素）等方面进行梳理，探讨并回答了积极心理干预如何起作用、为何起作用以及何时起作用这一系列关键问题，明晰了积极心理干预的独特性、有效性、科学性，并为未来的研究和应用提供了新的思路和参考。积极心理学发展至今，尽管成果丰硕，但可以看出，积极心理干预仍缺乏一个坚实的理论基础和基本假设，目前积极心理学也尚未形成一套完善的理论体系以整合所有形式的积极心理干预。未来积极心理学应当与更多相关学科进行充分有效的对话和合作（彭凯平、窦东徽、刘肖岑，2011；Deci & Vansteenkiste，2004；Lopez et al.，2012），以丰富和深化其理论，从而展开更加科学有效的应用。

第二节　性格优势干预的基础模型

在大学期间，学生们面临着各种各样的压力，包括学业失败、人际交往障碍、应对挫折、找工作以及其他社会问题。这些压力会对学生的心理健康产生重大影响。近期，一项覆盖25所大学的大型调查发现，中国学生精神疾病的平均患病率从5%到7%不等，在一些大学中，相应的比例甚至高达14%（Sun，2012）。高幸福感与更好的学业表现相辅相成（Seligman et al.，2009），因此需要培养或提高学生尽管经历挫折但仍能保持快乐的能力。

本科生的大部分时间都在大学里，他们的日常交流和大学环境都与他们的幸福密切相关（Seligman et al.，2009）。因此，大学也可以被认为是促进人类和社会发展的地方（Seligman & Csikszentmihalyi，2000）。与此同时，21世纪的教育开始提倡多种新概念，如新技术、新教学、跨学科课程、开放学习等（Macdonald & Hursh，2006；Wyn，2007）。上述新概念有一个共同的核心目标，即通过培养社会、情感、道德和智力发展来促进学生全面发展（Cain & Carnellor，2008；Palmer，2003）。人们普遍认为，大学在培养年青一代的福祉方面扮演着越来越重要的角色。

一些早期的研究已经证明了学校举措在减轻或管理负面心理症状方面的有效性。Kendall（1994）开发了"Coping Cat"技术来防止学生产生焦虑感；Meichenbaum和Deffenbacher（1988）建立了"Stress Inoculation Training"训练，以增强学生对压力环境的抵抗力；宾夕法尼亚的抗逆力计划（Penn Resiliency Program）被用来预防抑郁症，并促进乐观（Gillham et al.，2007；Gillham，Reivich，Jaycox，& Seligman，1995）；此外，另一个名为"PATHS课程"的计划是为了促进社会能力和防止攻击性行为（Kam，Greenberg，& Walls，2003）。尽管大量的研究表明这些项目在减少消极行为或消极状态方面是有效的，但是没有一个专注于提高幸福感。

随着积极心理学的蓬勃发展，更多的科学研究通过建立个人的优势和美德来促进丰盈（Gable & Haidt，2005）。这一领域包含从专注于修复负面影响到提升生活中的积极功能（Seligman & Csikszentmihalyi，2000）。在教育背景下建立了一系列积极心理学的干预措施，主要强调以下五个方面（Waters，2011）：培养希望（Green，Grant，& Rynsaardt，2007；Marques，Lopez，& Pais-Ribeiro，2011），培养感恩（Froh，Kashdan，Ozimkowski，& Miller，2009；Froh，Sefick，& Emmons，2008），培养平静（Broderick & StacieMetz，2009；Huppert & Johnson，2010），发展韧性（Humphrey，2008；Seligman et al.，2009），以及发展性格优势（Character Strengths）（Park et al.，2004；Peterson et al.，2006；Seligman & Csikszentmihalyi，2000；Seligman et al.，2009；Seligman et al.，2005；Wood et al.，2011）。这些项目旨在培养积极的情感、行为或认知。Sin 和 Lyubomirsky（2009）将这些项目定义为积极心理学干预（Positive Psychology Interventions，PPIs），其中包括五个有利因素（即积极的情绪、参与、人际关系、意义和成就）。这五个因素也是 Seligman（2011）提出的"PERMA"［积极情绪（Positive Emotion），投入（Engagement），人际关系（Interpersonal Relationship），意义（Meaning）和成就（Accomplishment）］模型的关键组成部分。这些新项目致力于通过培养性格优势来提高个人的幸福水平。然而，尽管这些干预措施切实有效，但在如何提升这些项目的有效性方面，学界并没有达成共识（Peterson & Seligman，2004）。

研究证据一致表明性格优势与愉悦感（Peterson，2006b）、幸福感（Park et al.，2004）和对生活的满意度（Peterson et al.，2007）之间存在积极的联系。此外，在日常生活中，人们的性格优势可以被清晰地识别、培养、使用和加强，以提高生活满意度或减少精神疾病问题（Park et al.，2004；Peterson，2006b；Seligman & Csikszentmihalyi，2000；Seligman et al.，2009；Seligman et al.，2005；Wood et al.，2011）。

在以往关于性格优势的干预研究中，一个常见的问题是安慰剂效应（Finniss，Kaptchuk，Miller，& Benedetti，2010），这是由治疗的象征意义而不是特定的药理学或生理特性所引起的心理或生理变化。Ernst（2007）区分了"真正的安慰剂效应"和"安慰剂效应"。他声称，后者更常见的原因是，它可能还包含许多其他的影响因素，如疾病的自然康复、极端数据的回归、社会期望和主观期望。值得注意的是，安慰剂效应的强度在不同的研究中有所不同（Linde，Fässler，& Meissner，

2011）。一些研究发现安慰剂效应非常微弱甚至根本不存在（如Hróbjartsson & Gøtzsche，2004），而其他研究发现安慰剂效应存在于不同强度的范围内，甚至一些元分析研究也给出了不一致的结果（如Ernst，2007）。无论上述情况如何，由于积极心理干预的内在积极内涵，我们相信安慰剂效应是在评价基于性格优势的干预时需要受到控制和检验的一个重要因素。澄清这些问题将为评估一个积极心理干预项目是否真的有效打下基础。

本研究试图在中国教育背景下，对大学生活进行优势干预。它的目的是检验这种西方广泛研究范式的相同结果是否可以被推广到中国的语境中去。对生活满意度的短期和长期变化都将进行研究，以反映干预计划的效果和安慰剂效应随时间的变化。据我们所知，这项研究第一次检验了基于性格优势的干预措施在中国的效果。我们的研究结果可以提供有效的证据来证明在大学环境下进行优势干预的有效性。

一　研究对象和工具

这项研究的参与者是来自西南大学的 360 名本科生。干预过程嵌入大学二年级至四年级学生的选修课程中来开展。参与者的平均年龄为19.73 岁（标准差 SD = 1.04，范围为 17 ~ 25 岁）；117 名男性（32.50%），243 名女性（67.50%）。根据安慰剂效应研究设计范式（Thomas，1987），参与者期望（或信念）和实际接受的干预被设为本研究的自变量。为了检验安慰剂效应，这门课分别在两个独立的课时进行，一个在周二，另一个在周三。学生可以自由地参加这两门课。周二班的学生被告知，课程会布置一些作业，作业的目的是提高他们对生活的满意度（条件 1：了解这项研究的目的）。参加周三班的学生没有被告知干预的目的，但被告知作业的重点是学术论文写作（条件 2：不知道研究的目的）。这样的差异安排可以让我们检查参与者的生活满意度提升程度是否会在干预过程中显示出安慰剂效应。在每个条件下的学生又被进一步分成两组：优势训练组（干预组）和生活体验组（没有干预的控制组）。总而言之，这是一个 2（知情 vs 不知情）×2（干预 vs 控制）的前后测干预设计。

我们假设，那些知道研究目的并被分配到干预组的参与者，相较而言，他们对生活的满意度将会得到最大程度的提高。其原因是，如果参与者持有"变得更快乐"这一动机参加课程，他们就会更积极、更专注于干预活动。我们相信，在真正的临床环境中，大多数的来访者在寻求咨询服务之前就已经有了一些对即将到来的咨询和治疗的期望。我们目前的实验设计，包括一些事先知道干预目的的参与者，那么就应该具有良好的生态效度。

本研究主要采用简体中文版本的 VIA 优势问卷，用于帮助参与者评估他们的个人性格优势。个人性格优势可以通过所有优势得分从 1 （上）到 24 （下）排名而得出。个人可以决定他们自己的"突出优势"或"Top 5 优势"。每个参与研究的对象有一个研究代码用以识别和区分这些参与者。此外，生活满意度量表（Satisfaction with Life Scale，SWLS）（Diener et al.，1985）是一项包含 5 题的自我报告式问卷，被用来衡量一个人的生活满意度。参与者被要求对每一题做出回答（例如："我对自己的生活很满意"），回答是通过一个 7 点的 Likert 量表（1 = 强烈不同意，7 = 强烈同意）来评分。分数越高，对生活的满意度越高。原量表的内部一致性系数 α 为 0.87，重测信度为 0.82。后续研究也报告了量表的心理测量学特性，其信度为 0.92 （Shevlin et al.，1998），以及良好的效度（0.39 ~ 0.88）（Pavot et al.，1991）。总的来说，大量的研究证实，生活满意度量表是一个可靠的测量生活满意度的工具。

二　干预过程

心理学写作技能训练课程是整个干预计划的载体。两个班的所有学生都会在课堂上学习心理写作的基本知识。学生们被分配了相同的写作任务，并被要求完成同样的心理测试。这门课总共持续了 18 周。第 1 周和第 2 周是干预计划的准备周，第 3 ~ 8 周是干预周，而第 9 周和第 18 周是后测的观察周。

第 1 周：介绍课程

本周，我们向所有参加课程的学生介绍了这个课程。学生被告知他们将完成一系列的课程以获得学分。为了确保学生能够积极参与并充分参与实验过程，课程的评分标准都提供给了学生。以上程序在两班学生中都是相同的，不同之处在于不同班级的学生获得的课程目标和保密协议不同。特别是在周二的课上（条件1），学生们被要求告知他们在训练后其生活满意度的改善情况，而在周三的课上（条件2），则要求学生告知他们在课程中所掌握的基本的写作技巧。学生所填写的问卷是保密的，这项调查也是自愿完成的。所有的学生都同意参加这个课程，完成相关的任务。

第2周：基线测试

在上课前，学生们通过电子邮件被要求访问 VIA 性格研究院网站（www. viacharacter. org），以完成 VIA 性格问卷。在完成问卷调查后，每个参与者都收到一份包含五项优势的报告，包括对每个优势的解释。在前半节课，学生们还填答了一系列问卷调查（T1）。我们在每个班级设立了两个学习小组，优势训练组（干预组）和生活体验组（对照组），以提高学生对学习的兴趣。学生可以自愿选择参加任何一组，我们认为这一设计对干预没有影响。以周二的课程（条件1）为例，这门课的所有学生都知道，他们会通过课程指定的活动来提高对生活的满意度，而不管他们参加的是哪一组。这个选择只反映了个人的兴趣。在分组之后，就形成了四种不同的实验条件，之后教师开始教授心理写作技巧和相关知识。

第3~8周：课堂指导

在接下来的6个星期里，老师会在课堂上讲授一些背景知识，这些知识是用于帮助学生完成课后任务的。背景知识包括运用人物性格优势的意义和提升策略、品味和在日常生活中运用性格优势的方法等。每节课时长45分钟，教师花30分钟教授相关知识，其余15分钟用于写作练习。尽管同一班的所有学生都学习了相同的内容，但由于不同的分组，他们的学习重点不同。教师的教学风格和内容尽可能客观、正式，不提及性格优势与幸福之间的关系，以避免他们对课程的期望所带来的影响。每个学生在课后需要完成一些课堂作业。优势训练组需要注意他们在什么时候，什么地方，如何运用了他们的性格优势。生活体验组被要求对日常生活中的每一事物都保持专注和冷静。在课堂上，不同小组的学生需要完成一篇短文。写作指导如下：

（1）优势训练组：在课堂训练之后，我们相信你在过去的一周中已经成功地运用了你的优势。现在，请告诉我们，你用的是哪个/些优势？在运用你的优势之后，你感觉如何？如果你习惯于以同样的方式表现相似的行为或活动，直到这门课之前你没有正式意识到将它/它们作为你的优势，你现在感觉如何？请在一篇短文中写下你的想法（仅限于 200 个汉字）。

（2）生活体验组：在过去的一周里，相信你做了很多事情，请以一种有条理的方式描述并列出你所做的十件事。这种方法可以提高你的组织和写作技巧（仅限于 200 个汉字）。所有写作内容都在课堂上立即提交给老师。所有的学生都被要求每周在教室里完成一篇论文。因此，每个学生在完成这门课程后，都完成了六篇论文。

第 9~18 周：干预后测和随访测试

随着课程的继续，心理学的论文写作基本技巧完成教学，学生不再需要完成课堂作业。然而，在第 9 周，学生们被要求再次完成生活满意度量表，以检查干预计划的短期效果（时间 2：T2）。在第 18 周，再次进行同样的测试，以检验干预的长期效果（时间 3：T3）。

三　数据筛选

根据 Birnbaum（2004）推荐的程序和标准，我们在最终分析之前对原始数据进行了初步的筛选。所有关于性格优势测量的数据都是由 VIA 性格研究院网站下载的，并在数据收集期后通过电子邮件发送给第一作者。

首先，在 T1 调查中（$N = 360$），我们检查了那些可识别的应答模式、不一致的应答和应答时间。没有学生从这个阶段被移除。其次，在干预课堂指导期间，一些学生没有参加 6 次课堂教学。因此，我们保留了参加至少 5 次课程的学生的数据，以验证干预效果。同时，我们邀请了两名主修心理学的研究生作为独立的评分者。这些研究生不知道这个实验的目的。他们被要求阅读受试者的论文并给每一篇论文打分。评估标准和方式与前文所述一致。两名独立评分者在 6 周的论文中给出的评价一致性系数是 0.63~0.81（$p < 0.01$）。分数和论文字数的相关系数是

0.02～0.12（$p < 0.10$）。按照评分标准，24 名参与者被移除。此外，错过了测试后（T2）或后续测试（T3）的参与者也被移除，因此，又有 45 名学生的数据被删除，进入预分析的样本为 291 名。

预分析结果与之前的研究一致（Proctor et al.，2011）。为了减少极端值的影响，所有的生活满意度量表分数都被转换成 z 分数，超过 ±3.29 范围的样本被删除（Tabachnick & Fidell，2001），这一步导致了另外 6 名学生被排除在外。然而，需要说明的是，z 分数只是在这个特定的步骤中使用的，并且实际的分数被用于之后的分析。每个变量偏度（0.24～0.28）和峰度（-0.34～0.99）都在可接受范围内。表 4-1 列出了参与者的描述性统计分析。值得注意的是，有更多的学生自愿参加了优势训练组，而不是生活体验组，但我们认为由于上述的程序，每个小组的学生人数不均衡对我们的结果几乎没有什么影响。我们使用 SPSS 20.0 对数据进行了分析。

表 4-1　实验条件下四组的人口变量（$N = 285$）

类型	人数（人）	占总人数的比例（%）	年龄		性别	
			均值	标准差	人数（人）	占各条件的比例（%）
C1 - ST	99	34.74	19.69	0.93	男：28	28.28
					女：71	71.72
C1 - LE	37	12.98	19.59	0.96	男：10	27.03
					女：27	72.97
C2 - ST	112	39.30	19.77	1.06	男：38	33.93
					女：74	66.07
C2 - LE	37	12.98	19.65	1.03	男：15	40.54
					女：22	59.46

注：C1 - ST = 学生了解目的和参加了优势训练组，C1 - LE = 学生了解目的和参加了生活体验组，C2 - ST = 学生不了解目的和参加了优势训练组，C2 - LE = 学生不了解目的和参加了生活体验组。

四　研究结果

（一）各组别的描述性和基线分析

表 4-2 显示了描述性统计结果。其中一个主要的趋势是，在为期 6

周的干预之后，所有四种实验条件下的参与者对生活的满意度都提高了，从基线（T1）到峰值（T2），但之后出现了一个缓慢的下降趋势（从 T2 到 T3）。尽管有所下降，但除了 C2 - LE 组（不了解目的和参加了生活体验组）的学生外，其他三组的学生在第三次测量时的生活满意度都比基线水平高（见图 4 - 1）。四组的生活满意度在基线水平上没有显著差异，$F_{3,281} = 0.03$，$p = 0.99$（见表 4 - 3）。组间性别差异也不显著（见表 4 - 4）。

表 4 - 2　不同实验条件下生活满意度的描述性统计（$N = 285$）

类型	第 2 周(T1)	第 9 周(T2)	第 18 周(T3)
C1 - ST	3.83 ± 1.11	4.54 ± 1.09	4.44 ± 1.05
C1 - LE	3.82 ± 1.16	4.06 ± 1.19	3.94 ± 1.18
C2 - ST	3.87 ± 1.00	4.45 ± 0.92	4.44 ± 0.92
C2 - LE	3.85 ± 1.10	3.94 ± 1.13	3.81 ± 1.07

注：C1 - ST = 学生了解目的和参加了优势训练组，C1 - LE = 学生了解目的和参加了生活体验组，C2 - ST = 学生不了解目的和参加了优势训练组，C2 - LE = 学生不了解目的和参加了生活体验组。

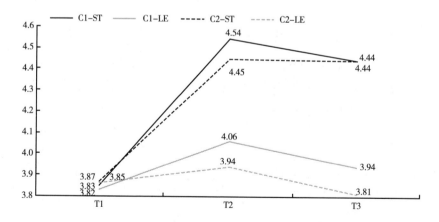

图 4 - 1　生活满意度的变化趋势

说明：T1 = 第 2 周，T2 = 第 9 周，T3 = 第 18 周。C1 - ST = 学生了解目的和参加了优势训练组，C1 - LE = 学生了解目的和参加了生活体验组，C2 - ST = 学生不了解目的和参加了优势训练组，C2 - LE = 学生不了解目的和参加了生活体验组。

表4-3 对生活满意度基线水平的单因素方差分析（$N=285$）

	平方和	df	均方	F	Sig.
组间	0.12	3	0.04	0.03	0.99
组内	322.24	281	1.15		
总计	322.36	284	0.04		

表4-4 对生活满意度的性别差异（$N=285$）

	t(sig.)			
	C1-ST	C1-LE	C2-ST	C2-LE
生活满意度(T1)	1.30(0.20)	-2.16(0.03)	-1.36(0.18)	-0.49(0.63)
生活满意度(T2)	1.03(0.31)	-1.56(0.12)	-1.45(0.16)	-0.23(0.82)
生活满意度(T3)	1.76(0.08)	-0.73(0.47)	-1.61(0.12)	-0.59(0.56)
SSLC(T2-T1)	-0.49(0.63)	1.08(0.28)	-0.30(0.76)	1.53(0.14)
LSLC(T3-T1)	0.83(0.41)	2.83(0.01)	-1.17(0.25)	-0.75(0.46)

注：SSLC=短期生活满意度变化，LSLC=长期生活满意度变化，T1=第2周，T2=第9周，T3=第18周，C1-ST=学生了解目的和参加了优势训练组，C1-LE=学生了解目的和参加了生活体验组，C2-ST=学生不了解目的和参加了优势训练组，C2-LE=学生不了解目的和参加了生活体验组）。

（二）短期与长期效果检验

为了更准确地反映参与者生活满意度的变化幅度，我们用后测分数减去基线分数，创建了两个变量：短期生活满意度变化（SSLC）和长期生活满意度变化（LSLC）。表4-5显示了这两个变量的描述性统计。

表4-5 对短期生活满意度变化和长期生活满意度变化的描述性统计（$N=285$）

变量	均值	标准差	范围	偏度	峰度
SSLC	0.52	0.61	-1.40~2.40	0.14	0.53
LSLC	0.44	0.51	-0.60~2.00	0.65	-0.19

为了检验干预的短期效果，我们进行了2×2的方差分析。结果显示，是否知晓实验目的对干预效果的影响是近乎显著的，$F_{1,281}=3.40$，

$p = 0.07$。具体来说相比不知目的组（均值 $M = 0.46$，标准差 $SD = 0.60$），知道目的组（均值 $M = 0.58$，标准差 $SD = 0.62$）在生活满意度方面有更显著的变化。组别对短期生活满意度的影响也是显著的，$F_{1,281} = 39.85$，$p < 0.01$。无论学生是否意识到课程目的，优势训练组（均值 $M = 0.64$，标准差 $SD = 0.63$）与生活体验组（均值 $M = 0.16$，标准差 $SD = 0.35$）相比，短期效果更显著。然而，条件 × 组别的交互作用是不显著的（$F_{1,281} = 0.02$，$p = 0.88$）。相应的结果如表 4 - 6 所示。表 4 - 6 也揭示了干预的长期效果。再次进行 2 × 2 的方差分析，结果显示，只有组别的作用是显著的（$F_{1,281} = 82.74$，$p < 0.01$），证明了优势训练对短期和长期的生活满意度有很大的影响，这并未受到学生是否意识到课程目的的影响。

表 4 - 6　短期和长期效果（$N = 285$）

	平方和	df	均方	F	Sig.
短期效果					
条件	1.11	1	1.11	3.40	0.07
组别	12.98	1	12.98	39.85	0.00
条件 × 组别	0.01	1	0.01	0.02	0.88
误差	91.56	281	0.33		
长期效果					
条件	0.59	1	0.59	2.94	0.09
组别	16.66	1	16.66	82.74	0.00
条件 × 组别	0.22	1	0.22	1.10	0.30
误差	56.57	281	0.20		

注：条件：被告知课程作业的目的与不被告知课程作业的目的；组别：优势训练组与生活体验组。

五　小结

本研究的结果说明在中国教育背景下基于性格优势的干预是有效的，类似于西方的研究结果（Park et al., 2004；Peterson et al., 2006；Seligman & Csikszentmihalyi, 2000；Seligman et al., 2009；Seligman et al., 2005；Wood et al., 2011）。参与性格优势干预组（优势训练组）

的学生，其生活满意度要比其他组（生活体验组）在短期和长期中有更显著和更稳定的提升。结果表明，与 Seligman 等（2005）报告的结果一致，大学的学生将受益于包含积极心理学因素的学校课程。Oades 等（2011）将这类学校的课程定义为积极教育，这是在教育中应用积极心理学的结果，他们认为学校将会使用越来越多的积极心理干预。不仅有许多教育工作者从积极心理学的角度重新认识了积极教育的好处，而且发展了"性格教育"来促进积极的情绪、积极的关系、积极的行为和学术上的成功（Bernard & Walton，2011；Proctor et al.，2011）。例如，英国将社会和情感方面的学习纳入了国家教育战略（SEAL，2010）。我们的研究结果将为我国的教育改革提供实证依据，以促进培养"全面学生"的教育功能。

我们的研究结果也为我们的假设提供了支持。条件 1 的优势训练组与其他条件相比达到了短期生活满意度的最高增长（如图 4-1 中 C1-ST，T2 = 4.54）。研究结果还表明，参与者的期望会在短期内积极地提高干预的效力。然而，只有干预项目本身能够持续地促进参与者的生活满意度。随着时间的推移，安慰剂效应逐渐减弱，最终消失了。换句话说，参与者是否被告知研究目的，对他们的生活满意度并没有长期影响。

这项研究中一个有趣的发现是安慰剂效应只在干预期后的一小段时间内有所提升。条件 1（均值 $M = 0.58$，标准差 $SD = 0.62$）与条件 2（均值 $M = 0.46$，标准差 $SD = 0.60$）相比，条件 1 在生活满意度方面的提升更大。为什么安慰剂效应能提升干预的效果？这种现象的机制可以部分归因于目标设定理论（Sheldon & Elliot，1998，1999）。这一理论认为，制定和明确具体目标的人会使自己更有可能实现自己的目标（Latham & Locke，1991；Locke & Latham，2002）。本研究情境中，在课程中设置提升生活满意度的目标，将使学生能够有意识地利用自己的优势，以更明确的目标、更强的动机、更细致的方式，提高实现目标的可能性。有研究使用关于健康目标成就的自我和谐模型，探究人们在一段时间内提高他们的幸福感的动机过程以及目标维持过程（Sheldon & Houser-Marko，2001）。该研究首先在 189 名大学生样本中测试了双循环路径模型——关于健康目标奋斗的自我和谐模型，而后以该模型为指导对 94 名大学生进行了为期两周的干预，其中优势训练实验组被告知研究目的是通过使用他们自己的、真实的、突出的优势来实现目标（生活满意度的提升），结果表示这种所设定目标的实现可以直接提高幸福感，同时也提供了利用优势的机会。另有研究提出了一种对心理需求的满足和对个体幸福的重要影响的整合模型（Sheldon & Elliot，1999），该研究首先在 169 名学生中检验是否在综合和多层次上，通过持续的努力可以促进目标自我和谐的实现，其次在 152 名学生样本中探究目标成就对幸福感变化的预测作用，并尝试在 73 名参与者的样本中将自我和谐模型的两条路径放在一起，对从开始到努力实现成就对幸福感的改变的过程同时建模，结果表明积极的变化可以用健康目标成就的自我和谐模型来解释，人们认为他们的目标是自我和谐，而这是基本的心理需求的一部分。因此，利用优势可以为实现目标提供支持，并带来基本心理需求的满足（愉悦感和幸福感）。Linley 等（2010）指出，优势使用与更好的目标联系在一起，这进一步与心理需求的实现和提升幸福感联系在一起。

此外，在干预后的短时期内，我们发现有效的安慰剂效应与现有研究的不同。Seligman 等（2005）对参与者进行了一项研究，他们完全意识到这项研究的目的，并带着期望参与了研究。他们增加的幸福感表明，基于性格优势的干预对幸福水平的维持可以达到 6 个月。相比之下，已有综述研究指出快乐的人在不同的生活领域都是成功的，包括婚姻、友谊、收入、工作和健康领域，该研究提出了一个概念模型来解释这些发现，认为幸福与成功的联系不仅在于成功使人快乐，还因为积极的影响会带来成功，研究总结了三种研究证据以测试模型的适用性，囊括了初步的概念模型（不同层次的证据、模型的经验性测试和组织策略）、横断面研究证据（问题 1：快乐的人是成功人士吗？问题 2：长期的幸福和短期的积极影响与行为的成功相关联吗？）、纵向研究证据（问题 3：幸福先于成功吗？问题 4：幸福和积极的影响先于行为与成功吗？）、实验研究证据（问题 5：积极的影响是否会导致成功的行为？）和总结（证据的总结、问题、警告和未来的研究）。另外一个研究使用了"单盲法"的实验，参与者们不知道这项研究的真正目的（Lyubomirsky，King，& Diener，2005；Sheldon & Lyubomirsky，2006）。这些研究产生的效果比

Seligman 的研究更弱或持续时间更短。我们的结果也揭示了如果某个干预项目在干预期后继续发挥作用，这不是因为安慰剂效应，而是因为干预本身。如图 4 - 1 所示，安慰剂效应随着时间的推移逐渐减少，最终消失。用两种不同的方式来研究安慰剂效应具有一定的价值。将安慰剂因素有意纳入干预，以增加积极结果改善的幅度；将安慰剂效应排除出实验，以测试干预计划是否真的对另一方有效。

　　根据幸福变化的模型（Lyubomirsky, Sheldon et al. , 2005），三个主要的因素决定了人们的幸福水平——幸福的设定、生活环境和积极的活动，这些因素分别占了个人幸福感差异的 50%、10% 和 40%。在当前的研究中，我们把注意力集中在积极的活动上，并成功地提高了优势训练组学生的生活满意度。然而，在我们研究的不同条件下，所有的学生都有一个共同的趋势，那就是，在为期 6 周的干预之后，他们对生活的满意度逐渐下降。换句话说，结果提供了直接的证据，表明要成为一个可持续的更快乐的人是困难的（Lyubomirsky, Dickerhoof, Boehm, & Sheldon, 2011; Lyubomirsky, Sheldon et al. , 2005; Sheldon & Lyubomirsky, 2006）。但正如 Lyubomirsky 等（2011）所指出的，积极的活动可能会带来持久的幸福感，这不会随着时间的推移而完全消失，因为我们可以在最佳时机和变化情况下及时地强化这些活动。

　　这项研究有一些局限性。首先，在这一初步研究中课程是指定的，而这种操作可能会削弱自我选择的动力。研究人员要求学生们设定提高幸福感的目标，而不是主动去追求幸福，这也可能会影响结果。未来的研究需要证实这一观点。其次，过去和现在的基于优势的干预研究侧重于个人的努力和行动，但是人际或群体文化因素的影响还没有被考虑。再次，中国人的性格优势可以被分为三类：亲和力、求知欲和自控力（Duan, Ho et al. , 2012; Duan et al. , 2013）。求知欲是预测内地和香港样本生活满意度的最有效的因素（Duan, Bai et al. , 2012）。未来的研究可以集中在如何利用求知欲的优势来增进中国人在集体文化中的福祉。最后，在当前的研究中，我们只选择对生活的满意度作为幸福的指标，不能完全证明精神健康的变化，因为精神健康包含了两个方面（心理健康和心理疾病）。我们也没有对学生的学业成绩进行收集和分析，因而不能反映其学业是否提升。

当然，本研究最重要的结果是为中国校园环境中开展积极教育与性格教育提供依据。教育对心理健康的关注与传统的学术学习相伴随，正在改变着学校和教育的面貌。未来如果在学校开展积极教育，将积极教育和常规教学相结合，将为学生提供学习的有利环境和条件，为学生获得持久的幸福感创造一个积极的环境。

第三节 基于性格优势的积极认知行为模型

心理健康问题已经成为当代大学生的一大困扰，尤其是处在"过渡期"的大学新生。已有研究指出对许多大学生来说，这是他们第一次长时间离家生活，从而远离父母、独立生活、适应环境、平衡人际、财务管理、课业负担等问题在短期内集中到一起，容易使新生产生情绪问题（如负面情绪，包括抑郁、焦虑、压力等），为帮助大学新生解决以上问题，该研究还提出了一些建议，包括提前记录潜在威胁及其处理方式、重视良好睡眠、注重充足营养和锻炼、鼓励校园支持服务的使用、对压力及焦虑等负面情绪保持警惕（Healy，2012）。

另有文献回顾研究同样探讨了大学生心理健康问题解决的有效方法，该研究对现有针对大学生心理健康的干预研究进行了筛选与评价，分析了不同策略的着力点。结果指出整体干预强调个人的需要和创造力，鼓励自我责任的干预项目则着重于自我筛查，以优势为基础的解决方法的中心是建立自尊和增加积极情绪，促进家庭支持的项目则强调精神教育和减少污名化。为促进这些解决大学新生健康问题的原则与新思想的落实，当前大学校园可以在整合上述发现的基础上做出一些调整以进行借鉴（Jackson，2016）。此外，也有研究注意到了即将毕业的大学生面临的心理压力，该研究以 208 名正在准备研究生入学考试的本科生作为研究对象，旨在探讨自我怜悯这一应对慢性压力的情绪反应的保护性因素在一群经历长期学术压力的大学生中所起的作用，结果显示，与不准备参加研究生入学考试的研究对象相比，准备参加研究生入学考试的研究对象的学术压力明显更高，且有更高水平的消极情感（Zhang，Luo，Che，& Duan，2016）。我国一项研究通过文献分析与访谈法制定并检验了高校新生适应障碍筛查量表，发现高校新生适应障碍的有效筛查角度应为对改变的适应度，高校新生适应障碍核心筛查内容应涉及人际关系、学业成就、日常生活、价值观念这四个方面。此外，该研究还回顾了高校新生适应障碍的相关干预研究，并进行了高校新生适应障碍的干预方案设计与实验，实验对象为前期筛查所得的 37 名适应不良或适应障碍新生，干预研究结果指出需重视对情感体验的平衡、焦虑和抑郁情绪的调控、自尊水平提升、社会孤立感的减少的干预（董洁，2010）。

另外，已有研究还指出适应障碍会产生如吸烟、酗酒、网络成瘾等行为问题（Fairman et al.，2005；Gable & Haidt，2005；Priebe，Omer，Giacco，& Slade，2014）。上述行为问题直接关系到大学生的健康，不仅影响大学生的心理，还会造成睡眠质量下降、暴肥暴瘦等生理问题。具体而言，有研究探索了身体质量指数与心理压力变量之间的相互作用对大学新生体重的预测作用，该研究以 65 名新西兰大学新生为研究对象，结果显示，基线身体质量指数较高的学生体重增加了很多，这主要是压力和身体质量指数之间的相互作用所造成的，进入大学的学生如果有较高的压力和较高的身体质量指数，那么他们的体重也会增加，但是身体质量指数较低的学生体重会减少，因此该研究建议为了减少新生的不健康体重变化，心理脆弱的学生需要在大一学年接受减压技巧和压力应对策略的教育（Boyce & Kuijer，2015）。另一项研究确定了大学新生中睡眠障碍、抑郁和焦虑的比例及其与生活满意度之间的关系，对奥克兰大学的 1933 名本科生进行了问卷调查，结果表明，在接受调查的学生中，有 39.4% 的学生表示有睡眠障碍，其普遍原因为抑郁和焦虑，7.3% 的学生有"死后更好"或"自我伤害"的想法，在过去的 3 个月里，有 9.3% 的学生使用过软性毒品，该研究指出情绪障碍、物质使用和昼夜节律紊乱在很大程度上会导致睡眠困难，有害的酒精和药物使用在该人群中很普遍并且与焦虑和抑郁显著相关，这都对生活满意度产生了重大的负面影响，并对大学生未来的发展产生深远的影响（Samaranayake，Arroll，& Fernando，2014）。因此，关注新生的心理健康，对新生的适应问题实施快速有效的干预，帮助新生在最短的时间内适应大学生活，不仅是高校心理健康工作的重点，也是实现全程教育的重要基础。

认知行为疗法是一种被广泛地运用到新生适应问题个案及团体辅导中的有效方法。认知行为理论是行为主义和认知心理学的基本原理的结合,其基本信念是:思想扭曲和不适应行为在心理障碍的发展和维护中起着重要作用,帮助服务对象改变不良的认知(如思想、信念和态度),发展持久的技能,促进行为改变,可以减缓心理障碍症状和相关痛苦。基于这一信念而产生的认知行为疗法是一种以问题为焦点、以行动为导向的心理治疗手段,聚焦于开发个人的应对机制。有研究发现,北美地区慢性下腰痛(Chronic Low Back Pain)患者面临较重的社会经济负担,该研究探究如何从手术治疗转向非手术治疗,利用有限的卫生保健资源实施可能性最高的改善措施。此研究主要运用循证方法对基于认知行为疗法的慢性下腰痛干预进行总结,其中提出的认知行为疗法的六个基本步骤依次是:心理测量、认知重构、学习技巧、强化技巧和运用训练、一般化和维持、后测和跟踪随访(Gatchel & Rollings,2008)。此外,考虑到慢性疼痛的动态和复杂特性,成功的治疗通常需要处理行为、认知和情感过程,虽然以往研究在纤维肌痛(Fibromyalgia)治疗中已经实施了许多辅助干预措施,但很少有对照实验辅以支持。基于此,有研究介绍了一些较为常用的非药物治疗方法(如认知行为疗法),并给出了疗效的证据,还提供了临床观察和建议,主要从教育方法、认知行为疗法、放松技术、心率变异性生物反馈、其他生物反馈方法、补充和替代医学(Complementary and Alternative Medicine)干预(手动疗法、气功和太极、针灸、水疗、其他的补充和替代医学方法)、结论与临床建议七个方面进行了具体阐述,最终提出认知行为疗法的核心技术在于帮助个人挑战已有思维模式和信念,用"更现实和更有效的想法"来代替"泛化、消极情绪扩大化,无视积极成果、灾难性思维等错误的想法"(Hassett & Gevirtz,2009),包括认知重组、设定目标和安排愉快活动等。

认知行为疗法通过纠正新生的不良认知,帮助他们树立信心,同时通过积极强化行为,帮助他们提升对新环境的适应能力。Trockel 等(2011)开展的"呼吸"(Breathe)项目,主要运用认知行为疗法帮助大学新生减轻抑郁症状,提高压力应对的能力。该项目邀请了一所大型私立大学的某二年级学生宿舍里的学生参与(均为 18 岁及以上),干预持续时长为 8 周,通过在线发送邮件的方式,每周发送一个主题的任务给新生,包含改变认知的主题学习模块,以及一系列课后作业,新生通过记日记的方式进行自我检测。具体干预主题包括如何识别和管理困难的情绪、如何应对压力、如何重塑消极思想、如何改善与朋友和家人的关系等；课后作业包括挑战自动消极思想、找出解决人际冲突的办法、开展愉快的活动、正念冥想等。Currie 等（2010）开发的"感觉更好"（Feeling Better）计划也是在线进行的认知行为疗法，旨在帮助大学新生降低焦虑、抑郁和压力，干预持续过程包括三个周期，时长为 10～12 周，该项目使用简短版的抑郁焦虑压力量表（Depression Anxiety Stress Scales-short Form）以测量症状的变化并帮助参与者选择与他们特定的痛苦情感相一致的程序内容，其在线干预的核心模块包括："项目介绍""活动与情绪""动机""想法与感觉""深层次的想法和感觉""社会关系""压力应对"。在完成了核心模块之后，参与者可以自选完成可选的辅助模块，包括"睡眠""急躁和愤怒""药物治疗"，其中为增强个性化，该项目为女性提供了"经前综合征和情绪"模块，每个模块的完成都要求参与者阅读模块内容、思考示例、练习提出的策略并与他们的教练一起回顾进展。然而，尽管上述认知行为疗法作为一种重要的干预方法，已经被广泛证明了其有效性，但是仍然有两个问题值得我们注意。

首先，早前就有学者指出，我国高校中设置的心理健康咨询机构存在"重心理测试，轻科学分析""重障碍咨询，轻发展咨询""重心理问题诊治，轻预防引导"等问题（柯佳敏，2003）；传统的高校心理健康工作存在形式化、个别化、医学化、课程化、德育化倾向（姚本先，2000）。以"问题"为取向、以"治疗"为核心的心理辅导忽视了学生的主观能动性，降低了心理健康工作的成效。此外，心理健康工作过于注重"矫治"，加之社会上存在对心理疾病的污名化，导致大学生为了避免歧视而回避求助，从而降低了大学生主动求助的意愿和行为。因此，消极化的心理辅导在一定程度上降低了高校心理健康干预工作的成效。已有研究指出心理学家应该试着培养更多的对人性的欣赏，而积极心理学旨在构建积极的主观体验、积极的个人特质和积极的机构/组织，从而能够帮助个人、群体和组织理解和获得幸福，并促进个人、群体和组织达到一种心灵旺盛（Flourishing）的状态（Gable & Haidt, 2005；Seligman, 1999；Seligman & Csikszentmihalyi, 2014）。性格优势作为积极干预的主要内容和常用策略，被证明可以帮助大学生增加幸福感并减轻抑郁症状（Duan et al. , 2014；Proyer, Gander et al. , 2015）。基于性格优势的截面研究和纵向研究也表明，性格优势有助于缓解压力，保持大学生心理健康（Duan，Ho et al.，2015；Zhang et al.，2016）。最近一项旨在帮助女性犯罪者减少心理困扰并促进个人成长的干预中，认知行为疗法被用来帮助参与者修正消极和扭曲的认知，而积极心理干预为参与者的行动提供了具体的策略和技巧，进而帮助她们将积极的想法和行为培养成日常习惯，并在生活中适当地利用这些技能，该干预项目被取名为"健心房"，参与者为19名中国女性犯罪者，持续时间为6~8个月，该研究评估了她们的心理痛苦和在该计划之后的积极成长，结果显示参与者的抑郁、焦虑和压力症状明显减轻，此外，她们的希望、感激和关注积极信息的倾向显著增加，该干预项目在促进女性犯罪者的心理健康方面具有有效性（Mak，Ho，Kwong，& Li，2018）。因此，认知行为疗法和积极心理干预相结合的策略可以被运用到大学新生团体辅导的框架之中，从而在一定程度上避免"问题取向"带来的问题。

其次，由于国内大部分高校并没有专门服务于新生的职能机构，无论是心理健康课程还是心理治疗（个案咨询、团体辅导等）都是滞后的。具体来说，新生在入学之后或多或少都会产生"不适应感"，有些新生可以通过自我调节顺利度过，而有些新生则会面临困难。因此，针对新生的心理健康问题应该实施的是一个快速有效的干预措施，从而帮助新生在最短的时间内适应大学生活。但目前高校中的心理健康课程或是心理治疗手法，其干预周期一般都在6周以上。例如上文提到的"呼吸"项目持续8周时间；"感觉更好"计划持续10周以上；"班级心理辅导活动"也是持续8周。

单一干预模型为解决这一问题提供了一条路径。单一干预模型为通过一次简短干预来达成目标的干预模型。干预实施者的主要任务是帮助干预对象识别特定问题，探索可能的解决策略并考虑在一次简短的干预之后，干预对象如何使用这些策略来促进改变并达成目标。这一干预模型的四个基本原则如下所示（Bloom，2001；Gee，Mildred，Brann，& Taylor，2015）。

·在干预的初始阶段，有快速的改善效果，然后随着后期干预的进行效果有所减慢。

·每次干预活动关注一个或两个明确的问题。

· 干预实施者的主要作用是帮助干预对象明确问题、建立目标、制定策略。

· 干预的焦点不是干预实施者和干预对象面对面的接触，而是干预之后的时间里，干预对象如何使用他们的策略以达成目标。

该单一干预模型也被广泛地用于减少负面情绪和提升积极情绪。Sundstrom（1993）运用单一干预帮助女大学生减少抑郁情绪，该研究中21个具有专业能力的咨询师对40个检测出具有较高抑郁症状的女大学生进行了干预，干预对象被随机分配到"问题焦点"（Problem-Focused）或"解决焦点"（Solution Focused）中的一种方法进行治疗。"问题焦点"治疗探究干预对象的抑郁症状和相关特征、可能导致抑郁的原因（压力）、不成功的应对策略以及对自我的负面感觉并提供诊断信息，给予干预对象发现问题和解决问题的挫败尝试机会；而"解决焦点"治疗方法是将干预对象从负面的思考方式向积极的思考方式转变，这种治疗高度关注资源和成功的应对技巧，采取特定行为以压抑生活中的抑郁感，从而促进转变。该干预项目结果表明单一的心理治疗能够显著作用于情绪的积极变化。Schleider 和 Weisz（2016）设计了一个单一干预实验来测试提升个性可塑性是否能够帮助青少年减轻焦虑和抑郁心理，共有96名青少年参与了该在线干预项目，该干预包括五个部分：介绍行为、情感与思想如何受大脑控制；要求参与者书面描述他们认为的具有可塑性的个性特征；要求年长参与者描述他们使用"增长思维模式"获得成功的事件；介绍成长心态的常见问题和误解与日常生活中使用成长心态的策略的总结；要求年轻参与者运用所学知识描述人们个人特征的可塑性，并想象所写事件发生在他人身上时自己能说些什么来帮助他们理解他们可以改变或者发生在他们身上的事情会改变。上述干预研究结果证明人格具有可塑性，并且可以帮助降低青少年焦虑和抑郁的风险。Feldman 和 Dreher（2012）设计了一个将希望疗法与单一干预相结合的提升大学生希望感的单一干预方法，通过帮助个人进行目标的选择、开展关于希望的心理教育、基于希望制定目标以及根据目标展望未来，来提升的大学生的幸福感。Read 等（2016）运用单一干预模型设计了一个行为激发治疗（Behavioral Activation Treatment）并发现该单一干预能够帮助社区内的护理人员预防抑郁，提升幸福感。综上所述，单一干预的有效性已经得到了广泛验证，单一干预可以作为一种灵活的、便于推广的手段用以促进人们的精神健康。

总而言之，处于"过渡期"的大学新生是心理健康问题的高危群体（如焦虑、抑郁和压力），因此，应该制定有效的干预措施，帮助他们迅速改善负面情绪并提高幸福感。认知行为疗法和积极心理干预能提升大学新生的心理健康水平，但以往的干预往往花费了大量的时间，并且主要集中在特定的群体上。单一干预模型可以为冗长的干预提供解决方案，但现有研究仅在认知行为疗法或积极心理干预中使用，并未将三者结合。

本研究拟将基于性格优势的干预、认知行为疗法和单一干预模型相结合，构建"积极认知行为模型"，并开展随机对照实验，检验积极认知行为模型在提高大学新生的幸福感和减少焦虑、压力和抑郁方面的可行性和有效性。本研究能够为基于性格优势的干预、认知行为疗法和单一干预模型提供更多证据，并为学校社会工作、校园心理咨询和心理健康工作提供一种新的方式。干预后和1周后进行跟踪测试，以检验干预的有效性。

一 研究对象和工具

研究对象是来自武汉大学的 52 名大一新生（22 名男生，30 名女生），年龄在 17~20 岁（平均年龄 = 18.20 岁，标准差 $SD = 0.60$）。所招募对象的纳入标准包括：（1）参与者必须是大学本科一年级全日制在校生；（2）参与者自愿参加实验；（3）参与者的母语为中文；（4）参加本次活动前，参与者没有参加任何其他类似的活动。排除标准为有严重的精神病症状或药物滥用者。所有的参与者都居住在学校学生宿舍，未婚。通过计算机随机数发生器进行随机化分组，分为干预组（$N = 26$）和对照组（$N = 26$）。在干预期间一些学生流失，最后进入数据分析的共有 38 名参与者（每组 19 人）。两组参与者在年龄和性别上没有显著差异［年龄：$F(1, 36) = 0.17$，$p = 0.63$、性别 $\chi^2(1, N = 38) = 0.73$，$p = 0.19$］。图 4-2 是干预流程图。在干预结束后，干预实施者向参与者说明了干预目的。

测量性格优势所使用的是中国人长处问卷（Duan, Ho et al., 2012）。此外，在评估结果变量时，本研究采用了抑郁焦虑压力量表（DASS-21）用以测量大学生的负面情绪。该量表是由 3 个子量表组成

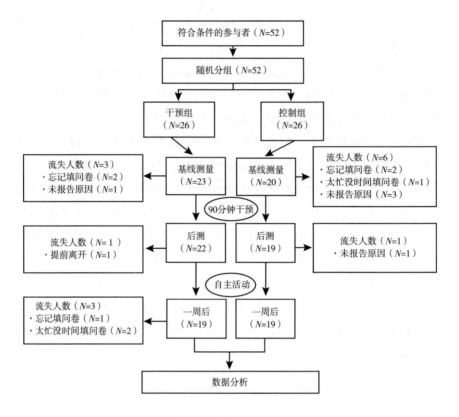

图 4 - 2　干预流程

的自我报告式量表。每个子量表有 7 个题目，可以通过计算相应题目的总分来衡量抑郁、焦虑和压力（Lovibond & Lovibond，1995）。每个题目的分值都是从 0（根本不适用于我）到 3（非常适用于我）。Wang 等（2015）将这一量表的中文版在大学生群体中进行测试，结果也显示该量表具有较高的内部一致性（Cronbach's α 分别为抑郁 0.83、焦虑 0.80 和压力 0.82α）。在本研究中，3 个子量表的内部一致性系数较高（Cronbach's α > 0.83）。简短旺盛感量表（Brief Inventory of Thriving，BIT）（Duan，Yuan，& Fengchun，2016）用以测量大学生的幸福感。该量表是 5 点 Likert 量表（1 = 完全不同意，5 = 完全同意）的综合幸福感自我报告量表（Su，Tay，& Diener，2014），一共 10 个题目，旺盛感的水平由总分来表示，即高分意味着高水平的旺盛感。该量表的中文版具有较高的内部一致性（Cronbach's α > 0.85）和良好的因子结构（Duan et al.，2016α）。在本研究中，此量表也具有较高的内部一致性（Cronbach's α>0.83）。同时，为了掌握在干预过程中参与者识别和使用性格优势的程度，我们纳入了优势知识和优势使用量表（Strengths Knowledge and Use Scale）（Linley et al.，2010），该量表为7点的Likert量表（从1=完全不同意到7=完全同意）。中文版的量表由7个题目的优势知识量表（ω=0.925）和14个题目的优势使用量表（ω=0.959）组成（Duan，Li，& Mu，2018）。本研究中，两个子量表的内部一致性系数都大于0.83。

二　干预过程

准备阶段：实验开始前3天进行

优势测量：主要内容是填写中国人长处问卷，完成性格优势的测量。研究者计算出每个学生每种性格优势的得分，排出得分最高的五个优势及其亲和力、求知欲、自控力的得分。

学生心理健康基线测量：主要内容包括填写基线测量问卷，问卷包括人口统计学信息及抑郁焦虑压力量表、旺盛感量表、优势知识和优势使用量表。

干预阶段：90分钟课程

活动一：认识性格优势（30分钟）

要求学生思考和分享他们所喜欢、仰慕、欣赏的人所具有的性格，或者他们受人喜欢的原因。记录学生所提到的各种性格特质，并列于黑板上。**指导语**：请同学们思考你们喜欢、仰慕、欣赏的人都具有什么样的性格特点？他们为什么受人喜欢？可以通过一个具体的事例来说明。

总结所列出的性格中的积极方面，引入性格优势。向学生介绍24种性格优势。分发性格优势的阅读材料，帮助学生了解更系统化的知识。

将学生分成四组，分别讨论《西游记》的四个主要人物的性格优势。每组邀请一名学生进行分享。**指导语**：你对这个角色的印象是什么？你觉得他有什么性格优势？他做过什么值得赞扬的事？如何反映他的性格优势？他最突出的性格优势是什么？

活动二：优势360°（20分钟）

学生根据已给出的24种性格优势，请求五个不同的人（同学、朋友等）来识别他们的一些优势，其中要求每个人给出的优势要不同于其他人。学生可以询问现场的同学，也可以通过电话、微信等方式询问亲友。**指导语**：请邀请五个不同的人来评价你的性格优势。如果他们不了解什么是性格优势，请先向他们解释性格优势的内涵。所邀请的五个人不能给出同样的答案，如果有重复，请邀请他重新给出一个优势，或者重新邀请一位进行作答。他人对你的评价与你自己对自己的认知一致吗？如果不一致，你觉得是为什么呢？

活动三：突出优势（10分钟）

学生综合性格优势测量结果、他人的评价，选择自己的五个最强的性格优势作为自己最鲜明的性格优势。邀请2～3个学生分享自己的性格优势。**指导语**：现在你可以根据问卷测量、他人评价的结果，并结合你对自己的认识来选出自己的突出优势。

活动四：制定目标（20分钟）

给出可供参考的活动，要求学生思考他们已经参与或可以计划参与哪些活动，来帮助自己强化自己的优势。

要求学生制定适合自己的活动目标和活动计划，并在接下来的一周之内完成。有同样突出优势的学生可以以小组形式制定目标。**指导语**：现在，你已经了解了自己的性格优势和突出优势了。那么接下来，请根据自己的性格优势，制定未来一周内的计划，选择至少一个与自己突出优势相符合的活动，将其纳入你的计划，在未来一周内开展。具有同样性格优势的同学可以组成小组，制定共同的目标。

总结与后测：总结课程内容，并进行第二次心理健康测量（10分钟）。干预组当场填写问卷，控制组在当天内填写问卷。

自主阶段：课后一周

鼓励学生在课后一周完成自己制定的计划，并在生活中运用自己的优势。干预一周后进行跟踪测量。

三　研究结果

（一）基线分析

三次测量中负面情绪（抑郁、焦虑、压力）、旺盛感、优势知识、优势使用的描述性统计结果及基线测量单因素方差分析结果见表4－7和表4－8。

采用单因素方差分析对干预对象的基线水平进行分析，结果显示，干预组和控制组的旺盛感、负面情绪三个因变量在基线水平上均不存在显著差异（$p > 0.05$），表示干预组和控制组的参与者在基线水平上具有同质性。

表 4 - 7　各变量的描述性统计分析（$N = 38$）

		基线		后测		一周后跟踪	
		$M(SD)$	d	$M(SD)$	d	$M(SD)$	d
旺盛感	干预组	3.72(0.48)	0.35	3.90(0.41)	0.78	3.99(0.51)	0.86
	控制组	3.56(0.44)		3.57(0.44)		3.43(0.77)	
焦虑	干预组	1.53(0.31)	-0.41	1.35(0.25)	-0.72	1.23(0.22)	-1.23
	控制组	1.71(0.54)		1.68(0.60)		1.73(0.53)	
抑郁	干预组	1.33(0.30)	-0.42	1.24(0.26)	-0.83	1.19(0.27)	-0.88
	控制组	1.47(0.37)		1.52(0.40)		1.64(0.67)	
压力	干预组	1.84(0.51)	0.02	1.69(0.47)	-0.20	1.42(0.50)	-0.75
	控制组	1.83(0.46)		1.78(0.42)		1.82(0.57)	
优势知识	干预组	5.43(0.66)	0.52	5.53(0.74)	1.29	5.35(0.72)	0.49
	控制组	5.06(0.77)		4.67(0.59)		4.96(0.90)	
优势使用	干预组	4.92(0.58)	0.44	5.09(0.72)	0.35	5.21(0.76)	0.76
	控制组	4.68(0.50)		4.86(0.58)		4.54(0.98)	

表 4 - 8　基线水平的单因素方差分析（$N = 38$）

		平方和	df	均方	F	p	η^2
旺盛感	组间	0.25	1	0.25			
	组内	7.73	36	0.22	1.16	0.29	0.03
	总体	7.97	37				
焦虑	组间	0.31	1	0.31			
	组内	7.08	36	0.20	1.59	0.22	0.04
	总体	7.39	37				
抑郁	组间	0.20	1	0.20			
	组内	4.20	36	0.12	1.73	0.20	0.05
	总体	4.40	37				
压力	组间	0.00	1	0.00			
	组内	8.58	36	0.24	0.01	0.94	0.00
	总体	8.58	37				

续表

		平方和	df	均方	F	p	η^2
优势知识	组间	1.35	1	1.35	2.62	0.12	0.07
	组内	18.57	36	0.52			
	总体	19.92	37				
优势使用	组间	0.57	1	0.57	1.95	0.17	0.23
	组内	10.58	36	0.29			
	总体	11.15	37				

（二）操作检查

优势知识和优势使用的均值和标准差列于表4-7，为了验证操作的效果，我们在三个时间点对样本进行独立样本t检验。显著性水平设置为$p<0.05$。

在优势知识方面，后测结果显示，干预组（均值$M=5.53$，标准差$SD=0.74$）比控制组（均值$M=4.89$，标准差$SD=0.58$）获得更多的优势知识［$t_{(36)}=2.97$，$p=0.01$］。但一周后跟踪测试的结果显示，两组之间没有显著差异［干预组：均值$M=5.35$，标准差$SD=0.72$；控制组：均值$M=4.96$，标准差$SD=0.90$；$t_{(36)}=1.49$，$p=0.14$］。

在优势使用方面，后测结果显示，干预组（均值$M=5.09$，标准差$SD=0.72$）与控制组（均值$M=4.86$，标准差$SD=0.58$）在优势使用水平上不存在显著差异［$t_{(36)}=1.08$，$p=0.29$］。一周后跟踪测试的结果显示，干预组优势使用水平高于对照组，且两组之间存在显著差异［干预组：均值$M=5.21$，标准差$SD=0.76$；控制组：均值$M=4.54$，标准差$SD=0.98$；$t_{(36)}=2.35$，$p=0.02$］。这些结果表明干预帮助参与者获得了更多的优势知识，但干预后优势知识逐渐下降而优势使用逐渐增加。这些改变可以归因于干预的操作。

（三）效果检验

所有结果变量的均值、标准差、效应大小（Cohen's d）如表4-7所示。我们进行了重复测量方差分析以评估干预的有效性。在分析中，三个时间点的旺盛感、焦虑、抑郁和压力作为因变量，组别作为自变量。

显著性水平设置为 $p < 0.05$。统计功效由偏 eta 方表示（η_p^2）。

在旺盛感方面，从总体趋势上看，干预组学生的旺盛感水平从基线测量到一周后跟踪测量呈现持续上升趋势，而控制组的旺盛感水平有轻微波动但总体呈现下降趋势，且干预组旺盛感水平总体高于控制组。两组旺盛感均值随时间变化的趋势图直观地反映了两组学生旺盛感水平的变化（见图 4 - 3）。重复测量方差分析的结果显示，组别主效应显著，$F_{(1,26)} = 6.23$，$p = 0.02$，$\eta_p^2 = 0.15$，说明两组之间的旺盛感水平存在显著差异；时间主效应不显著，$F_{(1,26)} = 0.73$，$p = 0.48$，$\eta_p^2 = 0.02$；时间和组别的交互效应边缘显著，$F_{(1,26)} = 2.86$，$p = 0.06$，$\eta_p^2 = 0.07$。通过事后检验两两比较可以看出，干预结束之后（后测）两组之间在旺盛感水平上存在显著差异，$F_{(1,26)} = 5.84$，$p = 0.02$，$\eta_p^2 = 0.14$，说明干预的即时效应显著，干预一周后两组之间在旺盛感水平上也存在显著差异，$F_{(1,26)} = 6.87$，$p = 0.01$，$\eta_p^2 = 0.16$，说明干预的短期效果也显著。

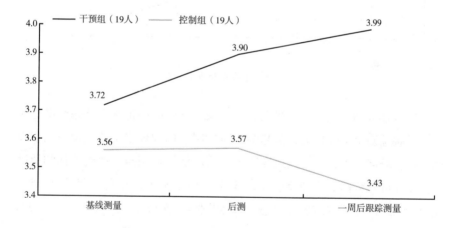

图 4 - 3　旺盛感变化趋势

在焦虑方面，从总体趋势上看，干预组学生的焦虑水平从基线测量到一周后跟踪测量呈现持续下降趋势，而控制组的焦虑水平有轻微波动但总体保持在较高水平，且干预组焦虑水平总体低于控制组。两组焦虑均值随时间变化的趋势图直观地反映了两组学生焦虑水平的变化（见图 4 - 4）。重复测量方差分析的结果显示，组别主效应显著，$F_{(1,26)} = 7.17$，$p =$

0.01，$\eta_p^2 = 0.17$；时间主效应显著，$F_{(1,26)} = 3.39$，$p = 0.04$，$\eta_p^2 = 0.09$；时间和组别的交互效应显著，$F_{(1,26)} = 4.35$，$p = 0.02$，$\eta_p^2 = 0.11$，说明干预组焦虑水平得到了显著降低。通过事后检验两两比较可以看出，干预结束之后（后测）两组之间在焦虑水平上存在显著差异，$F_{(1,26)} = 5.06$，$p = 0.03$，$\eta_p^2 = 0.12$，说明干预的即时效应显著；干预一周后两组之间在焦虑水平上也存在显著差异，$F_{(1,26)} = 14.54$，$p = 0.001$，$\eta_p^2 = 0.29$，说明干预的短期效果也显著。

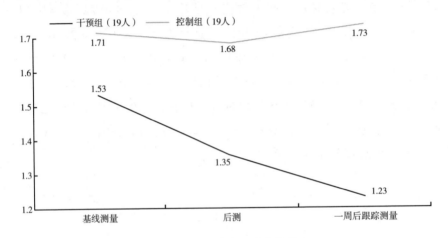

图 4 - 4　焦虑水平变化趋势

在抑郁方面，从总体趋势上看，干预组学生的抑郁水平从基线测量到一周后跟踪测量呈现持续下降趋势，而控制组的抑郁水平有轻微波动但总体保持在较高水平，且干预组抑郁水平总体低于控制组。两组抑郁均值随时间变化的趋势图直观地反映了两组学生抑郁水平的变化（见图 4 - 5）。重复测量方差分析的结果显示，组别主效应显著，$F_{(1,26)} = 8.32$，$p = 0.01$，$\eta_p^2 = 0.19$；然而，时间主效应不显著，$F_{(1,26)} = 0.13$，$p = 0.88$，$\eta_p^2 < 0.01$；时间和组别的交互效应不显著，$F_{(1,26)} = 2.22$，$p = 0.12$，$\eta_p^2 = 0.06$。通过事后检验两两比较可以看出，干预结束之后（后测）两组之间在抑郁水平上存在显著差异，$F_{(1,26)} = 6.50$，$p = 0.02$，$\eta_p^2 = 0.15$，说明干预的即时效应显著；干预一周后两组之间在抑郁水平上也存在显著差异，$F_{(1,26)} = 7.36$，$p = 0.01$，$\eta_p^2 = 0.17$，说明干预的短期效果也显著。

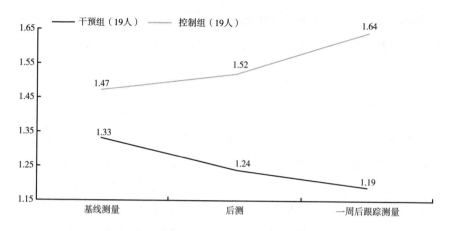

图 4 - 5　抑郁水平变化趋势

在压力方面，从总体趋势上看，干预组学生的压力水平从基线测量到一周后跟踪测量呈现持续下降趋势，而控制组的压力水平总体保持在较高水平，且干预组压力水平总体低于控制组。两组压力均值随时间变化的趋势图直观地反映了两组学生压力水平的变化（见图 4 - 6）。重复测量方差分析的结果显示，组别主效应不显著，$F_{(1,26)} = 1.43$，$p = 0.24$，$\eta_p^2 = 0.04$，可能是因为尽管控制组没有受到任何干预，他们也逐渐适应了新的环境；时间主效应显著，$F_{(1,26)} = 4.18$，$p = 0.02$，$\eta_p^2 = 0.10$；时间和组别的交互效应显著，$F_{(1,26)} = 4.24$，$p = 0.02$，$\eta_p^2 = 0.11$。通过事

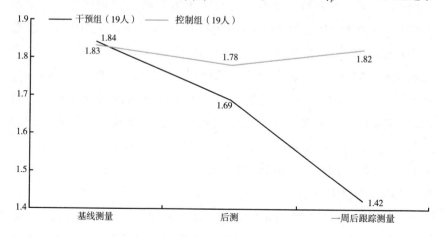

图 4 - 6　压力水平变化趋势

后检验两两比较可以看出，干预结束之后（后测）两组之间在压力水平上存在显著差异，$F_{(1,26)} = 5.37$，$p = 0.03$，$\eta_p^2 = 0.13$，说明干预的即时效应显著。

四　小结

本研究旨在整合出一个以性格优势为基础的积极认知行为模式，在短时间内增加新生的幸福感，减少焦虑、抑郁和压力。结果表明，本干预有效地提升了大学新生的旺盛感，在提升新生幸福感上有显著的即时和短期效果；有效地降低了大学新生的负面情绪（焦虑、抑郁和压力），干预在降低新生负面情绪上具有短期效果。操作检查的结果显示，干预组的优势知识与优势使用的水平显著提升，干预产生的效果可以归因于干预策略的运用，而非其他因素的影响。实验结果初步验证了实验假设。

干预实验结果表明基于性格优势的干预可以增加幸福感并减少抑郁症状，这一结果与前人的研究结果一致（Ghielen，van Woerkom，& Meyers，2017；Seligman et al.，2005）。实验结果表明认知行为疗法的技术和积极干预的策略相结合能产生积极效果并有效减轻焦虑、抑郁、压力等负面情绪，这一发现也与以往的研究结果一致（Carr & Finnegan，2015；Mak et al.，2018；Padesky & Mooney，2012）。然而，在传统的临床诊断和治疗流程下进行干预需要较长的干预时间。干预时间过长可能无法为学生提供及时的治疗（Gee et al.，2015）。新近的证据表明，单一干预模式已被用作长期干预的有效替代方案（Campbell，2012），具有短期和中期疗效（Bloom，2001；Campbell，1999）。此外，单一干预模式强调来访者自己选择的目标和策略，这也满足了年轻人对常见的心理问题采用自我管理策略、自己解决问题的想法（Birleson，Sawyer，& Storm，2000；Olesen，Butterworth，& Leach，2010）。因此，与其他方法相比，单一干预模式更加便捷和灵活，对年轻人更有吸引力。

并非所有的结果都符合预期假设。例如，在压力的干预效果上，组间主效应不显著。这可能是由于学生在干预前就习得了一些其他自我管理和情绪管理策略，能够帮助他们应对自己的压力，并顺利过渡到大学生活（Olesen et al.，2010；Blimling & Miltenberger，1990）。我们的干预旨在帮助大学新生减少负面情绪（如焦虑、抑郁和压力），并在短时间内提升幸福感，因为新生可能特别容易感受到心理压力（Dyson & Renk，2006）。对于大一新生来说，第一次进入大学可能在短时间内带来各种各样的困难经历。这些经历不仅有可能导致身体上的疾病（Cohen，Tyrrell，& Smith，1993；Dohrenwend，Dohrenwend，Dodson，& Shrout，1984），还可能会对学生的未来发展产生持续的影响（Dyson & Renk，2006；Margolis，1981）。因此，大一新生需要即时的协助，而单一干预可能是一个更有效的选择。简短干预的治疗时间和治疗充分性尚不清楚，特别是确定干预何时以及是否足够并非易事（Bloom，2001），这对治疗师来说是一个挑战。

本研究存在如下局限。第一，研究中所采用的量表全部是自我报告式量表，并且要求实验对象回顾既往的情况，因此数据的准确性和完整性可能受到信息偏倚的影响。第二，干预课程结束后一周内，干预组是否落实了他们制定的计划，采取了行动，并达成了目标，这些都不能得到保证，这在很大程度上影响了优势使用的水平和干预效果。未来的研究中应考虑采用更大的样本，同时纳入更多客观的指标（如学生成绩、GPA 等）来对干预效果进行更加全面和客观的分析和评估。第三，本研究并未控制安慰剂效应。安慰剂效应是指虽然实验参与者没有获得有效的干预，但因为其对实验效果、实验合理性的期待和信念，而使其症状得到缓解的现象（Kirsch，1978）。尽管实验在开始前并未告知参与者实验目的以减轻预期效应，但参与者是学生，学生可能会由于其社会需求特征，而刻意迎合社会工作者，从而使实验取得较好的效果。未来研究应当设置安慰剂组，使研究结果更加科学。第四，本研究没有持续追踪干预中期和长期效果。既往的研究表明，基于优势的干预效果至多持续一个月（Meyers & van Woerkom，2017）；单一干预模型的长期效果也不显著（Schleider & Weisz，2017）。因此，未来研究应当更加系统地追踪干预效果，以明晰干预是否存在长期效果，干预效果在何时开始消退，从而及时地开展进一步的干预，巩固干预成果。第五，被试流失率达27%，因为数据是通过网上问卷的方式收集的，少数学生忘记及时完成测量。在未来的研究中，研究者可以发送电子邮件或短信提醒参与者及时完成问卷。

　　虽然存在局限性，但基于性格优势的积极认知行为干预拓展了学校社会工作领域采用单一积极认知行为模式的研究证据；它为新生提供了另一种简单的干预方式，可以迅速减少他们的负面情绪，提升幸福感；本研究还表明，在中国大学背景下，通过适当训练的社会工作专业学生，可以进行基于性格优势的单一积极认知行为干预。此外，以前类似的干预方案中，例如 Dubreuil 等（2016）的研究，只有优势使用有显著增减，而本研究中操作检查显示，单一积极认知行为干预对于帮助新生增加优势知识和优势使用都是有用的。

　　基于性格优势的单一积极认知行为干预扩展了社会工作者在预防大学生心理健康问题（如焦虑、抑郁和压力）中的关键作用。我们的研究强调了在校园中采用基于性格优势的单一积极认知行为干预的价值，尤其是对于那些在大学的前几个星期里遭受焦虑、抑郁和各种压力的新生（钱兰英、王康平、王一为，2001；Dyson & Renk，2006；Sherry，Notman，Nadelson，Kanter，& Salt，1988）。学校的社会工作者可以向相关教职人员介绍这种干预的价值。也许本研究可以激发学校有关部门的兴趣，将这种干预纳入新生的常规课程。需要注意的一件事是，如果打算为新生提供这种干预，干预的实施者应该在性格优势和认知行为治疗技术方面有充分的知识。此外，将这种干预方法引入社会工作教育中，能够帮助学生学习认知行为技术、基于性格优势的干预方法和社会工作评估。然而，由于样本量小，应当谨慎看待本研究的结果。未来研究中使用更大样本、更客观的评估手段，设置安慰剂组将有助于更好地了解干预的有效性。

第四节　嵌入性格优势的整合模型

一　表达性写作的有效性验证

　　如何消除或减轻因负面事件或经历而产生的不健康的结果尤为重要。表达性写作是一种心理咨询和心理治疗干预策略（Sloan，2010），能够有效地减少情感负担和攻击性行为（Kliewer et al.，2011），以及促进主

观 幸 福 （ Kim， 2008 ） 和 身 体 健 康 （ Niles， Haltom， Mulvenna， Lieberman， & Stanton， 2014）。例如，Milbury 等 （2014） 以肾细胞癌患者为对象进行了干预研究，在干预结束后的 10 个月里，进行过表达性写作干预的实验组在 MD Anderson 症状量表上的得分与未进行过表达性写作干预的对照组相比较低，说明了表达性写作在临床症状上的有效干预作用。

此外，研究证明了表达性写作对非临床的样本是有益的。一项研究评价了一种广泛使用的表达性写作干预对青少年躯体症状、抑郁和积极心理功能的影响，该研究要求 106 名八年级学生连续三天都写一个具有情绪或中立的话题，学生们完成了躯体症状、看病次数、抑郁、积极情绪以及希望的基线测量，并在干预结束后的第二周和第六周进行了追踪测量，通过计算机化的文本分析程序分析学生们所写话题中表达的情感和认知。数据分析结果表明学生们在写作练习后释放了他们的负面情绪，并提高了积极的情绪与心理体验 （Soliday， Garofalo， & Rogers， 2004）。痛 苦 的 经 历 是 释 放 他 们 情 感 的 最 有 效 的 方 法 （Radcliffe， Lumley， Kendall， Stevenson， & Beltran， 2010）。另一项研究调查了表达性写作对学校教师的健康状况和工作满意度的影响，研究对象为 6577 名教师，他们被随机分配到三种表达性写作条件中的一种或者对照组，三种条件分别为可任选形式和内容来表达最深刻的情感和想法、只写一种单一的体验、只写关于他们的教学工作中所经历的压力，所有的老师被要求连续在家中进行三天的表达性写作，该研究对参与者的心理健康、身体健康和工作满意度变量分别进行了基线评估、六周后评估、两个月后评估以及六个月后评估，数据分析结果表明，在进行了长达六个月的表达性写作之后，教师们在身体健康方面取得显著的进步 （Ashley， O'Connor， & Jones， 2013）。

这种有效方法 （富有表现力的写作） 背后的机制可能部分地归因于情感悖论的释放，它指的是日常的、生动的但在科学上难以捉摸的愤怒、悲伤、恐惧等的经历 （Barrett et al.， 2007）。写作的过程中会让别人知道自己的信息，比如个人敏感信息、过去的消极经历和未来的计划。在写作过程中，参与者的消极情绪在短期内会增加，这反映了自主神经系统的觉醒 （高血压、心跳加速、皮肤传导率增加等）。然而，在将这些生动的情感呈现在纸上之后，个人的身体和心理健康会得到极大的改善（O'Connor & Ashley，2008；Sloan，2010）。研究表明，在表达负面词语后，参与者表现出收缩压和舒张压的下降（Pennebaker & Francis，1996）。

因此，受访者应该写下他们的负面或创伤性经历，缓解其恐惧、焦虑等低落的情绪（Pennebaker & Francis，1996）。另外的研究发现，有效干预的写作内容通常有更多的情感词语。Burton 和 King（2008）以 49 名心理学专业大学生为研究对象，要求参与者连续两天参与表达性写作，要求干预组参与者写关于创伤或积极经验话题的文章，要求对照组参与者写关于大学校园的描述，在每天写作结束的情绪测量之后，参与者需要对他们的写作任务的经验进行评分，包括重要的、有意义的、情绪化的和有趣的。结果发现，干预组无论书写创伤还是积极的经历都比对照组的文章包含更多的情绪内容，而且他们在接下来的一段时间里对健康的满意度更高。因此，参与者是否愿意表达情感或使用情感词语已经成为决定表达性写作干预效果和有效性的一个关键因素。最近一项研究在 116 名健康成年人样本中评估了表达性写作的影响和调节因素（包括情感表达、情感处理和对情感表达的矛盾心理），参与者被随机分配到写过去五年里他们身上所发生的最紧张或最痛苦的四次事件（富有表现力的写作）或关于其他无关话题（对照组）的最深刻的想法和感觉，结果表明，情感表达能力显著地调节了表达性写作和焦虑之间的关系（Niles et al.，2014）。那些在表达情感方面有困难的人可能会在这种干预中受益较少（Niles et al.，2014）。

然而，以往大部分研究都是在西方的语境中进行，而东西方文化的差异是显著的。例如，东方文化更关注集体主义，而西方文化强调个人主义（Oyserman et al.，2002）。此外，亚洲国家的中庸和谐的文化需要影响了个人在信息和情感披露方面的表现，人们往往在这方面表现出高度的谨慎（Oyserman et al.，2002）。例如，与欧洲人相比，日本人更不愿意公开自己的真实姓名（Marcus & Krishnamurthi，2009）。愤怒或其他负面情绪的表达在亚洲国家是极其不受欢迎的，因为愤怒可能会扰乱人际关系的和谐平衡。最近的研究发现了中国人群中的三类性格优势，即亲和力、求知欲和自控力（Duan，Ho et al.，2012；Duan et al.，2013），这表明中国人更注重人际关系，并克制自己。正如 Lu 等（2012）所指出的那样，想要在中国进行成功的表达性写作干预首先应该克服文化障碍。到目前为止，还没有实证研究证实在中国本土的表达性写作的有效性和实用性。

本研究采用"Pennebaker 范式"（Pennebaker & Beall，1986）以探索中国人如何从表达性写作中获益。具体地说，本研究旨在检验普通中国大学生的身体健康、社会健康和心理健康是否能通过表达性写作练习来提高。此外，在大多数类似的干预研究中，性别因素极少被纳入考量（Range & Jenkins，2010），一些研究发现，女性比男性更愿意参与信息披露过程（如 Hargie，Tourish，& Curtis，2001）。因此，在本研究中，性别效应将被考虑。这项研究是第一个对中国大学生进行表达性写作的干预研究。本研究的成果将有助于理论研究和表达性写作的实际应用。

（一）研究对象和工具

2011～2012 年春季学期，我们在西南大学开设了一门选修课——写作技能培训。该研究的样本由 100 名在校大学生组成。样本的平均年龄为 20.22 岁（标准差 $SD = 0.98$；范围为 18～23 岁），包括 42 名男性、58 名女性。通过大学的选修系统，学生们被随机分为两个班——1 班（实验组：19 名男性和 31 名女性）和 2 班（对照组：24 名男性和 26 名女性）。两班同时在两间不同的教室里上课。

自我评定量表（SRHMS 1.0）是一份简化版的中国问卷，包含 46 个项目以测量身体健康（18 项）、社会健康（11 项）和心理健康（16 项）（许军、王斌会，2000）。样本项目包括："你的睡眠如何"（身体健康，PH），"你有和谐的家庭生活吗"（社会健康，SH）和"你对未来感到乐观吗"（心理健康，PSH）。最后一项（第 46 项："总体上，你如何看待你的健康？"）将不会被计算到任何子量表或总分中，而被用于验证相关研究的有效性（许军、王斌会，2000）。受访者被要求在 15 分钟之内对他们的相关项目进行满分 10 分的评分。各类健康得分为该类别各题均分，分数越高则反映了健康状况越好。该量表的内部一致性系数分布在 0.72～0.90。在普通人群、康复期精神病患者和身体疾病患者中，该量表都可靠有效（许军、王斌会，2000），此外，在健康调查简表

（SF-36）中，该量表也具有良好的标准效度。在本研究中，子量表的内部一致性系数为 0.78~0.86。

（二）干预过程

写作技能训练课程是一门普通的教育选修课，我们经过老师同意，在每堂课中都加入了干预内容。本课程的主要目的是教授学生基本的写作技巧，如主题选择、文本结构、语言润色等。研究人员选择这门课程作为实验情境的原因是，测试和干预缓解可以在课程中进行，而不会引起不寻常的反应和怀疑。参与者在自然和舒适的环境中完成了每一项干预（表达性写作任务）。他们认为这项活动是课程的一项任务，因此不存在预期效应。此外，这一设计还将连续的、短期的写作范式转换为时间间隔和长期的写作模式。这一改进对现在的普通大学生来说是有益的，因为他们面临的是日常生活中的烦心事。在这两门课上，所有的学生都有相同的基本的写作技巧，分配相同的写作任务，并要求完成相同的心理测验。

9 周的课程安排如下：第 1 周是干预计划的准备周，第 2 周到第 9 周是干预周，第 9 周是测试周。

第 1 周：介绍和基线测量

在这一初步课程中，我们首先向学生简要介绍了这门课的相关信息。为了确保学生能够在实验过程中积极、充分地参与，本课程将进行课程评分。他们被要求完成 SRHMS 1.0（时间 1，T1）的测量，其答案严格保密，且这项调查的完成是自愿的，正如协议中所描述的。最终所有的学生都同意参加这项研究。

第 2~9 周：干预过程和后期测试

在干预的 8 周内，实验组和对照组的学生需要根据指导语在 20 分钟内写出一篇论文。其中实验组的指导语是：生活不是平静的，你一定经历过一些不幸的事件。这些事件可能会带来压力、情绪或创伤，以及你对一些重要问题的个人看法。请描述一件事来发掘你内心深处的想法和感受。请把你的想法写在一篇短文中，没有任何顾虑（仅限于 400 个汉字）。对照组的指导语是：在过去的一周里，你必须做很多事情，请描述并列出你已经完成的 10 件事。这是一种提高你的组织和写作技巧的好方法（仅限于 200 个汉字）。作业完成后需要立即交给老师。所有的学生都被要求每周在课堂上完成一项写作任务，每个学生在学期中都写了 8 篇论文。在第 9 周，学生们被要求再次完成 SRHMS 1.0（时间 2，T2）的测量。在本课程结束时，研究人员向所有参与者说明了本研究的目的及相关信息。

（三）数据筛选

在数据分析前，需进行初步的数据筛选（Duan，Ho，Tang，Li，& Zhang，2014）。有 6 名参与者因其在量表中的矛盾回答而被移除在数据分析之外。例如，他们中的一些人在 SRHMS 1.0 的所有项目中选择了"10"，或者他们中的一些选择了"1"而同一子量表的其他项目中选择了"10"。另外还有 16 个人被移除在数据分析之外，因为他们没有完全参与到 8 个干预活动中。我们邀请了两名主修心理学的博士生担任独立的评分者，他们不知道这个实验的目的，我们邀请他们阅读短文（78 个主题，每个参与者 8 篇文章）并进行打分，从 1（非常不严肃）到 7（非常严肃）。"严肃"是汉语词语的翻译，意思是"自我披露"的深度和程度，是对内容的主观评价。之前的研究表明，这种评估可以识别干预研究中的无效受试者（Duan et al.，2013；Seligman，Steen，Park，& Peterson，2005）。我们进行数据清理之后进行这项评分，分数并不依赖于书写美观、写作技巧或长度，而是取决于文章的内容。两名独立评分者对 8 周的论文写作给出的评价一致性系数是 $0.63 \sim 0.81$（$p < 0.05$）。分数的相关系数和论文的字数是 $0.02 \sim 0.12$（$p < 0.05$）。这些统计数据证明了数据的可靠性。评分后，4 名学生被从样本中移除，因为他们的文章篇幅很短（即少于 30 个汉字）或者内容与任务无关。

最后，实验组包括 35 名学生（男生 11 人，女生 24 人；平均年龄 = 20.12 岁，标准差 $SD = 0.86$），对照组包括 39 名学生（男生 20 人，女生 19 人；平均年龄 = 19.95 岁，标准差 $SD = 1.02$）。我们使用 SPSS 20.0 对数据进行分析。图 4 - 7 是本研究的流程图。

（四）研究结果

表 4 - 9 给出了描述性统计和基线差异分析。在个人健康的三个方面，心理健康分数是最高的（MPSH = 7.81），而身体健康分数是最低的（MPH = 7.23）。对基线的差异分析显示，实验结果和对照组在三个健康方面和性别上没有差异（$p > 0.01$）（见表 4 - 9）。

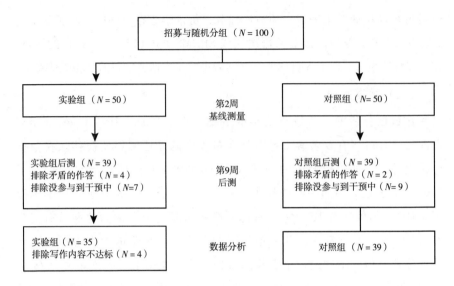

图 4 - 7　干预流程

表 4 - 9　描述性统计分析与基线分析

		均值 ± 标准差		
		身体健康	社会健康	心理健康
总样本		7.23 ± 0.20	7.72 ± 0.16	7.81 ± 0.18
性别差异	男	7.21 ± 0.17	7.69 ± 0.18	7.78 ± 0.23
	女	7.24 ± 0.22	7.74 ± 0.13	7.83 ± 0.12
	t(sig.)	− 0.71(0.481)	− 1.22(0.192)	− 1.28(0.205)
组别差异	实验组	7.24 ± .025	7.73 ± 0.19	7.86 ± 0.13
	对照组	7.22 ± 0.15	7.71 ± 0.14	7.77 ± 0.21
	t(sig.)	0.35(0.727)	0.50(0.620)	2.09(0.040)

　　为了尽量减少基线得分的影响，我们用后测得分减去基线得分，从而得到三个新的变量（身体健康变化，PHC；社会健康变化，SHC；心理健康变化，PSHC），并进行了分析。表 4 - 10 显示了三个新变量的描述性统计信息。为了检验干预的效果，我们进行了 2（实验组 vs 对照组）×2（男性 vs 女性）的多因素方差分析（MANOVA）。结果显示，干预对实验组有显著的影响（见表 4 - 11），这反映出，表达性写作能够改善中国大学生的健康状况。此外，性别和组别的交互作用对结果的影响也很大（见表 4 - 11、图 4 - 8）。

表 4 – 10 健康变化的描述性统计 （ N = 74 ）

	均值 ± 标准差		
	身体健康变化	社会健康变化	心理健康变化
总样本	0.39 ± 0.39	0.58 ± 0.46	0.60 ± 0.66
男性实验组（ n = 11 ）	0.74 ± 0.14	0.96 ± 0.17	1.11 ± 0.22
女性实验组（ n = 24 ）	0.75 ± 0.28	1.01 ± 0.25	1.31 ± 0.23
男性对照组（ n = 20 ）	0.08 ± 0.14	0.23 ± 0.31	0.03 ± 0.28
女性对照组（ n = 19 ）	0.05 ± 0.11	0.20 ± 0.21	– 0.01 ± 0.13

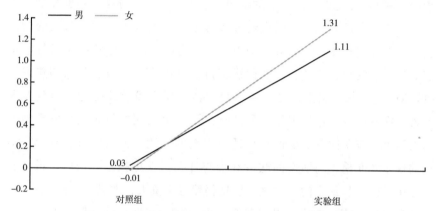

图 4 – 8 对照组和实验组干预后心理健康的变化趋势

表 4 – 11 干预效果分析 （ N = 74 ）

		平方和	df	均方	F	Sig.
组别	PHC	7.972	1	7.792	215.582	0.000
	SHC	10.151	1	10.151	160.303	0.000
	PSHC	24.306	1	24.306	488.892	0.000
性别	PHC	0.002	1	0.002	0.056	0.814
	SHC	0.001	1	0.001	0.019	0.890
	PSHC	0.103	1	0.103	2.058	0.156
组别 × 性别	PHC	0.006	1	0.006	0.151	0.699
	SHC	0.025	1	0.025	0.388	0.535
	PSHC	0.256	1	0.256	5.135	0.027
误差	PHC	2.588	70	0.037	—	—
	SHC	4.433	70	0.063	—	—
	PSHC	3.488	70	0.050	—	—

注：PHC = 身体健康变化；SHC = 社会健康变化；PSHC = 心理健康变化。

（五）小结

我们最初认为，在集体文化中，中国人不如其他国家的人更容易进行自我披露，而这反过来又可能影响表达性写作的功效。然而，我们的发现对这种假设提出了挑战。这种表达性写作在中国大学生中是有效的，可以显著提高他们的身体、社会和心理健康水平。这一结果为集体文化中的表达性写作干预提供了支撑。

先前的研究已经评估了不同健康状况下干预治疗的效果（Sloan，2010），而本研究集中在三个主要的健康方面，包括身体、心理和社会方面。在 8 次干预后，三个层次的健康有了很大的改善，这也与之前的研究结果一致（Radcliffe et al.，2010）。在测量中，参与者自我报告了他们对生活、安全、幸福和自尊的满意度，并报告了恐惧、孤独和焦虑减少。Kim（2008）指出，参与者在表达性写作干预后社交行为得到显著改善。在本研究中也发现了类似的结果。学生们在参与研究后发现他们的人际关系有所改善。他们很快适应了新的环境，更愿意与朋友分享他们的快乐和悲伤，与朋友的联系和参与社会活动更频繁。最后，虽然身体健康的改善是最小的，但这一发现仍然意义重大，尤其是在睡眠质量、饮食和疲劳方面。然而，相较其他结果，这一结果并没有那么意义深刻（如 Niles et al.，2014）。这可能部分是由于在这个实验中，被招募的大学生都是正常健康的个体，一些与身体健康相关的测量指标可能并不适合他们。例如，"你的视力如何"和"你自己穿衣服有困难吗"可能与样本不相关。实际上，为了反映身体健康状况的改善，应该使用一些客观指标，而不是自我报告式的调查问卷。

这项研究的另一个发现是，女性参与者比男性更能获得心理上的改善。性别和组别（见表 4 - 11）有显著的交互作用（$p < 0.05$），这意味着女性比男性更愿意进行自我披露（Hargie et al.，2001）。例如，一项包含 205 个自我披露研究的元分析显示，女性的信息披露频率高于男性，尽管其效应量很小（$d = 0.18$）（Dindia & Allen，1992），对最终合格的个体的进一步检查表明，以往的研究很少讨论在表达性写作干预中性别的角色。Range 和 Jenkins（2010）通过性别模式、社会角色和社会理论，系统地总结了性别的角色，并指出性别应该是影响干预效果的调节者或中介者。本研究结果可能在一定程度上反映了这一理论研究的结果。未

来的研究需要直接探索性别的中介和调节作用。

　　还有一些其他因素可能会影响干预的效果。首先是频率，我们修改了传统的"Pennebaker 范式"，将连续写作 3~4 天的时间延长到 8 周（一周一次）。Pennebaker 和 Francis（1996）提供了一份详细的描述，描述了在情感表达之前和之后认知和情感的变化，在这种情况下，他们强调了一种情感表达范式的负面影响。连续的干预（3~4 天）可能有增加负面情绪体验的可能性，但是间歇性的干预（一周一次）可能减少这些不良经历。然而，其他因素可以解释这些结果。例如，被试者的消极情绪的增加只持续了一段时间，因此，我们延迟后的测试不能反映情绪的变化。另一个原因可能是写作的内容。在实验结束时的内容检查表明，大多数学生只描述了一些负面或有压力的事件，这些事件相比创伤事件而言程度更低，可能不会增加参与者的负面情绪。因此，需要在"Pennebaker 范式"和当前的修改之间进行直接的比较研究。其次是安慰剂效应。安慰剂效应在干预研究中是一个常见的问题，通常会混淆心理治疗的真实效果和象征意义（Duan et al.，2013）。我们之前的研究发现，安慰剂效应将提升那些在短期内了解研究目的的参与者的幸福感（Duan et al.，2013）。然而，本研究设计可能成功地阻止了安慰剂效应对短期干预的影响。在当前的研究中，实验组和对照组都不知道研究的目的，他们完成了在课堂上的表达性写作任务（干预部分）。因此，我们相信本研究结果并没有受到安慰剂效应的影响。最后是个人特征。最近，Sobel 等系统地回顾了表达性写作干预的临床实验。在肿瘤样本中进行的 13 项研究显示，大多数干预效果都是无效的。然而，一些研究者认为，表达性写作可能是基于个人特征的。因此，除了性别之外，还需要在未来的研究中对其他个人特征进行研究，比如个体的性格优势。最近的一项研究发现，在网络成瘾的中国青少年中，人际关系和责任心是两种可能的保护性因素（Zhang et al.，2014）。

　　除了上述发现外，还应注意本研究依然存在一些限制。第一，本研究中样本很小，将来可以在一个更大、更多样化的样本中开展研究。第二，在当前的研究中没有后续测试，因此，中国的表达性写作的长期效果需要进一步探索。第三，修改范式和原始范式之间的差异还没有进行过比较。未来应该进行跨文化研究，以检验干预模式是否适用于不同文化当中。第四，自我报告的测量不能客观地描述心理和生理健康状况的变化。未来的研究可以利用神经心理学的方法来探索表达性写作对大脑皮层的影响，这将为该干预方式的有效性提供直接的生物学证据。

二　特定性格优势与表达性写作的关系

值得注意的是，大多数现存的表达性写作干预都是在临床样本中进行的，因为他们遭受了创伤、心理痛苦和疾病。然而，正常的个体能否从表达性写作中获益还没有被考察过。普通个体并不总是经历大的压力，但是他们中的大多数都被日常烦心事所困扰。基于压力应对交互模型和相关实证研究，在普通人群中日常烦心事远比重大事件带来的压力影响更大（McIntyre，Korn，& Matsuo，2008）。因此，考察普通个体是否可以通过这种私人的引导式的写作练习来提升幸福感是十分重要的。

Jones 和 Pennebaker（2006）认为，在实施表达性写作干预时，应该仔细考虑个体差异，因为这可能会影响干预的效果。Peterson 和 Seligman（2004）提出了一个指导研究积极品质的 VIA 优势分类系统。这个系统包括 24 种性格优势。本研究的主要目的是探讨在表达性写作干预中性格优势的作用。相继进行了研究 1（截面研究）和研究 2（干预研究）来分别探讨中国普通健康人群样本中性格优势与自我表露之间的关系，以及探索不同突出性格优势持有者在表达性写作过程中的有效性。值得注意的是，研究 2 会基于研究 1 的发现而进行。

（一）研究对象和工具

我们通过校园 BBS、微信和微博等平台进行在线招募，并邀请学生自愿参与。最终，来自中国 19 个省的共 144 个样本，包括 41 名男性和 103 名女性参加了我们的第一项研究。37 人年龄在 16 ~ 20 岁，81 人在 21 ~ 25 岁，23 人在 26 ~ 30 岁，3 人年龄在 31 岁及以上。此外，我们在西南大学从不同专业招募了共计 50 名本科生。他们被告知要参加一个为期 9 周的表达性写作实验（每周一次，一次 40 分钟）。样本的平均年龄为 19.82 岁（标准差 $SD = 1.02$，范围为 18 ~ 23 岁），23 人是男性（46%），27 人是女性（54%）。

主要工具包括三项，分别是中国人长处问卷、Jourard 自我披露问卷和生活满意度量表。其中 Jourard 自我披露问卷（Jourard Self-Disclosure Questionnaire）是一个简短的关于自我披露的调查问卷，由 Gudykunst（1985）开发，用于评估个体自我披露的程度。参与者被要求回答他们在态度、工作和学习、性格、身体方面向不同的人（包括父亲、母亲、同性朋友和异性朋友）披露的程度（不公开、一般情况和完全披露）。例如，对于"我的研究（工作）愿望和目标"。整体的分数越高，反映出越高的自我披露。其余工具不再赘述。

（二）干预过程

在第 1 周，老师对参与的学生就这个实验做了简短的介绍。老师和学生彼此不认识。参与者需全部自愿参与，其回答将被保密处理，并将签署一份保密协议书，这样既可以提高参与程度又可以保证隐私（Lu et al.，2012）。所有学生都同意参加这项研究。在这周，他们被要求完成生活满意度量表以获得生活满意度的基线数据（T1），同时完成中国人长处问卷以评估他们的性格优势水平。

在接下来的 8 周中，学生们被要求每周写一篇文章：生活不是平静的；你一定经历过一些不幸的事件。这些事件可能是压力、情感、创伤事件或个人对重要问题的看法。请描述一件事来发掘你内心深处的想法和感受。请把你的想法写在一篇短文中（不超过 400 个汉字）。所有的作业都必须在 40 分钟内完成，然后在一个密封的信封内装好，递交给老师。没有作者的允许，没有人可以对这些论文进行评估。每个学生都写了 8 篇短文。

在第 9 周，学生们被要求再次完成生活满意度测试，以检查我们的干预计划的效果（T2）。在完成所有的实验过程后，老师解释了这种干预的基本理论和知识，并回答了问题。

（三）自我披露与性格优势的关系

相关分析发现，只有求知欲与自我披露有显著的正相关关系（$r = 0.23$，$p < 0.01$）（见表 4 - 12）；而亲和力和自控力与自我披露没有显著的相关关系。

表 4 - 12　相关性与回归分析

性格优势	相关性(r)	自我披露	
		回归	
		Beta	t
亲和力	0.14	- 0.03	- 0.23
求知欲	0.23**	0.22	2.17*
自控力	0.13	0.07	0.70

注：因变量是自我披露。
* $p < 0.05$; ** $p < 0.01$。

　　进一步进行回归分析检验三种性格优势的预测能力。采用 Enter 法的多元回归分析结果表明，求知欲是自我披露的唯一重要预测因子（β = 0.22，$t = 2.17$，$p < 0.05$）（见表 4 - 12）。

　　Johnson（2000）指出，传统的多元回归分析可能低估了较弱的独立变量的预测能力。应该采用优势分析来揭示每个预测变量的相对重要性（Budescu，1993）。按照 Budescu（1993）建议的步骤，求知欲贡献了预期方差的 71.79%（见表 4 - 13）。

表 4 - 13　优势分析（$N = 144$）

	R^2	亲和力	求知欲	自控力
	—	0.018	0.053	0.017
亲和力	0.018	—	0.035	0.007
求知欲	0.053	0.000	—	0.003
自控力	0.017	0.008	0.038	—
亲和力与求知欲	0.053	—	—	0.003
亲和力与自控力	0.025	—	0.031	—
求知欲与自控力	0.056	0.000	—	—
求知欲、亲和力与自控力	0.056	—	—	—
R^2的分解		0.0073	0.0402	0.0083
预测方差的比例(%)		13.04	71.79	14.82

注：因变量是自我披露。

（四）干预中性格优势对自我披露的影响

　　为了检验这一关系，首先要对数据进行筛选。本样本的求知欲的中值（3.58）被用于区分高求知欲组和低求知欲组。为了评价论文的质量，两名主修心理学的研究生受邀作为独立的评分者。在评估之前，对这些材料的评估是由参与者获得的。所有材料都是匿名的。之前的研究表明，这些策略可以区分出无效的参与者（Proctor et al.，2011；Seligman et al.，2005；Yang et al.，2015）。评分者不知道这个实验的目的，并被要求他们阅读和采用 7 点 Likert 量表（从 1 = 非常不严肃到 7 = 非常严肃）进行评分。值得注意的是，"严肃"（Serious）表明了自我揭示的深度和程度。分数并不取决于书写、写作技巧或长度，而是取决于文章的内容。两个评分者的评价一致性系数为 0.67 ~ 0.84（$p < 0.05$）。分数的相关系数和论文的字数是 0.08 ~ 0.11（$p < 0.10$）。这些统计数据证明了他们评估的可靠一致性。有 9 名学生因为不相关的写作内容和长度而被从最终的数据池中删除。有趣的是，所有被排除的样本都来自低求知欲组。这可能意味着，缺乏求知欲的人不喜欢通过富有表现力的写作练习来进行自我披露。此外，被排除的参与者在生活满意度的基线上没有显示出任何差异（$t = -0.89$，$p = 0.36$）。最终，41 个样本被保留下来，包括 25 个高求知欲的个体（15 个男性和 10 个女性）和 16 个低求知欲个体（4 个男性和 12 个女性）。

基线和后测发现，生活满意度分数在高求知欲组和低求知欲组之间的基线水平（T1）和后测（T2）都没有显著差异。图 4 - 9 展示了两组生活满意度的变化趋势。通过配对样本 t 检验对整个样本的表达性写作干预的有效性进行检验后发现，只有高求知欲组的参与者在经历了 8 周的写作练习后，其生活满意度获得了显著的提升（$t = 5.60$，$p < 0.01$）。为了更明确地反映参与者的生活满意度变化的幅度，我们用后测值减去基线值以获得生活满意度变化值。结果表明，高求知欲组与低求知欲组之间的变化显著不同（见表 4 - 14）。

表 4 - 14 中值、标准差和 t 检验分析

	时间 1	时间 2	t 检验	生活满意度变化值	t 检验
高求知欲组	16.16 ± 4.72	23.04 ± 5.60	5.60**	6.88 ± 6.14	2.36*
低求知欲组	18.75 ± 6.6	20.88 ± 4.79	1.30	2.12 ± 6.53	
t 检验	- 1.46	1.28			

* $p < 0.05$；** $p < 0.01$。

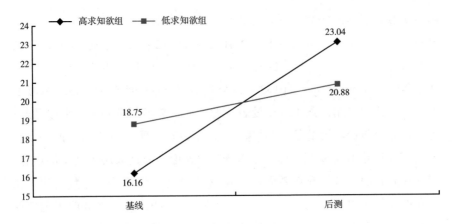

图4-9　生活满意度的改变

（五）小结

这项研究发现，求知欲是表达性写作干预的一个积极的调节因素。这就意味着更高的求知欲会使个人通过表达性写作练习获得额外的益处。Frattaroli（2006）进行的一项元分析发现，个性可以影响参与者的心理健康、生理功能和健康状况。这个初步的研究揭示了像 Peterson 和 Seligman（2004）所提出的性格优势的功能。具有高求知欲的个体往往表现出更多的勇气、热情、希望和乐观（Duan，Bai et al.，2012；Duan et al.，2013）。这将导致他们对他人进行自我披露的意愿增加，从而为减轻心理压力和提升幸福感提供了一个渠道。然而，值得注意的是，不能一味地提高求知欲。例如，在最近的一项研究中，研究人员发现，求知欲是青少年病态网络使用的一个危险因素（Zhang，Yang et al.，2014）。因此，未来需要更多的研究来阐明求知欲的功能和内在机制。从逻辑上讲，有效的人际交往技巧可以帮助个人提高自我披露的能力。然而，我们的结果未能支持这一观点。这种现象可以通过社会支持的双重影响来解释（Gleason，Iida，Shrout，& Bolger，2008）。强调人际交往能力的人可能会阻止自己表达敏感或有害的信息，因为这些信息可能会损害人际关系，而这就会抵消自我披露的积极影响。有高度自控力的人，强调自我调节以解决冲突，而不是寻求外部帮助。然而，自我调节理论指出，创伤经历的写作也是一种自我调节的过程，这对参与者来说是有益的（Lepore & Smyth，2002）。因此，自控力在创伤性自我披露中可能起到不同的作用。值得注意的是，在目前的干预研究中，没有对假设的角色和相应的关系和责任的解释进行研究。正如下面所讨论的，需要进行额外的研究。

这项研究有一定的局限性。首先，试点研究样本量太小。未来的研究必须包含一个更大的样本，并且应该分别设置三个优势组和对照组来验证结论。其次，我们选用中位数来区分高低求知欲组，这可能会削弱两组之间的差异性。后续研究中，需要用更大的样本和更科学的方法来确定分界值。最后，还需要在不同的群体中验证基于优势的表达性写作干预的效果。

第五章 性格优势的培养

第一节 路径一：优势知识与优势使用

一 优势知识与优势使用的测量

研究表明，性格优势与平均成绩（GPA）正相关。学界已经建构了基于性格优势的干预以促进学生的情感和认知发展。Quinlan 等（2012）提出，优势知识和优势使用可能是基于优势进行干预工作和促进个人发展的基本机制。自我决定理论认为，优势知识和优势使用能够满足个人的基本心理需求，从而提高自我动机和幸福感（Ryan & Deci，2000）。优势知识是指对自身优势的认识；优势使用是指在不同的环境中使用自己的优势（Govindji & Linley，2007：146）。Govindji 和 Linley（2007）考察了优势的两个方面——优势知识和优势使用，以及它们与主观幸福感、心理健康和主观生命力的关系，研究者通过理论分析假设那些知道自己的优势并能够利用自己的优势向正确方向努力的人会更快乐。研究共有 214 名参与者，数据分析结果表明优势知识、优势使用都与心理健康和生命力显著相关，自尊和优势都能够影响主观幸福感和心理健康，但只有自尊才能显著地预测出主观生命力的差异，并最终开发出了优势知识量表（Strengths Knowledge Scale，SKS）和优势使用量表（Strengths Use Scale，SUS）来分别衡量识别和使用优势的程度。上述两个量表在西方国家展现出良好的心理测量学特征（Wood et al.，2011）。然而，现有文献中还没有报道过其在青少年中的应用情况。

我们通过探索性结构方程模型（ESEM）来评估优势知识和优势使用量表的心理测量学特性。探索性结构方程模型作为探索性因子分析与验证性因子分析的结合，其最佳适用性已经得到了证明（Marsh，Liem，

Martin, Morin, & Nagengast, 2011)。与验证性因子分析相比, ESEM 具有更好的模型数据拟合和框架中更准确的相互关系 (Marsh et al., 2011, 2013)。积极教育和相应的干预措施可以促进学生的认知和情感发展, 我们假设优势知识和优势使用与 GPA、殷盛感和积极情绪呈正相关, 与消极情绪和心理症状呈负相关。

（一）研究对象和工具

总共有 226 名女性和 216 名男性青少年参加了这项研究 (平均年龄 = 14.67 岁; 标准差 SD = 1.02; 年龄范围为 14 ~ 17 岁)。其中 229 名学生来自五所不同的初中, 213 名学生来自五所不同的高中。我们从 2016 年 2 月至 5 月随机招募了参与者, 并从学校教务记录中获得了他们的成绩。他们被要求完成一系列标准化测试工具, 包括以下内容。

优势知识和优势使用量表 (Strengths Knowledge and Use Scale, SKUS), 该量表由两个子量表组成: 8 道题目的优势知识量表 (SKS) 和 14 道题目的优势使用量表 (SUS)。量表由 Govindji 和 Linley (2007) 开发, 优势知识量表和优势使用量表被用于评估优势知识和优势使用的程度 (Govindji & Linley, 2007: 146)。该英文量表首先由一名博士生翻译成中文, 然后由另一名博士生进行英文回译。接下来, 三名 15 ~ 17 岁的青少年阅读了中文版的量表, 以确定量表题目是否能够被正确理解。最后, 我们对题目的表述做了一些修改, 确定了中文版本。题目包括 "我利用自己的优势以得到自己想要的生活" "我的工作给了我很多机会去使用自己的优势" "我的生活给我提供了很多不同的途径去发挥自己的优势" "我发现自己在做事情时非常容易运用到自己的优势" 等 (Govindji & Linley, 2007)。参与者需要从 1 (强烈不同意) 到 7 (非常同意) 的 Likert 量表中选择最符合自己的描述。得分越高表明优势知识/优势使用的水平越高。

积极情绪和消极情绪量表 (Positive Affect and Negative Affect Schedule, PANAS) (Watson, Clark, & Tellegen, 1988) 是一种被广泛运用的、测量积极和消极情绪的量表。PANAS 分为两个分量表, 每个分量表包含 10 个情绪词语。参与者需要从 1 (非常轻微或根本没有) 到 5 (非常强烈) 的 Likert 量表中选择符合自己的描述。本研究中积极情绪和消极情绪分量表的信度 α 分别为 0.87 和 0.91。此外参与者还完成了殷盛感量表（Flourishing Scale，FS）和抑郁焦虑压力量表（Depression Anxiety Stress Scale，DASS - 21）。这两个量表在前文中多次出现，不再赘述。

（二）研究结果和小结

通过 Mplus 7.4 进行 ESEM 分析，初步分析显示，22 个题目与双因素结构的拟合度很好（$\chi^2 = 615.342$，$df = 188$，比较拟合指数 CFI = 0.911，Tucker-Lewis 指数 TLI = 0.891，标准化残差均方根 SRMR = 0.037，近似误差均方根 RMSEA = 0.072，90% 置信区间 CI = [0.066，0.078]）。

然而，题目 2 在优势知识上的载荷不显著（因子载荷 = - 0.007），修正指数显示，在题目 10 和题目 11 之间显示出强残差协方差（修正指数 = 92.98，参数期望 = 0.278）。题目 2 载荷不明显的原因是措辞效应，因为题目 2 是一道反向计分题目（Ye，2009），问卷中的负面措辞会产生受年龄和阅读能力影响的措辞效应（Marsh，1996）。因此，我们构建了排除题目 2、包含题目 10 和题目 11 之间的残差协方差的修正模型。修正后共 21 道题，结构的拟合度指数得到了显著改善（$\chi^2 = 484.887$，$df = 168$，比较拟合指数 CFI = 0.931，Tucker-Lewis 指数 TLI = 0.914，标准化残差均方根 SRMR = 0.035，近似误差均方根 RMSEA = 0.065，90% 置信区间 CI = [0.059，0.072]）。SKS 的标准化因子载荷范围为 0.51 ~ 0.93，SUS 的标准化因子载荷范围为 0.52 ~ 0.91。SKS 和 SUS 的平均变异抽取量（AVE）分别为 0.60 和 0.61。最终模型也显示了 SKS（ω = 0.925）和 SUS（ω = 0.959）良好的内部一致性。

剩余题目的相关性（Item-Rest Correlation）范围为 0.65 ~ 0.84。优势知识、优势使用和变量的描述性统计和相关性如表 5 - 1 所示。优势知识和优势使用与殷盛感、积极情绪和学生学业成绩（GPA）呈正相关（$r = 0.15 ~ 0.66$，$p < 0.001$），而与消极情绪、抑郁、焦虑和压力呈负相关（$r = - 0.32 ~ - 0.10$，$p < 0.05$）。具体来说，除了积极情绪之外，相比优势使用，优势知识表现出与其他变量更强的相关性。

表 5 - 1　优势知识、优势使用与其他相关变量的描述性统计和相关性

	1. 优势知识	2. 优势使用	3. 殷盛感	4. 积极情绪	5. 消极情绪	6. 抑郁	7. 焦虑	8. 压力	9. 成绩 (GPA)
1	—	0. 73 ***	0. 66 ***	0. 43 ***	− 0. 22 ***	− 0. 32 ***	− 0. 27 ***	− 0. 26 ***	0. 22 ***
2		—	0. 61 ***	0. 50 ***	− 0. 10 *	− 0. 23 ***	− 0. 16 ***	− 0. 19 ***	0. 15 ***
3			—	0. 43 ***	− 0. 28 ***	− 0. 44 ***	− 0. 32 ***	− 0. 32 ***	0. 10 *
4				—	0. 20 ***	− 0. 07	0. 02	0. 01	0. 12 *
5					—	0. 60 ***	0. 62 ***	0. 59 ***	< − 0. 01
6						—	0. 84 ***	0. 83 ***	− 0. 05
7							—	0. 88 ***	− 0. 02
8								—	− 0. 02
M	4. 88	4. 73	5. 31	2. 88	1. 95	0. 59	0. 73	0. 82	77. 45
SD	0. 80	0. 97	1. 01	0. 77	0. 76	0. 65	0. 62	0. 62	11. 31

* $p < 0.05$, ** $p < 0.01$, *** $p < 0.001$。

回归分析的结果显示，优势知识是解释学生 GPA 的唯一重要因素（$\beta = 3.84$，$t = 3.59$，$p < 0.001$），整个模型贡献了方差的 5.50%（$F = 3.11$，$p < 0.01$）（见表 5 - 2）。GPA 和优势知识之间更密切的关联可能来自它们都属于认知方面（Govindji & Linley，2007；Richardson，Abraham，& Bond，2012）。然而，有其他研究指出优势使用比优势知识更重要，这可能是因为本研究中缺乏对研究对象的详细指导，参与者并不知道该如何使用优势。

表 5 - 2　回归分析结果

自变量	因变量：成绩（GPA）		
	β	t	VIF
优势知识	3. 842	3. 593 ***	2. 602
优势使用	− 0. 253	− 0. 295	2. 479
殷盛感	− 0. 970	− 1. 223	2. 257
积极情绪	0. 526	0. 597	1. 639
消极情绪	0. 473	0. 487	1. 927
抑郁	− 1. 724	− 1. 007	4. 424
焦虑	1. 022	0. 502	5. 702
压力	0. 523	0. 272	5. 066
$R^2 (F)$	0. 055（3. 106 ** ）		

** $p < 0.01$，　*** $p < 0.001$。

需要进一步讨论的另一个发现是积极情绪和消极情绪之间的正相关（$r = 0.20$，$p < 0.001$）。Watson 等（1988）假设积极情绪和消极情绪在原始模式下是独立的构建体。然而，不同文化中进一步的研究发现它们之间存在负相关（Jovanović & Gavrilov-Jerković，2016）或较弱的相关性（Weidong，Jing，& Schick，2004）。这些不一致的结果可能意味着文化会调节积极情绪和消极情绪之间的关系（Schimmack，2009）。在本研究中，消极情绪与抑郁、焦虑和压力呈正相关，而积极情绪与它们无关。这可能表明中国人不善于表达积极情绪（Diener，Suh，Smith，& Shao，1995）。因此，未来的研究应该结合文化因素来研究积极情绪和消极情绪之间的关系。

二　优势知识与优势使用的作用

识别突出优势和运用突出优势都是典型的基于性格优势的干预策略（Seligman et al.，2005）。作为一种被广泛使用的积极心理干预策略，基于性格优势的干预能够可靠地促进健康并减少负面情绪。例如，Duan 等（2014）开展了一项基于性格优势的干预，以促进中国大学生的生活满意度，结果显示，在短期（9 周）和长期（18 周）随访测试中，参与者的生活满意度均有显著提高。Proyer 等（2015）发现，无论是使用突出优势还是次要优势，都能增加后测和 3 个月随访时的幸福感。Wellenzohn 等（2016b）设计了一种"运用幽默"（Applying Humor）的干预，发现这种干预在 6 个月的时间内都能有效提高幸福感，在 1 个月的随访中也能有效减轻抑郁。Proyer 等（2014）发现，在 6 个月的随访测试中，运用新的方法使用突出优势的活动与幸福感的增加有关。总的来说，许多实证研究都支持了相似观点，即基于性格优势的干预能够在短期和长期增加参与者的幸福感，并减少其负面情绪。然而，关于以基于性格优势的干预是否在更长的时间内（一年后）仍然有效，以及为什么这些活动（例如，识别突出优势和运用新的方法使用突出优势）起作用，我们知之甚少。

以往的研究表明，干预后参与者持续的自我实践是导致长期效果的关键因素。Seligman 等（2005）认为，参与者在干预后坚持进行干预活动是干预在后续测量中仍然起作用的中介因素。Proyer 等

（2015）的研究表明，在完成干预的 3.5 年后，持续的自我实践可以预测幸福感的增加和抑郁症状的减少。因此，那些在干预活动之后坚持进行自我实践的参与者能够持续地受益于干预活动（Seligman et al.，2005）。虽然基于性格优势的干预只持续一段时间，但它允许参与者自己采取行动来改变行为，从而导致结果的可持续变化。因此，我们有理由期待基于性格优势的干预能够在一年后仍然有效。本研究将报告一个基于性格优势的单一积极认知干预在短期（一周）和长期（一年）的有效性（Duan & Bu，2017b）。我们鼓励参与者在干预后继续进行自我实践，这样我们就可以检验基于性格优势的干预的长期有效性。

另一个关于性格优势干预研究的问题是其干预机制。在讨论了性格优势干预的有效性之后，一些研究者开始思考"性格优势干预是如何发生作用的"，而不仅仅是"性格优势干预是否有效"（Linley et al.，2010：7）。已有的研究将优势知识和优势使用作为影响性格优势发挥作用的可能的关键因素。优势知识是指对自身优势的认识；优势使用是指在不同的环境中使用自己的优势（Govindji & Linley，2007）。Niemiec（2013a）总结了性格优势干预的模型："认识－探索－运用"模型（Aware-Explore-Apply）。具体来说，在性格优势基础上的干预分为三个步骤：（1）帮助参与者逐渐意识到他们现有的性格优势；（2）协助参与者深入挖掘自身优势；（3）参与者运用行动计划或目标来提高某一特定的优势。该模型表明，识别优势是其他基于优势的活动的起点（Shankland & Rosset，2017：377）。优势知识可以作为优势使用的先决条件。

已有的研究表明，优势知识和优势使用相互关联，并且与幸福感之间存在显著的相关性（Govindji & Linley，2007：146）。一项初步研究（$N = 18$）的结果表明，提高对优势的认识、使用优势能够显著地提升个体的心理健康和参与感（Govindji & Linley，2007；Minhas，2010）。另一项干预研究通过提升优势知识，确定自身优势并发现其他人的优势，帮助学生提高了他们的生活满意度（Proctor et al.，2011）。后续研究表明，自我决定理论、目标理论和认知行为理论可以为性格优势的干预机制提供可能的解释（Quinlan et al.，2012）。

　　已有综述研究分析了性格优势干预对幸福感提升的作用，性格优势干预是一种旨在识别和发展个人或群体优势的过程（Quinlan et al.，2012；Ryan & Deci，2000），干预措施鼓励个人发展并利用他们的优势，最终目标是促进幸福或其他理想的结果（如学术效能）。干预措施往往基于一种特定的优势分类，并附有相应测量问卷以确定其优势，为了找到性格优势干预相关的研究，该综述研究使用了几种搜索策略。首先，使用以下关键字的组合搜索 EBSCOhost、Science 和 PsycINFO 在线数据库：优势、活动、锻炼、性格优势、幸福感、生活满意度、积极心理学、性格优势分析量表和优势分类；此外，澳大利亚、新西兰、英国、加拿大和美国的学者也提供了相关的参考资料。研究涉及文献的入选标准包括：（1）明确地教授或使用优势分类来提高幸福感的研究；（2）那些试图通过培养单一性格优势（如善良或感恩）来提高幸福感的研究被排除在外；（3）研究必须有干预前和干预后的措施，包括一个比较组，并报告了效应大小。为了突出该领域的一些新发现，并举例说明使用优势干预措施领域的范围，三项不符合入选标准的研究也被纳入，最终选定了八项研究进行综述。该综述研究主要从验证优势干预（文献搜索、已发表的优势干预、优势作为其他干预方案的一部分）、性格优势干预的影响（干预的持续时间和人与人之间的交往时间、效果的持续时间、效果的影响大小和测量工具、干预技巧、研究人群的性别/选择和年龄、积极心理学的"临床意义"）、优势干预可能的潜在机制（个人因素：优势利用、心理需求满足和目标设定；背景因素：关系和群体设置、优势取向、未来研究设计的考虑）三个方面进行了具体的阐述。该综述研究提出：自我决定理论认为，优势知识和优势使用可以满足个人的心理需求，提高自我激励，增强参与感和幸福感；目标理论表明，有价值的目标设定可以促进优势使用。

　　此外，另有研究指出人类可以积极主动地参与也可以选择被动地疏远，这在很大程度上是使他们社会条件发挥作用的一种功能。因此，以自决权为指导的研究关注的是促进和阻止自我激励和健康心理发展的自然过程的社会情境条件。具体而言，是要研究一些会增强或削弱个体内在动机、自我调节能力和幸福感的因素。基于此，该研究提出了三种内在心理需求的假设，即能力、自主性和关联性。也就是说，当满意的结果出现时，这会增强自我激励和心理健康，而受到挫败时，则会导致动机和幸福感的下降。该研究还考虑了这些心理需求和心理需求满足过程在卫生保健、教育、工作、体育、宗教和心理治疗等领域的重要性，具体从自我决定理论、动机的性质、自我调节的外在动机（促进一体化的外在动机、异化及其预防）、心理需求和心理健康四个方面进行阐述（Quinlan et al., 2012; Ryan & Deci, 2000）。然而，这些研究并没有充分区分优势知识和优势使用在性格优势干预的不同阶段的作用。

认知行为理论的基本信念是：思想扭曲和不适应行为在心理障碍的发展中起着重要作用，帮助服务对象改变不良的认知（如思想、信念和态度），发展持久的技能，促进行为改变，可以减少症状和相关的痛苦（Beck, 1993）。基于这一信念而产生的认知行为疗法是一种以问题为焦点、以行动为导向的心理治疗手段，聚焦于开发个人的应对机制（Karwoski, Garratt, & Ilardi, 2006; Schacter, Gilbert, & Wegner, 2010）。认知行为疗法的六个基本步骤依次是：心理测量、认知重构、学习技巧、强化技巧和运用训练、一般化和维持、后测和跟踪随访（Gatchel & Rollings, 2008）。认知行为疗法的核心技术在于帮助个人挑战他们已有的思维模式和信念，用"更现实和更有效的想法"来代替"泛化、消极情绪扩大化，无视积极成果、灾难性思维等错误的想法"（Hassett & Gevirtz, 2009），具体包括认知重组、设定目标和安排愉快活动等。例如，Duan 和 Bu（2017b）设计的单一性格优势干预明确地将干预分为两个连续但又独立的部分（即认知阶段和行为阶段）。认知阶段帮助参与者促进对自身性格优势的认知；行为阶段则侧重于在日常生活中运用性格优势。结果表明，干预可以帮助本科一年级学生提高幸福感，减少负面情绪（Duan & Bu, 2017b）。可以看出，认知行为疗法和性格优势干预都强调了认知和行为在这一过程中的有效性。性格优势干预活动反映了认知行为疗法的核心内容和技能（如认知重组、设定目标和安排愉快活动）。

本研究旨在检验性格优势干预 1 年的长期有效性及其作用机制。基于以上的基本原理和先前的发现，我们进一步假设性格优势干预的有效性是由优势知识和优势使用顺序中介的。研究结果将有助于揭示性格优势干预的潜在机制，帮助研究者和实践者更好地理解干预效果的持续性和作用机制，也将为在校园中进行高质量的干预提供一个令人信服的理论基础。

（一）研究对象和干预过程

我们首先通过功效分析来确定达到既定统计检验水平（$\alpha = 0.05$，$power = 0.80$）所需最低样本量。先前一项积极心理干预的元分析表明，对于幸福感（$r = 0.29$）和抑郁症（$r = 0.31$），干预具有中等程度的效果（Sin & Lyubomirsky，2009）。因此，要完成四次测量，总样本应该至少由98名参与者组成。

本研究在高校中招募了100名大学新生（平均年龄 = 18.21岁，标准差 $SD = 0.72$）作为研究对象。所有的参与者都处于良好的健康状态，没有严重的精神病症状或药物滥用。在他们自愿参加这次干预之前，他们没有参加过任何其他类似的干预措施。所有的参与者都未婚并且住在校园里。我们采用计算机随机数发生器将参与者分配到干预组和控制组。所有学生都被要求参加前测、后测、1周和1年的随访测试，但有24%的学生在干预期间流失。因此，用于中介分析的总样本为76名大学一年级学生，干预组为37人，控制组为39人。干预组与控制组无年龄、性别差异〔年龄：$M = 18.22$，$SD = 0.65$，$F(1, 74) = 0.17$，$p = 0.25$；$\chi^2(1, N = 76) = 3.37$，$p = 0.07$〕。一年之后我们收集到38名参与者的随访数据（干预组19人，控制组19人），以测试其长期有效性。干预组和控制组之间无年龄和性别差异〔年龄：$M = 18.29$，$SD = 0.61$，$F(1, 36) = 0.67$，$p = 0.43$；性别比例：$\chi^2(1, N = 38) = 0.95$，$p = 0.33$〕。图5-1给出了干预的流程图。

详细的步骤和方法可参考Duan和Bu（2017b）的研究。本书在此进行简要的描述。干预前一周，参与者被要求进行基线测试，并完成一份性格优势评估（即中国人长处问卷和三维度性格优势量表）（Duan & Bu，2017a；Duan et al.，2012）。这一过程可视为CBT模式的心理测量阶段。干预是一个90分钟的课程，包括四个活动。

第一个活动被称为"识别性格优势"（Duan & Bu，2017b）。在这一部分中，老师介绍了每个性格优势的定义和意义，让参与者对性格优势的认识得到提升。第二个活动被称为"性格优势360°"，在此期间参与

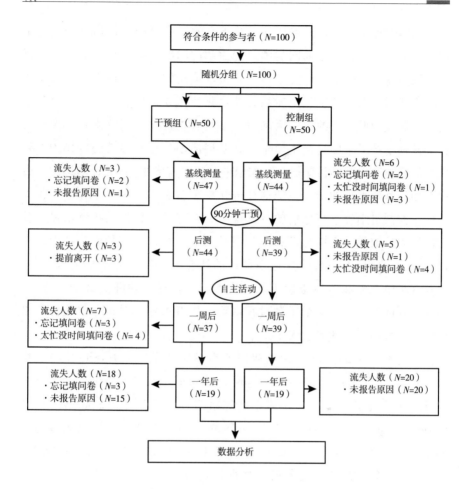

图 5 - 1　干预流程

者将通过他人的帮助了解他们的五个优势。在第三个活动"突出优势"
中，一份由中国人长处问卷和三维度性格优势量表的调查结果组成的个
性化报告将提供给参与者。在前两个活动和他们的个性化报告的基础上，
参与者被要求选择一个或两个优势作为他们的突出优势。在第四个活动
"提出目标"中，老师介绍了学生在日常生活中可以进行的活动，巩固
他们的性格优势。然后，他们被要求设定一个目标，并选择与他们的突
出优势相关的活动。90 分钟的课程可以看作一个认知阶段。本课程以开
发个人性格优势为重点，旨在协助参与者设定目标及安排日常活动。这
一阶段反映了 CBT 模式的认知重构和学习技巧阶段。在课程结束后，参

与者立即参加了后测，并被要求在接下来的一个星期内使用他们的突出优势。他们可以自由地询问老师关于活动的问题。这一自主活动周是行为阶段，在此期间学生们实施活动并实现他们的目标。行为阶段反映了CBT模式的第四个和第五个阶段，即强化技巧和运用训练、一般化和维持。在完成为期一周的自主活动后，参与者进行一次跟踪测量。参与者也被鼓励在接下来的日常生活中继续开展活动。后测和随访可作为CBT模型的后测和跟踪随访阶段。控制组的学生没有参加90分钟的课程，也没有参与其他类似的干预。他们被告知将于明年参与这一干预。干预周期中，控制组学生继续他们的日常课程和参与学校提供的正常活动。我们邀请学校辅导员定期与两组学生进行沟通，跟踪他们的心理状况。本研究中的干预是由一名受过适当训练的社会工作专业的硕士生进行的，她具有小组工作和积极心理干预的实践经验。指导教师监督干预方案，确保干预的充分性。整个干预过程由第一作者指导，他是一位研究性格优势和积极心理学的专业人士。

研究所涉及的测量工具包括抑郁焦虑压力量表（DASS - 21）、优势知识和优势使用量表（Strengths Knowledge and Use Scale, SKUS）。此外，本研究引入了一个新的心理健康测量工具，即简短旺盛感量表（Brief Inventory of Thriving, BIT）（Duan et al., 2016）。该量表被用于测量大学生的旺盛感。该量表是5点Likert量表（1 = 完全不同意，5 = 完全同意）的综合旺盛感自我报告量表（Su et al., 2014），一共10个题目，旺盛感的水平由总分来表示，即高分意味着高水平的旺盛感。题目包括"我对我的社区有归属感""我从事大多数活动时感到精力充沛""这世界上有欣赏我的人"等（Duan et al., 2016）。该量表的中文版具有较高的内部一致性（Cronbach's $\alpha > 0.85$）和良好的因子结构（Duan et al., 2016）。在本研究中，此量表也具有较高的内部一致性（Cronbach's $\alpha > 0.83$）。

（二）研究结果

为了检验干预成效，我们将所有结果变量的均值（M）、标准差（SD）、效应大小（Cohen's d）呈现在表5 - 3中，进行了重复测量方差分析以评估干预的有效性。在分析中，三个时间点的旺盛感、焦虑、抑郁和压力作为因变量，组别作为自变量。重复测量方差分析用于评估干预的效果；事后检验被用来估计组间的具体差异；配对样本 t 检验用于估计组内的具体差异。显著性水平设置为 $p < 0.05$。统计功效由偏 eta 方表示（η_p^2）。

表 5 - 3　变量的描述性统计及干预效果分析结果（$N = 38$）

		基线测量		后测		一周后跟踪测量		一年后跟踪测量	
		$M(SD)$	d	$M(SD)$	d	$M(SD)$	d	$M(SD)$	d
旺盛感	干预组	3.70 (0.47)	0.33	3.90 (0.39)	1.10	3.92 (0.45)	1.05	3.66 (0.46)	0.25
	控制组	3.55 (0.44)		3.47 (0.39)		3.44 (0.46)		3.50 (0.79)	
负面情绪	干预组	1.57 (0.32)	−0.38	1.42 (0.30)	−0.88	1.30 (0.31)	−1.36	1.71 (0.55)	−0.1
	控制组	1.71 (0.41)		1.74 (0.42)		1.84 (0.47)		1.76 (0.50)	

		时间主效应			组别主效应			时间×组别交互效应		
		F	η_p^2	$1-\beta$	F	η_p^2	$1-\beta$	F	η_p^2	$1-\beta$
旺盛感	干预组	0.69	0.02	0.50	4.64*	0.11	0.54	1.87	0.05	0.91
	控制组									
负面情绪	干预组	3.57*	0.09	0.74	5.89*	0.14	0.65	6.71**	0.16	0.96
	控制组									

* $p < 0.05$；** $p < 0.01$。

从旺盛感的总体趋势上看，干预组学生的旺盛感水平从基线测量到一周后跟踪测量呈现持续上升趋势，但在一年后下降；而控制组的旺盛感水平保持相对稳定，且干预组旺盛感水平总体高于控制组（见图 5 - 2）。重复测量方差分析的结果显示，组别主效应显著，$F_{(1,26)} = 4.64$，$p = 0.04$，$\eta_p^2 = 0.11$，说明两组之间的旺盛感水平存在显著差异；通过事后检验两两比较可以看出，干预结束之后（后测）两组之间在旺盛感水平上存在显著差异，$F_{(1,26)} = 10.71$，$p = 0.002$，$\eta_p^2 = 0.23$，说明干预的即时效应显著；干预一周后两组之间在旺盛感水平上也存在显著差异，$F_{(1,26)} = 5.08$，$p = 0.03$，$\eta_p^2 = 0.13$，说明干预的短期效果也显著；而干预一年后两组之间旺盛感水平不存在显著差异，

$F_{(1,26)} = 0.61$，$p = 0.44$，$\eta_p^2 = 0.02$，说明干预的长期效果不显著。时间主效应不显著，$F_{(1,26)} = 0.69$，$p = 0.56$，$\eta_p^2 = 0.02$。时间和组别的交互效应不显著，$F_{(1,26)} = 1.87$，$p = 0.14$，$\eta_p^2 = 0.05$。然而，通过配对样本 t 检验可以看出，与基线水平相比，干预组的旺盛感水平在后测 [$t_{(18)} = -3.73$，$p = 0.002$] 和一周后 [$t_{(18)} = -2.38$，$p = 0.03$] 都发生了显著变化，但一年后并未发生显著变化 [$t_{(18)} = 0.49$，$p = 0.63$]。控制组从基线到后测 [$t_{(18)} = 0.99$，$p = 0.33$]、到一周后 [$t_{(18)} = 0.82$，$p = 0.54$]、到一年后 [$t_{(18)} = 0.25$，$p = 0.80$] 都无显著变化。总体而言，研究结果显示，性格优势干预对于促进大一新生的幸福感有显著的即时和短期效果，但这种效果并没有持续很长时间。

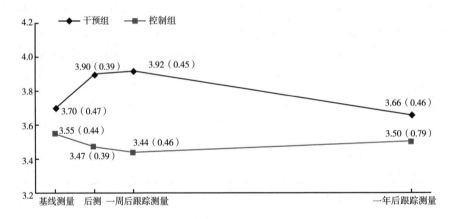

图 5-2　旺盛感水平变化

从负面情绪总体趋势上看，干预组学生的负面情绪水平从基线测量到一周后跟踪测量呈现持续下降趋势，但在一年后干预组负面情绪水平提升到更高水平；而控制组的负面情绪水平有所波动但总体上高于干预组（见图 5-3）。重复测量方差分析的结果显示，组别主效应显著，$F_{(1,26)} = 5.89$，$p = 0.02$，$\eta_p^2 = 0.14$，说明两组之间的负面情绪水平存在显著差异；通过事后检验两两比较可以看出，干预结束之后（后测）两组之间在负面情绪水平上存在显著差异，$F_{(1,26)} = 0.47$，$p = 0.01$，$\eta_p^2 = 0.17$，说明干预的即时效应显著；干预一周后两组之间在负面情绪水平上也存在显著差异，$F_{(1,26)} = 17.55$，$p < 0.01$，$\eta_p^2 = $

0.33，说明干预的短期效果也显著；而干预一年后两组之间负面情绪水平不存在显著差异，$F_{(1,26)} = 0.05$，$p = 0.83$，$\eta_p^2 < 0.01$，说明干预的长期效果不显著。时间和组别的交互效应显著，$F_{(1,26)} = 6.71$，$p < 0.01$，$\eta_p^2 = 0.16$，说明在干预期间，干预组的负面情绪变化显著地超过控制组。时间主效应显著，$F_{(1,26)} = 3.57$，$p = 0.02$，$\eta_p^2 = 0.09$；通过配对样本 t 检验可以看出，与基线水平相比，干预组的负面情绪水平在后测 $[t_{(18)} = 3.60$，$p = 0.002]$ 和一周后$[t_{(18)} = 5.07$，$p < 0.001]$ 都发生了显著变化，但一年后 $[t_{(18)} = -2.14$，$p = 0.05]$ 并未发生显著变化。控制组从基线到后测 $[t_{(18)} = 0.23$，$p = 0.82]$、到一周后 $[t_{(18)} = -1.12$，$p = 0.28]$、到一年后 $[t_{(18)} = -0.56$，$p = 0.58]$ 都无显著变化。总体而言，研究结果显示，性格优势干预对于改善大一新生的负面情绪有显著的即时和短期效果，但这种效果并没有持续很长时间。

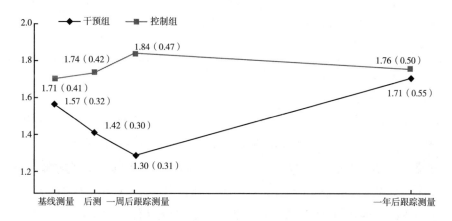

图 5 – 3　负面情绪水平变化

由上述结果可知，干预具有显著的即时和短期效果。90 分钟的干预活动（从基线测量到后测）帮助小组参与者认识了自身的优势，并为后续使用优势奠定了基础，因此我们计算了从基线测量到后测优势知识的变化值（即 Δ 优势知识）；干预活动后一周，参与者实施计划并在日常生活中运用自身优势，因此，我们计算了从基线测量到干预活动后一周优势使用的变化值（即 Δ 优势使用），用来反映在优势干预过程中优势知识和优势使用增量。对 Δ 优势使用、Δ 优势知识、旺盛感（一周后）、负面情绪（一周后）进行相关分析的结果显示，Δ 优势知识与因变量之间没有显著的相关性；而 Δ 优势使用与因变量之间有显著的相关性，见表 5 - 4。中介效应由 PROCESS（Hayes，2013）进行分析，其中序列中介使用 Model 6 来执行回归分析，从而检验中介和序列中介的间接效应。显著性水平设定在 $p < 0.05$，Bootstrap 设置为 5000。考虑到这个研究的样本量较小（$N = 76$），我们采用了百分位数 Bootstrap 来进行统计推论，因为此方法受异常值的影响相对较小（Creedon & Hayes，2015）。

表 5 - 4　描述统计与相关分析（$N = 76$）

	$M(SD)$		效应量	1	2	3	4
	干预组	控制组					
1. Δ 优势知识	0.38(0.80)	0.13(0.59)	0.36	—	0.23*	-0.004	0.09
2. Δ 优势使用	0.42(0.78)	-0.17(0.76)	0.77		—	0.51**	-0.45**
3. 旺盛感(一周后)	3.99(0.51)	3.43(0.77)	0.86			—	-0.67**
4. 负面情绪(一周后)	1.38(0.37)	1.83(0.51)	-1.01				—

*$p < 0.05$；**$p < 0.01$。

旺盛感的间接效应是显著的（Coeff. $= -0.19$, 95% CI $= [-0.40, -0.04]$）。两条路径上的中介效应是不显著的：组别→Δ 优势知识→旺盛感（Coeff. $= 0.03$, 95% CI $= [-0.02, 0.10]$）；组别→Δ 优势知识→Δ 优势使用→旺盛感（Coeff. $= -0.02$, 95% CI $= [-0.07, 0.01]$）。另一条路径上的中介效应显著：组别→Δ 优势使用→旺盛感（Coeff. $= -0.20$, 95% CI $= [-0.42, -0.06]$）。直接效应不显著（Coeff. $= -0.20$, 95% CI $= [-0.46, 0.07]$, $p = 0.14$），但总效应是显著的（Coeff. $= -0.39$, 95% CI $= [-0.66, -0.11]$, $p = 0.01$）。总的来说，这些结果表明，优势使用的变化可以影响干预对象的旺盛感，但优势知识的改变不能。

负面情绪的间接效应是显著的（Coeff. $= 0.10$, 95% CI $= [-0.01, 0.23]$）。两条路径上的中介效应是不显著的：组别→Δ 优势知识→负面情绪（Coeff. $= -0.04$, 95% CI $= [-0.12, 0.01]$）；组别→Δ 优势

知识→Δ优势使用→负面情绪（Coeff. = -0.01，95% CI = [-0.00，0.04]）。另一条路径上的中介效应显著：组别→Δ优势使用→负面情绪（Coeff. = 0.13，95% CI = [0.03，0.26]）。直接效应（Coeff. = 0.35，95% CI = [0.15，0.55]，p = 0.01）和总效应（Coeff. = 0.45，95% CI = [0.25，0.66]，p = 0.01）都是显著的。总的来说，这些结果表明，优势使用的变化可以影响干预对象的负面情绪，但优势知识的改变不能。

所有的结果都表明，在性格优势干预对健康的影响中，优势使用是至关重要的。每个路径系数的详细模型如图5-4所示。

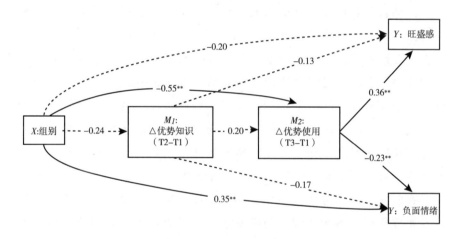

图5-4　中介效应模型

说明：T1 = 基线测量；T2 = 后测；T3 = 一周后测量；Δ优势知识 = 从基线测量到后测优势知识的变化值；Δ优势使用 = 从基线测量到干预活动后一周优势使用的变化值。

$^* p < 0.05$；$^{**} p < 0.01$。

（三）小结

本研究的主要目的是评估以性格优势为基础的干预的长期有效性，以及优势知识和优势使用对性格优势干预的中介作用。结果表明，基于性格优势的干预是提高参与者旺盛感、减少负面情绪的有效手段。然而，这种性格优势干预的效果可能会在很长时间内减弱。中介分析的结果在一定程度上证实了我们的假设，即优势使用可以中介干预后的效果。然而，优势知识与因变量之间没有显著的相关性。

我们的发现与以往许多研究的结果相一致，这些研究表明基于性格优势的干预有显著的短期效果。Proyer 等（2016）进行了一项性格优势自我管理的在线干预，该干预旨在促进对美和卓越的欣赏这一性格优势对于幸福与抑郁的作用，该干预被证明具有显著短期效果（一个月）。Meyers 和 van Woerkom（2017）发现，参加性格优势干预能对员工产生短期的积极影响，然而这种影响在接下来的一个月里会逐渐减弱。研究结果还表明，自我练习活动的参与者即使不受指导也能从中受益；然而，效果并不持久，在一年后就不再有效。我们认为主要有两个原因可以解释这个结果。首先，虽然我们鼓励参与者继续进行干预活动，但我们并没有确认他们是否确实自主进行了延续超过一周的干预活动。一些学生在干预活动后可能不会使用自己的性格优势，这极大地影响了优势的使用水平和干预的长期有效性。造成干预有效性持续时间有限的另一个原因可能是后续测试的间隔过长。长期有效性测试是在干预一年后进行的，而在此期间，参与者可能会经历各种各样或好或坏的经历，这将影响他们的旺盛感和消极情绪。以后还需要进行长期的研究来探索基于性格优势的干预是否能够持久有效，以及坚持进行干预活动又会如何影响其有效性。

我们发现，优势使用中介了性格优势干预的有效性，但优势知识没有发挥作用。鉴于认知行为模型融合了行为疗法和认知疗法的基本原理（Beck，2011），有些疗法是认知导向的，而另一些则是行为导向的。性格优势干预可能是行为导向的干预。以往研究认为优势使用更为有效。例如，Dubreuil 等（2016）以 78 名员工为研究对象测试了在工作场所实施的性格优势干预项目的有效性，并评估其对员工福利、绩效、和谐性、热情、活力和集中程度的影响，参与者被要求使用优势评估工具来确定他们的优势，与他们的同龄人一起反思和讨论他们的优势，思考如何更好地在工作中利用他们的优势并与他人进行讨论，结果表明，在基于性格优势的干预研究中，优势使用和生活满意度呈现显著的增长，而优势知识则并无明显变化。Waters（2015）研究了权威型父母育儿方式和以优势为基础的育儿方式对青少年的生活满意度的影响，并探讨了以优势为基础的育儿方式的父母多大程度上解释了青少年生活满意度额外的方差（超出了青少年自身优势知识和优势使用对生活满意度的影响的方差），研究同样发现优势使用是预测生活满意度的积极因子。此外，Jach 等（2017）的研究主要是关于父母所看到的孩子的性格优势并鼓励孩子使用自己的性格优势减轻压力、提高生活满意度，并进一步测试了基于性格优势的育儿方式以及青少年的性格优势是否会影响青少年的主观幸福感，以及成长心态是否会调节基于性格优势的育儿方式与优势使用之间的关系，研究对象包括 163 名青少年，结果表明优势使用作为中介变量显著地中介了基于性格优势的家庭教养干预和主观幸福感之间的关系。上述研究以及我们的研究都表明，优势使用比优势知识更重要，性格优势干预的参与者从优势使用中获益更多。因此，基于性格优势的干预为何会发生作用，优势知识与优势使用扮演了怎样的角色，二者之间究竟有怎样的关系，是我们进一步提升基于性格优势的干预效果所要关注的问题。

然而，对于负面情绪症状，序列中介的路径（组别→Δ 优势知识→Δ 优势使用→负面情绪）其 95% CI 区间的上限几乎等于 0（−0.00 ～0.04）。换句话说，这一间接效应的显著性在阈值的边缘；而且优势知识与优势使用显著相关。因此，尽管大量的研究集中在性格优势的"使用"方面，但研究优势知识的作用和功能也是有价值的。优势知识和优势使用不能同日而语，因为优势知识是"二元的"，而优势使用是"持续的"。具体地说，优势使用可以随着时间的推移得到强化和发展，因此我们可以期望优势使用能带来可持续的益处。然而，优势知识只能从"无优势知识"过渡到"有优势知识"，因此我们期望能够产生初步的益处。未来的研究可以将优势知识作为一个新的二元变量来考察干预的有效性，以及优势知识的变化是否中介了基于性格优势的干预的有效性。具体来说，研究人员可以在前测设置"无优势知识"（SKS = 0），在后测设置"有优势知识"（SKS = 1）。总体而言，需要更多的研究来探索优势知识的作用，并深入挖掘优势知识与优势使用之间的相互作用。

尽管存在局限性，但本研究讨论了两个关键但仍未得到充分研究的主题，即性格优势干预的长期有效性及其干预机制。我们的发现提供了另一种视角（即 CBT 模型），以明确了解性格优势干预的不同阶段。优势使用在干预中起中介作用，这一发现有助于设计有效的干预措施。首先，提升参与者的优势使用应该被视为性格优势干预的重要目标。在提高了参与者的优势知识之后，指导者应该在提升优势使用上投入更多的时间和精力。其次，CBT 是行动导向的（Schacter et al.，2010），这意味着 CBT 是通过改变个体的认知、情感和行为的模式，达到以适应行为取代个体不良行为的最终目标（Gatchel & Rollings，2008）。因此，为参与者设计令其感到满意的活动，并帮助参与者将优势运用到生活中，对于性格优势干预的成功至关重要。最后，有大量证据表明单一干预的短期效果显著。例如，以往的研究表明，单一干预可以减少女大学生的抑郁情绪（Sundstrom，1993），降低青春期焦虑和抑郁的风险（Schleider & Weisz，2016），提高照护者的幸福感并预防抑郁（Read et al.，2016）。然而，显著的效果并不等于永远有效。有效性的持续性受到挑战。因此，使用单一干预的可靠策略是：在干预周期内，充分地利用短期干预帮助参与者建立并达到目标，同时鼓励参与者在干预之后有需要时，再进行强化干预（Bloom，2001：76）。

第二节　路径二：正念

一　正念起作用的机制：性格优势

培养个人的正念特质（Dispositional Mindfulness）在改善心理健康和减轻心理症状方面都大有裨益。然而，针对正念的基本机制的研究很少。Bishop 等（2004）将正念定义为一种对注意的自我调节和对当下体验的接纳态度。Coffey、Hartman 和 Fredrickson（2010）指出，"以当下为中心的关注"和"接受内在经验"是正念的两个基本特征。

认知模型突出了影响精神健康的两个过程，即人们注意到的目标过程和人们选择的目标内容（Lyubomirsky，2001）。以前的研究认为正念特质应该被认为是一种注意力（Baer & Lykins，2011），并且正念冥想可能会培养诸如自我意识（Self-Awareness）和自我图式（Self-

Schemas）等元认知（Guyotte，Kitzman，& Hamilton，2006；Lyvers，Makin，Toms，Thorberg，& Samios，2014）。Guyotte 等（2006）从什么是正念冥想、基于正念的减压训练（Mindfulness Based Stress Reduction）的认知机制及其与积极心理学的关系三个方面对既往研究进行了综述，指出正念冥想是一种越来越流行的治疗身体疾病和解决心理问题的干预手段。正念冥想的干预策略与认知行为治疗机制相似，正念冥想的原则和实践为促进积极心理学的许多基本因素提供了希望。该研究提出，正念冥想或可通过加强元认知技能和改变与情绪、健康、疾病相关的认知模式来促进积极改变。Lyvers 等（2014）认为，个人优势是一种将自我相关的信息类别组织到自我、他人和世界中的自我图式，也是一种能够促进个体追求目标、价值观和道德原则的自我认知。因此，正念特质能够促进个体的自我意识并使个体更有效地利用自己的个人优势来增强精神健康。类似地，Baer（2015）也假设个人优势可能是正念与精神健康的关系之间作为中介的一种积极的自我图式。但是目前，尚未有研究证实过这一假设，本研究试图弥补这一空白。

最近的一系列研究已经确定了在不同国家中三个跨文化的关键优势（Duan，Ho et al.，2012；Duan et al.，2013；Ho et al.，2016；McGrath，2014），即亲和力、求知欲和自控力。虽然没有研究调查正念特质和个人优势之间的关联，但一些研究发现，正念训练显著地增强了这些积极图式。已有研究评估了以正念干预为基础、以促进夫妻关系提升为目的的干预的效果，44 名异性恋夫妇参与者需要按时参加活动和完成家庭作业。干预持续八周，提供正念冥想方法训练，并进行每周 150 分钟的小组会议和一整天的静修，参与者在干预活动外需要完成每日日记与相关心理变量的测量。结果显示，参加了正念的关系提升项目后，个人感知到的亲密感、关系满意度、夫妻关系以及彼此的接受度显著提升（Carson，Carson，Gil，& Baucom，2005）。另有研究调查了基于注意力集中的冥想的可能影响（Colzato，Ozturk，& Hommel，2012）。该研究的参与者是 19 名健康成人，干预课程包括注意力集中冥想、开放监测冥想（指首先开放呼吸，然后打开思维，进入任何发生了的思想、感觉或情绪，从而将意识扩展到一个精神联结中，使之逐渐清晰），该研究于十天内完成三次干预课程，包括注意力集中冥想与远程联想任务（Remote Associates Task）和交替使用任务（Alternate Uses Task），任务完成情况与完成过程创造力、灵活性、流畅度和细节被纳入了测量。结果表明，正念练习能够促进思维发散，特别是能促进当下时刻新思路的产生。简单的正念训练也是提高自我调节的一种快速有效的方法（Friese，Messner，& Schaffner，2012），正念训练增强积极图式的事实意味着个人优势可能揭示正念与精神健康之间的联系。

因此，本研究旨在研究正念特质和个人优势之间的关系及其对精神健康的影响。精神健康方面不仅包括积极的方面（即殷盛感），还包括消极的组成部分（即心理症状）（Keyes，2005）。良好的精神健康是指心理症状的减少和心理健康的改善。因此，我们可以假设个人优势是正念特质和精神健康之间的中介变量。

（一）研究对象和方法

共有来自社区和高校的 790 名参与者（408 名女性和 382 名男性；$M_{年龄}=26.23$，$SD=9.00$）参加这项研究。其中 492 人获得中等教育水平或以下学历，298 人完成了高等教育（即本科和研究生）。虽然在 11 个社区和 4 所大学中都采用了简单随机抽样方法，但是仍存在来自不同背景的差异（如不同专业和年级）。在完成调查问卷之前，要求参与者提供书面知情同意书。问卷收集者为受过心理学和社会工作专业培训的学生，通过纸笔记录的方式从 2014 年 5 月至 2015 年 9 月收集数据。参与者除了完成简明优势量表和殷盛感量表外，还需完成如下两个测试工具。

五因素正念问卷（Five-Facet Mindfulness Questionnaire，FFMQ），用于衡量正念特质的五个方面，即"观察"（8 题）、"有意识地行动"（8 题）、"描述"（8 题）、"非评判"（8 题）和"无为"（7 题）。这五个维度是基于正念注意觉知量表（Mindful Attention Awareness Scale）和 Freiburg 正念量表（Freiburg Mindfulness Inventory）的 112 个题目进行开发的（Baer et al.，2008）。这些子量表实质上反映出正念的关键组成部分。参与者被要求使用五点 Likert 量表回答这些题目（1 = 从不或很少是真的，5 = 经常或总是真实的）。FFMQ 被翻译成各种语言，并应用于各种人群以证明其可靠性和有效性（Duan et al.，2014）。Baer 等（2008）认为，"观察"是在冥想练习中正念变化的一个相当敏感的组成部分。许多研究发现"观察"与经常冥想的人的心理症状之间呈负相关。此外，有研究表明，在没有正念实践经验的样本中，四因素模型（无"观察"）是最好的。因此，"观察"这一维度在社区和大学生群体中被排除（Baer & Lykins，2011），即正念特质的整体得分不计算"观察"这一维度。

简明症状量表 - 18（Brief Symptom Inventory - 18）是对心理症状和特定时期这些症状的强度进行的评估（Derogatis et al.，1974）。参与者被要求对其症状的水平从 0 到 4（从"没有"到"非常多"）进行评估。整个量表的平均分数意味着疾病症状（即一般严重程度指数，General Severity Index，GSI）。殷盛感量表（Flourishing Scale，FS）用以评估参与者的心理健康状况的积极方面。该量表包括 8 个题目，测量诸如参与、关系、能力和生活目的指标（Diener et al.，2010）。参与者根据题目表述，从 1（强烈不同意）到 7（强烈同意）进行自评。

（二）研究结果

表 5 - 5 列出了正念特质、个人优势、精神健康结果的平均分和标准差。正念特质与总体优势（$r = 0.14$，$p < 0.01$）、殷盛感（$r = 0.32$，$p < 0.001$）呈正相关，但和 GSI 呈负相关（$r = -0.42$，$p < 0.001$）。类似地，总体优势和殷盛感（$r = 0.49$，$p < 0.001$）呈正相关，但和 GSI（$r = -0.13$，$p < 0.01$）呈负相关。

我们使用 PROCESS 程序中的模型 4（Hayes，2013）检验了两个中介假设模型，研究正念特质对精神健康的直接和间接影响以及优势在其中的作用。该程序在 SPSS 中使用 Bootstrap，每次计算采用重复抽样 10000 次，95% 置信区间（Confidence Interval，CI）进行分析。如果偏差校正（Bias-Corrected）的 95% CI 不包含 0，则间接影响是显著的。图 5 - 5 的结果表明，总体优势部分地中介了正念特质与殷盛感之间的关系以及正念特质与 GSI 之间的关系。

表 5－5 正念特质、个人优势和精神健康结果的描述性统计和 Pearson 相关性

变量	相关性										
	1	2	3	4	5	6	7	8	9	10	11
1 正念特质	—										
2 无为	0.17***	—									
3 描述	0.59***	-0.02	—								
4 有意识地行动	0.75***	-0.18***	0.22***	—							
5 非评判	0.59***	-0.16**	-0.03	0.36***	—						
6 总体优势	0.14**	0.10**	0.15**	0.18***	-0.14**	—					
7 自控力	0.25***	0.13**	0.12**	0.31***	-0.05	0.73***	—				
8 求知欲	-0.03	0.02	0.08*	-0.03	-0.14**	0.72***	0.16**	—			
9 亲和力	0.08*	0.06	0.13**	0.11**	-0.14**	0.77***	0.38***	0.42***	—		
10 繁盛感	0.32***	0.08*	0.33***	0.26***	-0.01	0.49***	0.39***	0.31***	0.38***	—	
11 GSI	-0.42***	-0.05	-0.21***	-0.38***	-0.21***	-0.13**	-0.13**	-0.02	-0.13**	-0.34	—
平均数	2.97	3.14	3.09	3.13	2.52	5.47	4.95	5.53	5.91	5.26	0.57
标准差	0.33	0.50	0.63	0.69	0.55	0.67	1.01	0.95	0.76	0.89	0.58
内部一致性	0.83	0.76	0.85	0.73	0.77	0.78	0.75	0.72	0.74	0.87	0.92

* $p<0.05$；** $p<0.01$；*** $p<0.001$。

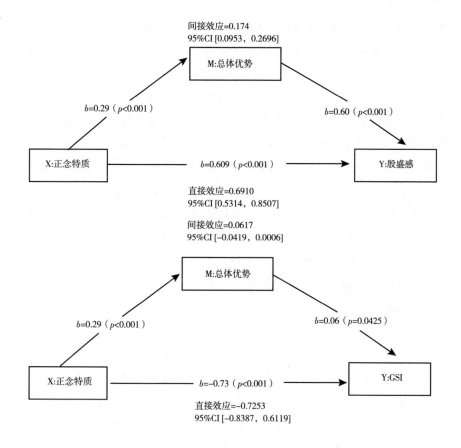

图5-5 总体优势对正念特质和精神健康之间的关系的间接影响

（三）小结

该横断面研究表明，个体优势在正念与精神健康（即殷盛感和心理症状）之间的关系中起到重要的中介作用。研究结果部分地阐明了正念与优势之间的关系，以及正念的内在机制对精神健康的影响。以往研究发现的一些模型暗示了上述机制的客观存在。

Coffey 和 Hartman（2008）根据探索性结构方程模型和多元分析结果提出了三个机制，也就是情绪管理（Emotion Regulation）、减少反刍（Reduced Rumination）和不依恋（Nonattachment），以说明正念对精神健康的有益影响。情绪管理是指管理影响，特别是负面影响的能力，如调整认知思维和提醒行为，以解决困扰的源头；减少反刍与抑郁症的改善有关，通过消除对重复和消极的想法的注意力，同时注意当下以保持身体健康；不依恋是灵活处理而非压抑未达成目标结果与个人的关联。当重要目标没有实现时，个人更有可能反刍（Coffey & Hartman，2008）。根据上述三个机制，可以认为具有自我调节特征的意志力在正念与精神健康的关系中能够作为一个内在机制。在当今高度竞争和极其复杂的全球经济中，各级组织领导都面临着前所未有的挑战，而一些人似乎比另一些人更能应对压力，在此背景下，有研究探究了正念和心理健康之间的中介变量（Roche，Haar，& Luthans，2014），该研究测试了三个管理层样本的焦虑和抑郁情绪、初级和中层管理人员的消极情感、企业家样本的工作倦怠情绪，探索性结构方程模型的数据分析结果证实了心理资本对正念和心理健康关系的中介作用。个人优势和心理资本都可以被认为是与自我意识相关的，它们都需要一种注意的心理过程。然而从正念特质到精神健康结果的直接影响仍然非常显著，这意味着仍有其他因素在其中发挥作用。

　　实践者们试图将个人优势和正念融入综合的干预计划中，以检验综合效应。基于此，一个为期八周的基于正念的优势训练提供了系统和综合的方法来训练正念和个人优势（Niemiec，2013a）。传统的正念训练计划旨在管理压力、痛苦、抑郁和焦虑等，而基于正念的优势训练则用正念去探索、建立和增强自己和他人的优势。这种整合创造了优势和正念之间的互利关系。这种关系可以促进"良性循环"，其中正念特质促进了个人优势的提升，从而改善了精神健康。本研究为基于正念的优势训练提供了一些实证证据。此外，在精神健康方面，正念和个人优势可能有不同的关注焦点。个人优势似乎和心理幸福感的关系更加密切（Quinlan et al.，2012），而正念则倾向于减少精神问题（Coffey et al.，2010）。个人优势和正念均是精神健康的重要贡献者，但是它们有不同的作用途径。个人优势通过健康行为模式增进心理健康（即采用不同的与健康相关的行为以增进心理健康），而正念可以通过疾病行为模式减少心理疾病（即调整注意力以减少精神疾病）。无论如何，不管是心理健康得到改善还是心理疾病得到减轻，整体精神健康水平都能得到提高。

　　本研究依然存在一些局限，所以要谨慎地采用其结果。首先，本研究的横断面设计不能获得因果关系，需要一个纵向中介模型来揭示更清晰的关系，这就应该包括正念特质、个人优势和精神健康的基线水平测量。其次，本研究只表明个人优势是正念影响精神健康的潜在机制，正念与精神健康结果之间的关系在增加优势后仍然显著。因此，其他因素肯定在促进精神健康方面也发挥了作用。再次，中介模式是否可以推广到具有冥想经验的人群是不清楚的，Baer 等（2008）认为正念特质对冥想实践很敏感，正念、优势和精神健康的关联是否变得更强或更弱与冥想经验的增加之间的联系仍不清楚。目前的研究只涉及正常的社区和学生样本，因此，未来的研究需要招募冥想和非冥想者。最后，应采用随机对照试验方法，进一步明确有关正念的相关培训在增强个人优势方面的因果关系，因为这些分析具有重要的相关性，也没有同行评议的研究报告过基于正念的优势训练效应（Baer，2015）。

二　正念于性格优势的作用

正念（Mindfulness）是指"有意地注意此时此刻，并不加评价地延伸到另一个时刻，在这个演变过程中出现的意识"（Kabat-Zinn，1990：145）。正念疗法最初作为精神病理学的疗法而出现。大多数发现表明正念疗法（如正念减压 Mindfulness-based Stress Reduction 和正念认知疗法 Mindfulness-based Cognitive Therapy）有良好的功效，大多数参与者历经数周或者数月的干预后都显著减轻了心理悲痛并减少了非合理行为（Didonna，2009）。Shapiro 等（2006：374）利用 20 多年所积累的证据来解释"正念干预是如何起作用的"。一些研究进一步调查了临床实践中正念干预背后的运行机制。例如，认知评估（Schmertz，Masuda，& Anderson，2012）和饮酒动机（Vinci，Spears，Peltier，& Copeland，2016）分别被认为是正念对社会焦虑和酒精滥用起作用的机制因素。近年来，正念已不仅应用于临床领域，一些研究对其在老年护理（Cruz，Navarro，Pocinho，& Ferreira，2016）、工作场所（Aikens et al.，2014）、学校（Harris，Jennings，Katz，Abenavoli，& Greenberg，2016）等其他领域的应用都进行了探索，这些研究侧重于通过正念的干预和培训促进心理健康。本研究旨在探索正念在一般人群中影响心理健康的原因和方式。

一些研究发现，正念干预与积极的压力应对、心理健康（Xu，Oei，

Liu，Wang，& Ding，2016）和工作表现（Dane & Brummel，2014）呈正相关（Walach et al.，2007）。Hülsheger 等（2013）进行了多方法研究（Multi-Method Study）以探求正念特质（Mindfulness Trait）和正念相关培训对提高员工工作满意度的作用。在为期 5 天的研究中，219 名员工被要求每天写日记和填写问卷，以评估其正念特质和工作满意度。多层结构方程模型（Multilevel Structural Equation Modeling）揭示了个体内及个体间（Within-and Between-Individual Levels）正念特质与工作满意度之间的积极关系（Hülsheger et al.，2013）。随后的研究设置了对照组和正念自我训练干预组［活动包括身体扫描、三分钟呼吸空间、每日常规活动和雷森练习（Raisin Exercise）］以进行干预研究并进一步考察正念是不是另外 64 名员工改变的决定因素（Hülsheger et al.，2013）。调查结果表明，接受正念训练的干预组比起对照组有更高水平的工作满意度（Hülsheger et al.，2013）。类似的研究也出现在社区中，标准化正念训练对于心理健康和正念特质的作用同样得到了考察，该研究中共有 172 人参加了为期 10 天的干预计划，进行了前测、后测和随访测试检查心理健康的变化（Szekeres & Wertheim，2015）。该研究结果表明实验组中 90 个人在健康增加和正念特质中展示了积极的影响，特别是在当下正念意识组成的部分中（Szekeres & Wertheim，2015）。

到目前为止，大多数关于正念的研究都集中在应用领域（即培训和干预）而不是理论上的，因为这个概念及其相应的理论是通过实践发展起来的。在过去几年中，只有有限的研究分析正念影响幸福的潜在机制。Malinowski 和 Lim（2015）发现，积极的工作相关效应（Positive Job-Related Effect）和心理资本（Psychological Capital）能够中介正念与幸福之间的关系。另一项研究表明，执行功能（Executive Function）和自我调节（Self-Regulation）可能是正念与积极或消极影响之间的潜在作用机制（Short，Mazmanian，Oinonen，& Mushquash，2016），上述问题需要进一步的综合研究（如纵向设计）来进一步探明。

Baer 和 Lykins（2011：341）认为，正念应该被认为是"一个与注意力有关的观念（an atentional stance），或是一种可能可以培养诸多优势的与现在经历相关的一种方式"。这个说法意味着正念应该与性格优势相关。性格优势是在道德上通过认知、情感、动机和行动表现出的重要品质，这对自己和他人有益（Peterson & Seligman，2004）。基于性格优势的系统框架，即 VIA 优势分类系统（Peterson & Seligman，2004），来自美国（McGrath，2015a；Shryack et al.，2010）、中国香港（Ho et al.，2016）和中国内地（Duan, Ho et al.，2012；Duan et al.，2013）的不同研究人员，使用各种大样本和先进的统计方法独立地揭示了潜在而通用的三维度性格优势模型（Three-Dimensional Model of Character Strengths），部分解决了性格优势的概念化和评估相关问题（Ho, Duan et al.，2014；Ho, Rochelle et al.，2014）。三个普遍的性格优势维度（Duan, Ho et al.，2012；Duan et al.，2013；Ho et al.，2016；McGrath，2015a）包括亲和力（Caring）（一个人对别人的爱、关心和感激；反映善良、合作、公平、爱与被爱的能力、诚实、领导力、宽恕和感恩）、求知欲（Inquisitiveness）（个体的好奇心和创造的热情；反映幽默、好奇心、热情、创造力、洞察力、希望、社交能力、对美和卓越的欣赏、勇敢和灵性）和自控力（Self-control）（坚持实现目标，展现自我控制；反映批判性、审慎、自我调节、毅力、好学和谦逊）。

以前的研究表明，正念可以促进培养上述三维度性格优势模型中所广泛涵盖的性格优势，从而改善心理健康结果。一项研究表明，高水平的正念通常与高水平的亲和力中的真诚（Authenticity）密切相关（Lakey, Kernis, Heppner, & Lance，2008）。再者，正念干预可以提高人际相关的优势。夫妻双方在参与建立在正念基础上的关系改善计划后，大大增强了亲密关系、关系满意度、自主权、相关性以及对对方的接受程度（Carson et al.，2005）。正念的操作性定义中，好奇心是其中两个核心因素之一，并被认为是个体注意力的一个重要方面（Bishop et al.，2004）。在概念层次中，好奇心的程度是决定正念水平的一个重要因素，同时好奇心也是三维度性格优势模型中求知欲的核心组成部分（Duan, Ho et al.，2012；Ho et al.，2016）。以往干预研究表明，正念训练显著增强了求知欲的许多方面。例如，"以开放性和好奇心"为基础的干预措施有效地提高了一对夫妇的好奇心水平（Carson et al.，2005）。其他研究表明，通过正念练习的中介途径能够显著加强发散性思维，特别是通过对当下经验的开放，能够促进产生新的想法（Colzato et al.，2012）。自我调节是正念操作定义的另一个重要部分（Bishop et al.，2004），并且也是三维度性格优势模型中自控力的重点（Duan，Ho et al.，2012；Ho et al.，2016）。de Vibe 等（2015）认为，自我调节应该被认为是正念研究中的重要因素，因为高水平的自我调节能够预测更高的正念干预积极影响。此外，正念方法对于原本便具有高度自律能力的人仍然有效（Bowlin & Baer，2012）。

大多数上述研究集中在干预领域，指出正念训练能显著增强个人优势，如诚实、好奇心和自我调节，从而促进健康。因此，我们有理由假设所培养的这些优势就是基于正念的干预背后的潜在机制。基于这些干预研究，不难发现现有知识仍不足以评估性格优势和正念之间的关系，相关实证研究也较为缺乏，迄今只有一项实证研究（见第五章第二节第一部分）检测过上述二者之间的联系（Duan，2016b），因此本研究旨在使用更为先进的统计方法（即纵向结构方程建模）和研究设计（即横断面和纵向研究）以填补这一空白。

本研究的总体目标是研究正念为何又如何影响一般人群的心理健康。前文所述表明正念培训可以培养三维度性格优势模型中的许多因素，如诚实、好奇心和自我调节。这些优势有助于促进心理健康。因此，性格优势应该在正念与心理健康之间的关系中发挥中介作用。因此，本研究假设：（1）正念和三维度性格优势（即亲和力、求知欲和自控力）呈正相关；（2）正念与性格优势有利于心理健康；（3）三种性格优势可以中介正念与心理健康的关系；（4）随着时间的推移，过去的正念可以预测现在的优势，从而可以预测未来的心理健康。我们采用横断面和纵向研究以检验这些假设。本研究的结果将能够增强人们对于正念研究的认识，并促进未来正念和优势的相关应用。

（一）研究对象和方法

本研究旨在研究正念、性格优势与心理健康之间的关系，并考察了正念和性格优势影响心理健康的角色与作用。以前的研究将"以现在为中心的意识/关注"和"不予判断的态度"概括为得到普遍认可的两个正念组成部分（Bishop et al.，2004；Lau et al.，2006；Quaglia，Brown，Lindsay，Creswell，& Goodman，2015）。此外，一些实证研究进一步表明，"以现在为中心的意识/关注"和"不予判断的态度"是通过验证性因子分析和聚类分析来理解冥想者和非冥想者的正念的核心组成部分

（Coffey et al. ，2010；Lilja，Lundh，Josefsson，& Falkenström，2013；Peters，Eisenlohr-Moul，& Smart，2016；Truijens，Nyklíček，van Son，& Pop，2016）。因此，本研究采用正念的两因子模型为这一概念创造了一个框架。此外，心理健康也体现在个人殷盛感的水平上，这也是人类幸福感的重要方面（Diener et al. ，2010）。综上，本探索性研究调查了心理健康领域内正念与性格优势之间的关系，研究结果将加深对两种心理结构的理解及其背后的潜在机制，并将促进今后的相关实践。

本研究包括两个阶段，分别招募了两批参与者开展研究。

第一批参与者均从社区招募而来，并自愿加入。他们受邀完成一系列纸笔问卷和人口信息调查。在完成调查问卷之前，我们首先向参与者求得书面知情同意书。排除具有身体和精神疾病的参与者之后，最终纳入数据分析的样本由来自中国西南部大城市中 11 个社区的 375 名成年人组成。数据收集于 2014 年 5 月，包括 198 名女性（52.8%）和 176 名男性（46.9%），年龄为 18~88 岁（$M = 32.10$，$SD = 10.07$）。375 名参与者中，6 人完成小学教育，172 人完成中学教育，182 人完成高等及以上教育。共有 204 名参与者已婚，108 人为单身，其中 39 人处于恋爱关系中。个别参与者未报告性别、受教育程度或婚姻状况等信息。参与者中没有人报告有过冥想经验。

第二批参加一项纵向研究的人来自重庆的两所大学和南京的一所大学。2014 年 9 月中旬，每个大学的公告系统都发布了参与者招募信息。入选标准如下：（1）18 岁及以上；（2）以中文为母语；（3）大二或大三年级；（4）20 分钟完成问卷；（5）愿意提供手机号码和电子邮件地址进行进一步沟通。此外，排除具有身体和精神疾病的参与者。对研究感兴趣的参与者可以通过公告中公布的电子邮件地址或手机号码与调查员联系，在同意参加后一周内，参与者将独立完成纸笔问卷。在填写调查问卷之前，要求与会者提供书面知情同意书。第一次、第二次和第三次数据收集分别是在 2014 年 10 月初（阶段 1，T1）、2014 年 12 月底（阶段 2，T2）和 2015 年 4 月初（阶段 3，T3）进行的。基于过往研究的经验（Chua，Milfont，& Jose，2015；Gallagher，Prinstein，Simon，& Spirito，2014），在不同的时间点收集不同的变量可以减少认知负荷。在阶段 1，所有参与者被要求完成简明优势量表、五因素正念问卷的观察子量表和殷盛感量表；在阶段 2，参与者必须完成简明优势量表；在阶段3，他们被要求完成殷盛感量表（这些量表在前面的章节中有过介绍，此处不再赘述）。该程序符合纵向中介效应检查指导原则（Cole & Maxwell，2003）：预测因子和基线结果在阶段1测量；中介机制在阶段2测量；阶段3测量结果变量。电子邮件地址和手机号码在第一次数据收集期间收集，仅用于发送提醒。第三次调查完成后（2015年4月初），我们向参与者介绍了研究目的并做出相应解释。个人信息严格保密，并于研究项目完成后进行销毁。

第二批被试中，共有229名本科生顺利完成了纵向研究。最终数据样本包括110名女性（48.03%）和119名男性（51.97%），年龄分布为18～22岁（$M = 19.41$，$SD = 0.66$）。其中172人（75.11%）为单身，57人（24.89%）处于恋爱关系中。没有一个参与者报告其自身患有严重疾病、长期用药或有过冥想经历。

（二）数据分析策略

对第一个横断面样本，首先，我们检验了三类性格优势、正念的两因素和殷盛感的描述性统计和部分相关性。其次，使用分层回归分析以探索性格优势和正念在预测心理健康方面的不同功能（Zeidner，Roberts，& Matthews，2008）。在分层回归中，将殷盛感设置为因变量。步骤一中输入了正念的两个因素，并在步骤二中输入了三个性格优势。以前的一项研究表明，如果一个变量能够解释至少5.00%的独特差异，那么它就可以被认为是独立于其他类似变量的（Zeidner et al.，2008）。最后，使用结构方程模型以测试性格优势的中介作用，三个性格优势被设定为正念－心理健康关系中的中介因素。我们采用路径分析法分别删除非重要路径，采用比较拟合指数（CFI）、Tucker-Lewis指数（TLI）和近似误差均方根（RMSEA）评估模型的拟合优度，使用SPSS 22.0和Mplus 7.0进行上述分析。

而对第二个纵向样本的分析稍微复杂一些。首先通过描述性分析，我们获得了不同时间点的两个性格优势（即自控力和亲和力）、观察和殷盛感的均值和标准差，也计算了不同时间点这些变量之间的部分相关性。按照Cole和Maxwell（2003）的纵向中介效应检验指导原则，自变量需在阶段1测量（即观察），在阶段2测量中间变量（即自控力和亲和力），在阶段 3 测量结果变量（即殷盛感）。在此纵向中介模型中，阶段 1 中的自控力、亲和力和殷盛感的基线水平得到了测量与控制。采用结构方程建模，并进行 1000 次迭代采样和 95% 偏置校正置信区间。如果 95% 的置信区间不包含 0，则在统计学上认为结果是显著的。我们采用 SPSS 22.0 和 Mplus 7.0 进行上述分析。

（三）研究结果

在横断面研究中，表 5 - 6 中列举了性格优势、正念和殷盛感的均值和标准差。亲和力是平均水平最高的优势（$M = 6.08$；$SD = 0.71$），不予判断平均得分较低（$M = 2.51$；$SD = 0.50$）。三个性格优势和殷盛感呈显著正相关（$r = 0.25 \sim 0.45$，$p < 0.01$），而不予判断与殷盛感呈显著负相关（$r = -0.15$，$p < 0.01$）。表 5 - 6 表明观察与三个性格优势都呈正相关（$r = 0.21 \sim 0.33$，$p < 0.01$），而不予判断与三个性格优势均呈负相关（$r = -0.27 \sim -0.12$，$p < 0.05$）。如表 5 - 6 所示，控制人口变量（即性别、年龄、教育和婚姻状况）前后，相关统计数据变化不大。因此，后续分析中我们并未控制人口变量。

表 5 - 6 社区样本中性格优势、正念和殷盛感的描述分析和相关分析结果

Variables	Pearson Correlations (Partial Correlations)					$M(SD)$
	1	2	3	4	5	
1. 自控力	—					5.41 (0.98)
2. 求知欲	0.13* (0.16*)	—				5.44 (0.95)
3. 亲和力	0.36** (0.38**)	0.36** (0.37**)	—			6.08 (0.71)
4. 观察	0.21** (0.22**)	0.33** (0.32**)	0.21** (0.22**)	—		3.29 (0.58)
5. 不予判断	-0.12* (-0.14*)	-0.27** (-0.29**)	-0.21** (-0.21**)	-0.40** (-0.41**)	—	2.51 (0.50)
6. 殷盛感	0.45** (0.47**)	0.25** (0.24**)	0.38** (0.37)	0.23** (0.23**)	-0.15** (-0.16**)	5.32 (0.87)

注：控制变量是性别、年龄、教育和婚姻状况。

*$p < 0.05$；**$p < 0.01$。

分层回归分析的共线性统计（Collinearity Statistics）结果显示，所有方差膨胀系数（VIF）值都小于 5，这反映出正念和优势的多重共线性在当前数据中不存在问题（见表 5 - 7）。在分层回归的步骤一中，正念的两个因素解释了殷盛感的 5.70% 的差异，在步骤二中，三个性格优势在正念的基础上解释了殷盛感的 21.70%（27.40% - 5.70%）的差异。因此，层次回归表明，三个性格优势比正念更能促进殷盛感。标准化 Beta 系数表明，自控力是优势之中最强的预测因子（见表 5 - 7）。

表 5 - 7　社区样本中优势和正念对殷盛感的回归分析

自变量	因变量：殷盛感					
	步骤一			步骤二		
	Beta	t	VIF	Beta	t	VIF
观察	0.20	3.62**	1.19	0.08	1.49	1.30
不予判断	-0.08	-1.36	1.19	-0.01	-0.26	1.23
自控力				0.35	7.26**	1.18
求知欲				0.11	2.10*	1.27
亲和力				0.19	3.80**	1.31
R^2	0.057			0.274		
F	11.19**			27.91**		
$\triangle R^2$				0.217		
$\triangle F$				36.89**		

$^*p < 0.05$；$^{**}p < 0.01$。

以殷盛感作为结果变量构建了结构方程模型。根据之前的分析结果，我们仅将正念的观察方面设定为自变量。在模型中，将三个性格优势设置为中介因素，将殷盛感设置为因变量。使用项目分割方法构建每个潜在变量的三个观察变量。修正后的结构方程模型显示出优秀的拟合优度指数（χ^2 = 101.709，df = 50，比较拟合指数 CFI = 0.956，近似误差均方根 RMSEA = 0.053，90% 置信区间 CI = [0.038, 0.067]，标准化残差均方根 SRMR = 0.065）（见图 5 - 6）。然后使用 Mplus 软件通过 Sobel 测试（Sobel，1982）检验间接效应。结果表明间接作用显著（自控力：Est./SE = 4.242，$p < 0.001$；亲和力：Est./SE = 3.484，$p < 0.001$）。综上，自控力和亲和力中介着观察与殷盛感之间的关系。

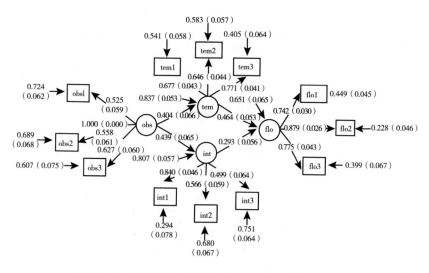

图 5 - 6　性格优势对观察和殷盛感间关系的中介效应

说明：obs，观察；tem，自控力；int，亲和力；flo，殷盛感。
所有路径系数都是标准化和显著的（$p < 0.001$）。

接着，以纵向跟踪数据进一步获得跨时间证据。观察（阶段 1）、自控力（阶段 1 和阶段 2）、亲和力（阶段 1 和阶段 2）和殷盛感（阶段 1 和阶段 3）的均值、标准差和相关性如表 5 - 8 所示。阶段 1 的自控力和阶段 2 中的亲和力之间的相关性不显著（$r = 0.10$，$p = 0.12$），其他研究变量与殷盛感之间呈正相关（见表 5 - 8）。类似于上面的横断面数据，人口变量（即性别、年龄、教育和婚姻状况）对结果的影响不显著。因此，不需要控制人口变量。

表 5 - 8　纵向研究中主要变量的描述统计和相关分析结果

	皮尔逊相关（部分相关）						
	1	2	3	4	5	6	7
1. T1 观察	—						
2. T1 自控力	0.28 ** （0.28 **）	—					
3. T2 自控力	0.24 ** （0.25 **）	0.39 ** （0.39 **）	—				
4. T1 亲和力	0.23 ** （0.24 **）	0.36 ** （0.38 **）	0.17 * （0.16 *）	—			

续表

	皮尔逊相关(部分相关)						
	1	2	3	4	5	6	7
5. T2 亲和力	0.13 * (0.14 *)	0.10 (0.10)	0.53 ** (0.52 **)	0.39 ** (0.39 **)	—		
6. T1 殷盛感	0.19 ** (0.19 **)	0.44 ** (0.44 **)	0.34 ** (0.34 **)	0.40 ** (0.40 **)	0.44 ** (0.43 **)	—	
7. T3 殷盛感	0.19 ** (0.19 **)	0.31 ** (0.31 **)	0.44 ** (0.44 **)	0.29 ** (0.28 **)	0.39 ** (0.39 **)	0.57 ** (0.58 **)	—
均值	3.45	4.93	4.83	6.09	5.80	5.50	5.25
标准差	0.56	0.97	0.99	0.68	0.95	0.92	0.96

注：控制变量是性别、年龄、教育和婚姻状况。

$^*p < 0.05$；$^{**}p < 0.01$。

根据横断面数据所获得的模型，构建了纵向中介模型（Cole & Maxwell，2003），以揭示预测因子（阶段 1）、中介因素（阶段 2）和结果变量（阶段 3）之间的时间关系。在此模型中，（1）阶段 1 的观察被设置为阶段 2 的自控力和阶段 2 的亲和力的预测因子；（2）阶段 1 的自控力被设置为阶段 2 的自控力的预测值；（3）阶段 1 的亲和力被设置为阶段 2 的亲和力的预测值；（4）阶段 1 的殷盛感、阶段 2 的自控力、阶段 2 的亲和力被设置为阶段 3 的殷盛感的预测值。阶段 1 的变量，包括观察、自控力、亲和力和殷盛感都被假设为相关的。结果显示，阶段 1 的观察不能显著预测阶段 2 中的亲和力（预估值为 0.076，SE = 0.114，$p = 0.51$；95% 置信区间 CI = [- 0.141，0.303]），该模型的比较拟合指数（CFI）不符合统计学要求（CFI = 0.543）。因此，亲和力变量从原始模型中被移除了。调整后的模型显示出了可接受的拟合优度指数（$\chi^2 = 9.887$，$df = 3$，比较拟合指数 CFI = 0.957，近似误差均方根 RMSEA = 0.100，90% 置信区间 CI = [0.035，0.173]，标准化残差均方根 SRMR = 0.050）（见图 5 - 7）。中介分析显示出观察对未来的殷盛感能够产生显著的间接影响（效应 = 0.068，SE = 0.033，95% 置信区间 CI = [0.013，0.142]，$p = 0.037$）。

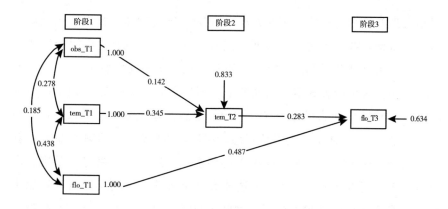

图 5 - 7 纵向中介效应的标准化路径模型

说明：obs_ T1，阶段 1 的观察；tem_ T1，阶段 1 的自控力；tem_ T2，阶段 2 的自控力；flo_ T1，阶段 1 的殷盛感；flo_ T3，阶段的 3 殷盛感。所有路径系数是标准化和显著的（$p < 0.05$）。

（四）小结

本研究考察了三个性格优势（即亲和力、求知欲和自控力）和正念（即观察与不予判断）在社区样本和大学生样本中对心理健康的影响。我们采用了横断面和纵向设计，结果表明，正念的观察维度与三个性格优势正相关，而不予判断维度与它们负相关。在加入三个性格优势之后正念的观察维度不能显著预测殷盛感。这些结果意味着三个性格优势和正念可以被视为在概念上相关但功能上不同的结构。两项研究的结果也表明，自控力中介着正念与殷盛感之间的关系。在阶段 1 中参与者的高水平观察预测了他们在阶段 2 的自控力，并进一步预测了在阶段 3 的高水平殷盛感。这些结果部分阐明了正念与性格优势之间的关系，并表明自控力是影响心理健康的内在正念机制。

本研究明确了正念在概念上包括两个维度，即"以现在为中心的关注"（观察）和"接受内部经验"（不予判断）（Coffey et al.，2010）。换句话说，正念是对所发生的事情，包括积极、消极或中立的全部经历的自我调节性关注和"对思想与情感的非评价性立场"（Baer et al.，2008；Creswell & Lindsay，2014）。正念是指对现在的情绪及思想的监督和不予判断的接受，而这两个维度在几乎所有的正念定义中已经得到普遍接受（Quaglia et al.，2015）。Lilja 等（2013）提出观察、不予判断和其他心理变量之间有着复杂的关联。如 Baer 等（2006）指出冥想经验的变化会特别影响正念的观察方面，同时，观察水平的变化可能会导致其他正念因素（如不予判断）和心理健康之间的关系发生变化。

例如，为了检查观察对正念各个方面的影响，Lilja 等（2013）对冥想者（$n = 325$）和非冥想者（$n = 317$）进行了聚类分析。结果显示，在所形成的 13 个群体中，大多数冥想者相较于非冥想者，在观察量表上获得更高分，这表明正念水平取决于观察水平。然而，观察与不予判断之间的关系则更为复杂。例如，上述研究结果表明，一些具有高度正念水平（观察高分）的冥想者在不予判断上也具有高分，而又有具有高度正念水平的其他冥想者在不予判断上得分很低。这些矛盾的结果意味着观察与不予判断之间的真正关系仍待进一步考察。其实在构建五因素正念问卷时，Baer 等（2006）也发现观察与不予判断之间的相关性不显著。这可能是因为用于构建五因素正念问卷的方法混合了特质性和可培养性的正念形式（Rau & Williams，2016）。Duan 和 Li（2016）最近对五因素正念问卷进行了项目探究，分别将观察和不予判断定义为特质性和可培养性成分。当然，该结论仍需通过其他研究进一步评估。此外，也有另外一种解释，Teper 等（2013）将对当下的注意力和不予判断的态度认定为两个阶段，第一阶段还包括对感觉的注意力，而对于这些感觉的不予判断的态度会随着实践的深入（即正念训练或冥想）而得以提升（Teper et al.，2013）。本研究的参与者是非冥想者，培养其不予判断性态度稍显困难，所以会导致观察成为心理健康结果的唯一预测因素。尽管正念的观察方面与其他心理变量之间存在复杂关联，许多发现仍指出观察应是正念的核心维度，这也是自我调节的注意力（Bishop et al.，2004；Lilja et al.，2013）。

本研究还强调了"自控力"的重要性。Coffey 和 Hartman（2008）提出了三种机制，即情感调节、减少反刍、不依赖，以解释正念对心理健康的好处。根据上述三种机制，可以认为以自我调节和自我控制为特征的性格优势系统中的"自控力"能够作为正念与心理健康关系中的潜在机制。de Vibe 等（2015）认为，自我调节和自我控制的意识应该在正念研究中予以关注，因为高水平的意识能够预测更大的正念干预影响。Hamilton、Kitzman 和 Guyotte（2006）还提出正念实践可以通过加强认知技能或改变情感、健康和幸福感的实现途径，以促进积极变化。

本研究将性格优势和正念定义为一种品质（Kabat-Zinn，1990；Park & Peterson，2009）。人格心理学使用两种基本的方式来定义或理解品质，即"拥有"（Having）和"实践"（Doing）（Cantor，1990）。一方面，"拥有"途径是指能够跨时间、跨情景被观察到的稳定的思想、情感和行动模式，因此，Cantor（1990）将这种个性定义为个人所"拥有"的个性。另一方面，人格也是通过个体思想、情感和行动作用于适应性的心理过程和机制，Cantor（1990）将这样的个性定义为人们在"实践"的个性。这两种方法并不是完全独立的，大多数人格理论和模式反映出了上述"拥有"和"实践"的观点，但侧重不同（Mischel & Shoda，1998）。基于这些基本观念，本研究认为性格优势和正念分别反映出了"拥有"和"实践"的特性，但有着不同的重点（Mischel & Shoda，1998）。性格优势反映了思想、情感和行动的稳定表现，这能够随着时间推移被观察到，而正念反映了通过个人的想法、情感和行动而进行适应的心理过程和机制。

本研究的结果还显示了对"基于正念的优势训练"（Niemiec，2013a）的理论支持。根据性格优势和正念训练的结果，尝试将性格优势和正念嵌入为期八周的综合干预计划"基于正念的优势训练"中，以检验综合效应。基于正念的优势训练中的一个重要整合是要求参与者通过正念能力、技巧和训练来认识他们的性格优势。传统正念项目旨在管理压力、痛苦、抑郁和焦虑；而相反的，基于正念的优势训练使用正念揭示、培养并提升一个人的优势。Niemiec 等（2012）认为，这种整合在优势和正念之间创造了有益的关系。这种关系可以促进"良性循环"，其中认知意识有助于提升优势，从而改善心理健康。通过使用正念，人们可以认真和真实地了解自己的优势，并将他们重视的感觉与行为着重于目标上。初步的试点评估表明，这种整合方法有助于减轻抑郁和焦虑等心理症状（Niemiec，2013a）。Crescentini 等（2014）发现，以意识为导向的冥想可以帮助人们厘清其思想，这可能有助于将隐含和明确的感觉转化为行为。然而，目前尚没有研究确定了基于正念的优势训练的内在机制功效（Baer，2015）。而本研究可以揭示基于正念的优势训练的内部机制，帮助参与者促进他们的心理健康。

本研究尚有一些不足需要未来改进。第一，尽管正念的观察因素是本研究的重点研究方面，但在许多定义中作为重要组成部分的不予判断在本

节中未能厘清 (Bishop et al. , 2004；Coffey et al. , 2010)，这是因为大多数中国人没有定期的冥想经验，从而导致本研究的参与者都是非冥想者。Baer 等 (2006) 提到，正念训练（如冥想经验）对于评估正念的不同方面（观察与不予判断）之间的关系，以及它们与心理健康结果的关联，都是非常重要的。此外，随着冥想训练的深入，不予判断的态度逐渐得到提升 (Teper et al. , 2013)。是否具有长期冥想的经验是正念研究中非常重要的技能。在未来的研究中，需要在经验丰富的冥想者中探索不予判断的作用。第二，参与纵向研究的均为受过良好教育的大学生，其结果并不一定适用于其他人群。例如，是否可以在具有抑郁症史的样本中获得相同的纵向中介模型并不一定。此外，因为目标成就和自我控制的优势是这类群体的重要因素，所以大学生可能更重视其自控力。本研究中得到的结果不能一概而论。因此，扩大本研究结果的可能方法是在高危人群中进行测试，如在高压群体、慢性疾病群体或低殷盛感群体中测试是否可以通过相同的正念训练获得比正常组（如低压组）高的观察水平 (Duan et al. , 2016)，而后，自控力可以随着观察水平的提高而得到培养，进而改善心理健康。未来的研究可以招募临床样本和社区人群样本以进一步检查这些结果。第三，本项目的所有研究变量都是通过自我报告测量完成的，未来的研究必须使用同侪评估和客观测量来对正念、优势和心理健康结果进行评估。在得出最终结论之前，应该收集更多的证据。另外，可以进行实验研究以确定冥想能否改善正念的观察方面和不予判断方面。

第三节　路径三：积极教育

儿童的发展和教育长期以来都受到国家和社会的普遍关注。2014年，教育部启动了中小学心理健康教育特色学校争创计划。该计划收录的学校记录显示，部分学校在 20 世纪 90 年代就已经开展心理教育工作 (1995 ~ 2002 年)，也就是在教育部发布《中小学心理健康教育指导纲要》之前就开始尝试心理健康教育了，这些学校呈现心理健康教育经验多、师资过硬、专业性强、与德育心理健康教育结合、活动多样和方法丰富等特征。但是，收录的学校记录也显示已有心理健康教育课程的可操作系统理论水平不足，心理健康教育学术成果水平不高、科学价值不高，而开设心理健康课程的学校中老校名校聚集、大部分学校不能顾及学生心理健康的情况也十分普遍。可以想见，处在乡镇或偏远地区的学校由于资源有限，对于学生的心理教育课程的设置可能更加不理想，而专门开设和发展幸福和积极心理教育自然也更为稀有。

近年来，积极心理学的兴起使我们逐渐关注到了心理教育的另一个视角，积极心理学提出，我们不应该只关注我们哪里做错了，实际上关注我们能够做好什么也很重要，即应当给予我们自身的优势更多的关注。优势是一种感受、思考和行为的能力，这种能力让你在追求有价值的结果的过程中发挥最佳的作用（Gable & Haidt，2005）。积极心理学便是以"优势"为核心来发展其理论和干预的。积极的人格特质是积极心理学研究的三大主题之一，是指个人性格中的优势，个人的兴趣、天赋、价值观等。马丁·路德·金曾说过，教育的目的是智力与性格的协调发展。积极性格教育的兴起正好能够弥补我们教育中缺失的部分，通过建立个人的优势和美德来促进心灵殷盛，从专注于修复负面影响到提升生活中的积极作用（Seligman & Csikszentmihalyi，2000）。Seligman 等（2009）指出，积极教育应该强调超越传统学术成就的幸福感的重要性。幸福教育可以被当作"抑郁症的一种解药""提高生活满意度的一种手段"，并且可以帮助学生获得更高的学业成就，提升其创造力。因此，本研究致力于以积极教育为途径，在学校情境内构建一套培养小学生的性格优势的课程方案。

一　理论基础与操作模型

本项目在 PERMA 幸福模型的框架下，融入认知行为理论、积极认知单一干预模型和性格优势理论，构建一个具体的操作模型。具体分述如下。

PERMA 是五个基本积极元素的缩写，即积极情绪（Positive Emotions）、投入生活和工作（Engagement in Life and Work）、积极人际关系（Positive Interpersonal Relationships）、意义（Meaning）和成就（Accomplishment）。Seligman 认为，通过在工作和生活中有意识地增强这五个基本元素，可以帮助个体、社区乃至整个国家和世界获得真正可持续的幸福（Seligman，2018）。大量的实证研究也表明基于积极心理学理念和方法的校园干预计划取得了令人鼓舞的成果，在减少抑郁、焦虑、学习和行为问题及提升幸福感方面卓有成效。积极情绪指快乐等良好的感觉，投入指全神贯注于正在进行的活动，人际关系指和他人紧密的联结，意义感指感受到的目标感，成就感指完成和成功的感觉。此外，该模型的五个因素自身能够实现自成系统的良性循环，这些因素间存在相互影响和相互促进的关系。

认知行为理论是一组通过改变思维或信念和行为来改变不良认知的方法，它是认知理论和行为理论的整合，是对认知和行为理论所存在缺陷的一种批评和发展，但不是简单的相加，或者拼凑。认知行为强调认知活动在心理或行为问题中发挥的作用，认知行为理论是基于行为主义和认知心理学的基本原理的结合，其基本信念是：思想扭曲和不适应行为在心理障碍的发展和维护中起着重要作用，帮助服务对象改变不良的认知（如思想、信念和态度），发展持久的技能，促进行为改变，可以减轻症状和相关的痛苦。

性格优势是当代积极心理学领域所提出的一个核心概念，它是指人类所普遍具有的一些积极特质。Park 等（2006）通过对 40 多个国家不同年龄、不同文化、不同宗教信仰人群样本的研究和传世著作的分析，逐渐形成筛选积极特质的准则，即普遍存在性、满足感、道德性价值、不影响他人的成长、对立面具有消极意义、特质类、可测量、独特性、个体性、惊奇性、选择性缺少和社会性，并建立起积极行为分类评价系统和编制了《性格优势与美德分类手册》。

积极认知单一干预模型旨在通过在一次 90 分钟的简短的干预过程中，最大化地达成一个或两个关键目标。在这一模型中，干预实施者的主要任务是帮助干预对象识别特定问题，探索可能的解决策略并考虑在一次简短的干预之后，干预对象如何使用这些策略来促进改变，达成目标。这一干预模型的四个基本原则是：一是在干预的初始阶段，有快速的改善效果，然后随着后期干预的进行而减慢；二是每次干预活动关注一个或两个明确的问题；三是干预实施者的主要作用是帮助干预对象明确问题、建立目标、制定策略；四是干预的焦点不是干预实施者和干预对象面对面的接触，而是干预之后的时间里，干预对象如何使用他们的策略以达成目标。

结合本研究目标学校的上课时间，将每次课调整为 80 分钟，每个主题 160 分钟的快速干预，从情绪、人际关系、投入、意义感和成就感五个方面改变服务对象的认知和行为，帮助他们获得对自我内在优势的显性认知与准确定位，并使服务对象学会将优势与日常行为相联系，获得积极向上的自我认知，追求幸福的人生。

二　研究对象

本研究的目标学校为 H 小学，位于 W 市经济技术开发区，地处城乡接合部，学校共设有 6 个年级，22 个班级。H 小学重视对德育目标、队伍、环境、活动、评价五方面进行德育体验的实践与研究。以"在生活中体验，在体验中幸福成长"为原则，搭建了习惯体验、责任体验、创新体验、视野体验四个模块德育体验活动课程体系。2017 年，该学校在原有的基础上，继续深入开展学校文化的探讨研究，梳理学校文化体系，开发了体育、艺术、阅读、科技与生活、手工劳作等不同类型共 17 门校本体验课程。在"爱笑、爱说、爱动、爱美"培养目标的指导下，学校致力于打造视野开阔、科学有序的德育体验课程体系，形成低、中、高三段横向目标相互关联、纵向内容螺旋上升的校本课程内容体系，其中，重点打造校本精品课程和节日课程。此外，学校采用多种形式开展阅读、诵读、流动演讲、流动播音员等校本特色活动。在固定时间开展经典诵读活动，利用各种契机给学生创设展示平台，体验中华诗词的博大精深，致力于让学生"说得自信、动有所思、美出个性"。

纵观 H 小学现有的校本课程建设，不难发现，学校已经形成基于德育体系的课程，但是缺少以追求幸福感为目标的积极心理教育校本课程。由于学生可能产生不良心理倾向，并发生学业不良和行为偏差等情况，开设以追求幸福人生为目标的教育，培养学生的性格优势，对于学生全面健康成长显得十分重要。理想的教育就是要培养真正的人，要让每一个人都能幸福地度过一生。而如何帮助儿童摆脱心理问题的困扰，掌握获得幸福的能力成为当前教育者不得不面临的问题。因此，本研究试图结合家庭、学校、学生等多个方面，基于 H 小学学生群体的特点，依托积极心理学相关科学理论和干预模型，通过长期且充分的准备，结合行动研究，采取教育实验手段，从"优势"视角出发，构建一套兼顾稳定性、立体性、整体性、机动性和针对性的幸福课程。

本研究的干预组为 H 小学五年级三个班级全体学生 123 名，其中，男生 68 人（平均年龄 = 11.25 岁，标准差 = 0.44），女生 55 人（平均年龄 = 11.19 岁，标准差 = 0.45）。五年级的学生即将步入青春期，容易出现成长问题，这个时期也是儿童智力发展、形成个性、培养良好心理品质和行为习惯的好时机。这一时期的儿童思维活跃，认知能力也有很大的进步，但是认知发展还不够健全，需要正确且积极向上的指引。

本研究的控制组为 X 小学五年级三个班级全体 145 名学生，其中，男生 90 人（平均年龄 = 11.20 岁，标准差 = 0.41），女生 55 人（平均年龄 = 11.17 岁，标准差 = 0.35）。X 小学位于 W 市经济技术开发区，地处城乡接合部，在学校位置、教学理念、学生人数等方面均与 H 小学较为相似，因此选取 X 小学作为本研究的控制组。

三 干预方案及实施过程

本项目的总目标是通过积极认知和幸福教育，促进干预对象优势的发掘，培养积极向上的人格品质，促进其幸福成长。具体来说，分为以下几个分目标：一是干预对象性格优势水平显著提升；二是干预对象优势知识掌握程度显著提升；三是干预对象优势使用程度显著提升；四是干预对象希望感显著提升；五是干预对象综合生活满意度显著提升；六是干预对象抑郁情绪情感显著下降。

本研究共分为三个阶段，分别为前期准备、干预活动和结果分析。前期准备是指通过实地访谈、问卷调查等方式，对干预对象所在环境的基本情况、干预对象本身的性格优势、心理状况以及幸福水平进行预测试和初始水平测量。干预活动每周进行一次，每次 80 分钟，一共 10 次课程。结果分析是在十周的干预活动结束之后，对干预对象再次进行测量，以及在干预活动结束后一个月，对干预对象进行追踪测量。采用的测量工具除了三维度性格优势量表、优势知识和优势使用量表外，还包括以下三个量表。

儿童希望量表（CHS），用于测量 8~16 岁儿童的希望特质，由 6 个题目组成，3 个题目测量动力思维，3 个题目测量路径思维（Snyder et al. , 1997）。采用 1（从不）到 6（总是）六点计分，平均得分越高代表希望感越大。中文版的儿童希望量表在中国儿童中应用的信度为 0.72（赵必华、孙彦，2011）。

简明多维学生生活满意度量表（BMSLSS），是由美国学者 Huebner（1994）编制的。该量表由 5 个题目组成，每个题目分别代表学生的一个生活领域，依次为家庭、朋友、学校、生活环境和自我。量表采用 1（可怕）、2（不幸福）、3（基本不满意）、4（混合）、5（基本满意）、6

（愉快）、7（高兴）七点计分方式。5个题目的均值为总的生活满意度分数。量表的内部一致性系数为0.75，目前已经被应用于中国学生中（田丽丽、刘旺，2005）。

儿童抑郁量表（CES-DC），用于抑郁症状的筛查（Faulstich，Carey，Ruggiero，Enyart，& Gresham，1986），本研究选取该量表一个维度的部分题目作为测量学生负面情绪情感的工具，采用1（一点没有）到4（有很多）四点计分方式来评定一周内这些症状出现的频率，平均得分越低表示负面情绪情感程度越低。我国学者已经将这一量表修订应用于国内的学生，结果显示该量表具有良好的信效度。

课程实施的时间根据H小学具体的学校时间安排，本次课程总周期为两个半月，每节课上课时间为80分钟。具体如下。

（一）课程引入

课程目的：收集学生的初始水平数据；帮助学生了解课程的基本内容与安排；帮助学生建立信心

课程时间：2018年3月6日13：00～14：40，中间休息20分钟

课程地点：H小学

参与人员：导师、协助员、五年级三个班级全体学生

第一次课程

时间	目的	内容	物资
30分钟	对学生性格优势做基线测量	填写问卷	问卷
10分钟	导师、协助员和同学们相互认识	导师和协助员分别进行自我介绍，给学生发姓名贴，将自己的名字贴在衣服上，便于相互认识	姓名贴
10分钟	充分认识和了解自己的优势、目标以及曾经克服过的挑战	学生每个人发一个信封和三张彩色卡纸，信封上写上自己的名字，在红色卡片上写下"我会做的事、擅长做的事、喜欢做的事"（让学生都知道自己擅长做什么），在蓝色卡片上写下"我想做的事、我想学的事"（那些需要别人帮助、需要锻炼、需要联系或者有机会但还没做事），在黄色卡片上写下"你觉得什么事情以前难做，但现在容易了"。写完之后，导师邀请1～2名学生分享自己的回答，之后让所有学生在相应的卡片上写上他们的答案后放进信封	信封、卡纸

时间	目的	内容	物资
15分钟	让学生了解什么是目标和挑战,通过故事构建,学习如何克服挑战,实现目标	首先,询问学生是否知道"目标"和"挑战"的含义,让学生了解目标就是想要做的事,挑战就是想做但觉得很难的事。 其次,引入故事,从前有一个很喜欢爬山的人,他想爬上世界上最高的山峰,但是他觉得山太高了,太吓人了。 再次,向学生提问,"你觉得他需要什么才能爬上山"。将答案分为三类,分别是基本生活用品、同伴和他人的帮助鼓励、毅力和勇敢的品质。 最后,询问学生如果能够克服这些困难爬上了世界上最高的山峰,会有什么感受,请同学分享	
5分钟	升华主题,学习幸福的要素	其实在我们生活中有一个几乎人人都想达到的高峰,就是幸福。然后接着讲幸福是什么,幸福有五个要素,分别是积极的情绪、积极的人际关系、参与感和投入感、成就感以及意义感	
5分钟	引入并介绍性格优势,让学生了解性格优势	在追求幸福的过程中会遇到一些挑战,我们如何面对呢?然后讲这堂课的目的就是帮助大家找到一些属于自己的"工具"——性格优势,从而获得幸福感	
5分钟	回顾课程内容,布置家庭作业	总结本次课的内容;布置家庭作业:分别收集三条家长和同学对你的优点的评价,写在日记本上	日记本

（二）爱笑：让自己和他人微笑或大笑

课程目的：学习幽默的概念，建立积极的思维方式

课程时间：2018 年 3 月 13 日 13：00～14：40，中间休息 20 分钟

课程地点：H 小学

参与人员：导师、协助员、五年级三个班级全体学生

第二次课程

时间	目的	内容	物资
10分钟	回顾与分享家庭作业	制定维持课堂秩序的契约,规定拍三次手就要安静下来。 分享上周的家庭作业,请学生分享别人对自己的优点的评价,并表达自己的感受	
10分钟	观看相声,引入主题——幽默	观看相声:苗阜王声《满腹经纶》	
15分钟	分享自己眼中的幽默是什么	邀请同学分享自己的想法:大家对于相声演员是什么感觉?他们身上有哪些品质让他们成为一名相声演员,给人们带来欢乐?在黑板上板书同学们总结的"让人欢笑的特质"。在讲解的时候逐一分类。(1)在逆境中也会乐观;(2)会发现自己光明的一面,维持积极的情绪。在讲解的时候可以联系之前讲解过的:具有发现美识别美的能力——爱美,以及逆境中的乐观可以连接到勇敢,能够把自己的优势发挥到舞台上让别人欢笑,也需要勇敢的爱说。在讲解的时候顺带复习之前的知识。让他们知道这些都是密不可分的。 小朋友们觉得幽默是什么呢?身边有没有幽默的人?他是怎样的?(在这个过程中也是发现别人的优点的一个过程,在后面总结的时候要想到,看到别人或者自己光明的一面是很重要的。这不仅能够让人发现美,爱美,也会让人维持良好的情绪,从而幽默,爱笑)	
5分钟	总结幽默的概念	幽默让别人微笑或者大笑。这也意味着在逆境中的沉稳乐观的心态。还包括看到自己光明的一面从而维持良好情绪的一种品质	
7分钟	识别消极的思维模式,建立积极的思维方式。学会分析生活中的困难,协助参与者发觉自身内在的优势,建立信心	活动:立场转变 活动步骤: (1)快速回应活动卡,卡片上有四个词:学校、老师、父母和朋友 (2)导师读出一个词,然后让同学们写下自己的第一想法 (3)看看你的第一反应是积极的还是消极的,为什么会这样。在消极评价后面写出自己的理由	活动卡片

续表

时间	目的	内容	物资
8分钟	分享自己卡片上的内容	请同学们分享自己卡片上的内容。在分享的时候，着重引导大家了解消极思维的几种典型方式。(1)绝对化：把事物看成非黑即白，没有中间状态。(2)过度概括：把某一次的失败引申、扩大。(3)完美主义：用完美来要求自己和这个世界。(4)消极态度：用否定的眼光看待自己和一切，不相信美好。(5)仓促做结论：经常通过一点点的小事来判定一个人。(6)情绪推理：只根据自己的情绪好坏而不是根据事实来进行推理	
10分钟	做活动,学会将消极想法转为积极想法	活动:游戏清单 在游戏清单里面，有三个立场:因为老师不公平，我才在考试中作弊;我和爸爸简直一模一样，他很胖，所以我也很胖;不是只有我一个人这样做，也不是我的错，大家都这样。请同学们写下用这三个立场思考的利和弊	清单纸
10分钟	分享的过程中体会为自己负责任的积极想法与消极想法的不同	请同学们分享自己写的立场的利弊分析。在分享的过程中,学习使用刚才的消极概念和分类方式来给这三个想法分类，让大家对于消极想法的体会更深刻。 对负面想法的识别能够让大家在生活中避免错误的想法,在遇到困难和挫折的时候，我们往往习惯于解释，为了获得良心上的安稳，所以常常会做出游戏清单上面的解释，于是在逆境之中，就会常常抱怨。 请同学们尝试改变自己的立场,对自己的行为负责任,用积极乐观的态度来面对挫折	
5分钟	回顾课程内容,布置家庭作业	总结幽默的知识点和运用:幽默就是使人发笑，并且能够在逆境中保持乐观,能够发现自己和他人的优点。从刚才的活动中我们学习到了消极想法的分类,尝试在逆境中建立自己的积极想法。 家庭作业:看三个能让你发笑的笑话或者节目,写下它们的名字,看笑话的同学下节课可以分享给大家	日记本

（三）爱笑：在生活中变得幽默

课程目的：在生活中保持乐观、积极的态度

课程时间：2018 年 3 月 20 日 13：00 ~ 14：40，中间休息 20 分钟

课程地点：H 小学

参与人员：导师、协助员、五年级三个班级全体学生

第三次课程

时间	目的	内容	物资
10 分钟	回顾与分享家庭作业	回顾上节课幽默的知识和内容。 分享家庭作业，邀请同学分享自己看过的幽默的笑话或节目	
10 分钟	通过活动，让大家尽量发现自己的积极一面，同时了解积极方面的分类，建立信心	热身活动：大风吹 开始活动的时候，导师喊口令：大风吹，大风吹。学生问：吹什么？导师说吹（有什么特点）的人。具有这种特点的人迅速起立。重复几次。例如：大风吹，大风吹，吹"长头发的人""戴眼镜的人""短头发的人""外向开朗的人"。 几次过后，总结：我们每个人都是有特点的，这些特征没有对错之分，当你站起来的时候就说明你是认同自己身上的那些特质的。 我们在课程最开始的时候让大家询问别人自己的优点有什么，那么这节课，我们自己来仔细想想自己的优点有哪些呢？想要全面客观地认识自己，不但需要来自外界的评价，我们自己的想法也很重要	
15 分钟	思考练习，发现自己的优势和长处	现在大家用两分钟思考你所具有的独特之处。整理之后，在纸上写下来。以"我是一个……的人"为句式写出来。写十句。 写完后，叫几位同学起来分享自己写的回答。导师问：你是谁？同学答：我是一个……的人。 在同学们起来回答问题，分享自己的优点的时候，把他们的优点按如下的分类方式分类：(1)身体特征类；(2)情绪特征类(反映常有的情绪特征，例如我经常笑，我是个开朗乐观的人)；(3)才智状况类(有关智力、能力方面)；(4)社会关系类(有关品德、人际关系方面的，比如我很好相处)	A4 纸
5 分钟	总结活动	每个人都有自己的优点，在这个过程中让同学们更清楚地认识到积极特质的分类。更加充分完整地发现自己的积极一面，增强自信。同时提醒同学们，在遇到困难的时候可以运用自己的积极特质去解决问题，这样就可以培养自己的幽默品质	

时间	目的	内容	物资
5分钟	通过故事阅读，引发同学们关于乐观与悲观、积极与消极的想法	故事阅读 一位老太太有两个女儿，大女儿卖草帽，二女儿卖雨伞，老太太成天愁眉苦脸的。一位邻居问她为什么。老太太说："唉，一到下雨天，我担心大女儿的遮阳草帽卖不出去；可是等天晴了吧，我又担心二女儿的雨伞卖不出去，你说我能不发愁嘛。"邻居听完笑呵呵地说："阿姨，你好福气呀！一到下雨天，您二女儿的雨伞就卖得特别好；天一晴，您大女儿的店里就顾客盈门了。不论天晴还是下雨都欢喜，真让人羡慕呀！" 在生活中我们也有这样的时刻，乐观和悲观常常都在我们的一念之间。事物本身是客观的，但是我们对于事物的看法能够决定自己是不是快乐。下面我们来做一个思考练习	
10分钟	思考练习：将消极想法转化为积极想法	回想最近发生的一件消极的事件。例如，考试失败，与朋友吵架，等等。如果想不到最近的消极事件，可以想想自己最近一次伤心地哭泣时的情景。详细体会这次事件，包括你在事件中的感受、想法、行为等。然后回答下面的问题： （1）有哪些可能的原因导致了这件事情的发生？ （2）你认为哪些因素是你自己造成的？哪些是你不能掌控的？（在自己能够掌控的原因后面打钩） 把自己的回答写在纸上。然后写下自己是怎样克服这个消极事件的，写下自己的小妙招。例如：我大吃了一顿；我给朋友道歉了；我后来努力学习了；等等	
15分钟	通过活动，了解学生常用的自我调节方式，让学生明白让自己快乐和乐观的方式有很多。在遇到困境的时候可以运用	请同学们分享自己的小妙招。在同学们分享自己的小妙招的时候注意给他们的招数进行分类：（1）观念改变（例如，我后来仔细想了想，觉得自己不对，或者后来我跟别人沟通发现事情本来不是那样的）；（2）生理调节（例如，我大吃了一顿，我去打球了，我去运动了）；（3）暗示（我对自己说了什么，属于暗示） 在同学们分享之后，我们可以补充几个同学们没有提到的招数，例如： （1）积极的自我暗示，每天照镜子的时候说我很棒 （2）找合适的对象倾诉（朋友、老师、社工姐姐等） （3）找当事人把话说清楚 （4）找一些笑话来看看，笑一笑 （5）每天运动运动，身体好，人就乐观啦	

续表

时间	目的	内容	物资
10分钟	回顾课程内容,布置家庭作业	总结关于幽默的知识点和运用:这两周课我们学习了幽默这种积极特质,挖掘了自己身上积极的一面。幽默的概念和意义是幽默包括让别人微笑或大笑的能力。这也意味着在逆境中有一种沉稳和乐观的心态,让一个人看到自己光明的一面,从而维持良好的情绪。 家庭作业:写下你日常生活中的幽默。每一天都有意识地去意识到你的幽默感,别人的幽默感,有趣的情况,和聪明的评论,并在日记中记录下来。写三条	日记本

（四）爱说：克服恐惧的情绪

课程目的：学习勇气的概念、类型以及克服恐惧的方式

课程时间：2018 年 3 月 27 日 13：00～14：40，中间休息 20 分钟

课程地点：H 小学

参与人员：导师、协助员、五年级三个班级全体学生

第四次课程

时间	目的	内容	物资
10分钟	回顾与引入	回顾上两节课关于幽默的知识和应用。 分享家庭作业	
15分钟	引入本节课的内容——勇气,对于不敢做的事就是缺乏勇气	活动:敢不敢 准备一些事件在黑板上。逐条问大家敢不敢,如果敢的话请举手,如果不敢的话就不举手。然后抽取不敢的同学分享一下为什么不敢,自己在怕什么。自始至终举手,或者举手次数多的同学来分享一下自己为什么敢。 每堂课发言 一个人放学回家 告诉老师有人作弊 告诉家长这次考试没考好 在妈妈生气的时候帮助她做家务 见到老师、学校领导的时候跟他们打招呼 做数学题很多次都做不出来但还是会继续做 当众演讲 参加比赛 打针不哭	

时间	目的	内容	物资
10分钟	学习什么是勇气,如何克服内心的恐惧,勇敢起来	邀请同学分享在活动中的体会和感受。 这个敢不敢的活动中最重要的部分是什么？最需要的一种品质是什么？回答:勇气。那么大家觉得勇气是什么？引导回答:勇气就是克服内心的恐惧。 怎样才能克服内心的恐惧呢？引导回答:改变自己的想法(但是仅凭一件事情是不能决定一个人的);克服恐惧的情绪(害怕某样事物它还是会存在。而且恐惧的情绪有可能是多余的,所以要转变自己的想法);动机和决定(自己想要完成的事情就是支撑自己的动机和决定,因为害怕,都没有做成自己想做的事情。自己想完成的事情比自己的害怕更加值得关注)	
5分钟	总结勇气的知识	勇敢就是克服恐惧,勇敢有三种类型;一是身体上的勇敢(打针不怕疼),二是心理上的勇敢(能够面对自己痛苦的地方),三是道德上的勇敢(为正确的事情发声,比如自己需要帮助的时候就要及时表达)。克服恐惧的办法就是: (1)改变自己的想法;(2)克服恐惧的情绪;(3)有自己想要做和完成的事情(足够的动机)	
20分钟	通过改写小闷的想法,学会如何克服内心的恐惧,变得勇敢	改写小烦恼。班里新来了一位女同学,大家都叫她小闷。来了一段时间了,小闷很少和同学说话,别的同学下课一起玩的时候,她总是远远地看着,想要加入却不敢。一天,小闷在位子上解一组数学题想了又想还是解不出来,同桌小刚数学很好,小闷想向他请教,但是在心里挣扎了许久,几次欲言又止没有开口。小闷心里的想法是: (1)我完全没有办法和陌生人见面。遇到不太熟悉的人我会觉得非常恐惧和紧张。我就不跟他们说话了,默不作声。 (2)学校里没有人喜欢我,我感到悲伤和愤怒。我会尽量避免在课间休息的时候走出教室。 (3)我的数学成绩非常不好,我感觉自己很笨,并且很讨厌这门学科。因为我知道自己一道题也做不对,所以我就不再尝试做数学题了。 请同学们帮助小闷改变她的想法,让她变得有勇气起来。在我们下发的卡片上写出黑板上三条想法应该怎样改变,改变了想法之后的小闷,会做出怎样的行动	A4 纸

续表

时间	目的	内容	物资
15分钟	分享改写成果,学习多种改变方式来克服恐惧	请同学们把改写之后的有勇气的小闷的想法分享给大家。在刚才改写的过程中,同学们要体会到,改变自己想法的优势。改变了想法之后小闷的行为也会发生改变。还有恐惧情绪的应对,与改变想法是相辅相成的。改变想法之后会发现:(1)原来也会有其他的结果;(2)恐惧的情绪是没有用处的,甚至是多余的;(3)我想要完成一件事情的决心比较重要,我应该更关注我想要完成的事情(因为小闷是很想加入班集体的,也想要询问小刚数学题的解法)	
5分钟	回顾课程内容,布置家庭作业	总结这节课的知识点:勇气的定义,三个维度,克服恐惧的三个小办法。家庭作业:自己在生活中有什么不勇敢的经历?按照今天所学的内容,写出自己的感受,并且改写自己的感受。写三条	日记本

(五) 爱说：在生活中勇敢起来

课程目的：将勇气运用于生活和学习，逐渐变得勇敢

课程时间：2018年4月10日13：00～14：40，中间休息20分钟

课程地点：H小学

参与人员：导师、协助员、五年级三个班级全体学生

第五次课程

时间	目的	内容	物资
10分钟	回顾与引入	回顾上节课勇气的知识和内容。分享家庭作业,邀请同学分享自己不勇敢的经历,自己是如何做的	
15分钟		活动:走下情绪电梯 (1)列举出你觉得不舒适的环境(地点、人物或者活动)以及个人感受。写在发下去的A4纸上。确认那些能够让你感到不舒适的事件和地点,但是有时候我们会被情绪所掌控,阻碍自己去做自己真正想做的事情	A4纸

续表

时间	目的	内容	物资
15分钟		(2)想象自己的情绪就像一幢十层楼的房子。每一层都代表了不勇敢的程度。第一层就是最底层,你可以控制自己的情绪,在最顶层表示你失去了对情绪的控制。当你遇到你写的场景的时候,你的情绪在第几层?你处理得如何呢?有没有更好的方法呢	A4纸
10分钟	活动分享	邀请同学分享他的不舒适的清单,请同学回答:你的场景引起你怎样的情感?判断你所处的情绪楼层?在自己的情绪楼层旁画一个圈,画出当时情绪的表情?你想说的话	"情绪电梯"的纸
5分钟	放松训练操	当你被感受、情绪所控制时,可以进行我们下面的活动来缓解你的情绪(紧张、焦虑) 导师一边讲解一边示范: (1)伸出你的右手,握紧拳头,然后松开拳头,右手臂肌肉紧缩,然后放松。左边同样(皱起额头,然后放松,皱起鼻子,然后放松)。 (2)耸起双肩,然后放松,拱起背部,屏住呼吸,然后放松。 (3)伸出右腿,用力,然后放松,左腿同样	
25分钟	让组员意识到自己有走出逆境的勇气,保持良好的心态,增强自信	活动:绝地反弹 活动步骤: (1)全班以6人为单位分成七个小组。 (2)其中一个人扮演挑战者的角色。 (3)其他人分成两排面对面站好,扮演参与者(站成两排,中间要有距离)。 (4)挑战者要在两排的中间分别向每一位参与者微笑打招呼,要求参与者提供帮助。 (5)挑战者在请求的同时,参与者要一脸严肃地拒绝。无论挑战者说什么,参与者都要拒绝,找理由反对。 (6)在挑战者要求帮助的时候,站在两边的参与者向挑战者慢慢靠拢,给挑战者空间压迫感。 (7)换一个挑战者	
10分钟	分享在活动中的感受	邀请同学分享在被拒绝的时候你是怎样想的?自己的想法可以怎样被改变?自己的情绪是什么?要让他们意识到自己感觉到的被排斥、被压迫、自己否定自己的感受可以被改变,换一个想法之后(强调情绪的实效性,这只是游戏),自己的情绪便能缓解一些	

续表

时间	目的	内容	物资
5分钟	回顾课程内容,布置家庭作业	总结这节课的知识点:勇敢就是克服恐惧,勇敢的三种形式,克服恐惧的三个办法,以及描绘面对了自己的恐惧。 家庭作业:大胆地说出自己以前不敢说的话,或许是同学间的矛盾自己不好意思道歉,或许是感谢父母自己不好意思说,克服自己的害羞与恐惧,表达自己吧。把这件事情记录下来,包括你对谁说了什么,那个人的反应是什么	日记本

（六）爱动：发挥自己的创造力

课程目的：学习创造力这一性格优势，培养学生爱动的积极品质

课程时间：2018 年 4 月 17 日 13：00～14：40，中间休息 20 分钟

课程地点：H 小学

参与人员：导师、协助员、五年级三个班级全体学生

第六次课程

时间	目的	内容	物资
10分钟	制定课堂契约,维持课堂秩序,作业分享	作业分享:我勇敢地对那个人说了什么? 他/她的反应是什么	
20分钟	突破思维定式	在大屏幕上展示6张双关图,请学生认真观察并回答图片中的内容。 讲解思维定式,即由先前的活动而造成的对于活动的特殊心理准备状态或活动的倾向性	打印的双关图
10分钟	分享和学习思维定式的积极作用与消极作用	思维定式是怎样促进你的学习或者解决问题的能力的?（比如学会一种解题方法后同一种题型就很容易解决;遇到过的问题下次再遇到可以容易地想到办法） 思维定式有哪些消极作用?（遇到新的问题时,旧的思维模式会固定自己的思维,不利于新的相似但不同的问题的解决）	
5分钟	分组	按照座位就近的原则,将学生每6个人分为一个小组,每个组选定一名小组长	
10分钟	小组成员积极参与到活动中来	小组讨论:"如何把梳子卖给和尚?"要求小组成员都要积极参与,把方案写在纸上	A4纸、笔

时间	目的	内容	物资
20分钟	体会从另一个角度思考问题，化解矛盾	每个小组派一名代表来分享本组的方案，需要回答的问题是：你推销梳子的时候是怎么想的？（解决矛盾：梳子是用来梳头的，但是和尚没有头发）在你和同学们的讨论中，你们从哪几个方面进行了思考？怎样找到卖梳子的方案的？在活动的过程中你有怎样的感受	
5分钟	回顾课程内容，布置家庭作业	总结本次课的内容；布置家庭作业，尝试用不同的方法去重新做自己已经做到的事情（比如解数学题等），把以前的方法和现在的方法都写下来。然后记录自己的感受和想出不同的解决方法的过程。写三条	日记本

（七）爱动：将创造力运用于生活

课程目的：将创造力运用于生活，打破思维定式

课程时间：2018年4月25日13：00～14：40，中间休息20分钟

课程地点：H小学

参与人员：导师、协助员、五年级三个班级全体学生

第七次课程

时间	目的	内容	物资
10分钟	回顾与引入	回顾上节课学习到的创造力、思维定式的知识点以及相关内容。 分享家庭作业	
15分钟	将创造力的知识运用于生活中	做活动：巧解绳套。与自己的同桌或者前后桌组成两人小组。每组发两根绳子，把绳子的两头系成绳套，交叉套在两人的两只手上。在不解开手且不脱离绳套的情况下两人将交叉的绳子分开	绳子
10分钟	通过分享活动中的感受，学习创造力的应用	邀请学生分享在活动中的想法： （1）看到这个题目之后的第一反应是什么？ （2）解开了没有？解开或解不开的原因是什么？ （3）想过放弃吗？ （4）体会解决问题的步骤	
5分钟	总结"巧解绳套"的活动	将活动中学生们的表现进行总结，大多数同学没有解开，没有打破思维定式	

续表

时间	目的	内容	物资
20 分钟	锻炼创造力	每个学生发一张白纸,每张纸上都有随机画的线条,请同学们在纸上进行创作,内容不限、形式不限,但要将纸上的随机线条利用起来	纸、水彩笔、胶带
10 分钟	分享设计	邀请同学分享自己的作品,包括自己的创作想法和思路	
10 分钟	回顾课程内容,布置家庭作业	课程内容总结:发散思维和创造力个性,突破思维定式,把创造力融入自己的生活。 家庭作业:运用自己的创造力改变自己生活中的一件事	日记本、礼物(笔记本、笔、文具)

(八) 爱美：了解美的不同含义

课程目的：学习美的类型，如何发现身边的美

课程时间：2018 年 5 月 8 日 13：00 ~ 14：40，中间休息 20 分钟

课程地点：H 小学

参与人员：导师、协助员、五年级三个班级全体学生

第八次课程

时间	目的	内容	物资
10 分钟	回顾与分享家庭作业	回顾上两节课创造力的知识和内容。 分享家庭作业,邀请同学分享我如何运用创造力改变生活	
10 分钟	在电影中寻找美、发现美	活动:在电影中寻找美 观赏电影片段:《寻梦环游记》(有庞杂但精巧的建筑画面,有为了亲情而努力的画面,有小男孩弹琴唱歌的画面)	
15 分钟	活动分享	邀请同学分享在电影中发现的美,提问:在刚才的电影片段中,你觉得哪个地方让你觉得自己感受到了美? 在他们的回答过程中,将他们回答的美分成三类:感官的美、技巧天赋的美和美德。同学们的回答会更多地偏向感官上的美,可以引导他们发现其他的两种美(影片中的小男孩弹琴唱歌也具有美感,弹琴和唱歌是技能和天赋的美;故事中的其他人帮助小男孩找到自己的祖先,是一种善良、乐于助人的美德,这也是美)	

时间	目的	内容	物资
5分钟	总结如何发现美和美的分类	通常意义上的美都是感官之美。美不仅仅是流于表面的，我们能够看到、听到、接触到感官之美，我们很乐意去体验它，就像我们喜欢某个明星的美貌一样。还有一种美是由于技巧熟练或者是天赋异禀，可以给我们带来美的感受，通过这种美，我们会有一种被激励的感觉，我们会赞赏这种美。比如奥运冠军们矫健的身姿，熟练的动作；歌手们优美婉转的歌唱技巧，都能给我们带来美的感受。第三种美就是一种道德上的美。比如我们中央电视台《感动中国》栏目，每年会评选出一些道德上的模范，授予他们最美××的称号。这里的美就不是指他们的外形有多么靓丽，而是指他们拥有一颗美丽的心灵，让我们觉得这个世界因为这些美丽的心灵而变得更好，是我们想要学习的榜样	
25分钟	发现自己身边的人的美	活动：发现人类的美 (1)用几分钟仔细思考你喜欢的人(偶像、朋友等)美的地方。 (2)想好之后，在发下去的活动纸上以"我喜欢……，ta美的地方在于，我觉得……"表示出来。一共完成10句。 (3)由导师和协助员共同示范，协助员提问：你喜欢谁？导师答：我喜欢×××，他美的地方是他做事情很努力用功，对人和善，我觉得他的美让我更努力地对待生活。 (4)归类。把自己喜欢的人的美按照刚才所学的美的三个维度分类	A4纸
10分钟	分享在活动中的感受	你喜欢的人中，你觉得他们的美在哪个层次最多？为什么？你最喜欢哪一种美？你觉得美带给你怎样的感受和体验？ 除了意识到美是什么以外，还要让同学们意识到，发现了美是不够的。因为对美的发现，会对自己有着不一样的感受和影响。例如，遇到感官上的美，我们需要在体验的过程中敬畏它(多在自然的美中体现)；遇到技术和天赋的美的时候，会激发我们想要学习的动机；遇到美德的时候，我们自己也想要变得更好，更有爱心	

续表

时间	目的	内容	物资
5分钟	回顾课程内容,布置家庭作业	总结这节课的知识点:美的类型,要学会发现美和追求美。 家庭作业:记下生活中的点滴美好。写三件自己发现的美德小事,要写下美的类型和原因	日记本

（九）爱美：在生活中发现美

课程目的：发现自己的美，在生活中追求美

课程时间：2018 年 5 月 15 日 13：00～14：40，中间休息 20 分钟

课程地点：H 小学

参与人员：导师、协助员、五年级三个班级全体学生

第九次课程

时间	目的	内容	物资
10分钟	回顾与分享家庭作业	回顾上节课审美的知识和内容。 分享家庭作业,邀请同学分享自己在生活中发现的美德小事	
5分钟	通过阅读故事,引入本节课的内容,发现自己的优势和美	阅读故事:感受技巧和天赋之美 周杰伦从小父母离异,在母亲含辛茹苦的培养下长大,小学时,他就对音乐情有独钟,母亲凑钱给他买了一架钢琴,高中毕业后,没考上大学,周杰伦去餐馆当服务生,被老板骂过,扣过薪水。后来,一个偶然的机会,他在台湾乐坛人吴宗宪的公司做音乐制片助理,这期间他不停地写歌,结果都被吴宗宪搁置一旁。周杰伦没有泄气,仍然一如既往地写歌,但是许多歌手不愿意唱他的歌,因为他的歌太古怪。有一天,吴宗宪给了他一个机会,让他10天写50首歌,然后挑选10首,自己唱,出专辑。他废寝忘食,没日没夜,拼命写歌。终于,他的第一张专辑问世,立即轰动歌坛(在讲故事的时候背景音乐可以响起周杰伦的歌)。周杰伦为了自己的梦想,没有放弃,用自己的努力和天赋,圆了自己的梦	

时间	目的	内容	物资
20分钟	读后分享,制定奖状	邀请同学们分享自己的经历:你有没有在日常生活中发现自己在哪方面有着不一样的天赋?或者自己为了想要完成的梦想去努力?周杰伦既有先天的音乐才能,也有后天的坚持不懈的努力品德。我们自己的优势是如此强大,每个人都有每个人的美好之处。现在请每一位同学根据自己的优势和特长来给自己拟一份奖状,请同学们与周围的人分享自己的奖状内容,并且给自己制定一个想要达成的目标,在以后的生活中向着自己的目标迈进	
5分钟	总结和分享	抽几位同学把自己的奖状内容以及要达成的目标与大家分享。用来增强自信和确立目标	
25分钟	通过情景模拟,体会美德之美	情景剧:公交车上 请几位同学来扮演公交车上的司机、售票人员和乘客。 情景1:公交车已经缓缓驶离站台,这时一名女乘客追上前来拍打车门。公交车司机在注意安全的情况下为女乘客打开了门,但是女乘客上车之后没有任何的表示。 情景2:爷孙俩一上车发现有一个空位子,小孙子抢先一步坐到空位上,从书包里拿出零食津津有味地吃了起来。爷爷一手拿着包一手拉着公交车上的吊环,随着公交车东倒西歪地摇晃着。 情景3:一个小伙子只顾往前挤,钱包掉在地上浑然不知。大妈捡到了钱包,正在四处张望寻找车主,这时小伙子感觉到了钱包遗失,扭头正好看到大妈手中的钱包,大妈拿着钱包问小伙子:是你的吗?小伙子一把夺过钱包,狠狠地瞪了大妈一眼。 请刚才扮演人物的同学和在下面看的同学分别说一下,在刚才的情景剧之中,有谁体现了美,有谁不美。美在哪里,不美在哪里。写在纸上	A4 纸
10分钟	分享在活动中的感受	在刚才的活动中,我们分享了故事中的美德与不美的地方。相信在生活中我们经常遇到这样的例子。同学们还有其他在生活中遇到的美德可以跟我们分享吗?(分享的内容可以从生活素质一直到生活中大爱的部分)对于不美的地方我们应该怎样做呢	

续表

时间	目的	内容	物资
5分钟	回顾课程内容,布置家庭作业	总结关于审美的知识和运用。 家庭作业:写三个/件你在这周之内发现的你觉得最美的人或者事情,以及发现美之后你的感受和对你的影响,写在日记本上	日记本

（十）回顾与总结

课程目的：性格优势和相关变量的后测；总结回顾前九次课程；告别

课程时间：2018 年 5 月 22 日 13：00～14：40，中间休息 20 分钟

课程地点：H 小学

参与人员：导师、协助员、五年级三个班级全体学生

第十次课程

时间	目的	内容	物资
10分钟	回顾与分享家庭作业	回顾上两节课审美的知识和内容。 分享家庭作业,邀请同学分享日常生活中的美德	
30分钟	前九次课程回顾,巩固之前学到的知识	将创造力、勇气、审美和幽默的知识和应用系统地回顾一遍。 告诉同学每个主题的两次课,分别是认知层面和行为层面的学习	课程展示PPT
30分钟	对学生的性格优势、优势使用情况、心理状况做后测	填写问卷	问卷
10分钟	告别	与同学们告别,并且希望他们能够将所学的知识运用到自己的学习和生活中,培养性格优势,健康快乐地成长。 将导师和协助员一起为每个同学写的信分发给每一个人	告别信

实验流程如图 5－8 所示。

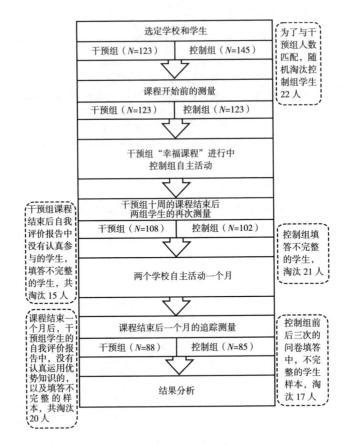

图 5 - 8　实验流程

四　研究结果

(一) 描述性统计与差异分析

干预组（H 小学）和控制组（X 小学）在三次测量中性格优势水平、优势掌握程度、优势使用程度、希望感、综合生活满意度和抑郁情绪情感的描述性统计结果见表 5 - 9。

采用单因素方差分析考察干预组（H 小学）和控制组（X 小学）学生在课程开始前的初始水平上的差异，结果显示，干预组和控制组学生的性格优势水平、优势知识掌握程度、优势使用程度、希望感、综合生活满意度和抑郁情绪情感在初始测量上不存在显著差异（$p < 0.05$），表示两组学生在课程实施前具有同质性。单因素方差分析的结果见表 5 - 10。

表5－9　描述性统计分析

		第一周		第十周		第十四周	
		均值	标准差	均值	标准差	均值	标准差
性格优势水平	干预组	3.69	0.63	3.82	0.50	3.76	0.60
	控制组	3.60	0.62	3.49	0.58	3.50	0.60
优势知识掌握程度	干预组	5.08	1.43	5.44	1.12	5.31	1.29
	控制组	5.10	1.40	4.98	1.46	5.00	1.38
优势使用程度	干预组	4.49	1.33	5.06	1.09	4.91	1.32
	控制组	4.86	1.20	4.72	1.15	4.73	1.31
希望感	干预组	4.16	1.14	4.41	1.07	4.30	1.10
	控制组	4.14	1.10	3.84	1.03	3.99	1.20
综合生活满意度	干预组	5.55	1.14	5.99	1.15	5.67	1.15
	控制组	5.64	1.16	5.41	1.12	5.45	1.25
抑郁情绪情感	干预组	2.20	0.77	1.97	0.72	1.98	0.84
	控制组	2.02	0.62	2.20	0.71	1.92	0.63

表5－10　基线分析

		平方和	df	均方	F	p
性格优势水平	组间	0.36	1	0.36	0.91	0.34
	组内	66.64	171	0.39		
	总计	66.99	172			
优势知识掌握程度	组间	0.02	1	0.02	0.01	0.93
	组内	341.77	171	2.00		
	总计	341.79	171			
优势使用程度	组间	5.94	1	5.94	3.69	0.06
	组内	275.29	171	1.61		
	总计	281.22	172			
希望感	组间	0.03	1	0.03	0.02	0.89
	组内	215.21	171	1.26		
	总计	215.23	172			
综合生活满意度	组间	0.30	1	0.30	0.23	0.64
	组内	226.90	171	1.33		
	总计	227.20	172			
抑郁情绪情感	组间	1.49	1	1.49	3.01	0.08
	组内	83.97	171	0.49		
	总计	85.46	172			

采用单因素方差分析考察两组学生在课程结束后的变化差异，结果显示，两组学生的性格优势水平、优势知识掌握程度、优势使用程度、希望感、综合生活满意度和抑郁情绪情感在课程结束后的测量上均存在显著差异（$p<0.05$），表示两组学生在课程结束后的差异较大。单因素方差分析的结果见表 5 - 11。

表 5 - 11　后测结果分析

		平方和	df	均方	F	p
性格优势水平	组间	4.66	1	4.66	15.95	0.00
	组内	49.98	171	0.29		
	总计	54.64	172			
优势知识掌握程度	组间	9.34	1	9.34	5.58	0.02
	组内	286.40	171	1.68		
	总计	295.74	172			
优势使用程度	组间	4.99	1	4.99	3.99	0.04
	组内	213.74	171	1.25		
	总计	218.73	172			
希望感	组间	13.96	1	13.96	12.63	0.00
	组内	189.13	171	1.11		
	总计	203.09	172			
综合生活满意度	组间	14.36	1	14.36	11.17	0.00
	组内	219.94	171	1.29		
	总计	234.30	172			
抑郁情绪情感	组间	2.35	1	2.35	4.60	0.03
	组内	87.38	171	0.51		
	总计	87.73	172			

（二）变化趋势

1. 性格优势水平

从总体趋势上看，干预组（H 小学）学生的性格优势水平从课程开始前测量到课程结束后测量呈现持续上升趋势，课程结束后一个月测量有所下降，但仍然高于开始阶段的测量。控制组（X 小学）的学生在三个阶段的性格优势水平均低于干预组。两组性格优势水平均值随时间变化的趋势图直观反映了干预组和控制组学生性格优势水平的变化。如图 5 - 9 所示。

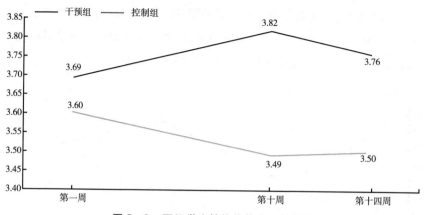

图 5 - 9 两组学生性格优势水平的变化

2. 优势知识掌握程度

从总体趋势上看,两个学校的学生对优势知识的掌握在课程开始前的测量相差较小,课程结束后相差较大,干预组(H 小学)学生在一个月后略有回落,但也仍然高于初始水平,而控制组(X 小学)学生的优势知识掌握程度在三次测量的时候有小幅度的下降和上升,总体上变化不大。如图 5 - 10 所示。

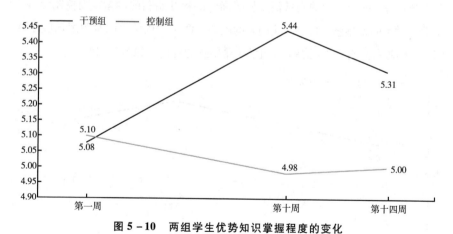

图 5 - 10 两组学生优势知识掌握程度的变化

3. 优势使用程度

从总体趋势上看,课程开始前的测量结果显示控制组(X 小学)学生的优势使用程度高于干预组(H 小学),但是在课程实施后,干预组(H 小学)学生的优势使用程度超过了控制组(X 小学),并且显著高于控制组（X 小学），课程结束一个月后的测量结果有所回落，但仍然高于控制组（X 小学）。两个学校学生的优势使用程度均值随时间变化的趋势图直观反映了两组学生优势使用程度的变化。如图 5 - 11 所示。

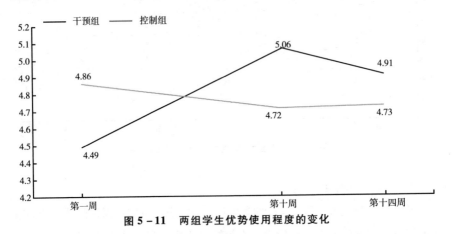

图 5 - 11　两组学生优势使用程度的变化

4. 希望感

从总体趋势上看，干预组（H 小学）的学生在课程结束后，希望感呈现显著上升趋势，一个月后的测量仍然显著高于课程开始前的测量，而控制组（X 小学）学生的希望感呈现下降又回升的趋势。两个学校学生的希望感均值随时间变化的趋势图直观地反映了两组学生希望感的变化。如图 5 - 12 所示。

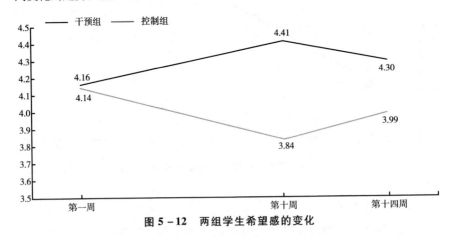

图 5 - 12　两组学生希望感的变化

5. 综合生活满意度

从总体趋势上看，干预组（H 小学）学生的综合生活满意度在课程开始前的测量低于控制组（X 小学），但是在课程实施和结束后，学生的综合生活满意度逐渐上升，一个月后虽然有所回落，但仍然高于控制组（X 小学）学生。两个学校学生的综合生活满意度均值随时间变化的趋势图直观地反映了两个学校学生综合生活满意度水平的变化。如图 5 - 13 所示。

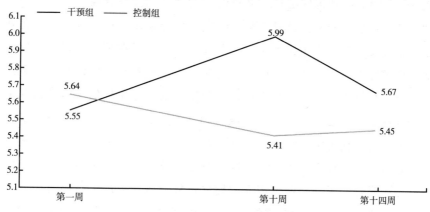

图 5 - 13　两组学生综合生活满意度的变化

6. 抑郁情绪情感

从总体趋势上看，干预组（H 小学）学生的抑郁情绪情感在三次测量中总体呈现逐渐下降并稳定的趋势，控制组（X 小学）学生的抑郁情绪情感变化较大，两个学校学生抑郁情绪情感的变化趋势图直观地反映了这一变化。如图 5 - 14 所示。

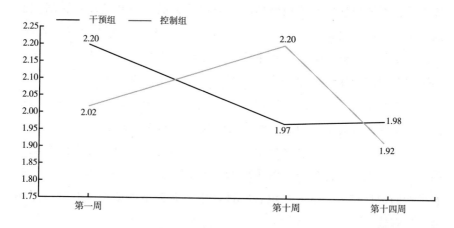

图 5 - 14　两组学生抑郁情绪情感的变化

五　小结

幸福和积极心理教育的最终目标致力于学生的健康发展、潜能的开发、积极的人类经验的形成。我国对小学生的幸福和积极心理教育起步较晚，虽然有些地区的学校已开设心理发展和幸福教育课程，但对于小学生的心理发展和幸福教育工作，我国大部分地区仍然比较匮乏，尤其是经济欠发达地区。相比城市地区的小学，H 小学在环境、资源、教育等方面都存在差异，学生在成长和过渡时期也更容易出现认知偏差和行为问题。具体来说，学生的心理发展和幸福水平会比较低，容易出现更多的孤独倾向、自责倾向、过敏倾向和身体症状。进一步地，还易陷入较差甚至是不良的学业表现，形成性格缺陷。因此，本次幸福和心理教育课程从全新的视角出发，充分挖掘 H 小学学校和学生的潜在优势，旨在让学生学习、了解并获得积极的性格优势特质来帮助自己面对生活中的逆境，满足自己的精神需求，以此增强其自信心。此外，学生通过对身体和心灵的自我纠正，从环境中寻找实现愿望与目标的资源，以达成个人与社会之间的良性关系，促进个人的健康成长。

首先，从课程实施的过程和结果来看，学生对课程的满意度较高，并且十分希望能够继续开设相关的课程，他们在这一过程中也学习到了很多积极品质和优势，面对困难的时候有了新的解决办法，能够将学到的知识和性格优势运用在自己的生活和学习中。其次，从课堂参与的程度来看，大部分学生能够积极参与到课程知识的学习和活动中，活跃的课堂氛围也逐渐带动了不爱参与的学生，每个学生都能从中有所收获。最后，从与控制组学生的比较来看，干预组学生的性格优势水平、优势知识掌握程度和优势使用程度、希望感、综合生活满意度显著上升，而抑郁情绪情感出现明显的下降趋势。通过以上分析可以发现，幸福和积极心理教育课程对学生的健康和全面成长有显著的影响。

然而，还有一些不足之处值得去反思。第一，在前后三次问卷收集的过程中，三次全都参与的学生的减少导致流失了一些样本；第二，问卷设置的题目较多，学生在填答的过程中可能会出现烦躁的心理，影响结果的有效性。

参考文献

董洁，2010，《基于循证心理实践的高校新生适应障碍筛查和干预研究》，博士学位论文，南开大学。

段文杰、白羽、张永红、唐小晴、王志章、李婷婷，2011，《优势行动价值问卷（VIA-IS）在中国大学生中的适用性研究》，《中国临床心理学杂志》第 4 期。

段文杰、谢丹、李林、胡卫平，2016，《性格优势与美德研究的现状、困境与出路》，《心理科学》第 4 期。

高正亮、童辉杰，2010，《积极情绪的作用：拓展－建构理论》，《中国健康心理学杂志》第 2 期。

官群、孟万金、John Keller，2009，《中国中小学生积极心理品质量表编制报告》，《中国特殊教育》第 4 期。

何敏贤、袁雅仪、段文杰，2014，《发现自己的抗逆力：正向心理学的应用和技巧》，北京：社会科学文献出版社。

黄建春，2014，《积极心理学理念下高校心理健康教育模式的构建》，《湖南社会科学》第 4 期。

柯佳敏，2003，《高校心理健康教育存在的问题与对策》，《思想理论教育导刊》第 6 期。

刘海鹰、赵媛媛，2013，《硕士研究生心理压力调查报告》，《山东理工大学学报》（社会科学版）第 4 期。

刘孟超、黄希庭，2013，《希望：心理学的研究述评》，《心理科学进展》第 3 期。

刘贤臣、刘连启、杨杰、柴福勋、王爱祯、孙良民、赵贵芳、马登岱，1997，《青少年生活事件量表的信度效度检验》，《中国临床心理学杂志》第 1 期。

彭凯平、窦东徽、刘肖岑，2011，《幸福科学：问题、探索、意义及展望》，《清华大学学报》（哲学社会科学版）第 6 期。

钱兰英、王康平、王一为，2001，《大学生新生心理健康调查》，《中国临床心理学杂志》第 1 期。

田丽丽、刘旺，2005，《多维学生生活满意度量表中文版的初步测试报告》，《中国心理卫生杂志》第 5 期。

魏昶、吴慧婷、孔祥娜、王海涛，2011，《感恩问卷 GQ - 6 的修订及信效度检验》，《中国学校卫生》第 10 期。

魏修建、郑广文，2015，《测量不变性研究综述与理论框架》，《系统工程》第 3 期。

温忠麟、侯杰泰、马什赫伯特，2004，《结构方程模型检验：拟合指数与卡方准则》，《心理学报》第 2 期。

谢丹、赵竹青、段文杰、胡卫平，2016，《希望思维在临床与实践领域的应用、特点与启示》，《心理科学》第 3 期。

许军、王斌会，2000，《自测健康评定量表的研制与考评》，《中华行为医学与脑科学杂志》第 1 期。

姚本先，2000，《当前学校心理健康教育的消极倾向与发展趋向》，《中国教育学刊》第 4 期。

赵必华、孙彦，2011，《儿童希望量表中文版的信效度检验》，《中国心理卫生杂志》第 6 期。

中国互联网信息中心，2016，《2015 年中国青少年上网行为研究报告》，http：//www. cnnic. net. cn/hlwfzyj/hlwxzbg/qsnbg/201608/P0201608 12393489128332. pdf。

中国互联网信息中心，2018，《第 42 次〈中国互联网发展统计报告〉》，http：//www. cnnic. net. cn/hlwfzyj/hlwxzbg/hlwtjbg/201808/P02018 0820630889299840. pdf。

Agaibi, C. E., & Wilson, J. P. 2005. "Trauma, PTSD, and resilience: a review of the literature." *Trauma Violence Abuse* 6 (3).

Ai, A. L., Cascio, T., Santangelo, L. K., & Evans-Campbell, T. 2005. "Hope, meaning, and growth following the September 11, 2001, terrorist attacks." *Journal of Interpersonal Violence* 20 (5).

Aikens, K. A., Astin, J., Pelletier, K. R., Levanovich, K., Baase, C. M., Park, Y. Y., & Bodnar, C. M. 2014. "Mindfulness goes to work: Impact of an online workplace intervention. " *Journal of Occupational and Environmental Medicine* 56 (7).

AlexisKarris, M. , & Edward Craighead, W. 2012. " Differences in character among U. S. college students. " *Individual Differences Research* 10 (2).

Allen, A. P. , Kennedy, P. J. , Dockray, S. , Cryan, J. F. , Dinan, T. G. , & Clarke, G. 2017. " The trier social stress test: Principles and practice. " *Neurobiology of Stress* 6.

Almeida, D. M. 2005. " Resilience and Vulnerability to Daily Stressors Assessed via Diary Methods. " *Current Directions in Psychological Science* 14 (2).

American College Health Association. 2017. " National College Health Assessment II: Reference Group Executive Summary Spring 2017. " https: // www. acha. org/documents/ncha/NCHA-II_ SPRING_ 2017_ REFERENCE_ GROUP_ EXECUTIVE_ SUMMARY. pdf.

American Psychiatric Association. 2014. "Diagnostic and statistical manual of mental disorders (5th ed). " *Disability & Society* 35 (10).

Anisman, H. 2015, *Stress and Your Health: From Vulnerability to Resilience*, New York: Wiley.

Anne, M. G. , Martin, G. , & Bruno, D. Z. 2012. " Estimating ordinal reliability for Likert-type and ordinal item response data: A conceptual, empirical, and practical guide. " *Practical Assessment, Research & Evaluation* 17 (3).

Ansari, W. E. , Oskrochi, R. , & Stock, C. 2013. " Symptoms and health complaints and their association with perceived stress: Students from seven universities in England, Wales and Northern Ireland. " *Journal of Public Health* 21 (5).

Armitage, C. J. , & Conner, M. 2000. " Social cognition models and health behaviour: A structured review. " *Psychology & Health* 15 (2).

Asgharipoor, N. , Asgharnejad Farid, A. , Arshadi, H. , & Sahebi, A. 2012. "A comparative study on the effectiveness of positive psychotherapy and group cognitive-behavioral therapy for the patients suffering from major depressive disorder. " *Iranian Journal of Psychiatry and Behavioral Sciences* 6 (2).

Ashley, L. , O'Connor, D. B. , & Jones, F. 2013. "A randomized trial of written emotional disclosure interventions in school teachers: controlling for positive expectancies and effects on health and job satisfaction." *Psychology, Health & Medicine* 18 (5).

Avey, J. B. , Luthans, F. , Hannah, S. T. , Sweetman, D. , & Peterson, C. 2012. "Impact of employees' character strengths of wisdom on stress and creative performance." *Human Resource Management Journal* 22 (2).

Azañedo, C. M. , Fernández-Abascal, E. G. , & Barraca, J. 2014. "Character strengths in Spain: Validation of the Values in Action Inventory of Strengths (VIA-IS) in a Spanish sample." *Clínica y Salud* 25 (2).

Aziz, S. , Wuensch, K. , & Duffrin, C. 2015. "Workaholism, exercise, and stress-related illness." *Journal of Workplace Behavioral Health* 30 (4).

Bae, H. , Kim, D. , Koh, H. , Kim, Y. , & Park, J. S. 2008. "Psychometric properties of the life events checklist-korean version." *Psychiatry Investigation* 5 (3).

Baer, R. A. 2015. "Ethics, values, virtues, and character strengths in mindfulness-based interventions: A psychological science perspective." *Mindfulness* 6 (4).

Baer, R. A. , & Lykins, E. 2011. "Mindfulness and positive psychological functioning," In *Desiging Positive Psychology: Tanking Stock and Moving Forward* (K. M. Sheldon. , T. B. Kashdan. , & M. F. S. eds.). New York, NY: Oxford University Press.

Baer, R. A. , Smith, G. T. , Hopkins, J. , Krietemeyer, J. , & Toney, L. 2006. "Using Self-Report Assessment Methods to Explore Facets of Mindfulness." *Assessment* 13 (1).

Baer, R. A. , Smith, G. T. , Lykins, E. , Button, D. , Krietemeyer, J. , Sauer, S. , … Williams, J. M. G. 2008. "Construct validity of the five facet mindfulness questionnaire in meditating and non meditating samples." *Assessment* 15 (3).

Bailey, K. D. 1994. *Typologies and Taxonomies: An Introduction to Classification Techniques*, CA: Sage.

Baños, R. M. , Etchemendy, E. , Mira, A. , Riva, G. , Gaggioli,

A. , & Botella, C. 2017. "Online positive interventions to promote well-being and resilience in the adolescent population: A narrative review. " *Frontiers in Psychiatry* 8 (10).

Bar-Haim, Y. , Lamy, D. , Pergamin, L. , Bakermans-Kranenburg, M. J. , & van Ijzendoorn, M. H. 2007. "Threat-related attentional bias in anxious and nonanxious individuals: A meta-analytic study. " *Psychological Bulletin* 133 (1).

Barofsky, I. 2000. "The role of cognitive equivalence in studies of health-related quality-of-life assessments. " *Medical Care* 38 (9) Suppl.

Barrett, L. F. , Lindquist, K. A. , Bliss-Moreau, E. , Duncan, S. , Gendron, M. , Mize, J. , & Brennan, L. 2007. "Of Mice and Men: Natural Kinds of Emotions in the Mammalian Brain? A Response to Panksepp and Izard. " *Perspectives on Psychological Science : A Journal of the Association for Psychological Science* 2 (3).

Basco, M. R. , Prager, K. J. , Pita, J. M. , Tamir, L. M. , & Stephens, J. J. 1992. "Communication and intimacy in the marriages of depressed patients. " *Journal of Family Psychology* 6 (2).

Beard, K. W. 2005. "Internet addiction: A review of current assessment techniques and potential assessment questions. " *Cyberpsychology & Behavior : The Impact of the Internet, Multimedia and Virtual Reality on Behavior and Society* 8 (1).

Beck, A. T. 1993. "Cognitive therapy: Past, present, and future. " *Journal of Consulting and Clinical Psychology* 61 (2).

Beck, J. S. 2011. *Cognitive Behavior Therapy: Basics and Beyond* (2nd ed.), New York: The Guilford Press.

Beiter, R. , Nash, R. , Mccrady, M. , Rhoades, D. , Linscomb, M. , Clarahan, M. , & Sammut, S. 2015. "The prevalence and correlates of depression, anxiety, and stress in a sample of college students. " *Journal of Affective Disorders* 173.

Bellier-Teichmann, T. , & Pomini, V. 2015. "Evolving from clinical to positive psychology: Understanding and measuring patients' strengths: A pilot study. " *Journal of Contemporary Psychotherapy* 45 （2）.

Bensimon, M. 2012. "Elaboration on the association between trauma, PTSD and posttraumatic growth: The role of trait resilience. " *Personality and Individual Differences* 52 （7）.

Bernard, M. E. , & Walton, K. 2011. "The effect of You Can Do It! Education in six schools on student perceptions of well-being, teaching-learning and relationships. " *The Journal of Student Wellbeing* 5 （1）.

Berry, J. W. 1989. "Imposedetics-emics-derived etics: The operationlization of a compelling idea. " *International Journal of Psychology* 24 （6）.

Bian, Y. , Zhang, L. , Yang, J. , Guo, X. , & Lei, M. 2015. "Subjective wellbeing of chinese people: A multifaceted view. " *Social Indicators Research* 121 （1）.

Bird, V. J. , Le Boutillier, C. , Leamy, M. , Larsen, J. , Oades, L. G. , Williams, J. , & Slade, M. 2012. "Assessing the strengths of mental health consumers: A systematic review. " *Psychological Assessment* 24 （4）.

Birleson, P. , Sawyer, M. , & Storm, V. 2000. "The mental health of young people in Australia: Child and adolescent component of the national survey—A commentary. " *Australasian Psychiatry* 8 （4）.

Birnbaum, M. H. 2004. "Human research and data collection via the Internet. " *Annual Review of Psychology* 55.

Bishop, S. R. , Lau, M. , Shapiro, S. , Carlson, L. , Anderson, N. D. , Carmody, J. , … Velting, D. 2004. "Mindfulness: A Proposed Operational Definition. " *Clinical Psychology Science & Practice* 11 （3）.

Biswas-Diener, R. 2006. "From the equator to the North Pole: A study of character strengths. " *Journal of Happiness Studies* 7 （3）.

Blanchard, E. B. , Jones-Alexander, J. , Buckley, T. C. , & Forneris, C. A. 1996. "Psychometric properties of the PTSD Checklist （PCL）. " *Behaviour Research and Therapy* 34 （8）.

Blimling, G. S. , & Miltenberger, L. J. 1990. *The Resident Assistant: Working with College Students in Residence Halls.* Kendall/Hunt Publishing Company.

Bloom, B. L. 2001. "Focused single-session psychotherapy: A review of the clinical and research literature." *Brief Treatment & Crisis Intervention* 1 (1).

Boardman, S., & Doraiswamy, P. M. 2015. "Integrating positive psychiatry into clinical practice," In *Positive Psychiatry: A Clinical Handbook* (D. V. Jeste & B. W. Palmer eds.). Arlington, VA: American Psychiatric Publishing.

Bogg, T., & Roberts, B. W. 2004. "Conscientiousness and health-related behaviors: A meta-analysis of the leading behavioral contributors to mortality." *Psychological Bulletin* 130 (6).

Bolier, L., Haverman, M., Westerhof, G. J., Riper, H., Smit, F., & Bohlmeijer, E. 2013. "Positive psychology interventions: A meta-analysis of randomized controlled studies." *BMC Public Health* 13 (1).

Bonanno, G. A. 2004. "Loss, trauma, and human resilience: Have we underestimated the human capacity to thrive after extremely aversive events?" *The American Psychologist* 59 (1).

Bontempo, D. E., & Hofer, S. M. 2007. "Assessing factorial invariance in cross-sectional and longitudinal studies," In *Oxford Handbook of Methods in Positive Psychology*. New York, NY, US: Oxford University Press.

Bowlin, S. L., & Baer, R. A. 2012. "Relationships between mindfulness, self-control, and psychological functioning." *Personality and Individual Differences* 52 (3).

Boyce, J. A., & Kuijer, R. G. 2015. "Perceived stress and freshman weight change: The moderating role of baseline body mass index." *Physiology & Behavior* 139.

Bozdogan, H. 1987. "Model selection and Akaike's Information Criterion (AIC): The general theory and its analytical extensions." *Psychometrika* 52 (3).

Brdar, I., & Kashdan, T. B. 2010. "Character strengths and well-being in Croatia: An empirical investigation of structure and correlates." *Journal of Research in Personality* 44 (1).

Britton, P. C., Williams, G. C., & Conner, K. R. 2008. "Self-determination theory, motivational interviewing, and the treatment of clients with acute suicidal ideation. " *Journal of Clinical Psychology* 64 (1).

Broderick, P. , & Stacie Metz. 2009. "Learning to BREATHE: A pilot trial of a mindfulness curriculum for adolescents. " *Advances in School Mental Health Promotion* 2 (1).

Brown, T. A. 2006. *Confirmatory Factor Analysis for Applied Research.* New York: Guilford Press.

Brown, T. A. , Chorpita, B. F. , & Barlow, D. H. 1998. "Structural relationships among dimensions of the DSM-IV anxiety and mood disorders and dimensions of negative affect, positive affect, and autonomic arousal. " *Journal of Abnormal Psychology* 107 (2).

Brunet, J. , Mcdonough, M. V. , Crocker, P. R. , & Sabiston, C. M. 2010. "The Posttraumatic Growth Inventory: An examination of the factor structure and invariance among breast cancer survivors. " *Psycho-oncology* 19 (8).

Bruno, D. Z. , Anne, M. G. , & Zeisser, C. 2007. "Ordinal Versions of Coefficients Alpha and Theta For Likert Rating Scales. " *Journal of Modern Applied Statistical Methods* 6.

Bryant, F. B. , Chadwick, E. D. , & Kluwe, K. 2011. "Understanding the Processes that Regulate Positive Emotional Experience: Unsolved Problems and Future Directions for Theory and Research on Savoring. " *International Journal of Wellbeing* 1.

Budescu, D. V. 1993. "Dominance analysis: A new approach to the problem of relative importance of predictors in multiple regression. " *Psychological Bulletin* 114 (3).

Burns, K. , Sun, K. , Fobil, J. , & Neitzel, R. 2016. "Heart rate, stress, and occupational noise exposure among electronic waste recycling workers. " *International Journal of Environmental Research and Public Health* 13 (1).

Burton, C. M, & King, L. A. 2008. "Effects of (very) brief writing on health: The two-minute miracle. " *British Journal of Health Psychology* 13 (Pt 1).

Buschor, C. , Proyer, R. T. , & Ruch, W. 2013. "Self-and peer-rated character strengths: How do they relate to satisfaction with life and orientations to happiness?" *The Journal of Positive Psychology* 8 (2).

Byrne, B. M. 2012. *Structural Equation Modeling with Mplus: Basic Concepts, Applications, and Programming.* New York, NY, US: Routledge/ Taylor & Francis Group.

Cain, G. , & Carnellor, Y. 2008. "Roots of Empathy: A research study on its impact on teachers in Western Australia. " *Journal of Sichuan University* 38 (4).

Camp, C. J. 1986. " I am curious-grey: Information seeking and depression across the adult lifespan. " *Educational Gerontology* 12 (4).

Campbell-Sills, L. , & Stein, M. B. 2007. "Psychometric analysis and refinement of the Connor-davidson Resilience Scale (CD-RISC): Validation of a 10-item measure of resilience. " *Journal of Traumatic Stress* 20 (6).

Campbell, A. 1999. "Single session interventions: An example of clinical research in practice. " *Australian and New Zealand Journal of Family Therapy* 20.

Campbell, A. 2012. "Single-Session Approaches to Therapy: Time to Review. " *Australian and New Zealand Journal of Family Therapy* 33 (1).

Campbell, D. T. , & Fiske, D. W. 1959. "Convergent and discriminant validation by the multitrait-multimethod matrix. " *Psychological Bulletin* 56 (2).

Cantor, N. 1990. "From thought to behavior: 'Having' and ' doing' in the study of personality and cognition. " *American Psychologist* 45 (6).

Cao, F. , & Su, L. 2007. " Internet addiction among Chinese adolescents: Prevalence and psychological features. " *Child: Care, Health and Development* 33 (3).

Capaldi, C. A. , Passmore, H. A. , Nisbet, E. , Zelenski, J. , & Dopko, R. 2015. "Flourishing in nature: A review of the benefits of connecting with nature and its application as a wellbeing intervention. " *International Journal of Wellbeing* 5 (4).

Care, M. N. , & Kuiper, N. A. 2013. "Cognitive representations in a self-regulation model of depression: Effects of self-other distinctions, symptom severity and personal experiences with depression. " *Self & Identity* 12 (2).

Carr, A. , & Finnegan, L. 2015. "The Say 'Yes' to Life (SYTL) program：A positive psychology group intervention for depression. " *Journal of Contemporary Psychotherapy* 45.

Carson, J. W. , Carson, K. M. , Gil, K. M. , & Baucom, D. H. 2005. "Mindfulness-based relationship enhancement. " *Behavior Therapy* 35 (3).

Carver, C. S. 1998. "Resilience and thriving：Issues, models, and linkages. " *Journal of Social Issues* 54 (2).

Cattell, R. , & Kline, P. 1977. *The Scientific Study of Personality and Motivation. New York*：*Academic.*

Chalmers, J. A. , Quintana, D. S. , Abbott, M. J-A. , & Kemp, A. H. 2014. "Anxiety disorders are associated with reduced heart rate variability：A meta-analysis. " *Frontiers in Psychiatry* 5 (80).

Chaves, C. , Lopez-Gomez, I. , Hervas, G. , & Vazquez, C. 2017. "A comparative study on the efficacy of a positive psychology intervention and a cognitive behavioral therapy for clinical depression. " *Cognitive Therapy & Research* 41.

Chen, F. F. 2007. "Sensitivity of goodness of fit indexes to lack of measurement invariance. " *Structural Equation Modeling*：*A Multidisciplinary Journal* 14 (3).

Chen, S. X. , Chan, W. , Bond, M. H. , & Stewart, S. M. 2006. "The effects of self-efficacy and relationship harmony on depression across cultures. " *Journal of Cross-Cultural Psychology* 37 (6).

Chen, Z. , & Davey, G. 2008. "Happiness and subjective wellbeing in mainland china. " *Journal of Happiness Studies* 9 (4).

Cheung, F. M. , Van de Vijver, F. , & Leong, F. T. L. 2011. "Toward a new approach to the study of personality in culture. " *American Psychologist* 66 (7).

Cheung, G. W. , & Rensvold, R. B. 2002. "Evaluating goodness-of-fit indexes for testing measurement invariance. " *Structural Equation Modeling* 9 (2).

Cheung, P. C. , Conger, A. J. , Hau, K-T. , Lew, W. J. F. , & Lau, S. 1992. " Development of the Multi-Trait Personality Inventory (MTPI): Comparison among four Chinese populations. " *Journal of Personality Assessment* 59 (3).

Chirkov, V. , Ryan, R. M. , Kim, Y. , & Kaplan, U. 2003. "Differentiating autonomy from individualism and independence: A self-determination theory perspective on internalization of cultural orientations and well-being. " *Journal of Personality and Social Psychology* 84 (1).

Chou, K-L. , Wong, W. K. F. , & Chow, N. W. S. 2011. "Interaction between pre-and post-migration factors on depressive symptoms in new migrants to Hong Kong from mainland china. " *Community Mental Health Journal* 47 (5).

Chua, L. W. , Milfont, T. L. , & Jose, P. E. 2015. "Coping skills help explain how future-oriented adolescents accrue greater well-being over time. " *Journal of Youth and Adolescence* 44 (11).

Church, A. T. , & Katigbak, M. S. 1988. " The emic strategy in the identification and assessment of personality dimensions in a non-western culture. " *Journal of Cross-Cultural Psychology* 19 (2).

Clifton, D. O. , & Harter, J. K. 2003. "Investing in strengths," In *Positive Organizational Scholarship: Foundations of a New Discipline* (A. K. S. Cameron, B. J. E. Dutton, & C. R. E. Quinn eds.) . San Francisco, CA: Berrett-Koehler Publisher, Inc.

Cloninger, C. R. 2004. *Feeling Good: The Science of Well-Being*, New York: Oxford University Press.

Cloninger, C. R. , Svrakic, D. M. , & Przybeck, T. R. 1993. " A psychobiological model of temperament and character. " *Archives of General Psychiatry* 50 (12).

Cochrane, N. 1990. "Physical contact experience and depression. " *Acta Psychiatrica Scandinavia Supplementum* 82 (357).

Coffey, K. A. , & Hartman, M. 2008. "Mechanisms of action in the inverse relationship between mindfulness and psychological distress. "

Complementary Health Practice Review 13 （2）.

Coffey, K. A. , Hartman, M. , & Fredrickson, B. L. 2010. "Deconstructing mindfulness and constructing mental health: Understanding mindfulness and its mechanisms of action. " *Mindfulness* 1 （4）.

Cohen, D. , Farley, T. , & Scribner, R. 2000. " A structural model of health behavior: A pragmatic approach to explain and influence health behaviors at the population level. " *Preventive Medicine* 30 （2）.

Cohen, J. R. , Hankin, B. L. , Gibb, B. E. , Hammen, C. , Hazel, N. A. , Ma, D. , …, Abela, J. R. Z. 2013. "Negative attachment cognitions and emotional distress in mainland Chinese adolescents: A prospective multiwave test of vulnerability-stress and stress generation models. " *Journal of Clinical Child and Adolescent Psychology* : *The Official Journal for the Society of Clinical Child and Adolescent Psychology, American Psychological Association, Division* 53 42 （4）.

Cohen, S. , Tyrrell, D. A. , & Smith, A. P. 1993. " Negative life events, perceived stress, negative affect, and susceptibility to the common cold. " *Journal of Personality and Social Psychology* 64 （1）.

Cole, D. A. , & Maxwell, S. E. 1985. " Multitrait-multimethod comparisons across populations: A confirmatory factor analytic approach. " *Multivariate Behav Res* 20 （4）.

Cole, D. A. , & Maxwell, S. E. 2003. "Testing mediational models with longitudinal data: Questions and tips in the use of structural equation modeling. " *Journal of Abnormal Psychology* 112 （4）.

Colzato, L. S. , Ozturk, A. , & Hommel, B. 2012. " Meditate to create: The impact of focused-attention and open-monitoring training on convergent and divergent thinking. " *Frontiers in Psychology* 3 （116）.

Connor, K. M. , & Davidson, J. R. T. 2003. "Development of a new resilience scale: The Connor-Davidson Resilience Scale （CD-RISC）. " *Depression and Anxiety* 18 （2）.

Corral, I. , & Landrine, H. 2009. " Methodological and statistical strategies in research with diverse samples. The problem of measurement equivalence," In *Handbook of Diversity in Feminist Psychology* . New York: Springer.

Corrigan, P. W. , Druss, B. G. , & Perlick, D. A. 2014. "The impact of mental illness stigma on seeking and participating in mental health care. " *Psychological Science in the Public Interest* 15 (2).

Creedon, P. J. , & Hayes, A. F. 2015. "Small sample mediation analysis: How far can we push the bootstrap?" New York: Paper presented at the The annual conference of the association for psychological science.

Crescentini, C. , Urgesi, C. , Campanella, F. , Eleopra, R. , & Fabbro, F. 2014. "Effects of an 8-week meditation program on the implicit and explicit attitudes toward religious/spiritual self-representations. " *Consciousness and Cognition* 30.

Creswell, J. D. , & Lindsay, E. K. 2014. " How Does Mindfulness Training Affect Health? A Mindfulness Stress Buffering Account. " *Current Directions in Psychological Science* 23 (6).

Cronbach, L. J. , & Meehl, P. E. 1955. " Construct validity in psychological tests. " *Psychological Bulletin* 52 (4).

Cruess, D. G. , Finitsis, D. J. , Smith, A. L. , Goshe, B. M. , Burnham, K. , Burbridge, C. , & O' Leary, K. 2015. " Brief stress management reduces acute distress and buffers physiological response to a social stress test. " *International Journal of Stress Management* 22 (3).

Cruz, C. , Navarro, E. , Pocinho, R. , & Ferreira, A. 2016. "Happiness in advanced adulthood and the elderly: The role of positive emotions, flourishing and mindfulness as well-being factors for successful aging. " Paper presented at the The 4th international conference on technological ecosystems for enhancing multiculturality.

Csikszentmihalyi, M. 1990. *Flow: The Psychology of Optimal Performance*, New York: Cambrige University Press.

Curran, P. J. , West, S. G. , & Finch, J. F. 1996. "The robustness of test statistics to nonnormality and specification error in confirmatory factor analysis. " *Psychological Methods* 1 (1).

Currie, S. L. , McGrath, P. J. , & Day, V. 2010. "Development and usability of an online CBT program for symptoms of moderate depression, anxiety, and stress in post-secondary students. " *Computers in Human Behavior* 26（6）.

D'raven, L. L. , & Pasha-Zaidi, N. 2014. " Positive Psychology Interventions: A Review for Counselling Practitioners. " *Canadian Journal of Counselling and Psychotherapy* 48（4）.

Dahlsgaard, K. , Peterson, C. , & Seligman, M. E. P. 2005. "Shared virtue: The convergence of valued human strengths across culture and history. " *Review of General Psychology* 9（3）.

Dane, E. , & Brummel, B. J. 2014. "Examining workplace mindfulness and its relations to job performance and turnover intention. " *Human Relations* 67（1）.

Davis, D. E. , Choe, E. , Meyers, J. , Wade, N. , Varjas, K. , Gifford, A. , …Worthington, E. L. 2016. "Thankful for the little things: A meta-analysis of gratitude interventions. " *Journal of Counseling Psychology* 63（1）.

Davis, R. A. 2001. " A cognitive-behavioral model of pathological Internet use. " *Computers in Human Behavior* 17（2）.

De Leo, J. A. , & Wulfert, E. 2013. "Problematic Internet use and other risky behaviors in college students: An application of problem-behavior theory. " *Psychology of Addictive Behaviors* : *Journal of the Society of Psychologists in Addictive Behaviors* 27（1）.

de Vibe, M. , Solhaug, I. , Tyssen, R. , Friborg, O. , Rosenvinge, J. H. , Sørlie, T. , …, Bjørndal, A. 2015. "Does personality moderate the effects of mindfulness training for medical and psychology students?" *Mindfulness* 6（2）.

Deci, E. L. , & Vansteenkiste, M. 2004. "Self-determination theory and basic need satisfaction: Understanding human development in positive psychology. " *Ricerche di Psicologia* 27（1）.

Dekel, S. , Mandl, C. , & Solomon, Z. 2011. "Shared and unique predictors of post-traumatic growth and distress. " *Journal of Clinical Psychology*

67 (3).

Denovan, A., & Macaskill, A. 2017. "Stress, resilience and leisure coping among university students: applying the broaden-and-build theory." *Leisure Studies* 36 (6).

Derogatis, L. R. 1993. *Brief Symptom Inventory: Administration, Scoring, and Procedures Manual:* National Computer Systems (NCS).

Derogatis, L. R., & Fitzpatrick, M. 2004. "The SCL-90-R, the Brief Symptom Inventory (BSI), and the BSI-18."

Derogatis, L. R., Lipman, R. S., & Covi, L. 1973. "SCL-90: An outpatient psychiatric rating scale--preliminary report." *Psychopharmacology Bulletin* 9 (1).

Derogatis, L. R., Lipman, R. S., Rickels, K, Uhlenhuth, E. H., & Covi, L. 1974. "The Hopkins Symptom Checklist (HSCL): A self-report symptom inventory." *Behavioral Science* 19 (1).

Desjardins, T., Yeung Thompson, R. S., Sukhawathanakul, P., Leadbeater, B. J., & MacDonald, S. W. S. 2013. "Factor structure of the Social Experience Questionnaire across time, sex, and grade among early elementary school children." *Psychological Assessment* 25 (4).

Didonna, F. 2009. *Clinical Handbook of Mindfulness.* New York: Springer.

Diener, E. 2000. "Subjective well-being: The science of happiness and a proposal for a national index." *American Psychologist* 55 (1).

Diener, E., & Diener, M. 1995. "Cross-cultural correlates of life satisfaction and self-esteem." *Journal of Personality & Social Psychology* 68 (4).

Diener, E., Emmons, R. A., Larson, R. J., & Griffin, S. 1985. "The satisfaction with life scale." *Journal of Personality Assessment* 49.

Diener, E., & Suh, E. M. 1999. "National differences in subjective well-being," In *Well-being: The Foundations of Hedonic Psychology.* New York: Russell Sage.

Diener, E., & Suh, E. M. 2000. *Culture and Subjective Well-being.* Cambridge, MA: The MIT Press.

Diener, E., Suh, E. M., Smith, H., & Shao, L. 1995. "National differences in reported subjective well-being: Why do they occur?" *Social Indicators Research* 34 (1).

Diener, E., Wirtz, D., Tov, W., Chu, K. P., Choi, D. W., Oishi, S., & Biswas-Diener, R. 2010. "New well-being measures: Short scales to assess flourishing and positive and negative feelings. " *Social Indicators Research* 97 (2).

DiMaggio, P. 1997. "Culture and cognition. " *Annual Review of Sociology* 23.

Dimidjian, S., Martell, C. R., Addis, M. E., Herman-Dunn, R., & Barlow, D. 2008. "Behavioral activation for depression. " *Clinical Handbook of Psychological Disorders: A Step-by-step Treatment Manual* 4.

Dindia, K., & Allen, M. 1992. "Sex differences in self-disclosure: A meta-analysis. " *Psychological Bulletin* 1 (112).

Dohrenwend, B. S., Dohrenwend, B. P., Dodson, M., & Shrout, P. E. 1984. "Symptoms, hassles, social supports, and life events: Problem of confounded measures. " *Journal of Abnormal Psychology* 93 (2).

Drozd, F., Mork, L., Nielsen, B., Raeder, S., & Bjørkli, C. A. 2014. "Better Days-A randomized controlled trial of an internet-based positive psychology intervention. " *The Journal of Positive Psychology* 9.

Duan, W. 2016a. "The benefits of personal strengths in mental health of stressed students: A longitudinal investigation. " *Quality of Life Research* 25 (11).

Duan, W. 2016b. "Mediation role of individual strengths in dispositional mindfulness and mental health. " *Personality & Individual Differences* 99.

Duan, W., Bai, Y., Tang, X., Siu, B. P. Y., Chan, R. K. H., & Ho, S. M. Y. 2012. "Virtues and positive mental health. " *Hong Kong Journal of Mental Health* 38.

Duan, W., & Bu, H. 2017a. "Development and initial validation of a short three-dimensional inventory of character strengths. " *Quality of Life Research* 26 (9).

Duan, W., & Bu, H. 2017b. "Randomized trial investigating of a single-session character-strength-based cognitive intervention on freshman's adaptability. " *Research on Social Work Practice.*

Duan, W. , & Guo, P. 2015. " Association between virtues and posttraumatic growth: Preliminary evidence from a Chinese community sample after earthquakes. " *Peerj* 3.

Duan, W. , Guo, P. , & Gan, P. 2015. " Relationships among trait resilience, virtues, post-traumatic stress disorder, and post-traumatic growth. " *PloS one* 10 (5).

Duan, W. , Ho, S. M. , Yu, B. , Tang, X. , Zhang, Y. , Li, T. , & Yuen, T. 2012. " Factor structure of the Chinese virtues questionnaire. " *Research on Social Work Practice* 22 (6).

Duan, W. , Ho, S. M. Y. , Bai, Y. , & Tang, X. 2013. " Psychometric evaluation of the Chinese Virtues Questionnaire. " *Research on Social Work Practice* 23 (3).

Duan, W. , Ho, S. M. Y. , Siu, B. P. Y. , Li, T. , & Zhang, Y. 2015. " Role of virtues and perceived life stress in affecting psychological symptoms among Chinese college students. " *Journal of American College Health* 63 (1).

Duan, W. , Ho, S. M. Y. , Tang, X. , Li, T. , & Zhang, Y. 2014. " Character strength-based intervention to promote satisfaction with life in the chinese university context. " *Journal of Happiness Studies* 15 (6).

Duan, W. , & Li, J. 2016. " Distinguishing Dispositional and Cultivated Forms of Mindfulness: Item-Level Factor Analysis of Five-Facet Mindfulness Questionnaire and Construction of Short Inventory of Mindfulness Capability. " *Frontiers in Psychology* 7 (1348).

Duan, W. , Li, J. , & Mu, W. 2018. " Psychometric characteristics of strengths knowledge scale and strengths use scale among adolescents. " *Journal of Psychoeducational Assessment* 36 (7).

Duan, W. , & Xie, D. 2016. " Measuring adolescent flourishing: Psychometric properties of Flourishing Scale in a sample of Chinese adolescents. " *Journal of Psychoeducational Assessment* (97).

Duan, W., Yuan, G., & Fengchun, G. 2016. "Brief Inventory of Thriving: A comprehensive measurement of wellbeing." *Chinese Sociological Dialogue* 1 (1).

Dubreuil, P., Forest, J., Gillet, N., Fernet, C., Thibault-Landry, A., Crevier-Braud, L., & Girouard, S. 2016. "Facilitating well-being and performance through the development of strengths at work: Results from an intervention program." *International Journal of Applied Positive Psychology* 2016 (1).

Duckworth, A. L., Steen, T. A., & Seligman, M. E. P. 2005. "Positive psychology in clinical practice." *Annual Review of Clinical Psychology* 1 (1).

Durkee, T., Kaess, M., Carli, V., Sarchiapone, M., Wasserman, C., Hoven, C., & Wasserman, D. 2013. "1672-Pathological internet use among european adolescents: Psychopathology and self-destructive behaviors." *European Psychiatry* 28 (11).

Dyson, R., & Renk, K. 2006. "Freshmen adaptation to university life: Depressive symptoms, stress, and coping." *Journal of Clinical Psychology* 62 (10).

Eades, J. F., & Gray, J. 2017. "Applying positive psychology in the primary school: Celebrating strengths, a uk well-being project," In *Positive Psychology Interventions in Practice* (C. Proctor ed.). Springer International Publishing.

Eberhart, N. K., & Hammen, C. L. 2010. "Interpersonal Style, Stress, and Depression: An Examination of Transactional and Diathesis-Stress Models." *Journal of Social and Clinical Psychology* 29 (1).

Edition, F. 2013. *Diagnostic and Statistical Manual of Mental Disorders.* American Psychiatric Association.

Ernst, E. 2007. "Placebo: new insights into an old enigma." *Drug Discovery Today* 12 (9-10).

Fairman, N., Knapp, P., & Martin, A. 2005. "Flourishing: Positive psychology and the life well-lived." *Journal of the American Academy of Child & Adolescent Psychiatry* 44 (8).

Farmer, J. L. , Allsopp, D. H. , & Ferron, J. M. 2014. "Impact of the personal strengths program on self-determination levels of college students with LD and/or ADHD. " *Learning Disability Quarterly* 38 (3).

Faulstich, M. E. , Carey, M. P. , Ruggiero, L. , Enyart, P. , & Gresham, F. 1986. "Assessment of depression in childhood and adolescence: An evaluation of the Center for Epidemiological Studies Depression Scale for Children (CES-DC). " *American Journal of Psychiatry* 143 (8).

Fava, G. A. 2016. " Well-being therapy: current indications and emerging perspectives. " *Psychotherapy and Psychosomatics* 85 (3).

Feldman, D. B. , & Dreher, D. E. 2012. "Can hope be changed in 90 minutes? Testing the efficacy of a single-session goal-pursuit intervention for college students. " *Journal of Happiness Studies* 13 (4).

Finniss, D. G. , Kaptchuk, T. J. , Miller, F. , & Benedetti, F. 2010. "Biological, clinical, and ethical advances of placebo effects. " *The Lancet* 375 (9715).

Flink, I. K. , Smeets, E. , Bergbom, S. , & Peters, M. L. 2015. "Happy despite pain: Pilot study of a positive psychology intervention for patients with chronic pain. " *Scandinavian Journal of Pain* 7 (Supplement C).

Folkman, & Susan. 2013. *Stress: Appraisal and Coping.*

Forster, O. 2012. *Hope in Individuals Living with Chronic Physical Illness: Correlates of Hope Across Illness Populations and Predictors of Hope in Individuals with Cardiovascular Disease.* U. K. : University of Hull.

Fowers, B. J. 2005. *Virtue and Psychology: Pursuing Excellence in Ordinary Practices.* Washington, DC, US: American Psychological Association.

Fowers, B. J. 2008. "From continence to virtue: Recovering goodness, character unity, and character types for positive psychology. " *Theory & Psychology* 18 (18).

Francis, S. E. , Mezo, P. G. , & Fung, S. L. 2012. " Self-control training in children: A review of interventions for anxiety and depression and the role of parental involvement. " *Psychotherapy Research* 22 (2).

Franklin, S. S. , Thijs, L. , Hansen, T. W. , O' Brien, E. , &

Staessen, J. A. 2013. "White-Coat Hypertension." *New Insights From Recent Studies* 62 (6).

Frattaroli, J. 2006. "Experimental disclosure and its moderators: A meta-analysis." *Psychological Bulletin* 132 (6).

Frazier, P. A., Tix, A. P., & Barron, K. E. 2004. "Testing moderator and mediator effects in counseling psychology research." *Journal of Counseling Psychology* 51 (1).

Fredrickson, B. L. 2001. "The role of positive emotions in positive psychology: The broaden-and-build theory of positive emotions." *American Psychologist* 56 (3).

Fredrickson, B. L. 2004. "The Broaden-and-Build Theory of Positive Emotions." *Philosophical Transactions of the Royal Society B: Biological Sciences* 359 (1449).

Fredrickson, B. L. 2016. "Leading with positive emotions." http://positiveorgs. bus. umich. edu/wp-content/uploads/CPOSweb-TryingTimes-Fredrickson-PositiveEmotions. pdf.

Fredrickson, B. L., Cohn, M. A., Coffey, K. A., Pek, J., & Finkel, S. M. 2008. "Open hearts build lives: Positive emotions, induced through loving-kindness meditation, build consequential personal resources." *Journal of Personality and Social Psychology* 95 (5).

Fredrickson, B. L., & Losada, M. F. 2005. "Positive Affect and the Complex Dynamics of Human Flourishing." *American Psychologist* 60 (7).

Friese, M., Messner, C., & Schaffner, Y. 2012. "Mindfulness meditation counteracts self-control depletion." *Consciousness and Cognition* 21 (2).

Froh, J. J., Kashdan, T. B., Ozimkowski, K. M., & Miller, N. 2009. "Who benefits the most from a gratitude intervention in children and adolescents? Examining positive affect as a moderator." *The Journal of Positive Psychology* 4 (5).

Froh, J. J., Sefick, W. J., & Emmons, R. A. 2008. "Counting blessings in early adolescents: An experimental study of gratitude and subjective well-being. " *Journal of School Psychology* 46 （2）.

Frone, M. R. 2000. "Interpersonal conflict at work and psychological outcomes: Testing a model among young workers. " *Journal of Occupational Health Psychology* 5 （2）.

Fuchs, C. Z. , & Rehm, L. P. 1977. "A self-control behavior therapy program for depression. " *Journal of Consulting & Clinical Psychology* 45 （2）.

Funahashi, S. 2011. "Brain mechanisms of happiness. " *Psychologia* 54 （4）.

Fung, B. K. , Ho, S. M. Y. , Fung, A S. , Leung, E. Y. , Chow, S. P. , Ip, W. Y. , …, Barlaan, P. I. 2011. "The development of a strength-focused mutual support group for caretakers of children with cerebral palsy. " *East Asian Arch Psychiatry* 21 （2）.

Gable, S. L. , & Haidt, J. 2005. "What （and why） is positive psychology?" *Review of General Psychology* 9 （2）.

Gallagher, M. , Prinstein, M. J. , Simon, V. , & Spirito, A. 2014. "Social Anxiety Symptoms and Suicidal Ideation in a Clinical Sample of Early Adolescents: Examining Loneliness and Social Support as Longitudinal Mediators. " *Journal of Abnormal Child Psychology* 42 （6）.

Gander, F. , Proyer, R. T. , Ruch, W. , & Wyss, T. 2012. "The good character at work: An initial study on the contribution of character strengths in identifying healthy and unhealthy work-related behavior and experience patterns. " *International Archives of Occupational and Environmental Health* 85 （8）.

García, F. E. , & Wlodarczyk, A. 2016. "Psychometric properties of the posttraumatic growth inventory-short form among chilean adults. " *Journal of Loss & Trauma* 21 （4）.

Gartland, N. , O'Connor, D. B. , Lawton, R. , & Ferguson, E. 2014. "Investigating the effects of conscientiousness on daily stress, affect and physical symptom processes: A daily diary study. " *British Journal of Health Psychology* 19 （2）.

Gatchel, R. J. , & Rollings, K. H. 2008. " Evidence-informed management of chronic low back pain with cognitive behavioral therapy. " *The Spine Journal* 8 (1).

Gaultney, J. F. 2011. " The prevalence of sleep disorders in college students: Impact on academic performance. " *Journal of American College Health* 59 (2).

Gee, D., Mildred, H., Brann, P., & Taylor, M. 2015. " Brief intervention: A promising framework for child and youth mental health?" *Administration and Policy in Mental Health and Mental Health Services Research* 42 (2).

Gehrke, A., & Violanti, J. M. 2006. " Gender differences and posttraumatic stress disorder: The role of trauma type and frequency of exposure. " *Traumatology* 12 (3).

Ghandeharioun, A., Azaria, A., Taylor, S., & Picard, R. W. 2016. " ' Kind and Grateful ': A context-sensitive smartphone app utilizing inspirational content to promote gratitude. " *Psychology of Well-Being* 6 (1).

Ghielen, S. T. S., van Woerkom, M., & Meyers, M. C. 2017. "Promoting positive outcomes through strengths interventions: A literature review. " *The Journal of Positive Psychology* .

Gillham, J. E., Adams-Deutsch, Z., Werner, J., Reivich, K., Coulter-Heindl, V., Linkins, M., ..., Seligman, M. E. P. 2011. "Character strengths predict subjective well-being during adolescence. " *The Journal of Positive Psychology* 6 (1).

Gillham, J. E., Reivich, K. J., Freres, D. R., Chaplin, T. M., Shatté, A. J., Samuels, B., ..., Gallop, R. 2007. " School-based prevention of depressive symptoms: A randomized controlled study of the effectiveness and specificity of the Penn Resiliency Program. " *Journal of Consulting and Clinical Psychology* 75 (1).

Gillham, J. E., Reivich, K. J., Jaycox, L. H., & Seligman, M. E. P. 1995. "Prevention of depressive symptoms in schoolchildren: Two-year follow-up. " *Psychological Science* 6 (6).

Gleason, M. E. J. , Iida, M. , Shrout, P. E. , & Bolger, N. 2008. "Receiving support as a mixed blessing: Evidence for dual effects of support on psychological outcomes. " *Journal of Personality and Social Psychology* 94 (5).

Goodall, J. , & Berman, P. 1999. *Reason for Hope: A Spiritual Journey.* Grand Central Publishing.

Gosling, S. D. , Vazire, S. , Srivastava, S. , & John, O. P. 2004. "Should we trust web-based studies? A comparative analysis of six preconceptions about internet questionnaires. " *The American Psychologist* 59 (2).

Govindji, R. , & Linley, P. A. 2007. "Strengths use, self-concordance and well-being: Implications for strengths coaching and coaching psychologists. " *International Coaching Psychology Review* 2 (2).

Green, S. , Grant, A. , & Rynsaardt, J. 2007. "Evidence-based life coaching for senior high school students: Building hardiness and hope. "

Greenberger, E. , Chen, C. , Dmitrieva, J. , & Farruggia, S. P. 2003. "Item-wording and the dimensionality of the Rosenberg Self-Esteem Scale: do they matter?" *Personality & Individual Differences* 35 (6).

Grohol, J. M. 1999. "Too much time online: Internet addiction or healthy social interactions?" *Cyberpsychology & Behavior : The Impact of the Internet, Multimedia and Virtual Reality on Behavior and Society* 2 (5).

Gropper, S. A. S. , Smith, J. L. , & Groff, J. 2009. *Advanced Nutrition And Human Metabolism.* Belmont, CA: Wadsworth Cengage Learning.

Gross, E. F. 2004. "Adolescent internet use: What we expect, what teens report. " *Journal of Applied Developmental Psychology* 25 (6).

Gudykunst, W. B. 1985. "The influence of cultural similarity, type of relationship, and self-monitoring on uncertainty reduction processes. " *Communication Monographs* 52 (3).

Gullickson, T. 1997. *Trauma and Transformation: Growing in the Aftermath of Suffering,*

Güsewell, A. , & Ruch, W. 2012. "Are only emotional strengths emotional? Character strengths and disposition to positive emotions. " *Applied Psychology: Health and Well-Being* 4 (2).

Guyotte, S., Kitzman, H., & Hamilton, N. A. 2006. "Enhancing Health and Emotion: Mindfulness as a Missing Link Between Cognitive Therapy and Positive Psychology." *Journal of Cognitive Psychotherapy* 20 (2).

Haboush, A. L. 2013. "Assessing the conceptual equivalence of measure of suppression in culturally diverse samples." *Journal of Shijiazhuang University of Economics* .

Hagenaars, M. A., Fisch, I., & van Minnen, A. 2011. "The effect of trauma onset and frequency on PTSD-associated symptoms." *Journal of Affective Disorders* 132 (1-2).

Hair, J. F., Anderson, R. E., Tatham, R. L., & Black, W. C. 1998. *Multivariate Data Analysis* (5th Ed.) . Upper Saddle River, NJ: Prentice Hall.

Hamann, G. A., & Ivtzan, I. 2016. "30 minutes in nature a day can increase mood, well-being, meaning in life and mindfulness: Effects of a pilot programme." *Social Inquiry into Well-Being* 2.

Hamilton, N. A., Kitzman, H., & Guyotte, S. 2006. "Enhancing health and emotion: Mindfulness as a missing link between cognitive therapy and positive psychology." *Journal of Cognitive Psychotherapy* 20 (2).

Hampson, S. E., & Friedman, H. S. 2008. *Personality and Health: A Lifespan Perspective.* New York, NY, US: Guilford Press.

Hargie, O. D., Tourish, D., & Curtis, L. 2001. "Gender, religion, and adolescent patterns of self-disclosure in the divided society of Northern Ireland." *Adolescence* 36 (144).

Harris, A. R., Jennings, P. A., Katz, D. A., Abenavoli, R. M., & Greenberg, M. T. 2016. "Promoting Stress Management and Wellbeing in Educators: Feasibility and Efficacy of a School-Based Yoga and Mindfulness Intervention." *Mindfulness* 7 (1).

Harzer, C., & Ruch, W. 2015. "The relationships of character strengths with coping, work-related stress, and job satisfaction." *Frontiers in Psychology* 6 (165).

Hassett, A. L., & Gevirtz, R. N. 2009. "Nonpharmacologic treatment for fibromyalgia: Patient education, cognitive-behavioral therapy, relaxation techniques, and complementary and alternative medicine." *Rheumatic Diseases Clinics of North America* 35 (2).

Hassija, C. M. , Luterek, J. A. , & Naragon-Gainey, K. 2012. "Impact of emotional approach coping and hope on PTSD and depression symptoms in a trauma exposed sample of Veterans receiving outpatient VA mental health care services." *Anxiety, Stress, and Coping* 25 (5).

Hayes, A. F. 2013. *Introduction to Mediation, Moderation, and Conditional Process Analysis: A Regression-based Approach.* New York, NY, US: Guilford Press.

Healy, M. 2012. "How to help your college student stay healthy away from home." http://usatoday30. usatoday. com/news/health/backtoschool/story/2012-08-22/healthy-start-college/57192080/1.

Henry, J. P. , & Stephens, P. M. 1977. "Stress, health, and the social environment: Asociobiologic approach to medicine." *Acta Physiologica Scandinavia Supplementum* 640 (4).

Hervás, G. 2017. "The limits of positive intervention." *Psychologist Papers* 37.

Ho, S. M. Y. 2010. "Universal happiness," In *The World Book of Happiness* Singapore Page One Publishing.

Ho, S. M. Y. , Chan, C. L. W. , & Ho, R. T. H. 2004. "Posttraumatic growth in chinese cancer survivors." *Psycho-oncology* 13 (6).

Ho, S. M. Y. , & Cheung, M. W. L. 2007. "Using the combined etic-emic approach to develop a measurement of interpersonal subjective well-being in Chinese populations," In *Oxford Handbook of Methods in Positive Psychology* New York: Oxford University Press.

Ho, S. M. Y. , Duan, W. , & Tang, S. C. M. 2014. "The psychology of virtue and happiness in western and asian thought," In *The Philosophy and Psychology of Character and Happiness* (N. E. Snow & F. V. Trivigno eds.) . New York: Routledge.

Ho, S. M. Y. , Fung, W. K. , Chan, C. L. W. , Watson, M. , &

Tsui, Y. K. Y. 2003. "Psychometric properties of the Chinese version of the Mini-Mental Adjustment to Cancer（MINI-MAC）scale." *Psycho-oncology* 12（6）.

Ho, S. M. Y., Ho, J. W-c, Bonanno, G. A., Chu, A. T-w, & Chan, E. M. 2010. "Hopefulness predicts resilience after hereditary colorectal cancer genetic testing: a prospective outcome trajectories study." *BMC Cancer* 10.

Ho, S. M. Y., Ho, J. W-c, Pau, B. K-y, Hui, B. P-h, Wong, R. S-m, & Chu, A. T-w. 2012. "Hope-based intervention for individuals susceptible to colorectal cancer: a pilot study." *Familial Cancer* 11（4）.

Ho, S. M. Y., Law, L. S. C., Wang, G-L, Shih, S-M, Hsu, S-H, & Hou, Y-C. 2013. "Psychometric analysis of the Chinese version of the Posttraumatic Growth Inventory with cancer patients in Hong Kong and Taiwan." *Psycho-oncology* 22（3）.

Ho, S. M. Y., Li, W. L., Duan, W., Siu, B. P. Y., Yau, S., Yeung, G., & Wong, K. 2016. "A Brief Strengths Scale for individuals with mental health issues." *Psychological Assessment* 28（2）.

Ho, S. M. Y., Rajandram, R. K., Chan, N., Samman, N., McGrath, C., & Zwahlen, R. A. 2011. "The roles of hope and optimism on posttraumatic growth in oral cavity cancer patients." *Oral Oncology* 47（2）.

Ho, S. M. Y., Rochelle, T. L., Law, L. S. C., Duan, W., Bai, Y., & Shih, S. M. 2014. *Methodological Issues in Positive Psychology Research with Diverse Populations: Exploring Strengths Among Chinese Adults.* Springer Netherlands.

Ho, S. M. Y., Tong, A. K. K., & Lai, W. Y. K. 2008. "Positive psychotherapy for depressive patients," In *Current Research & Practices on Cognitive Behavior Therapy in Asia*（T. P. S. Oei & C. S. K. Tang eds.）. Brisbane, Australia: CBT Unit Toowong Private Hospital.

Hofstede, G. 1980. *Culture's Consequences: International Differences in Work-related Values* Beverly Hills: Sage.

Holm-Hadulla, R. M., Roussel, M., & Hofmann, F. H. 2010.

"Depression and creativity-the case of the German poet, scientist and statesman J. W. v. Goethe. " *Journal of Affective Disorders* 127 (1-3).

Hone, L. C., Jarden, A., & Schofield, G. M. 2015. "An evaluation of positive psychology intervention effectiveness trials using the re-aim framework: A practice-friendly review. " *The Journal of Positive Psychology* 10.

Hróbjartsson, A., & Gøtzsche, P. C. 2004. "Is the placebo powerless? Update of a systematic review with 52 new randomized trials comparing placebo with no treatment. " *Journal of Internal Medicine* 256 (2).

Hsieh, C. L., & Hsu, C. H. 2010. "Chinese and English supportive strategies: A cross-cultural analysis. " *Support*; *Internet*; *Cross-cultural*; *Chinese*; *English* .

Hu, J., Zhen, S., Yu, C., Zhang, Q., & Zhang, W. 2017. "Sensation seeking and online gaming addiction in adolescents: A moderated mediation model of positive affective associations and impulsivity. " *Frontiers in Psychology* 8 (699).

Hu, L-t., & Bentler, P. M. 1998. "Fit indices in covariance structure modelling: Sensitivity to underparameterization model misspecification. " *Psychological Methods* 3 (4).

Huang, Z. 1991. *The Sutra of the Heart of Prajna.* Taipei, China: Yaowen Book Company.

Huebner, E. S. 1994. "Preliminary development and validation of a multidimensional life satisfaction scale for children. " *Psychological Assessment* 6 (2).

Hui, C. H., & Triandis, H. C. 1983. "Multistrategy approach to cross-cultural research: The case of locus of control. " *Journal of Cross-Cultural Psychology* 14 (1).

Hui, C. H., & Triandis, H. C. 1985. "Measurement in cross-cultural psychology: A review and comparison of strategies. " *Journal of Cross-Cultural Psychology* 16 (2).

Hülsheger, U. R., Alberts, H. J. E. M., Feinholdt, A., & Lang, J. W. B. 2013. "Benefits of mindfulness at work: The role of mindfulness in emotion regulation, emotional exhaustion, and job satisfaction. " *Journal of Applied Psychology* 98 （2）.

Humphrey, M. 2008. *Bounce Back*！: *Resiliency Strategies Through Children's Literature.* US: ABC-CLIO.

Huppert, F. A. , & Johnson, D. M. 2010. " A controlled trial of mindfulness training in schools: The importance of practice for an impact on well-being. " *Journal of Positive Psychology* 5 （4）.

Hutchinson, A. M. K. , Stuart, A. D. , & Pretorius, H. G. 2011. "The relationships between temperament, character strengths, and resilience," In *The Human Pursuit of Well-Being*: *A Cultural Approach* （B. I ed. ）. New York: Springer Science + Business Media B. V.

Iacoviello, B. M. , Grant, D. A. , Alloy, L. B. , & Abramson, L. Y. 2009. " Cognitive personality characteristics impact the course of depression: A prospective test of sociotropy, autonomy and domain-specific life events. " *Cognitive Therapy and Research* 33 （2）.

Jach, H. K. , Sun, J. , Loton, D. , Chin, T. C. , & Waters, L. E. 2017. "Strengths and subjective wellbeing in adolescence: Strength-based parenting and the moderating effect of mindset. " *Journal of Happiness Studies* .

Jackson, M. B. 2016. *Addressing Mental Health Needs on College Campuses*: *Utilizing Recovery Principles that Encourage a Holistic Approach*, *Self-responsibility*, *Strengths-based Practice*, *Cultural Sensitivity*, *and Family Support.* California: Pepperdine University.

Jessor, R. , & Jessor, S. 1977. *Problem Behavior and Psychosocial Development*: *Alongitudinal Study of Youth.* New York, NY: Academic.

Jin, H. , Wu, W. Y. , & Zhang, M. Y. 1986. " Primal analysis of Chinese SCL-90 assessment result. " *Chin J Nerv Ment Dis* 12.

John, O. P. , & Soto, C. J. 2007. " The importance of being valid: Reliability and the process of construct validation," In *Handbook of Research methods in Personality Psychology* （ R. W. Robins, R. C. Fraley, & R. F. Krueger eds. ）. New York: Guilford Press.

Johnson, J. W. 2000. "A Heuristic Method for Estimating the Relative

Weight of Predictor Variables in Multiple Regression. " *Multivariate Behavioral Research* 35 (1).

Johnson, R. J. , Hobfoll, S. E. , Hall, B. J. , Canettinisim, D. , Galea, S. , & Palmieri, P. A. 2007. " Posttraumatic growth: Action and reaction. " *Applied Psychology* 56 (3).

Jones, A. C. , & Pennebaker, J. W. 2006. " Expressive writing, psychological processes, and personality," In *Handbook of Personality and Health* (M. E. Vollrath ed.) . UK: John Wiley & Sons Ltd.

Jónsdóttir, H. 2004. *The VIA Inventory of Strengths(VIA-IS)*: *Psychometric Properties of a Dutch Translation.* Amsterdam: University of Amsterdam.

Joseph, S. , & Wood, A. M. 2010. "Assessment of positive functioning in clinical psychology: Theoretical and practical issues. " *Clinical Psychology Review* 30.

Jovanović, V. , & Gavrilov-Jerković, V. 2016. " The structure of adolescent affective well-being: The case of the PANAS among serbian adolescents. " *Journal of Happiness Studies* 17 (5).

Jun, M. H. , & Choi, J. A. 2013. " The longitudinal effects of parental monitoring and self-control on depression in Korean adolescents: A multivariate latent growth approach. " *Children & Youth Services Review* 35 (9).

Kabat-Zinn, J. 1990. *Full Catastrophe Living: How to Cope with Stress, Pain and Illness Using Mindfulness Meditation.* New York: Bantam Dell.

Kam, C. M. , Greenberg, M. T. , & Walls, C. T. 2003. "Examining the role of implementation quality in school-based prevention using the PATHS curriculum. Promoting Alternative THinking Skills Curriculum. " *Prev Sci* 4 (1).

Kanner, A. D. , Coyne, J. C. , Schaefer, C. , & Lazarus, R. S. 1981. "Comparison of two modes of stress measurement: Daily hassles and uplifts versus major life events. " *Journal of Behavioral Medicine* 4 (1).

Karim, N. S. A. , Zamzuri, N. H. A. , & Nor, Y. M. 2009. "Exploring the relationship between Internet ethics in university students and the big five model of personality. " *Computers & Education* 53 (1).

Karwoski, L. , Garratt, G. M. , & Ilardi, S. S. 2006. " On the integration of cognitive-behavioral therapy for depression and positive psychology. " *Journal of Cognitive Psychotherapy* 20 (2).

Keller, M. C. , Fredrickson, B. L. , Ybarra, O. , Côté, S. , Johnson, K. , Mikels, J. , …, Wager, T. D. 2016. "A warm heart and a clear head: The effects of weather on human mood and cognition. " *Psychological Science* 2005 16 (724).

Kendall, P. C. 1994. "Treating anxiety disorders in children: Results of a randomized clinical trial. " *Journal of Consulting & Clinical Psychology* 62 (1).

Kern, M. L. , Waters, L. E. , Adler, A. , & White, M. A. 2015. "A multidimensional approach to measuring well-being in students: Application of the PERMA framework. " *The Journal of Positive Psychology* 10 (3).

Keyes, C. L. 2005. "Mental illness and/or mental health? Investigating axioms of the complete state model of health. " *Journal of Consulting & Clinical Psychology* 73 (3).

Keyes, C. L. 2012. "Toward a Science of Mental Health," In *Handbook of Positive Psychology* (C. R. Snyder & S. J. Lopez eds.) . New York: Oxford University Press.

Keyes, C. L. , & Lopez, S. J. 2002. "Toward a science of mental health: Positive directions in diagnosis and interventions," In *Handbook of Positive Psychology* (C. R. Snyder & S. J. Lopez eds.) . New York: Oxford University Press.

Khan, A. , & Husain, A. 2010. "Social support as a moderator of positive psychological strengths and subjective well-being. " *Psychological Reports* 106 (2).

Khumalo, I. P. , Wissing, M. P. , & Temane, Q. M. 2008. "Exploring the validity of the Values-In-Action Inventory of Strengths (VIA-IS) in an African context. " *Journal of Psychology in Africa* 18 (1).

Kim, D. , Sarason, B. R. , & Sarason, I. G. 2006. "Implicit social cognition and culture: Explicit and implicit psychological acculturation, and distress of Korean-American young adults. " *Journal of Social and Clinical Psychology* 25 （1）.

Kim, H. , & Markus, H. R. 1999. "Deviance or uniqueness, harmony or conformity? A cultural analysis. " *Journal of Personality & Social Psychology* 77 （4）.

Kim, S. , Chen, Q. , Wang, Y. , Shen, Y. , & Orozco-Lapray, D. 2013. "Longitudinal linkages among parent-child acculturation discrepancy, parenting, parent-child sense of alienation, and adolescent adjustment in chinese immigrant families. " *Developmental Psychology* 49 （5）.

Kim, Y. 2008. "Effects of expressive writing among bilinguals: Exploring psychological well-being and social behaviour. " *British Journal of Health Psychology* 13 （Pt 1）.

Kini, P. , Wong, J. , McInnis, S. , Gabana, N. , & Brown, J. W. 2016. "The effects of gratitude expression on neural activity. " *Neuro Image* 128.

Kirsch, I. 1978. " The placebo effect and the cognitive-behavioral revolution. " *Cognitive Therapy and Research* 2 （3）.

Kliewer, W. , Lepore, S. J. , Farrell, A. D. , Allison, K. W. , Meyer, A. L. , Sullivan, T. N. , & Greene, A. Y. 2011. " A school-based expressive writing intervention for at-risk urban adolescents' aggressive behavior and emotional lability. " *Journal of Clinical Child and Adolescent Psychology: The Official Journal for the Society of Clinical Child and Adolescent Psychology, American Psychological Association, Division 53* 40 （5）.

Ko, C-H, Yen, J-Y, Yen, C-F, Chen, C. S. , Weng, C. C. , & Chen, C. C. 2008. " The association between Internet addiction and problematic alcohol use in adolescents: the problem behavior model. " *Cyberpsychology & Behavior the Impact of the Internet Multimedia & Virtual Reality on Behavior & Society* 11 （5）.

Koletzko, S. H. , La, M-G. P. , & Brandstätter, V. 2015. " Mixed expectations: Effects of goal ambivalence during pregnancy on maternal well-being, stress, and coping. " *Applied Psychology: Health and Well-Being* 7 （3）.

Kondo, K. K. , Rossi, J. S. , Schwartz, S. J. , Zamboanga, B. L. , & Scalf, C. D. 2016. "Acculturation and cigarette smoking in Hispanic women: A meta-analysis." *Journal of Ethnicity in Substance Abuse* 15 (1).

Kondratyuk, N. , & Morosanova, V. 2014. "The relationship between self-regulation, personality traits and job stress." *Personality and Individual Differences* 60.

Kopetzky, F. 2013. "How Do Simple Positive Activities Increase Well-Being?" *Current Directions in Psychological Science* 22.

Korotkov, D. 2008. "Does personality moderate the relationship between stress and health behavior? Expanding the nomological network of the five-factor model." *Journal of Research in Personality* 42 (6).

Kristjánsson, K. 2010. "Positive psychology, happiness, and virtue: The troublesome conceptual issues." *Review of General Psychology* 14 (4).

Kubokawa, A. , & Ottaway, A. 2009. "Positive psychology and cultural sensitivity: A review of the literature." *Graduate Journal of Counseling Psychology* 1 (2, Article 13).

Kuss, D. J. , Griffiths, M. D. , Karila, L. , & Billieux, J. 2014. "Internet addiction: a systematic review of epidemiological research for the last decade." *Current Pharmaceutical Design* 20 (25).

Lackner, H. K. , Weiss, E. M. , Hinghofer-Szalkay, H. , & Papousek, I. 2014. "Cardiovascular effects of acute positive emotional arousal." *Applied Psychophysiology and Biofeedback* 39 (1).

LaFargue, M. 1992. *The Tao of the Tao Te Ching: A Translation and Commentary.* Suny Press.

Lakey, C. E. , Kernis, M. H. , Heppner, W. L. , & Lance, C. E. 2008. "Individual differences in authenticity and mindfulness as predictors of verbal defensiveness." *Journal of Research in Personality* 42 (1).

Lambert D'raven, L. T. , Moliver, N. , & Thompson, D. 2015. "Happiness intervention decreases pain and depression, boosts happiness among primary care patients." *Primary Health Care Research & Development* 16 (2).

Landrine, H. , & Corral, I. 2016. "Sociocultural correlates of cigarette smoking among African-American men versus women: Implications for culturally specific cessation interventions. " *Journal of Health Psychology* 21 (6).

Latham, G. P. , & Locke, E. A. 1991. " Self-regulation through goal setting. " *Organizational Behavior and Human Decision Processes* 50 (2).

Lau, M. A. , Bishop, S. R. , Segal, Z. V. , Buis, T. , Anderson, N. D. , Carlson, L. , …, Devins, G. 2006. " The toronto mindfulness scale: Development and validation. " *Journal of Clinical Psychology* 62 (12).

Lavin, M. J. , Yuen, C. N. , Weinman, M. , & Kozak, K. 2004. "Internet dependence in the collegiate population: The Role of shyness. " *Cyberpsychology & behavior: The Impact of the Internet, Multimedia and Virtual Reality on Behavior and Society* 7 (4).

Layous, K. , Katherine Nelson, S. , & Lyubomirsky, S. 2013. " What Is the Optimal Way to Deliver a Positive Activity Intervention? The Case of Writing About One's Best Possible Selves. " *Journal of Happiness Studies* 14 (2).

Layous, K. , & Lyubomirsky, S. 2014. " The how, who, what, when, and why of happiness: Mechanisms underlying the success of positive interventions, " In *The Light and Dark Side of Positive Emotions* (J. Gruber & J. Moscowitz eds.) . New York: Oxford University Press.

Layous, K. , Nelson, S. K. , Kurtz, J. L. , & Lyubomirsky, S. 2017. "What triggers prosocial effort? A positive feedback loop between positive activities, kindness, and well-being. " *The Journal of Positive Psychology* 12 (4).

Lazarus, R. S. 1966. *Psychological Stress and The Coping Process.* New York: McGraw-Hill.

Lee, J. A. , Luxton, D. D. , Reger, G. M. , & Gahm, G. A. 2010. "Confirmatory factor analysis of the Posttraumatic Growth Inventory with a sample of soldiers previously deployed in support of the Iraq and Afghanistan wars. " *Journal of Clinical Psychology* 66 (7).

Lei, L. , & Yang, Y. 2007. " The development and validation of adolescent pathological Internet use scale. " *Acta Psychologica Sinica* 39 (4).

Leong, F. T. L. , Leung, K. , & Cheung, F. M. 2010. " Integrating cross-cultural psychology research methods into ethnic minority psychology. "

Cultural Diversity & Ethnic Minority Psychology 16（4）.

Lepore, S. , & Revenson, T. 2006. *Resilience and Posttraumatic Growth: Recovery, Resistance, and Reconfiguration.* New York: Lawrence Erlbaum Associates.

Lepore, S. , & Smyth, J. M. 2002. *The Writing Cure: How Expressive Writing Promotes Health and Emotional Well-being.* Washington, DC: American Psychological Association.

Leung, C. M. , Ho, S. , Kan, C. S. , Hung, C. H. , & Chen, C. N. 1993. "Evaluation of the Chinese version of the Hospital Anxiety and Depression Scale: A cross-cultural perspective. " *International Journal of Psychosomatics* 40（1-4）.

Li, T. , Duan, W. , & Guo, P. 2017. "Character strengths, social anxiety, and physiological stress reactivity. " *Peerj* 5.

Liang, Y. , & Zhu, D. 2015. "Subjective well-being of chinese landless peasants in relatively developed regions: Measurement using PANAS and SWLS. " *Social Indicators Research* 123（3）.

Lilja, J. L. , Lundh, L-G. , Josefsson, T. , & Falkenström, F. 2013. "Observing as an Essential Facet of Mindfulness: A Comparison of FFMQ Patterns in Meditating and Non-Meditating Individuals. " *Mindfulness* 4（3）.

Lin, J. D. L. , P. Y. Wu, C. L. 2010. "Wellbeing perception of institutional caregivers working for people with disabilities: Use of Subjective Happiness Scale and Satisfaction with Life Scale analyses. " *Research in Developmental Disabilities* 5（31）.

Linde, K. , Fässler, M. , & Meissner, K. 2011. "Placebo interventions, placebo effects and clinical practice. " *Philosophical Transactions of the Royal Society B: Biological Sciences* 366（1572）.

Linkins, M. , Niemiec, R. M. , Gillham, J. E. , & Mayerson, D. 2014. "Through the lens of strength: A framework for educating the heart. " *The Journal of Positive Psychology* 10（1）.

Linley, P. A. 2017. *Positive Psychology Interventions in Practice*（C. Proctor ed. ）. Cham: Springer.

Linley, P. A., Maltby, J., Wood, A. M., Joseph, S., Harrington, S., Peterson, C., …, Seligman, M. E. P. 2007. "Character strengths in the United Kingdom: The VIA inventory of strengths." *Personality and Individual Differences* 43 (2).

Linley, P. A., Nielsen, K. M., Gillett, R., & Biswas-Diener, R. 2010. "Using signature strengths in pursuit of goals: Effects on goal progress, need satisfaction, and well-being, and implications for coaching psychologists." *International Coaching Psychology Review* 5.

Littman-Ovadia, H., & Lavy, S. 2012. "Character strengths in Israel: Hebrew adaptation of the VIA Inventory of Strengths." *European Journal of Psychological Assessment* 28 (1).

Littman-Ovadia, H., & Steger, M. 2010. "Character strengths and well-being among volunteers and employees: Toward an integrative model." *Journal of Positive Psychology* 5 (6).

Lo, C. S. L., Ho, S. M. Y., & Hollon, S. D. 2008. "The effects of rumination and negative cognitive styles on depression: a mediation analysis." *Behaviour Research & Therapy* 46 (4).

Lo, C. S. L., Ho, S. M. Y., & Hollon, S. D. 2010. "The effects of rumination and depressive symptoms on the prediction of negative attributional style among college students." *Cognitive Therapy and Research* 34 (2).

Locke, E. A., & Latham, G. P. 2002. "Building a practically useful theory of goal setting and task motivation: A 35-year odyssey." *American Psychologist* 57 (9).

Lomas, T., Hefferon, K., & Ivtzan, I. 2015. "The LIFE Model: A meta-theoretical conceptual map for applied positive psychology." *Journal of Happiness Studies* 16 (5).

Lopez, S. J., Snyder, C. R., Linley, P. A., Stephen, J., John, M., Susan, H., & Alex, M. W. 2012. "Positive Psychology Applications," In *The Oxford Handbook of Positive Psychology* (2th ed.) (S. J. Lopez & C. R. Snyder eds.). Oxford Handbooks Online.

Lovallo, W. R. 2011. "Do low levels of stress reactivity signal poor states of health?" *Biological Psychology* 86 (2).

Lovibond, P. F. , & Lovibond, S. H. 1995. "Manual for the depression anxiety stress scales. " *The Psychology Foundation of Australia In.*

Lovibond, S. H. , & Lovibond, P. F. 1995. *Manual for the Depression, Anxiety and Stress Scales (DASS)* . Sydney: Psychological Foundation.

Lu, L. , & Gilmour, R. 2004. "Culture and conceptions of happiness: individual oriented and social oriented swb. " *Journal of Happiness Studies* 5 (3).

Lu, Q. , Zheng, D. , Young, L. , Kagawa-Singer, M. , & Loh, A. 2012. "A pilot study of expressive writing intervention among Chinese-speaking breast cancer survivors. " *Health Psychology : Official Journal of the Division of Health Psychology, American Psychological Association* 31 (5).

Lü, W. , Wang, Z. , & Hughes, B. M. 2016. " The association between openness and physiological responses to recurrent social stress. " *International Journal of Psychophysiology* 106.

Lü, W. , Wang, Z. , & You, X. 2016. "Physiological responses to repeated stress in individuals with high and low trait resilience. " *Biological Psychology* 120.

Lyubomirsky, S. 2001. "Why are some people happier than others? The role of cognitive and motivational processes in well-being. " *American Psychologist* 56 (3).

Lyubomirsky, S. , Dickerhoof, R. , Boehm, J. K. , & Sheldon, K. M. 2011. "Becoming happier takes both a will and a proper way: An experimental longitudinal intervention to boost well-being. " *Emotion* 11 (2).

Lyubomirsky, S. , King, L. , & Diener, E. 2005. " The benefits of frequent positive affect: Does happiness lead to success?" *Psychological Bulletin* 131 (6).

Lyubomirsky, S. , & Lepper, H. S. 1999. " A measure of subjective happiness: Preliminary reliability and construct validation. " *Social Indicators Research* 46 (2).

Lyubomirsky, S. , Sheldon, K. M. , & Schkade, D. 2005. "Pursuing happiness: The architecture of sustainable change. " *Review of General*

Psychology 9 （2）.

Lyvers, M. , Makin, C. , Toms, E. , Thorberg, F. A. , & Samios, C. 2014. "Trait Mindfulness in Relation to Emotional Self-Regulation and Executive Function. " *Mindfulness* 5 （6）.

Macandrew, C. 1979. "On the possibility of the psychometric detection of persons who are prone to the abuse of alcohol and other substances. " *Addictive Behaviors* 4 （1）.

Macaskill, A. 2016. "Review of positive psychology applications in clinical medical populations. " *Healthcare* 4 （3）.

Maccallum, R. C. , Browne, M. W. , & Sugawara, H. M. 1996. "Power analysis and determination of sample size for covariance structure modeling. " *Psychological Methods* 1 （2）.

Macdonald, C. , Bore, M. , & Munro, D. 2008. "Values in action scale and the Big 5： An empirical indication of structure. " *Journal of Research in Personality* 42 （4）.

Macdonald, G. , & Hursh, D. W. 2006. *Twenty-first Century Schools.* Netherlands： Sense Publishers.

Machado, L. , & Cantilino, A. 2016. "A systematic review of the neural correlates of positive emotions. " *Revista Brasileira De Psiquiatria* 39.

Maercker, A. , & Langner, R. 2001. "Stress-related personal growth： Validation of German versions of two questionnaires. " *Diagnostics* 47.

Mak, V. W. M. , Ho, S. M. Y. , Kwong, R. W. Y. , & Li, W. L. 2018. "A Gender-Responsive Treatment Facility in Correctional Services： The Development of Psychological Gymnasium for Women Offenders. " *International Journal of Offender Therapy and Comparative Criminology* 62 （4）.

Malinowski, P. , & Lim, H. J. 2015. "Mindfulness at work： Positive affect, hope, and optimism mediate the relationship between dispositional mindfulness, work engagement, and well-being. " *Mindfulness* 6 （6）.

Mao, Y. , Roberts, S. , Pagliaro, S. , Csikszentmihalyi, M. , & Bonaiuto, M. 2016. "Optimal experience and optimal identity： A

multinational study of the associations between flow and social identity. "
Frontiers in Psychology 7 （67）.

Marcus, A. , & Krishnamurthi, N. 2009. " Cross-Cultural Analysis of Social Network Services in Japan, Korea, and the USA," In *Internationalization, Design and Global Development* （N. Aykin ed. ） . Berlin, Germany: Springer Berlin Heidelberg.

Margolis, G. 1981. "Moving away: Perspectives on counseling anxious freshmen. " *Adolescence* 16 （63）.

Marques, S. C. , Lopez, S. J. , & Pais-Ribeiro, J. L. 2011. " 'Building Hope for the Future': A program to foster strengths in middle-school students. " *Journal of Happiness Studies* 12 （1）.

Marsh, H. W. 1996. " Positive and negative global self-esteem: A substantively meaningful distinction orartifactors?" *Journal of Personality & Social Psychology* 70 （4）.

Marsh, H. W. , Balla, J. R. , & McDonald, R. P. 1988. "Goodness-of-fit indexes in confirmatory factor analysis: The effect of sample size. " *Psychological Bulletin* 103 （3）.

Marsh, H. W. , Ellis, L. A. , Parada, R. H. , Richards, G. , & Heubeck, B. G. 2005. "A short version of the Self Description Questionnaire II: Operationlizing criteria for short-form evaluation with new applications of confirmatory factor analyses. " *Psychological Assessment* 17 （1）.

Marsh, H. W. , Liem, G. A. D. , Martin, A. J. , Morin, A. J. S. , & Nagengast, B. 2011. "Methodological Measurement Fruitfulness of Exploratory Structural Equation Modeling （ESEM）: New Approaches to Key Substantive Issues in Motivation and Engagement. " *Journal of Psychoeducational Assessment* 29 （4）.

Marsh, H. W. , Vallerand, R. J. , Lafrenière, M-A K. , Parker, P. , Morin, A. J. S. , Carbonneau, N. , …, Paquet, Y. 2013. "Passion: Does one scale fit all? Construct validity of two-factor passion scale and psychometric invariance over different activities and languages. " *Psychological Assessment* 25 （3）.

Martínez-Martí, M. L. , Avia, M. D. , & Hernández-Lloreda, M. J. 2014. "Appreciation of beauty training: A web-based intervention." *The Journal of Positive Psychology* 9 (6).

Marujo, H. Á. , & Neto, L. M. 2016. "A review of 'positive psychology in latin america': From emblematic paradoxes to knowledge enrichment." *Applied Research in Quality of Life* 11 (1).

Mathews, C. O. 1977. "A review of behavioral theories of depression and a self-regulation model for depression." *Psychotherapy Theory Research & Practice* 14 (1).

Matsumoto, D. , & Yoo, S. 2007. "Methodological considerations in the study of emotion across cultures," In *Handbook of Emotion Elicitation and Assessment.* New York: Oxford University Press.

May, R. W. , Sanchez-Gonzalez, M. A. , Seibert, G. S. , Samaan, J. S. , & Fincham, F. D. 2016. "Impact of a motivated performance task on autonomic and hemodynamic cardiovascular reactivity." *Stress* 19 (3).

Maydeu-Olivares, A. , Coffman, D. L. , & Hartmann, W. M. 2007. "Asymptotically distribution-free (ADF) interval estimation of coefficient alpha." *Psychological Methods* 12 (2).

Mayer, J. D. , Salovey, P. , & Caruso, D. R. 2003. *Mayer-Salovey-Caruso Emotional Intelligence Test (MSCEIT): User's Manual.* NY: Multi-Health Systems.

McCrae, R. R. 2011. *Personality Traits and the Potential of Positive psychology.* Oxford University Press.

McCullough, M. E. , Emmons, R. A. , & Tsang, J-A. 2002. "The Grateful Disposition: A Conceptual and Empirical Topography." *Journal of Personality and Social Psychology* 82 (1).

McCullough, M. E. , Kilpatrick, S. D. , Emmons, R. A. , & Larson, D. B. 2001. "Is gratitude a moral affect?" *Psychological Bulletin* 127 (2).

McCullough, M. E. , Tsang, J-A, & Emmons, R. A. 2004. "Gratitude in intermediate affective terrain: links of grateful moods to individual differences and daily emotional experience." *Journal of Personality and*

Social Psychology 86 （2）.

McEwen , B. S. 1998. " Protective and damaging effects of stress mediators. " *New England Journal of Medicine* 338 （3）.

McEwen, B. S. , & Gianaros, P. J. 2011. " Stress-and allostasis-induced brain plasticity. " *Annual Review of Medicine* 62 （1）.

McGrath, R. E. 2014. " Scale-and item-level factor analyses of the VIA inventory of strengths. " *Assessment* 21 （1）.

McGrath, R. E. 2015a. " Character strengths in 75 nations：An update. " *The Journal of Positive Psychology* 10 （1）.

McGrath, R. E. 2015b. " Integrating psychological and cultural perspectives on virtue：The hierarchical structure of character strengths. " *The Journal of Positive Psychology* 10 （5）.

McIntyre, K. P. , Korn, J. H. , & Matsuo, H. 2008. " Sweating the small stuff：How different types of hassles result in the experience of stress. " *Stress and Health* 24 （5）.

McKenna, K. Y. A. , Green, A. S. , & Gleason, M. E. J. 2002. "Relationship formation on the Internet：what's the big attraction?" *Journal of Social Issues* 58 （1）.

McIntyre, K. P. , & Matsuo, K. H. 2008. " Sweating the small stuff：How different types of hassles result in the experience of stress. " *Stress & Health* 24 （5）.

Mehroof, M. , & Griffiths, M. D. 2010. "Online gaming addiction：the role of sensation seeking, self-control, neuroticism, aggression, state anxiety, and trait anxiety. " *Cyberpsychology, Behavior and Social Networking* 13 （3）.

Meichenbaum, D. H. , & Deffenbacher, J. L. 1988. " Stress inoculation training. " *The Counseling Psychologist* 16 （1）.

Meredith, W. 1993. " Measurement invariance, factor analysis and factorial invariance. " *Psychometrika* 58 （4）.

Meyers, M. C. , & van Woerkom, M. 2017. " Effects of a strengths intervention on general and work-related well-being：The mediating role of positive affect. " *Journal of Happiness Studies* 18 （3）.

Meyers, M. C. , van Woerkom, M. , & Bakker, A. B. 2013. "The added value of the positive: A literature review of positive psychology interventions in organizations." *European Journal of Work and Organizational Psychology* 22 (5).

Milani, L. , Osualdella, D. , & Di Blasio, P. 2009. "Quality of interpersonal relationships and problematic Internet use in adolescence." *Cyberpsychology & Behavior: The Impact of the Internet, Multimedia and Virtual Reality on Behavior and Society* 12 (6).

Milbury, K. , Spelman, A. , Wood, C. , Matin, S. F. , Tannir, N. , Jonasch, E. , ..., Cohen, L. 2014. "Randomized controlled trial of expressive writing for patients with renal cell carcinoma." *Journal of Clinical Oncology : Official Journal of the American Society of Clinical Oncology* 32 (7).

Mill, J. S. 2007. *Mozi and Early Mohism.* New York, NY: Cambridge University Press.

Minhas, G. 2010. "Developing realised and unrealised strengths: Implications for engagement, self-esteem, life satisfaction and well-being." *Assessment and Development Matters* 2.

Mischel, W. , & Shoda, Y. 1998. "Reconciling processing dynamics and personality dispositions." *Annual Review of Psychology* 49 (1).

Mitchell, J. , Stanimirovic, R. , Klein, B. , & Vella-Brodrick, D. 2009. "A randomised controlled trial of a self-guided internet intervention promoting well-being." *Computers in Human Behavior* 25 (3).

Monasterio, E. , Mei-Dan, O. , Hackney, A. C. , Lane, A. R. , Zwir, I. , Rozsa, S. , & Cloninger, C. R. 2016. "Stress reactivity and personality in extreme sport athletes: The psychobiology of BASE jumpers." *Physiology & Behavior* 167.

Mongrain, M. , & Anselmo-Matthews, T. 2012. "Do positive psychology exercises work? A replication of Seligman et al. (2005)." *Journal of Clinical Psychology* 68 (4).

Moos, R. H. 1997. *Evaluating Treatment Environments: The Quality of Psychiatric and Substance Abuse Programs.* New Jersey: Transaction Publishers.

Morahan-Martin, J., & Schumacher, P. 2000. "Incidence and correlates of pathological Internet use among college students." *Computers in Human Behavior* 16 (1).

Murphy, M. L. M., Miller, G. E., & Wrosch, C. 2013. "Conscientiousness and stress exposure and reactivity: a prospective study of adolescent females." *Journal of Behavioral Medicine* 36 (2).

Nan, H., Ni, M. Y., Lee, P. H., Tam, W. W. S., Tai, H. L., Leung, G. M., & Mcdowell, I. 2014. "Psychometric evaluation of the chinese version of the subjective happiness scale: Evidence from the hong kong family cohort." *International Journal of Behavioral Medicine* 21 (4).

Nation, J. R., & Massad, P. 1978. "Persistence training: A partial reinforcement procedure for reversing learned helplessness and depression." *Journal of Experimental Psychology General* 107 (4).

Nation, J. R., & Woods, D. J. 1980. "Persistence: The role of partial reinforcement in psychotherapy." *Journal of Experimental Psychology* 109 (2).

Ni, X., Yan, H., Chen, S., & Liu, Z. 2009. "Factors influencing internet addiction in a sample of freshmen university students in China." *Cyberpsychology & Behavior: The Impact of the Internet, Multimedia and Virtual Reality on Behavior and Society* 12 (3).

Niemiec, R. M. 2013a. *Mindfulness and Character Strengths: A Practical Guide to Flourishing.* Hogrefe Publishing GmbH.

Niemiec, R. M. 2013b. "VIA Character Strengths: Research and Practice (The First 10 Years)," In *Well-Being and Cultures: Perspectives from Positive Psychology* (H. H. Knoop & A. Delle Fave eds.). Dordrecht: Springer Netherlands.

Niemiec, R. M., & Deci, E. L. 2001. "On happiness and human potentials: A review of research on hedonic and eudaimonic well-being." *Annual Review of Psychology* 52 (1).

Niemiec, R. M., Rashid, T., & Spinella, M. 2012. "Strong mindfulness: Integrating mindfulness and character strengths." *Journal of Mental Health Counseling* 34 (3).

Niles, A. N. , Haltom, K. E. B. , Mulvenna, C. M. , Lieberman, M. D. , & Stanton, A. L. 2014. " Randomized controlled trial of expressive writing for psychological and physical health: The moderating role of emotional expressivity. " *Anxiety, Stress, and Coping* 27 (1).

Nishi, D. , Matsuoka, Y. , & Kim, Y. 2010. " Posttraumatic growth, posttraumatic stress disorder and resilience of motor vehicle accident survivors. " *BioPsycho Social Medicine* 4 (7).

Nonterah, C. W. , Hahn, N. C. , Utsey, S. O. , Hook, J. N. , Abrams, J. A. , Hubbard, R. R. , & Oparehenako, A. 2015. " Fear of negative evaluation as a mediator of the relation between academic stress, anxiety and depression in a sample of ghanaian college students. " *Psychology & Developing Societies* 27 (1).

Norman, W. T. 1963. " Toward an adequate taxonomy of personality attributes: Replicated factors structure in peer nomination personality ratings. " *Journal of Abnormal and Social Psychology* 66 (6).

O'Connor, D. B. , & Ashley, L. 2008. "Are alexithymia and emotional characteristics of disclosure associated with blood pressure reactivity and psychological distress following written emotional disclosure?" *British Journal of Health Psychology* 13 (Pt 3).

Oades, L. G. , Robinson, P. , & Green, S. 2011. "Positive education: Creating flourishing students, staff and schools. " *Psych: The Bulletin of the Australian Psychological Society Ltd* 33 (2).

Ogle, C. M. , Rubin, D. C. , Berntsen, D. , & Siegler, I. C. 2013. "The frequency and impact of exposure to potentially traumatic events over the life course. " *Clinical Psychological Science: A Journal of the Association for Psychological Science* 1 (4).

Okazaki, S. , & Sue, S. 1995. " Methodological issues in assessment research with ethnic minorities. " *Psychological Assessment* 7 (3).

Olavarrieta, S. 2010. "Brand Personality in Chile: A combined emic-etic approach. " *Estudios De Administraciã[3]n* 17 (1).

Olesen, S. C. , Butterworth, P. , & Leach, L. 2010. " Prevalence of self-management versus formal service use for common mental disorders in Australia: findings from the 2007 National Survey of Mental Health and Wellbeing. " *Australian and New Zealand Journal of Psychiatry* 44 (9).

Otake, K. , Shimai, S. , Ikemi, A. , Utsuki, N. , Peterson, C. , & Seligman, M. E. P. 2005. "Development of the Japanese version of the Values In Action Inventory of Strengths (VIA-IS). " *Shinrigaku Kenkyu: The Japanese Journal of Psychology* 76 (5).

Oyserman, D. , Coon, H. M. , & Kemmelmeier, M. 2002. " Rethinking individualism and collectivism: evaluation of theoretical assumptions and meta-analyses. " *Psychological Bulletin* 128 (1).

Ozsaker, M. , Muslu, G. K. , Kahraman, A. , Beytut, D. , Yardimci, F. , & Basbakkal, Z. 2015. "A study on the effects of loneliness, depression and perceived social support on problematic internet use among university students. " *Anthropologist* 19 (2).

Padesky, C. A. , & Mooney, K. A. 2012. " Strengths-based cognitive-behavioural therapy: A four-step model to build resilience. " *Clinical Psychology & Psychotherapy* 19.

Palmer, P. J. 2003. " Teaching with heart and soul: Reflections on spirituality in teacher education. " *Journal of Teacher Education* 54 (5).

Papousek, I. , Nauschnegg, K. , Paechter, M. , Lackner, H. K. , Goswami, N. , & Schulter, G. 2010. " Trait and state positive affect and cardiovascular recovery from experimental academic stress. " *Biological Psychology* 83 (2).

Park, N. , & Peterson, C. 2006. " Moral competence and character strengths among adolescents: The development and validation of the Values in Action Inventory of Strengths for Youth. " *Journal of Adolescence* 29 (6).

Park, N. , & Peterson, C. 2009. " Character strengths: Research and practice. " *Journal of College and Character* 10 (4).

Park, N. , & Peterson, C. 2010. "Does it matter where we live?: The urban psychology of character strengths. " *American Psychologist* 65 (6).

Park, N. , Peterson, C. , & Seligman, M. E. P. 2004. " Strengths of character and well-being: A closer look at hope and modesty. " *Journal of Social & Clinical Psychology* 23 (5).

Park, N. , Peterson, C. , & Seligman, M. E. P. 2006. " Character strengths in fifty-four nations and the fifty US states. " *The Journal of Positive Psychology* 1 (3).

Parker, J. D. A. , Keefer, K. V. , & Wood, L. M. 2011. " Toward a brief multidimensional assessment of emotional intelligence: Psychometric properties of the Emotional Quotient Inventory—Short Form. " *Psychological Assessment* 23 (3).

Parks, A. C. , & Biswas-Diener, R. 2013. " Positive intervention: Past, present, future, " In *Mindfulness, Acceptance and Positive Psychology: The Seven Foundations of Well-Being* (T. B. Kashdan & J. V. Ciarrochi eds.) . Oakland, CA: New Harbinger.

Passmore, H-A. , & Holder, M. D. 2017. " Noticing nature: Individual and social benefits of a two-week intervention. " *The Journal of Positive Psychology* 12.

Pavot, W. , Diener, E. , Colvin, C. R. , & Sandvik, E. 1991. " Further validation of the Satisfaction with Life Scale: Evidence for the cross-method convergence of well-being measures. " *Journal of Personality Assessment* 57 (1).

Peleg, G. , Barak, O. , Harel, Y. , Rochberg, J. , & Dan, H. 2009. " Hope, dispositional optimism and severity of depression following traumatic brain injury. " *Brain Inj* 23 (10).

Pennebaker, J. W. , & Beall, S. K. 1986. " Confronting a traumatic event: Toward an understanding of inhibition and disease. " *Journal of Abnormal Psychology* 95 (3).

Pennebaker, J. W. , & Francis, M. E. 1996. " Cognitive, emotional, and language processes in disclosure. " *Cognition and Emotion* 10 (6).

Peters, J. R. , Eisenlohr-Moul, T. A. , & Smart, L. M. 2016. " Dispositional mindfulness and rejection sensitivity: The critical role of nonjudgment. " *Personality and Individual Differences* 93.

Peterson, C. 2006a. *A Primer in Positive Psychology.* New York, NY, US: Oxford University Press.

Peterson, C. 2006b. " Strengths of Character and Happiness: Introduction to Special Issue. " *Journal of Happiness Studies* 7 (3).

Peterson, C. 2013. *Pursuing the Good Life*: 100 *Reflections in Positive. psychology*: Oxford University Press.

Peterson, C. , & Park, N. 2004. " Classification and measurement of character strengths: Implications for practice," In *Positive Psychology in Practice* (P. A. Linley & S. Joseph eds.) . Hoboken, New Jersey: John Wiley & Sons, Inc.

Peterson, C. , Park, N. , Pole, N. , D'Andrea, W. , & Seligman, M. E. P. 2008. " Strengths of character and posttraumatic growth. " *Journal of Traumatic Stress* 21 (2) .

Peterson, C. , Park, N. , & Seligman, M. E. P. 2006. " Greater strengths of character and recovery from illness. " *The Journal of Positive Psychology* 1 (1).

Peterson, C. , Ruch, W. , Beermann, U. , Park, N. , & Seligman, M. E. P. 2007. " Strengths of character, orientations to happiness, and life satisfaction. " *The Journal of Positive Psychology* 2 (3).

Peterson, C. , & Seligman, M. E. P. 2003. " Character strengths before and after September 11. " *Psychological Science* 14 (4).

Peterson, C. , & Seligman, M. E. P. 2004. *Character Strengths and Virtues*: *A Handbook and Classification.* New York, NY, US: Oxford University Press.

Podsakoff, P. M. , MacKenzie, S. B. , Lee, J-Y, & Podsakoff, N. P. 2003. "Common method biases in behavioral research: A critical review of the literature and recommended remedies. " *Journal of Applied Psychology* 88 (5).

Podsakoff, P. M. , MacKenzie, S. B. , & Podsakoff, N. P. 2012. " Sources of method bias in social science research and recommendations on how to control it. " *Annual Review of Psychology* 63.

Powell, S. , Rosner, R. , Butollo, W. , Tedeschi, R. G. , & Calhoun, L. G. 2003. "Posttraumatic growth after war: A study with former refugees and displaced people in Sarajevo. " *Journal of Clinical Psychology* 59 (1).

Prati, G. , & Pietrantoni, L. 2009. " Optimism, social support, and coping strategies as factors contributing to posttraumatic growth: A meta-analysis. " *Journal of Loss and Trauma* 14 (5).

Priebe, S. , Omer, S. , Giacco, D. , & Slade, M. 2014. "Resource-oriented therapeutic models in psychiatry: conceptual review. " *The British Journal of Psychiatry: The Journal of Mental Science* 204 (4).

Proctor, C. , Tsukayama, E. , Wood, A. M. , Maltby, J. , Eades, J. F. , & Linley, P. A. 2011. " Strengths gym: The impact of a character strengths-based intervention on the life satisfaction and well-being of adolescents. " *The Journal of Positive Psychology* 6.

Proyer, R. T. , Gander, F. , Wellenzohn, S. , & Ruch, W. 2013. "What good are character strengths beyond subjective well-being? The contribution of the good character on self-reported health-oriented behavior, physical fitness, and the subjective health status. " *The Journal of Positive Psychology* 8 (3).

Proyer, R. T. , Gander, F. , Wellenzohn, S. , & Ruch, W. 2014. "Positive psychology interventions in people aged 50-79 years: Long-term effects of placebo-controlled online interventions on well-being and depression. " *Aging & Mental Health* 18 (8).

Proyer, R. T. , Gander, F. , Wellenzohn, S. , & Ruch, W. 2015. "Strengths-based positive psychology interventions: A randomized placebo-controlled online trial on long-term effects for a signature strengths-vs. a lesser strengths-intervention. " *Frontiers in Psychology* 6.

Proyer, R. T. , Gander, F. , Wellenzohn, S. , & Ruch, W. 2016. " Nine beautiful things: A self-administered online positive psychology intervention on the beauty in nature, arts, and behaviors increases happiness and ameliorates depressive symptoms. " *Personality and Individual Differences* 94.

Proyer, R. T. , & Ruch, W. 2009. "How virtuous are gelotophobes?

Self-and peer-reported character strengths among those who fear being laughed at. " *Humor-International Journal of Humor Research* 22 (1 - 2).

Proyer, R. T. , Wellenzohn, S. , Gander, F. , & Ruch, W. 2015. " Toward a better understanding of what makes positive psychology interventions work: Predicting happiness and depression from the person × intervention fit in a follow-up after 3. 5 years. " *Applied psychology-Health and Well-being* 7 (1).

Purc-Stephenson, R. J. 2014. " The Posttraumatic Growth Inventory: Factor structure and invariance among persons with chronic diseases. " *Rehabilitation Psychology* 59 (1).

Quaglia, J. T. , Brown, K. W. , Lindsay, E. K. , Creswell, J. D. , & Goodman, R. J. 2015. " From conceptualization to operationlization of mindfulness. " *Handbook of Mindfulness: Theory, Research, and Practice.*

Quayle, E. , & Taylor, M. 2003. "Model of problematic internet use in people with a sexual interest in children. " *Cyberpsychology & Behavior the Impact of the Internet Multimedia & Virtual Reality on Behavior & Society* 6 (1).

Quinlan, D. , Swain, N. , & Vella-Brodrick, D. A. 2012. " Character strengths interventions: Building on what we know for improved outcomes. " *Journal of Happiness Studies* 13 (6).

Radcliffe, A. M. , Lumley, M. A. , Kendall, J. , Stevenson, J. K. , & Beltran, J. 2010. " Written emotional disclosure: Testing whether social disclosure matters. " *Journal of Social and Clinical Psychology* 26 (3).

Range, L. M. , & Jenkins, S. R. 2010. " Who Benefits fromPennebaker's Expressive Writing Paradigm? Research Recommendations from Three Gender Theories. " *Sex Roles* 63 (3-4).

Rashid, T. 2015. "Positive psychotherapy: A strength-based approach. " *The Journal of Positive Psychology* 10 (1).

Rashid, T. , & Ostermann, R. F. 2009. " Strength-based assessment in clinical practice. " *Journal of Clinical Psychology* 65 (5).

Rau, H. K. , & Williams, P. G. 2016. " Dispositional mindfulness: A critical review of construct validation research. " *Personality and Individual*

Differences 93.

Read, A. , Mazzucchelli, T. G. , & Kane, R. T. 2016. "A preliminary evaluation of a single session behavioural activation intervention to improve well-being and prevent depression in carers. " *Clinical Psychologist* 20 （1）.

Reise, S. P. , Waller, N. G. , & Comrey, A. L. 2000. "Factor analysis and scale revision. " *Psychological Assessment* 12 （3）.

Reynolds, F. 2000. "Managing depression through needlecraft creative activities: A qualitative study. " *Arts in Psychotherapy* 27 （2）.

Richardson, M. , Abraham, C. , & Bond, R. 2012. "Psychological correlates of university students' academic performance: A systematic review and meta-analysis. " *Psychological Bulletin* 138 （2）.

Rickard, N. S. , Chin, T. C. , & Vella-Brodrick, D. A. 2016. "Cortisol awakening response as an index of mental health and well-being in adolescents. " *Journal of Happiness Studies* 17 （6）.

Rıfat Kayi , A. , Satici, S. A. , Fatih Yilmaz, M. , Simsek, D. , Ceyhan, E. , & Bakioğlu, F. 2016. "Big five-personality trait and internet addiction: A meta-analytic review. " *Computers in Human Behavior* 63.

Robbins, B. D. 2008. "What is the good life? Positive psychology and the renaissance of humanistic psychology. " *Humanistic Psychologist* 36 （2）.

Roche, M. , Haar, J. M. , & Luthans, F. 2014. " The role of mindfulness and psychological capital on the well-being of leaders. " *Journal of occupational health psychology* 19 （4）.

Rodrigue, J. R. , Olson, K. R. , & Markley, R. P. 1987. "Induced mood and curiosity. " *Cognitive Therapy & Research* 11 （1）.

Rodríguez-Rey, R. , Alonso-Tapia, J. , Kassam-Adams, N. , & Garrido-Hernansaiz, H. 2016. " The factor structure of the Posttraumatic Growth Inventory in parents of critically ill children. " *Psicothema* 28 （4）.

Ruch, W. , Martínez-Martí, M. L. , Proyer, R. T. , & Harzer, C. 2014. "The Character Strengths Rating Form (CSRF): Development and initial assessment of a 24-item rating scale to assess character strengths. " *Personality and Individual Differences* 68.

Ruch, W. , Proyer, R. T. , Seligman, M. E. P. , Peterson, C. , Park, N. , & Harzer, C. 2010. "Values in Action Inventory of Strengths (VIA-IS) : Adaptation and validation of the German version and the development of a peer-rating form. " *Journal of Individual Differences* 31 (3).

Ryan, R. M. , & Deci, E. L. 2000. "Self-determination theory and the facilitation of intrinsic motivation, social development, and well-being. " *American Psychologist* 55 (1).

Ryan, R. M. , & Deci, E. L. 2001. "On happiness and human potentials: A review of research on hedonic and eudaimonic well-being. " *Annual Review of Psychology* 52 (1).

Ryan, R. M. , & Frederick, C. 1997. "On energy, personality, and health: Subjective vitality as a dynamic reflection of well-being. " *Journal of Personality* 65 (3).

Ryff, C. D. 1989. "Happiness is everything, or is it? Explorations on the meaning of psychological well-being. " *Journal of Personality and Social Psychology* 57 (6).

Sachs, J. 2003. "Validation of the Satisfaction with Life Scale in a sample of Hong Kong University students. " *Psychologia* 46 (4).

Samaranayake, C. B. , Arroll, B. , & Fernando, A. T. 2014. " Sleep disorders, depression, anxiety and satisfaction with life among young adults: A survey of university students in Auckland, New Zealand. " *The New Zealand Medical Journal* 127 (1399).

Satorra, A. , & Bentler, P. M. 2001. "A scaled difference chi-square test statistic for moment structure analysis. " *Psychometrika* 66 (4).

Schacter, D. L. , Gilbert, D. T. , & Wegner, D. M. 2010. *Psychology* (2nd Edition) . New York: Worth Pub.

Schaie, K. W. 2000. "The impact of longitudinal studies on understanding development from young adulthood to old age. " *International Journal of Behavioral Development* 24 (3).

Scheier, M. F. , & Carver, C. S. 1993. " On the power of positive thinking: The benefits of being optimistic. " *Current Directions in Psychological*

Science 2 (1).

Schimmack, U. 2009. "Culture, gender, and the bipolarity of momentary affect: A critical re-examination." *Cognition & Emotion* 23 (3).

Schleider, J., & Weisz, J. 2016. "Reducing risk for anxiety and depression in adolescents: Effects of a single-session intervention teaching that personality can change." *Behaviour Research and Therapy* 87 (2016).

Schleider, J., & Weisz, J. 2017. "Little Treatments, Promising Effects? Meta-Analysis of Single-Session Interventions for Youth Psychiatric Problems." *Journal of the American Academy of Child & Adolescent Psychiatry* 56 (2).

Schmertz, S. K., Masuda, A., & Anderson, P. L. 2012. "Cognitive processes mediate the relation between mindfulness and social anxiety within a clinical sample." *Journal of Clinical Psychology* 68 (3).

Schriesheim, C. A., & Hill, K. D. 1981. "Controlling acquiescence response bias by item reversals: The effect on questionnaire validity." *Educational & Psychological Measurement* 41 (4).

Schueller, S. M., Jayawickreme, E., Blackie, L. E. R., Forgeard, M. J. C., & Roepke, A. M. 2015. "Finding character strengths through loss: An extension of Peterson and Seligman (2003)." *Journal of Positive Psychology* 10 (1).

Schwartz, B., & Sharpe, K. E. 2006. "Practical Wisdom: Aristotle meets Positive Psychology." *Journal of Happiness Studies* 7 (3).

SEAL. "Social and emotional aspects of learning: Improving behaviour, improving learning." 2010. http://nationalstrategies.standards. dcsf.gov.uk/primary/publications/banda/seal.

Seery, M. D. 2011. "Challenge or threat? Cardiovascular indexes of resilience and vulnerability to potential stress in humans." *Neuroscience & Biobehavioral Reviews* 35 (7).

Segerstrom, S. C., & O'Connor, D. B. 2012. "Stress, health and illness: Four challenges for the future." *Psychology & Health* 27 (2).

Seligman, M. E. P. 1999. "The president's address." *American Psychologist* 54.

Seligman, M. E. P. 2002. *Authentic Happiness: Using the New Positive*

Psychology to Realize Your Potential for Lasting Fulfillment （*ed.*）. New York: Free Press.

Seligman, M. E. P. 2011. *Flourish*: *A Visionary New Understanding of Happiness and Well-being.* Free Press.

Seligman, M. E. P. 2015. "Chris Peterson's unfinished masterwork: The real mental illnesses." *Journal of Positive Psychology* 10 （1）.

Seligman, M. E. P. 2018. "PERMA and the building blocks of well-being." *Journal of Positive Psychology.*

Seligman, M. E. P., & Csikszentmihalyi, M. 2000. "Positive psychology: An introduction." *The American Psychologist* 55 （1）.

Seligman, M. E. P., & Csikszentmihalyi, M. 2014. "Positive Psychology: An Introduction," In *Flow and the Foundations of Positive Psychology.* Dordrecht: Springer Netherlands.

Seligman, M. E. P., Ernst, R. M., Gillham, J. E., Reivich, K., & Linkins, M. 2009. "Positive education: Positive psychology and classroom interventions." *Oxford Review of Education* 35 （3）.

Seligman, M. E. P., Rashid, T., & Parks, A. C. 2006. "Positive psychotherapy." *American Psychologist* 61 （8）.

Seligman, M. E. P., Steen, T. A., Park, N., & Peterson, C. 2005. "Positive psychology progress: Empirical validation of interventions." *The American Psychologist* 60 （5）.

Shankland, R., & Rosset, E. 2017. "Review of brief school-based positive psychological interventions: A taster for teachers and educators." *Educational Psychology Review* 29 （2）.

Shapira, N. A., Lessig, M. C., Goldsmith, T. D., Szabo, S. T., Lazoritz, M., Gold, M. S., & Stein, D. J. 2003. "Problematic internet use: Proposed classification and diagnostic criteria." *Depression and Anxiety* 17 （4）.

Shapiro, S. L., Carlson, L. E., Astin, J. A., & Freedman, B. 2006. "Mechanisms of mindfulness." *Journal of Clinical Psychology* 62 （3）.

Shedler, J., & Block, J. 1990. "Adolescent drug use and psychological health. A longitudinal inquiry. " *The American Psychologist* 45 (5).

Shek, D. T. L. 1988. "Reliability and factorial structure of the Chinese version of the State-Trait Anxiety Inventory. " *Journal of Psychopathology and Behavioral Assessment* 10 (4).

Sheldon, K. M. , & Elliot, A. J. 1998. " Not all personal goals are personal: Comparing autonomous and controlled reasons for goals as predictors of effort and attainment. " *Personality and Social Psychology Bulletin* 24 (5).

Sheldon, K. M. , & Elliot, A. J. 1999. "Goal striving, need satisfaction, and longitudinal well-being: The self-concordance model. " *Journal of Personality and Social Psychology* 76 (3).

Sheldon, K. M. , & Houser-Marko, L. 2001. " Self-concordance, goal attainment, and the pursuit of happiness: Can there be an upward spiral?" *Journal of Personality and Social Psychology* 80 (1).

Sheldon, K. M. , & Lyubomirsky, S. 2006. " How to increase and sustain positive emotion: The effects of expressing gratitude and visualizing best possible selves. " *The Journal of Positive Psychology* 1 (2).

Shelley, D. , Fahs, M. , Scheinmann, R. , Swain, S. , Qu, J. , & Burton, D. 2004. "Acculturation and tobacco use among chinese americans. " *American Journal of Public Health* 94 (2).

Sherry, S. , Notman, M. T. , Nadelson, C. C. , Kanter, F. , & Salt, P. 1988. " Anxiety, depression, and menstrual symptoms among freshman medical students. " *The Journal of Clinical Psychiatry* 49 (12).

Shevlin, M. , Brunsden, V. , & Miles, J. 1998. "Satisfaction with life scale: Analysis of factorial invariance, mean structures and reliability. " *Personality and Individual Differences* 25 (5).

Shimai, S. , Otake, K. , Park, N. , Peterson, C. , & Seligman, M. E. P. 2006. "Convergence of character strengths in American and Japanese young adults. " *Journal of Happiness Studies* 7 (3).

Short, M. M. , Mazmanian, D. , Oinonen, K. , & Mushquash, C. J. 2016. " Executive function and self-regulation mediate dispositional mindfulness and well-being. " *Personality and Individual Differences* 93.

Shryack, J., Steger, M. F., Krueger, R. F., & Kallie, C. S. 2010. "The structure of virtue: An empirical investigation of the dimensionality of the virtues in action inventory of strengths." *Personality and Individual Differences* 48 (6).

Silva, M. N., Marques, M. M., & Teixeira, P. 2014. "Testing theory in practice: The example of self-determination theory-based interventions." *The European Health Psychologist* 16 (5).

Silvia, P. J., & Kimbrel, N. A. 2010. "A dimensional analysis of creativity and mental illness: Do anxiety and depression symptoms predict creative cognition, creative accomplishments, and creative self-concepts?" *Psychology of Aesthetics Creativity & the Arts* 4 (1).

Sims, A., Barker, C., Price, C., & Fornells-Ambrojo, M. 2015. "Psychological impact of identifying character strengths in people with psychosis." *Psychosis* 7 (2).

Sin, N. L., & Lyubomirsky, S. 2009. "Enhancing well-being and alleviating depressive symptoms with positive psychology interventions: A practice-friendly meta-analysis." *Journal of Clinical Psychology* 65 (5).

Singh, K., & Choubisa, R. 2010. "Empirical validation of values in action-inventory of strengths (VIA-IS) in Indian context." *Psychological Studies* 55 (2).

Singh, K., Junnarkar, M., & Kaur, J. 2016. "Positive psychology in india: A review," In *Measures of Positive Psychology: Development and Validation*. New Delhi: Springer India.

Siomos, K. E., Dafouli, E. D., Braimiotis, D. A., Mouzas, O. D., & Angelopoulos, N. V. 2008. "Internet addiction among Greek adolescent students." *Cyberpsychology & Behavior: The Impact of the Internet, Multimedia and Virtual Reality on Behavior and Society* 11 (6).

Sladek, M. R., Doane, L. D., Luecken, L. J., & Eisenberg, N. 2016. "Perceived stress, coping, and cortisol reactivity in daily life: A study of adolescents during the first year of college." *Biological Psychology* 117.

Sloan, D. M. 2010. "Self-disclosure and psychological well-being," In

Social Psychological Foundations of Clinical Psychology (J. E. Maddux & J. P. Tangney eds.) . New York, NY: Guilford Press.

Smith, B. N. , Vaughn, R. A. , Vogt, D. , King, D. W. , King, L. A. , & Shipherd, J. C. 2013. "Main and interactive effects of social support in predicting mental health symptoms in men and women following military stressor exposure. " *Anxiety, Stress, and Coping* 26 (1).

Smith, T. W. , & Ruiz, J. M. 2004. "Personality Theory and Research in the Study of Health and Behavior," In *Handbook of Clinical Health Psychology* (T. J. Boll, R. G. Frank, A. Baum, & J. L. Wallander eds.) . Washington, DC, US: American Psychological Association.

Snyder, C. R. 1995. " Conceptualizing, Measuring, and Nurturing Hope. " *Journal of Counseling & Development* 73 (3).

Snyder, C. R. 2000. *Handbook of Hope: Theory, Measures, and Applications.*

Snyder, C. R. 2002. "Target Article: Hope Theory: Rainbows in the Mind. " *Psychological Inquiry* 13 (4).

Snyder, C. R. , Harris, C. , Anderson, J. R. , Holleran, S. A. , Irving, L. M. , Sigmon, S. T. , …, Harney, P. 1991. "The will and the ways: Development and validation of an individual-differences measure of hope. " *Journal of Personality & Social Psychology* 60 (4).

Snyder, C. R. , Hoza, B. , Pelham, W. E. , Rapoff, M. , Ware, L. , Danovsky, M. , …, Stahl, K. J. 1997. "The Development and Validation of the Children's Hope Scale1. " *Journal of Pediatric Psychology* 22 (3).

Snyder, C. R. , Lopez, S. J. , Shorey, H. S. , Rand, K. L. , & Feldman, D. B. 2003. " Hope theory, measurements, and applications to school psychology. " *School Psychology Quarterly* 18 (2).

Snyder, C. R. , Rand, K. L. , & Sigmon, D. R. 2002. *Hope Theory: A Member of the Positive Psychology Family.* London, UK: Oxford library of psychology.

Snyder, C. R. , Sympson, S. C. , Ybasco, F. C. , Borders, T. F. , Babyak, M. A. , & Higgins, R. L. 1996. "Development and validation of the

State Hope Scale. " *Journal of Personality and Social Psychology* 70 （2）.

Sobel, M. E. 1982. "Asymptotic confidence intervals for indirect effects in structural equation models. " *Sociological Methodology* 13 （13）.

Soliday, E. , Garofalo, J. P. , & Rogers, D. 2004. "Expressive writing intervention for adolescents' somatic symptoms and mood. " *Journal of Clinical Child and Adolescent Psychology*： *The Official Journal for the Society of Clinical Child and Adolescent Psychology*, *American Psychological Association*, *Division* 53 33 （4）.

Spada, M. M. 2014. "An overview of problematic internet use. " *Addictive Behaviors* 39 （1）.

Spielberger, C. D. , & Gorsuch, R. L. 1983. *Manual for the State-trait Anxiety Inventory*. Palo Alto： Consulting Psychologists Press.

Stavropoulos, V. , Kuss, D. , Griffiths, M. , & Motti-Stefanidi, F. 2016. " A longitudinal study of adolescent internet addiction： The role of conscientiousness and classroom hostility. " *Journal of Adolescent Research* 31 （4）.

Steinhardt, M. , & Dolbier, C. 2008. " Evaluation of a resilience intervention to enhance coping strategies and protective factors and decrease symptomatology. " *Journal of American College Health* 56 （4）.

Straus, M. A. 1969. "Phenomenal identity and conceptual equivalence of measurement in cross-national comparative research. " *Journal of Marriage & Family* 31 （2）.

Strauss, M. E. , & Smith, G. T. 2009. "Construct validity： Advances in theory and methodology. " *Annual Review of Clinical Psychology* 5.

Streiner, D. L. 2003. " Starting at the beginning： an introduction to coefficient alpha and internal consistency. " *Journal of Personality Assessment* 80 （1）.

Strittmatter, E. , Kaess, M. , Parzer, P. , Fischer, G. , Carli, V. , Hoven, C. W. , …, Apter, A. 2015. " Pathological Internet use among adolescents： Comparing gamers and non-gamers. " *Psychiatry Research* 228 （1）.

Su, R. , Tay, L. , & Diener, E. 2014. " The development and validation of the Comprehensive Inventory of Thriving （CIT） and the Brief

Inventory of Thriving (BIT). " *Applied psychology-Health and Well-being* 6 (3).

Suh, E. M. , Diener, E. , Oishi, S. , & Triandis, H. C. 1998. "The shifting basis of life satisfaction judgments across cultures: Emotions versus norms. " *Journal of Personality and Social Psychology* 74 (2).

Suinn, R. M. 2010. "Reviewing acculturation and Asian Americans: How acculturation affects health, adjustment, school achievement, and counseling. " *Asian American Journal of Psychology* 1 (1).

Suler, J. R. 1999. "To get what you need: Healthy and pathological internet use. " *Cyberpsychology & Behavior: The Impact of the Internet, Multimedia and Virtual Reality on Behavior and Society* 2 (5).

Sumalla, E. C. , Ochoa, C. , & Blanco, I. 2009. " Posttraumatic growth in cancer: Reality or illusion?" *Clinical Psychology Review* 29 (1).

Sun, C. H. 2012. "College Students'Mental Health Is Not Only the Responsibility of the University. "

Sun, S. , Chen, J. , Johannesson, M. , Kind, P. , & Burström, K. 2016. "Subjective well-being and its association with subjective health status, age, sex, region, and socio-economic characteristics in a chinese population study. " *Journal of Happiness Studies* 17 (2).

Sundstrom, S. M. 1993. *Single-session Psychotherapy for Depression: Is It Better to Focus on Problems or Solutions?* Iowa: Iowa State University.

Szekeres, R. A. , & Wertheim, E. H. 2015. "Evaluation of vipassana meditation course effects on subjective stress, well-being, self-kindness and mindfulness in a community sample: Post-course and 6-month outcomes. " *Stress and Health* 31 (5).

Tabachnick, B. G. , & Fidell, L. S. 2001. *Using Multivariate Statistics.* USA: Pearson.

Taku, K. , Calhoun, L. G. , Tedeschi, R. G. , Gil-Rivas, V. , Kilmer, R. P. , & Cann, A. 2007. "Examining posttraumatic growth among Japanese university students. " *Anxiety, Stress, and Coping* 20 (4).

Taku, K. , Cann, A. , Calhoun, L. G. , & Tedeschi, R. G. 2008.

"The factor structure of the posttraumatic growth inventory: A comparison of five models using confirmatory factor analysis." *Journal of Traumatic Stress* 21 (2).

Tang, X., Duan, W., Wang, Z., & Liu, T. 2014. "Psychometric evaluation of the simplified Chinese version of Flourishing Scale." *Research on Social Work Practice* 26 (5).

Team, R. C. 2013. "A language and environment for statistical computing." http: //www. R-project. org/.

Tedeschi, R. G., & Calhoun, L. G. 1995. *Trauma and Transformation: Growing in the Aftermath of Suffering.* Thousand Oaks, CA: SAGE Publications.

Tedeschi, R. G., & Calhoun, L. G. 1996. "The Posttraumatic Growth Inventory: Measuring the positive legacy of trauma." *Journal of Traumatic Stress* 9 (3).

Tedeschi, R. G., & Calhoun, L. G. 2004. Target article: Posttraumatic growth: Conceptual foundations and empirical evidence." *Psychological Inquiry* 15 (1).

Tedeschi, R. G., Park, C. L., & Calhoun, L. G. 1998. *Posttraumatic Growth: Conceptual Issues.* Mahwah, NJ: Erlbaum.

Teper, R., Segal, Z. V., & Inzlicht, M. 2013. "Inside the Mindful Mind: How Mindfulness Enhances Emotion Regulation Through Improvements in Executive Control." *Current Directions in Psychological Science* 22 (6).

The International Telecommunications Union. 2017. "ICT Facts and Figures 2017." https: //www. itu. int/en/ITU-D/Statistics/Documents/facts/ICTFactsFigures2017. pdf.

Thomas, K. B. 1987. "General practice consultations: Is there any point in being positive?" *Br Med J (Clin Res Ed)* 294 (6581).

Trockel, M., Manber, R., Chang, V., Thurston, A., & Taylor, C. B. 2011. "An e-mail delivered CBT for sleep-health program for college students: Effects on sleep quality and depression symptoms." *Journal of Clinical Sleep Medicine Jcsm Official Publication of the American Academy of Sleep Medicine* 7.

Truijens, S. E. M. , Nyklíček, I. , van Son, J. , & Pop, V. J. M. 2016. "Validation of a short form Three Facet Mindfulness Questionnaire (TFMQ-SF) in pregnant women. " *Personality and Individual Differences* 93.

Trumpeter, N. N. , Watson, P. J. , O'Leary, B. J. , & Weathington, B. L. 2008. "Self-Functioning and Perceived Parenting: Relations of Parental Empathy and Love Inconsistency With Narcissism, Depression, and Self-Esteem. " *Journal of Genetic Psychology* 169 (1).

Uchino, B. N. , Cacioppo, J. T. , & Kiecolt-Glaser, J. K. 1996. "The relationship between social support and physiological processes: A review with emphasis on underlying mechanisms and implications for health. " *Psychological Bulletin* 119 (3).

Van de Vijver, F. , & Leung, K. 1996. "Methods and data analysis of comparative research," In *Handbook of Cross-Cultural Psychology*. Chicago: Allyn & Bacon.

Van Norden, B. 2007. *Virtue Ethics and Consequentialism in Early Chinese Philosophy*. Cambridge: Cambridge University Press.

Vandecreek, L. , & Jackson, T. L. 1999. *Innovations in Clinical Practice: A Source Book*: Professional Resource Press.

Vandenberg, R. J. , & Lance, C. E. 2000. "A Review and Synthesis of the Measurement Invariance Literature: Suggestions, Practices, and Recommendations for Organizational Research. " *Organizational Research Methods* 3 (1).

Vertilo, V. , & Gibson, J. M. 2014. "Influence of character strengths on mental health stigma. " *The Journal of Positive Psychology* 9 (3).

Villella, C. , Martinotti, G. , Di Nicola, M. , Cassano, M. , La Torre, G. , Gliubizzi, M. D. , …, Conte, G. 2011. "Behavioural addictions in adolescents and young adults: Results from a prevalence study. " *Journal of Gambling Studies* 27 (2).

Vinci, C. , Spears, C. A. , Peltier, M. R. , & Copeland, A. L. 2016. "Drinking motives mediate the relationship between facets of mindfulness and problematic alcohol use. " *Mindfulness* 7 (3).

Walach, H. , Nord, E. , Zier, C. , Dietz-Waschkowski, B. , Kersig, S. , & Schupbach, H. 2007. "Brief Reports Mindfulness-Based Stress Reduction as a Method for Personnel Development: A Pilot Evaluation. " *American Psychology Association* 14 (2).

Walsh, R. 1999. *Essential Spirituality: The 7 Central Practices to Awaken Heart and Mind.* New York, NY: John Wiley & Sons.

Walsh, S. , Cassidy, M. , & Priebe, S. 2017. " The application of positive psychotherapy in mental health care: A systematic review. " *Journal of Clinical Psychology* 73 (6).

Walther, J. B. , & Reid, L. D. 2000. "Understanding the allure of the Internet. " *Chronicle of Higher Education* 22.

Wang, D. , Hu, M. , & Xu, Q. 2017. " Testing the factorial invariance of the satisfaction with life scale across Chinese adolescents. " *Social Behavior & Personality An International Journal.* 45.

Wang, K. , Shi, H-S. , Geng, F-L. , Zou, L-Q. , Tan, S-P. , Wang, Y. , ..., Chan, R. C. K. 2016. " Cross-cultural validation of the Depression Anxiety Stress Scale-21 in China. " *Psychological Assessment* 28 (5).

Wang, K. , Shi, H. S. , Geng, F. L. , Zou, L. Q. , Tan, S. P. , Wang, Y. , ..., Chan, R. C. 2015. " Cross-cultural validation of the Depression Anxiety Stress Scale-21 in China. " *Psychological Assessment* 28 (5).

Wang, L. , Shi, Z. , Zhang, Y. , & Zhang, Z. 2010. "Psychometric properties of the 10-item Connor-Davidson Resilience Scale in Chinese earthquake victims. " *Psychiatry & Clinical Neurosciences* 64 (5).

Wang, W. 2001. "Internet dependency and psychosocial maturity among college students. " *International Journal of Human-Computer Studies* 55 (6).

Wang, Y. L. , & Wang, J. P. 2008. "Epidemiological investigation on internet addiction among internet users in elementary and middle school students. " *Chinese Mental Health Journal.*

Waterman, A. S. 1993. " Two conceptions of happiness: Contrasts of personal expressiveness (eudaimonia) and hedonic enjoyment. " *Journal of*

Personality and Social Psychology 64 （4）.

Waters, L. E. 2011. "A Review of School-Based Positive Psychology Interventions. " *Australian Educational & Developmental Psychologist* 28 （2）.

Waters, L. E. 2015. "Strength-based parenting and life satisfaction in teenagers. " *Advances in Social Sciences Research Journal* 2 （11）.

Watson, B. 2007. The Analects of Confucius Columbia University Press.

Watson, D. , Clark, L. A. , & Tellegen, A. 1988. "Development and validation of brief measures of positive and negative affect: The PANAS scales. " *J Pers Soc Psychol* 54 （6）.

Weathers, F. , Litz , B. , Herman, D. , Huska, J. , & Keane , T. 1993. "The PTSD checklist （PCL）: Reliability, validity, and diagnostic utility. " San Antonio, TX: Paper presented at the The manual meeting of the international society for traumatic stress studies.

Weber, M. , Wagner, L. , & Ruch, W. 2016. "Positive feelings at school: On the relationships between students' character strengths, school-related affect, and school functioning. " *Journal of Happiness Studies* 17 （1）.

Weidong, Z. , Jing, D. , & Schick, C. J. 2004. "The Cross-cultural Measurement of Positive and Negative Affect Examining the Dimensionality of PANAS. " *Psychological Science* 27 （1）.

Weiss, T. , & Berger, R. 2006. "Reliability and Validity of a Spanish Version of the Posttraumatic Growth Inventory. " *Research on Social Work Practice* 16 （2）.

Wellenzohn, S. , Proyer, R. T. , & Ruch, W. 2016a. "How do positive psychology interventions work? A short-term placebo-controlled humor-based study on the role of the time focus. " *Personality and Individual Differences* 96.

Wellenzohn, S. , Proyer, R. T. , & Ruch, W. 2016b. "Humor-based online positive psychology interventions: A randomized placebo-controlled long-term trial. " *The Journal of Positive Psychology* 11 （6）.

White, M. A. , & Waters, L. E. 2015. "A case study of 'The Good School': Examples of the use of Peterson's strengths-based approach with students. " *The Journal of Positive Psychology* 10 (1).

Widaman, K. F. , & Reise, S. P. 1997. " Exploring the measurement invariance of psychological instruments: Applications in the substance use domain. " *The Science of Prevention: Methodological Advances from Alcohol and Substance Abuse Research.*

Wild, D. , Grove, A. , Martin, M. , Eremenco, S. , Mcelroy, S. , Verjeelorenz, A. , & Erikson, P. 2005. " Principles of good practice for the translation and cu: ltural adaptation process for patient-reported outcomes (pro) measures: Report of the ispor task force for translation and cultural adaptation. " *Value in Health* 8 (2).

Wind, Y. , & Douglas, S. P. 1982. " Comparative consumer research: The next frontier?, " In *Comparative Marketing Systems* (E. Kaynak ed.) . MCB Publications: Bradford.

Wong, S. S. , & Lim, T. 2009. " Hope versus optimism in Singaporean adolescents: Contributions to depression and life satisfaction. " *Personality and Individual Differences* 46 (5).

Wood, A. M. , Emmons, R. A. , Algoe, S. B. , Froh, J. J. , Lambert, N. M. , & Watkins, P. 2016. " A dark side of gratitude? Distinguishing between beneficial gratitude and its harmful impostors for the positive clinical psychology of gratitude and well-being, " In *The Wiley Handbook of Positive Clinical Psychology* (A. M. Wood & J. Johnson eds.) . UK: John Wiley & Sons, Ltd.

Wood, A. M. , Froh, J. J. , & Geraghty, A. W. 2010. " Gratitude and well-being: A review and theoretical integration. " *Clinical Psychology Review* 30 (7).

Wood, A. M. , & Joseph, S. 2010. " The absence of positive psychological (eudemonic) well-being as a risk factor for depression: A ten year cohort study. " *Journal of Affective Disorders* 122 (3).

Wood, A. M. , Linley, P. A. , Maltby, J. , Kashdan, T. B. , & Hurling, R. 2011. " Using personal and psychological strengths leads to increases in well-being over time: A longitudinal study and the development of the strengths use questionnaire. " *Personality & Individual Differences* 50 （1）.

Wood, A. M. , Maltby, J. , Gillett, R. , Linley, P. A. , & Joseph, S. 2008. " The role of gratitude in the development of social support, stress, and depression: Two longitudinal studies. " *Journal of Research in Personality* 42 （4）.

Woodworth, R. J. , O'Brien-Malone, A. , Diamond, M. R. , & Schüz, B. 2017. " Web-Based Positive Psychology Interventions: A Reexamination of Effectiveness. " *Journal of Clinical Psychology* 73 （3）.

World Health Organization. 2011. "Process of translation and adaptation of instruments. " http: //www. who. int/substance_ abuse/research_ tools/.

World Health Organization. 2015. " Mental health. " http: // www. who. int/topics/mental_ health/en/.

Wortman, C. B. 2004. " Posttraumatic Growth: Progress and Problems. " *Psychological Inquiry* 15 （1）.

Wu, K. , Leung, P. , Cho, V. , & Law, L. 2016. " Posttraumatic Growth After Motor Vehicle Crashes. " *Journal of Clinical Psychology in Medical Settings* 23 （2）.

Wyn, J. 2007. "Learning to ' become somebody well ' : Challenges for educational policy. " *The Australian Educational Researcher* 34 （3）.

Xin, X. , & Yao, S. 2015. "Re-evauation the validity and reliability of the adolescent self-rating life events checklis. " *Chinese Mental Health Journal* 29 （5）.

Xu, M. 2004. *The Development of Life Stress Rating Scale for College Students and Correlation Analysis.* Shanghai: Shanghai Normal University.

Xu, W. , Oei, T. P. , Liu, X. , Wang, X. , & Ding, C. 2016. "The moderating and mediating roles of self-acceptance and tolerance to others in the relationship between mindfulness and subjective well-being. " *Journal of Health Psychology* 21 （7）.

Yan, X. , Su, J. , Zhu, X. , & He, D. 2013. " Loneliness and subjective happiness as mediators of the effects of core self-evaluations on life satisfaction among chinese college students. " *Social Indicators Research* 114 （2）.

Yang, Z. , Tang, X. , Duan, W. , & Zhang, Y. 2015. "Expressive writing promotes self-reported physical, social and psychological health among Chinese undergraduates. " *International Journal of Psychology : Journal International de Psychologie* 50 (2).

Ye, S. 2009. "Factor structure of the General Health Questionnaire (GHQ-12): The role of wording effects. " *Personality & Individual Differences* 46 (2).

Yearley, L. H. 1990. *Mencius and Aquinas: Theories of Virtue and Conceptions of Courage.* New York: Suny Press.

Yehuda, R. , & Flory, J. D. 2007. "Differentiating biological correlates of risk, PTSD, and resilience following trauma exposure. " *Journal of Traumatic Stress* 20 (4).

Young, K. 1998a. "Internet addiction: Symptoms, evaluation, and treatment. " *Innovations in Clinical Practice A Source Book* 17.

Young, K. 1998b. "Internet addiction: The emergence of a new clinical disorder. " *Cyberpsychology & Behavior* 1 (3).

Young, K. 2010. "Internet addiction over the decade: A personal look back. " *World Psychiatry: Official Journal of the World Psychiatric Association (WPA)* 9 (2).

Young, K. , & Rogers, R. C. 1998. "The relationship between depression and Internet addiction. " *Cyberpsychology & Behavior* 1 (1).

Zeidner, M. , Roberts, R. D. , & Matthews, G. 2008. "The science of emotional intelligence: Current consensus and controversies. " *European Psychologist* 13 (1).

Zhang, Y. , Duan, W. , Tang, X. , & Yang, Z. 2014. "Can virtues enhance the benefits of expressive writing among healthy Chinese? A pilot study. " *Journal of Mental Health* 23 (5).

Zhang, Y. , Luo, X. , Che, X. , & Duan, W. 2016. "Protective effect of self-compassion to emotional response among students with chronic academic stress. " *Frontiers in Psychology* 7 (595).

Zhang, Y. , Yang, Z. , Duan, W. , Tang, X. , Gan, F. , Wang,

F. , …, Wang, Y. 2014. "A preliminary investigation on the relationship between virtues and pathological internet use among Chinese adolescents. " *Child and Adolescent Psychiatry and Mental Health* 8 （1）.

Ziegler, M. , Kemper, C. J. , & Kruyen, P. 2014. "Short scales-Five misunderstandings and ways to overcome them. " *Journal of Individual Differences* 35 （4）.

Zigmond, A. S. , & Snaith, R. P. 1983. "The hospital anxiety and depression scale. " *Acta Psychiatr Scand* 67 （6）.

Zimprich, D. , Allemand, M. , & Lachman, M. E. 2012. "Factorial structure and age-related psychometrics of the MIDUS personality adjective items across the life span. " *Psychological Assessment* 24 （1）.

量表附录

丰盈感量表 （Flourishing Scale，FS）

请仔细阅读以下八个句子，选择适当的数字以代表你对各个表述同意的程度		非常不同意	不同意	有点不同意	中立	有点同意	同意	非常同意
1	我的生活有目标、有意义	1	2	3	4	5	6	7
2	我的社会关系富有支持性且我能从中受益	1	2	3	4	5	6	7
3	我对日常生活既投入又感兴趣	1	2	3	4	5	6	7
4	我积极为其他人的快乐和幸福做贡献	1	2	3	4	5	6	7
5	我有能力做到那些对我重要的事情	1	2	3	4	5	6	7
6	我是一个好人并过着好的生活	1	2	3	4	5	6	7
7	我对我的未来感到乐观	1	2	3	4	5	6	7
8	别人尊重我	1	2	3	4	5	6	7

注：该量表包含 8 个题目，测量诸如参与、关系、能力和生活目的等指标。从非常不同意（1）到非常同意（7）进行自评。最终统计指标采用整体平均值计分；高分表示参与者具有较高心理健康水平和丰盈感水平。

简短旺盛感量表 （Brief Inventory of Thriving，BIT）

请仔细阅读每句陈述并用右侧的标度（1～5）来表示您的同意程度	选项				
	完全不同意	不同意	中立	同意	完全同意
1	我的生活有清晰的目标	1	2	3	4	5
2	我对我的未来感到乐观	1	2	3	4	5

续表

请仔细阅读每句陈述并用右侧的标度（1～5）来表示您的同意程度	选项				
	完全不同意	不同意	中立	同意	完全同意
3 我的生活进展顺利	1	2	3	4	5
4 多数时候我感觉良好	1	2	3	4	5
5 我所做的事是值得并有价值的	1	2	3	4	5
6 我正在实现我的多数目标	1	2	3	4	5
7 只要我用心我就能成功	1	2	3	4	5
8 我对我的社区有归属感	1	2	3	4	5
9 我从事大多数活动时感到精力充沛	1	2	3	4	5
10 这世界上有欣赏我的人	1	2	3	4	5

注：包含10个题目，用以测量综合幸福感的自我报告量表。5点Likert量表（1 = 完全不同意，5 = 完全同意）。旺盛感的水平由总分来表示，即高分意味着高水平的旺盛感。

简明优势量表 （Brief Strengths Scale，BSS）

请就每项描述，选出最适合你的答案。这些描述是很多人所渴望的，但是，我们只想你以每项描述能怎样形容你来作答（从非常不同意到非常同意）。请诚实并准确地回应	非常不同意	不同意	有点不同意	中立	有点同意	同意	非常同意
1 我是一个有恒心的人	1	2	3	4	5	6	7
2 我是一个勤劳的人	1	2	3	4	5	6	7
3 我是一个喜欢寻找新事物的人	1	2	3	4	5	6	7
4 我是一个充满爱心的人	1	2	3	4	5	6	7
5 我重视和身边人的关系	1	2	3	4	5	6	7
6 我经常陶醉于一些有趣的事物	1	2	3	4	5	6	7

续表

	请就每项描述,选出最适合你的答案。这些描述是很多人所渴望的,但是,我们只想你以每项描述能怎样形容你来作答(从非常不同意到非常同意)。请诚实并准确地回应	非常不同意	不同意	有点不同意	中立	有点同意	同意	非常同意
7	当我想到有可能制造一件新事物便会感到兴奋	1	2	3	4	5	6	7
8	我感激别人对我的恩惠	1	2	3	4	5	6	7
9	遇到困难时,我会要求自己坚持到底	1	2	3	4	5	6	7
10	当我看到他人开心时,我也会开心	1	2	3	4	5	6	7
11	我是一个自制能力很强的人	1	2	3	4	5	6	7
12	我觉得这个世界有很多有趣的事物有待发掘	1	2	3	4	5	6	7

注:12道题目的自我报告问卷,用以测量意志力（1、2、9、11）、亲和力（4、5、8、10）和生命力（3、6、7、12）。该量表为7点Likert量表（1 = 非常不同意,7 = 非常同意）。各个相应题目相加后的平均分即受访者的长处得分,某项长处得分越高,说明受访者所具有的这项长处越突出。

扩展版生活满意度量表（Expanded Satisfaction with Life Scale，ESWLS）

	请仔细阅读以下八个句子,选择适当的数字以代表你对各个表述同意的程度	非常不同意	不同意	有点不同意	中立	有点同意	同意	非常同意
1	到目前为止,我已拥有我想得到的重要东西	1	2	3	4	5	6	7
2	我的家人的生活很多方面都接近我的理想	1	2	3	4	5	6	7
3	我对自己的生活感到满意	1	2	3	4	5	6	7
4	我的生活状况非常好	1	2	3	4	5	6	7

续表

请仔细阅读以下八个句子，选择适当的数字以代表你对各个表述同意的程度	非常不同意	不同意	有点不同意	中立	有点同意	同意	非常同意
5	到目前为止，我相信我的家人已拥有他们想得到的重要东西	1	2	3	4	5	6	7
6	我的家人的生活状况非常好	1	2	3	4	5	6	7

注：扩展版生活满意度问卷（Expanded Satisfaction with Life Scale，ESWLS）是研究人员在原版生活满意度问卷（Satisfaction with Life Scale）基础上，加入"集体主义文化"元素开发而成的中国版问卷，突出了"重要他人"对个体幸福感的贡献，将集体主义文化下个人幸福感划分为个体幸福感（Intrapersonal Well-being）和人际幸福感（Interpersonal Well-being）两个维度。第1、3、4题得分加总为个体幸福感得分；第2、5、6题得分加总为人际幸福感得分。两个维度再加总为总体幸福感得分。分数越高，代表个体的主观幸福感越高。

三维度性格优势量表（Three-Dimensional Inventory of Character Strengths，TICS）

请就每项描述，选出最适合你的答案。请诚实并准确地作答	非常不像我	不像我	中立	像我	非常像我
1	我是一个能管好自己的人	1	2	3	4	5
2	我总是好好思考后再做事情	1	2	3	4	5
3	我有能力令其他人对一些事情产生兴趣	1	2	3	4	5
4	我认为我能从小学到老	1	2	3	4	5
5	我总能想出新方法去做事情	1	2	3	4	5
6	我不言放弃	1	2	3	4	5
7	即使我自己不开心，我也会做一些让别人快乐的事情	1	2	3	4	5
8	我有使不完的力气	1	2	3	4	5
9	不管在任何地方，我都能找到快乐的事情	1	2	3	4	5
10	认真思考是我的性格特点之一	1	2	3	4	5
11	我曾经战胜过痛苦与失望	1	2	3	4	5
12	尊重班级的决定对我来说很重要	1	2	3	4	5

续表

	请就每项描述,选出最适合你的答案。请诚实并准确地作答	非常不像我	不像我	中立	像我	非常像我
13	我认为老师的提问每个人都有回答的机会	1	2	3	4	5
14	作为队长,我认为每个成员都能在小团队里说出自己想说的话	1	2	3	4	5
15	别人相信我能帮他们保守秘密	1	2	3	4	5

注：一个15道题目的简短量表,用于衡量之前研究中描述的三维度性格优势（亲和力、求知欲和自控力；每个分量表包含5个题目）。从1（非常不像我）到5（非常像我）评价每个题目的陈述。通过对各个分量表所含的题目求平均值,获得分量表分数。

优势知识和优势使用量表（Strengths Knowledge and Use Scale，SKUS）

	以下列出的是关于你个人优势的问题。所谓优势,即你最擅长的或能够做得最好的事情。请仔细阅读每一条,然后在每个问题上选择你的认同程度	非常不同意	不同意	有点不同意	不确定	有点同意	同意	非常同意
1	其他人能够看到我所具有的优势	1	2	3	4	5	6	7
2	我需要非常努力地思考才能知道我的优势是什么（R）	1	2	3	4	5	6	7
3	我知道我做得最好的是什么	1	2	3	4	5	6	7
4	我能意识到自己的优势	1	2	3	4	5	6	7
5	我知道我所擅长的事情是什么	1	2	3	4	5	6	7
6	我非常了解自己的优势	1	2	3	4	5	6	7
7	我知道我能够做得最好的事情是什么	1	2	3	4	5	6	7
8	我知道什么时候自己处于最佳状态	1	2	3	4	5	6	7
9	我经常能够做我擅长的事情	1	2	3	4	5	6	7
10	我总是能发挥自己的优势	1	2	3	4	5	6	7
11	我总是能够使用我自己的优势	1	2	3	4	5	6	7
12	我通过运用自己的优势来获得自己想要的东西	1	2	3	4	5	6	7

续表

	以下列出的是关于你个人优势的问题。所谓优势,即你最擅长的或能够做得最好的事情。请仔细阅读每一条,然后在每个问题上选择你的认同程度	非常不同意	不同意	有点不同意	不确定	有点同意	同意	非常同意
13	我每天都使用自己的优势	1	2	3	4	5	6	7
14	我利用自己的优势以得到自己想要的生活	1	2	3	4	5	6	7
15	我的工作给了我很多机会去使用自己的优势	1	2	3	4	5	6	7
16	我的生活给我提供了很多不同的途径去发挥自己的优势	1	2	3	4	5	6	7
17	我能够顺其自然地发挥自己的优势	1	2	3	4	5	6	7
18	我发现自己在做事情时非常容易运用到自己的优势	1	2	3	4	5	6	7
19	我能够在很多不同的情境中使用自己的优势	1	2	3	4	5	6	7
20	我大部分时间都花在做我擅长做的事情上面	1	2	3	4	5	6	7
21	使用自己的优势是我非常非常熟悉的事情	1	2	3	4	5	6	7
22	我能够用许多不同的方法来使用自己的优势	1	2	3	4	5	6	7

注:用以衡量参与者识别和使用性格优势的程度。为 7 点 Likert 量表(1 = 非常不同意,7 = 非常同意)。由 8 道题目的优势知识量表(1~8)和 14 道题目的优势使用量表(9~22)组成。题目 2 为反向计分,得分越低代表识别和使用性格优势的能力越强。

中国人长处问卷 (Chinese Virtue Questionnaire,CVQ)

	请就每项描述,选出最适合你的答案。这些描述是很多人所渴望的,但是,我们只想你以每项描述能怎样形容你来作答(从非常不像我到非常像我)。请诚实并准确地回应	非常不像我	不像我	中立	像我	非常像我
1	我从来不会在任务没有完成前就放弃	1	2	3	4	5
2	我一向遵守承诺	1	2	3	4	5
3	我总是对事物抱着乐观的态度	1	2	3	4	5

请就每项描述，选出最适合你的答案。这些描述是很多人所渴望的，但是，我们只想你以每项描述能怎样形容你来作答（从非常不像我到非常像我）。请诚实并准确地回应	非常不像我	不像我	中立	像我	非常像我
4　我总是会从事物的正反两面去考虑问题	1	2	3	4	5
5　我知道如何在不同的社交场合下扮演适合自己的角色	1	2	3	4	5
6　我做事从不虎头蛇尾	1	2	3	4	5
7　我的朋友认为我能够保持事情的真实性	1	2	3	4	5
8　能为朋友做些小事让我感到很享受	1	2	3	4	5
9　我身边有人像关心自己一样关心我，在乎我的感受	1	2	3	4	5
10　我非常喜欢成为团体中的一分子	1	2	3	4	5
11　作为一个组织的领导，不管成员有过怎样的经历，我都对他们一视同仁	1	2	3	4	5
12　就算美食当前，我也不会吃过量	1	2	3	4	5
13　当别人看到事物消极的一面时，我总能乐观地发现它积极的一面	1	2	3	4	5
14　我喜欢想一些新的方法去解决问题	1	2	3	4	5
15　我尽力让那些沮丧的人振作起来	1	2	3	4	5
16　我是一个高度自律的人	1	2	3	4	5
17　我总是思考以后再讲话	1	2	3	4	5
18　即使面对挑战，我也总对将来充满希望	1	2	3	4	5
19　在困难的时刻，我的信仰从来没有离弃过我	1	2	3	4	5
20　我有能力令其他人对一些事物产生兴趣	1	2	3	4	5
21　即使会遇到阻碍，我也要把事情完成	1	2	3	4	5
22　对我来说，每个人的权利同样重要	1	2	3	4	5
23　我会控制自己的情绪	1	2	3	4	5
24　我能看到被别人忽视的美好事物	1	2	3	4	5
25　我有明确的生活目标	1	2	3	4	5
26　我从不吹嘘自己的成就	1	2	3	4	5
27　我热爱自己所做的事情	1	2	3	4	5
28　我一向容许别人把错误留在过去，重新开始	1	2	3	4	5
29　我对各式各样的活动都感到兴奋	1	2	3	4	5
30　我是个真正的终身学习者	1	2	3	4	5
31　我的朋友欣赏我能客观地看待事物	1	2	3	4	5
32　我总能想出新方法去做事情	1	2	3	4	5

续表

请就每项描述,选出最适合你的答案。这些描述是很多人所渴望的,但是,我们只想你以每项描述能怎样形容你来作答(从非常不像我到非常像我)。请诚实并准确地回应	非常不像我	不像我	中立	像我	非常像我
33 我总能知道别人行事的动机	1	2	3	4	5
34 我的承诺值得信赖	1	2	3	4	5
35 我给每个人机会	1	2	3	4	5
36 作为一个有效能的领导者,我一视同仁	1	2	3	4	5
37 我是一个充满感恩之心的人	1	2	3	4	5
38 我试着在所做的任何事情中添加一点幽默的成分	1	2	3	4	5
39 我希望人们能学会原谅和遗忘	1	2	3	4	5
40 我有很多兴趣爱好	1	2	3	4	5
41 朋友们认为我有各种各样的新奇想法	1	2	3	4	5
42 我总能看到事物的全部	1	2	3	4	5
43 我总能捍卫自己的信念	1	2	3	4	5
44 我不言放弃	1	2	3	4	5
45 在朋友生病时,我总会致电问候	1	2	3	4	5
46 我总能感受到自己生命中有爱存在	1	2	3	4	5
47 维持团体内的和睦对我来说很重要	1	2	3	4	5
48 行动前,我总是先考虑可能出现的结果	1	2	3	4	5
49 我总能觉察到周围环境里存在的自然美	1	2	3	4	5
50 我的信仰塑造了现在的我	1	2	3	4	5
51 我从不让沮丧的境遇带走我的幽默感	1	2	3	4	5
52 我精力充沛	1	2	3	4	5
53 我总是愿意给他人改正错误的机会	1	2	3	4	5
54 在任何情形下,我都能找到乐趣	1	2	3	4	5
55 我常常阅读	1	2	3	4	5
56 深思熟虑是我的特点之一	1	2	3	4	5
57 我经常有原创性的思维	1	2	3	4	5
58 我对人生有成熟的看法	1	2	3	4	5
59 我总能直面自己的恐惧	1	2	3	4	5
60 我非常喜欢各种形式的艺术	1	2	3	4	5
61 我对生命中所得到的一切充满感激	1	2	3	4	5
62 我很有幽默感	1	2	3	4	5
63 我总会权衡利弊	1	2	3	4	5
64 别人喜欢来征询我的建议	1	2	3	4	5

续表

请就每项描述,选出最适合你的答案。这些描述是很多人所渴望的,但是,我们只想你以每项描述能怎样形容你来作答(从非常不像我到非常像我)。请诚实并准确地回应	非常不像我	不像我	中立	像我	非常像我
65	我曾经战胜过痛苦与失望	1	2	3	4	5
66	我享受善待他人的感觉	1	2	3	4	5
67	我能够接受别人的爱	1	2	3	4	5
68	即使不同意团体领袖的观点,我还是会尊重他	1	2	3	4	5
69	作为一个团体领导,我尽量让每一个成员快乐	1	2	3	4	5
70	我是个非常小心的人	1	2	3	4	5
71	当审视自己的生活时,我发现有很多地方值得感恩	1	2	3	4	5
72	别人告诉我,谦虚是我最显著的优点之一	1	2	3	4	5
73	通常情况下,我愿意给别人第二次机会	1	2	3	4	5
74	我认为我的生活非常有趣	1	2	3	4	5
75	我阅读大量各种各样的书籍	1	2	3	4	5
76	我总是知道说什么话可以让别人感觉良好	1	2	3	4	5
77	在我的邻居、同事或同学中,有我真正关心的人	1	2	3	4	5
78	尊重团体的决定对我来说很重要	1	2	3	4	5
79	我认为每个人都应该有发言权	1	2	3	4	5
80	作为团体领导者,我认为每个成员都有对团体所做的事发表意见的权利	1	2	3	4	5
81	我总是谨慎地做出决定	1	2	3	4	5
82	我经常渴望能感受伟大的艺术,比如音乐、戏剧或绘画	1	2	3	4	5
83	每天我都心怀深刻的感激之情	1	2	3	4	5
84	情绪低落时,我总是回想生活中美好的事情	1	2	3	4	5
85	信仰使我的生命变得重要	1	2	3	4	5
86	没有人认为我是一个自大的人	1	2	3	4	5
87	早晨醒来,我会为了新一天中存在的无限可能性而兴奋	1	2	3	4	5
88	我喜欢阅读非小说类的书籍作为消遣	1	2	3	4	5
89	别人认为我是一个聪明的人	1	2	3	4	5
90	我是一个勇敢的人	1	2	3	4	5
91	别人相信我能帮他们保守秘密	1	2	3	4	5
92	我相信聆听每个人的意见是值得的	1	2	3	4	5

续表

		非常不像我	不像我	中立	像我	非常像我
请就每项描述,选出最适合你的答案。这些描述是很多人所渴望的,但是,我们只想你以每项描述能怎样形容你来作答(从非常不像我到非常像我)。请诚实并准确地回应						
93	我定时锻炼身体	1	2	3	4	5
94	别人都因我的谦逊而走近我	1	2	3	4	5
95	我因富于幽默而被众人所知	1	2	3	4	5
96	人们形容我为一个热情洋溢的人	1	2	3	4	5

注:包含 96 项题目(每个优势 4 项),以测量 24 种性格优势。从 1(非常不像我)到 5(非常像我)计分。通过计算每个优势相应题目的均值,可以获得该优势的得分。得分越高,说明作答者具有的某项性格优势或长处越为突出。

后 记

打开 Word 文档开始敲下这些字符的时候，也意味着该给这本书收一个尾了。现在是 2019 年的 4 月，珞珈山进入了一年中最美好的收获季，即将结束学生时代的本科生、硕士生、博士生都应该在写致谢，去回顾、去感恩过往的岁月。

不知不觉从 2009 年开始涉猎性格优势这个主题，已经 10 年了。当时的中文数据库中，直接与该主题相关的研究仅仅是一篇会议摘要，那时一位年仅 22 岁的青年并不知道会在未来的日子里与其结下如此"良缘"。因为性格优势，他顺利获得了西南大学硕士学位；因为性格优势，他提前获得了香港城市大学博士学位；因为性格优势，他在毕业时即谋得了武汉大学的教席。可能因为他意识到了自己的优势，从此获得了一个不一样的人生；当然，人生不能假设。

研究工作只是我这份职业需要完成的一部分使命，而在人生中去不断践行自己的研究主题才能让纸上的文字获得生命力。一直觉得自己是一个腼腆的人，在这之前，不知道如何面对自己、面对他人、面对社会。这些年来，在每一个生活场景中，我时时刻刻都会去用心感受自己的每一个优势，用脑去完善自己优势的使用，用感情去反馈这一系列优势行为，获益良多。整理这本书稿的过程，也是对我这些年研究经历的一个总结，让我有机会去审视自己做了些什么以及还有哪些不足。更为重要的是让我明晰未来的路该怎么走。恰逢不期而遇的第一个职业变动，用这本书作为自己的一个分号，希望自己越来越好。

本书的所有研究都是我以及相识多年的老师、老友一起进行的，既然够"老"，我就不一一致谢了，大家都懂！但也注入了一些新鲜血液，那就是我在珞珈山指导的两届社会学和社会工作专业的硕士研究生。与你们相处的这段时间，让我完成了从学生到导师的角色转变，这是一段极其宝贵的经历。这些研究绝大多数最初都是以英文发表的，谢谢慕文龙、卜禾、冯宇、李玉梅、关秋洁、揭英鹏、何啊龙、张洁文、周小晴和漆博把它们当作英语学习素材进行无比痛苦的翻译。初稿由武汉大学教育科学研究院的陈峥博士审阅，对其文字及可读性进行了加工。感谢社会科学文献出版社的各位编辑在编校过程中的辛勤付出。

最后感谢支持并陪我一路走来的家人。

Let Me Go on Working toward A World in which All Human Beings Flourishing by Scientific Research.

2019 年 7 月

段文杰　于　加州戴维斯

图书在版编目（CIP）数据

"三维"性格优势：探索个体潜能的科学／段文杰著．－－北京：社会科学文献出版社，2020.5
ISBN 978－7－5201－6563－1

Ⅰ.①三…　Ⅱ.①段…　Ⅲ.①普通心理学－研究
Ⅳ.①B84

中国版本图书馆 CIP 数据核字（2020）第 063139 号

"三维"性格优势：探索个体潜能的科学

著　　者／段文杰

出 版 人／谢寿光
责任编辑／吕霞云　王京美
文稿编辑／张真真

出　　版／社会科学文献出版社·政法传媒分社（010）59367156
　　　　　　地址：北京市北三环中路甲 29 号院华龙大厦　邮编：100029
　　　　　　网址：www.ssap.com.cn
发　　行／市场营销中心（010）59367081　59367083
印　　装／三河市龙林印务有限公司

规　　格／开本：787mm × 1092mm　1/16
　　　　　　印张：23.5　字数：381 千字
版　　次／2020 年 5 月第 1 版　2020 年 5 月第 1 次印刷
书　　号／ISBN 978－7－5201－6563－1
定　　价／158.00 元